高等政法院校规划教材

劳动法学

LAO DONG FA XUE

（第六版）

司法部法学教材编辑部　审定

主　编：郭　捷

副主编：刘　俊

撰稿人：郭　捷　刘　俊　杨　森

　　　　穆随心　高　瑾

中国政法大学出版社

2017·北京

作者简介

　　郭　捷　西北政法大学教授，博士生导师。兼任中国法学会社会法学研究会副会长、陕西省人大法制工作委员会委员、陕西省法学会社会法学研究会会长。1982 年毕业于西南政法大学，后一直从事经济法学与劳动法学的教学与研究，先后在《法学研究》《法律科学》《法学家》等期刊上发表专业学术论文 20 余篇、法学教育研究论文 10 余篇；主编有《劳动法学》《劳动法与社会保障法》《经济合同法》等教材；主持完成国家社科基金项目 2 项，承担并完成省、部级科研课题 5 项。先后获省政府"优秀科研成果奖" 2 项，获国家、省政府"优秀教学成果奖" 3 项。

　　刘　俊　法学博士，西南政法大学副校长，教授。兼任中国法学会社会法学研究会副会长、重庆市人民政府法律顾问等职。长期从事社会法、劳动法与房地产法的教学科研工作，公开发表的科研成果共计近百万字，其中在《中国法学》等核心刊物上公开发表专业学术论文 30 余篇；担任 10 余部教材、工具书的主编、副主编或参编者。

　　杨　森　西北政法大学副教授，硕士研究生导师。多年来从事商法及劳动法的教学与研究，主编、参编、合著教材 8 部，其中 2 部教材为司法部法学院校统编规划教材。先后发表专业学术论文 23 篇，科研成果 7 次获奖，其中获部级奖 1 次，获省级奖 2 次。

　　穆随心　陕西师范大学法学系副主任，副教授，法学博士，硕士生导师。兼任陕西省社会法学研究会常务理事、西安市人大常委会首批特聘主讲专家。我国台湾政治大学、韩国国立忠北大学、美国芝肯特法学院短、长期访问学者。主要从事劳动法学的教学、研究工作。近年来，在 CSSCI 核心期刊或其他重要期刊上发表劳动法专业学术论文和法学教育研究论文 20 余篇；主持国家社会科学基金项目 1 项，参与国家社会科学基金项目 2 项，主持省级社会科学基金项目 5 项。

高　瑾　法学硕士，西北政法大学经济法学院副教授。近年来发表《工作场所性骚扰法律规制之我见》《我国劳动合同制度有关问题的法律探讨》等学术论文 10 余篇。

出版说明

　　长期以来，在司法部的领导下，法学教材编辑部认真履行为法学教育服务的职能，为满足我国不同层次法学教育发展的需要，在全国高等院校和科研院所的大力支持下，动员了包括中国社会科学院法学研究所、北京大学、清华大学、中国人民大学、浙江大学、厦门大学、中山大学、南京大学、武汉大学、吉林大学、山东大学、四川大学、苏州大学、烟台大学、上海大学、中国政法大学、西南政法大学、中南财经政法大学、华东政法大学、西北政法大学、国家行政学院、国家法官学院、中国人民公安大学、中央司法警官学院、广东商学院、山东政法学院、河南财经政法大学等单位的教学、科研骨干力量，组织编写了《高等政法院校法学主干课程教材》、《高等政法院校法学规划教材》等多层次、多品种的法学教材。

　　这些教材的出版均经过了严格的策划、研讨、甄选、撰稿、统稿、修订等程序，由一流的教授、专家、学术带头人担纲，严把质量关，由教学科研骨干合力共著，每一本教材都系统准确地阐述了本学科的基本原理和基本理论，做到了知识性、科学性、系统性的统一，可谓"集大家之智慧，成经典之通说"。这些教材的出版对中国法学教育的发展，起了非常重要的推动作用，受到广大读者的欢迎和法学界、法律界的高度评价。

　　教材是一定时期学术发展和教学、科研成果的系统反映，所以，随着科研的不断进步，教学实践的不断发展，必然导致教科书的不断修订。国际上许多经典的教科书，都是隔几年修订一次，一版、五版、二十版，使其与时俱进，不断成熟，日臻完善，成为经典，广为流传，这已成为教科书编写的一种规律。

　　《高等政法院校规划教材》出版至今已有十余年的时间，本套系列教材已修订多次，其中不少种教材多次荣获国家教育部、国家司法部等有关部门的各类优秀教材奖。由于其历史长久，积淀雄厚，已经形成自己独具特色的科学、系统、稳定的教材体系，在法学教育中，既保持了学术发展的连续性、传承性，又及时吸纳新的科研成果，推动了学科的发展与普及。它已成为国内目前最有影响力的一套法学本科教材。

进入 21 世纪，依法治国，建设社会主义法治国家是我国的基本方略。为了更好地适应新世纪法学教育的发展，为了迎接新时代的挑战，尤其是我国加入 WTO 带来的各种新的法律问题，我们结合近年来法制建设的新发展，吸收国内外法学研究和法学教育的新成果、新经验，对这套教材再次进行了全面修订。我们相信重修之规划教材定能对广大师生提供更有效的帮助。

司法部法学教材编辑部

第六版说明

　　本次是在 2011 年第五版的基础上，结合其后修订的《安全生产法》《劳动合同法》《最高人民法院关于审理劳动争议案件适用法律若干问题的解释（四）》以及我国社会保险改革最新政策等进行的修订。本次修订，力求反映最新劳动法制建设成果，在第一时间将法律的最新劳动立法、政策精神、核心内容及支持理论清楚完整地体现出来，及时反映劳动立法、政策动态和社会劳动生活的重大变化，以使广大读者朋友用上最新、最好的教材。这也是长期以来我们所一贯坚守并将永远坚守的宗旨。

　　本次修订根据新法的相关规定，对第五版进行了较多改动。由于时间紧、任务重，疏漏之处在所难免，还请广大读者批评、指正。

　　本次修订分工如下：

　　郭　捷　绪论、第一至五章；

　　刘　俊　第九至十二章；

　　穆随心　第七、八、十三章；

　　高　瑾　第六、十四至十六章。

　　全书由郭捷主编统稿定稿。

编　者

2017 年 1 月

第五版说明

本次修订是在 2007 年 8 月第四版的基础上，结合其后颁布的《就业促进法》《劳动合同法实施条例》及《社会保险法》，反映最新法制建设成果，力求在第一时间将法律的最新立法精神、核心内容、支持理论清楚完整地体现出来，及时反映立法动态和社会生活的重大变化，以使广大读者朋友用上最新、最好的教材。这也是长期以来我们所一贯坚守并将永远坚守的宗旨。

本次修订根据新法的相关规定，对第四版进行了较多改动。由于时间紧、任务重，疏漏之处在所难免，还请广大读者批评、指正。

本次修订分工如下：

郭　捷　绪论、第一至五章；

刘　俊　第九至十二章；

穆随心　第七、八、十三章；

高　瑾　第六、十四至十六章；

全书由郭捷主编统稿定稿。

编　者

2011 年 6 月

第四版说明

2007 年 6 月 29 日，作为我国第一部专门对劳动合同进行规范的《中华人民共和国劳动合同法》在第十届全国人民代表大会常务委员会第二十八次会议上获得通过。这部法律科学地总结了自 1994 年《中华人民共和国劳动法》颁行以来劳动合同领域积累的丰富经验。作为设专章阐述《劳动合同法》的本书，应该在第一时间将该法的最新立法精神、核心内容、支持理论清楚完整地体现出来，及时反映立法动态和社会生活的重大变化，以使广大读者朋友用上最新、最好的教材。这也是长期以来我们所一贯坚守并将永远坚守的出版宗旨。

"集大家之智慧，成经典之通说。"本书能够在如此短的时间内顺利出版，离不开本书主编郭捷教授和"劳动合同法"相关章节撰稿人穆随心老师的大力支持与帮助，他们在短短的 20 日内便提交了付梓样。在感动之余更是激励我们要将教材做好，用以感谢作者们对我们出版事业的支持和广大读者长期以来对我们的厚爱。

本书曾于今年 1 月推出第三版，本次修订主要针对第七章"劳动合同"和第十六章"违反劳动法的责任"进行了重大改动，并对有关劳动合同法的章节进行了调整。由于时间紧、任务重，疏漏之处在所难免，还请广大读者批评、指正。

司法部法学教材编辑部
2007 年 8 月

说　明

　　为了适应我国社会主义现代化建设和实施依法治国方略对法律人才的需求，全面提高法律人才的素质，根据高等政法院校新的教学方案，我们对原来的教材分别作了审定和重新修订。

　　这批教材以邓小平理论为指导，吸收国内外法学教育的新成果，坚持理论联系实际的原则，力求系统、准确地阐述各学科的基本原理、基础知识，努力做到科学性、系统性和实用性的统一。

　　《劳动法学》是该系列教材之一，由郭捷、刘俊、杨森编著。本教材可供法律院校本科教学使用，也可供电大、函授及大专教学参考。对于本教材不足之处，欢迎读者批评指正。

　　撰稿分工：

　　郭　捷　第一、二、三、四、五、七、八章；

　　刘　俊　第九、十、十一、十二章；

　　杨　森　第六、十三、十四、十五、十六、十七章。

　　全书由郭捷修改定稿。

司法部法学教材编辑部

1999 年 6 月

目 录

绪 论

一、劳动法学的研究对象

任何种类的科学都会具有各自独特的研究对象，作为法学这种社会科学重要组成部分的劳动法学自然也不例外。如何确定劳动法学的研究对象？我们认为应遵循这样的原理："每一门科学都是分析某一个别的运动形式或一系列互相关联和互相转化的运动形式的。"[1] 这一原理昭示人们，要确定劳动法学的研究对象，就应明确劳动法学是分析"个别运动形式"以及与这种运动形式相联系又相区别的运动形式的。据此认识，劳动法学的研究对象主要是劳动法产生、发展和实践的运动规律及其与邻近法律部门的关系。对前者加以分析研究，并上升到理论高度，将有助于我们深刻认识劳动法的规律，从而实现对现行劳动法的进一步完善；对后者加以分析研究，并上升到理论层次，将有助于确立劳动法（学）的独立地位。所以，劳动法产生、发展及其实践的运动规律和劳动法与邻近法律部门的关系，都是劳动法学的研究对象。

劳动法学研究的范围是十分广泛的。一方面，劳动法要研究的内容有：劳动法的基础理论和基础知识；我国现行的各种劳动法律规范、法律制度；我国劳动法的历史沿革和发展趋势；劳动法在实施中的状况和经验教训；外国劳动立法和国际劳动立法概况；市场经济发展及经济全球化对劳动法提出的新要求；科学预测未来劳动法的发展趋势等。但这些内容，应以我国现行劳动法制及劳动法实践中出现的新情况、新问题为研究重点。另一方面，虽然邻近法律与劳动法相关的问题都应在劳动法学的研究之列，但应以其中彼此联系最紧密的内容为重点，如对宪法、民法、行政法、经济法、民事诉讼法、刑法、仲裁制度、律师制度中涉及的劳动法的内容都应加以研究。

在学习中，我们还应正确认识劳动法学与劳动法的关系。劳动法学依托于劳动法而存在，并以劳动法为主要研究对象，两者是相互依存、相互促进的关系。劳动法学伴随着劳动法的产生而产生、发展而发展，劳动法的发展促进了劳动法学的繁荣，劳动法学反过来又推动了劳动法的发展与不断完善。当然两者既相互联系又相互区别：劳动法是指调整劳动关系以及与劳动关系有密切联系的其他关

---

[1] ［德］恩格斯：《自然辩证法》，人民出版社 1971 年版，第 227 页。

系的法律规范的总称，是国家法律体系中的一个法律部门；而劳动法学是研究劳动法和劳动法实践以及与邻近法律部门关系的一门社会科学，是劳动法的理论形态，是对劳动立法和实践的理论概括和升华，其内容更为丰富。所以，在学习中，我们不能把劳动法学与劳动法完全等同起来，也不能把两者完全割裂开来，应当将劳动法学的理论研究性学习与劳动法的实践运用性学习有机地结合起来。

二、劳动法学体系

劳动法学的体系，是指劳动法学作为一门法学学科的整体构成及其各部分内容之间的有机联系。

劳动法学体系是由其研究对象决定的，并且是以它所依托的劳动法为基础而形成的。也就是说，劳动法学的体系应是主要参照劳动法的结构，按照劳动法理论的逻辑联系并兼顾阐述、学习的方便来安排的。

劳动法学体系在本书体现为十六章内容。前五章是对劳动法一般理论问题的概括，也可以说是劳动法学的总则部分。这部分的学习为其他各章的学习奠定理论基础，起指导性作用。第六章至第十六章是对各项劳动制度、劳动规范的理论概括，目的是通过分析研究具体法律制度，指导劳动法治实践和劳动法制建设。这些内容属于劳动法学的分则部分。分则部分的内容安排建基于劳动法的制度体系上，学习中应注意理论联系实际，结合劳动法治实践中的问题或具体案例进行讨论与研究。具体情况是：第一章，旨在阐明劳动法的概念及其调整对象、劳动法的理论基础、劳动法的地位与作用及劳动法渊源与体系架构等一般原理；第二章，阐述劳动法的产生和发展，包括：劳动法的起源，外国国家及中国劳动立法概况，国际劳动立法的产生、发展及形式和主要内容；第三章，劳动法的基本原则；第四章，劳动法律关系的一般规定性及其特殊表现与要求；第五章，附随劳动法律关系；第六章，就业促进制度；第七章，劳动合同制度；第八章，集体合同制度；第九章，工作时间与休息时间制度；第十章，工资制度；第十一章，劳动安全卫生制度；第十二章，女职工和未成年工特殊保护制度；第十三章，社会保险制度；第十四章，劳动争议处理制度；第十五章，劳动保障监察制度；第十六章，违反劳动法的责任。

三、学习劳动法学的意义和目的

随着我国社会主义市场经济体制的确立与发展，劳动法的功能与作用越来越被政府和人民所认识和重视。2002 年，国家立法机构已经明确提出将劳动法作为社会法门类的重要法律加快立法工作。与此相应，劳动法学的学科地位也在加速提升，近两年来各高等院校的法学专业普遍开设了劳动法学的课程；面临市场经济的挑战，司法部门和相关政府部门已开始重视这类专业人才的培养与引进，企业与劳动者也有了自觉学习和研究这类法律的意识。

　　具体来讲，学习与研究劳动法学是社会主义市场经济的需要。市场经济活动必须有与之相适应的法律加以规范、引导、制约和保障，建立健全社会主义市场经济法律制度，是市场经济存在和发展的重要前提。劳动法作为市场经济法律体系的重要组成部分，对市场经济发展的作用不言而喻：一方面，学习并充分认识劳动法对于保护劳动者合法权益和调整维护用人单位与劳动者稳定和谐的劳动关系，建立和维护适应社会主义市场经济的劳动制度有着极其重要的作用；另一方面，通过系统研究劳动法制度体系与实践运动规律，可为我国的劳动法制建设提供理论依据，并最终推进我国经济的发展和社会的进步。

四、学习劳动法学的方法

　　学习任何一门科学，方法都是灵活多样的，不应要求统一的模式。这里仅就本课程学习的总的指导思想和一般要求作一些说明。

　　学习劳动法学，要以马列主义、毛泽东思想、邓小平理论、"三个代表"重要思想和科学发展观为指导，树立法治理念，理论联系实际，结合社会主义市场经济发展中遇到的实际问题，进行劳动法制建设的探索性研究。

　　1. 坚持辩证唯物主义和历史唯物主义。这就要求在学习中做到客观地、全面地看问题，从社会基本矛盾，即从生产力与生产关系、经济基础与上层建筑的矛盾运动中去考察劳动法制的建设与实施，找出其科学、有效的运动规律。

　　2. 建立社会主义市场经济观念。学习和研究劳动法学，要以社会主义市场经济的需求作为衡量的标尺，凡是与社会主义市场经济运行不相适应的旧有观念、理论和法律制度都应进行深刻的变革，要有理论创新的意识和精神。

　　3. 深入调查研究。劳动法学是实践性很强的应用学科，只有通过广泛深入的社会调查研究，才能了解实践中出现的新情况、新问题，并在研究对策的基础上，不断地发展和完善劳动法学。

　　4. 遵循历史和逻辑相统一的原则。学习中遵循历史和逻辑相统一的认识方法，可以使我们对劳动法的产生、本质、现状和发展趋势有科学的认识，从而掌握劳动法的规律性与精神实质。

　　5. 注意运用比较法学的方法。市场经济国家在法律制度方面有许多相通的地方。因此，在劳动法的学习中要有意识地将外国的劳动立法同我国的相应制度进行比较研究，借鉴其合理有益的思想与做法，用以指导我们的学习与研究。

　　6. 把教材与相关法律条文结合起来学习。教材是对条文内涵的具体解释和理论阐发，法律条文是对教材理论的高度浓缩与概括，只有将两者结合起来，才能收到更好的学习效果。

　　此外，课前预习，课堂认真听讲，课后研读，注重案例分析和专题讨论等也是行之有效的学习方法。

第一章　劳动法概述

■ 学习目的和要求

　　本章的主要内容是劳动法的概念和调整对象。通过本章的学习，掌握劳动法的概念，包括狭义上的劳动法概念和广义上的劳动法概念；理解劳动法调整对象的概念和内容，劳动关系的概念、特征和种类，与劳动关系有密切联系的社会关系的内容；了解劳动法的理论基础，劳动法的地位与作用，劳动法渊源及其体系架构。

　　劳动法以劳动关系为主要调整对象，旨在维护劳动者的合法权益和促进社会生产力的发展。它是我国社会主义市场经济法律体系中一个重要的法律部门。

第一节　劳动法的概念及其调整对象

一、劳动法的概念

　　关于劳动法的概念，中外学者有不同的主张与说法。德国著名的劳动法学家、德国联邦政府劳动法典委员会成员 W·杜茨教授提出："劳动法是关于劳动生活中处于从属地位者（雇员）的雇用关系的法律规则（从属地位劳动者的特别法）的总和。"[1]日本著名的劳动法学家沼田稻次郎教授指出："劳动法乃是以从属劳动关系所产生的一切法律关系为对象的法律。"[2]《牛津法律大词典》的解释为："劳动法是与雇佣劳动相关的全部法律原则和规则，大致和工业法相同，它规定的是雇佣合同和劳动或工业关系法律方面的问题。"[3]英国劳动法学者艾利森·邦、马纳·撒夫指出："在英国法中，雇用法是最具活力且最具争议的领

---

〔1〕　［德］W·杜茨：《劳动法》，张国文等译，法律出版社 2005 年版，第 1~2 页。
〔2〕　转引自常凯主编：《劳动法》，高等教育出版社 2011 年版，第 6 页。
〔3〕　［英］戴维·M. 沃克：《牛津法律大词典》，北京社会与科技发展研究所组织翻译，光明日报出版社 1988 年版，第 511 页。

域。说其最具争议，是因为人们对这类法律应当如何冠名都无法达成一致的意见。那些名称为劳动法、雇用法或者工业法的书，其实都包括了很多相同内容，即：个体雇用法——规范个体雇员与用人单位关系的法律；集体劳动法——规范用人单位与雇员组织（工会）的法律；还有一些职业卫生安全的法定管制。"[1] 旧中国法学界对劳动法较有代表性的定义是史尚宽教授所下的："劳动法为关于劳动之法。详言之，劳动法为规定劳动关系及附随一切关系之法律制度之全体。"[2] 这里的"劳动关系"是指"以劳动给付为目的的受雇人与雇用人间之关系"。这里的"附随一切关系"是指"关联于受雇人职业上之地位而发生之一切关系"，包括集体合同关系、工会关系、劳动保护关系、劳动保险关系、劳动争议关系、职业介绍关系以及国际劳动关系等[3]。史尚宽教授对劳动法的这一定义为我国当前劳动法学界普遍接受，尽管表述上有所不同，但无实质性差异。例如，"劳动法是调整劳动关系以及与劳动关系密切联系的关系的法律"[4]；"劳动法是调整劳动关系以及与劳动关系有密切联系的其他关系的法律规范的总和"[5]；劳动法是指"调整劳动关系以及与劳动关系密切联系的其他社会关系的法律规范的总和"[6]。值得一提的是，常凯教授在其主编的 2011 年版的《劳动法学》中对劳动法的概念界定具有独到之处："劳动法是调整劳动关系的法律规范的总和，劳动法所调整的劳动关系，包括个别劳动关系、集体劳动关系和社会劳动关系。"同时认为：这种劳动关系是广义的劳动关系，在广义的劳动关系中，市场经济初期仅仅作为劳动关系的"附随关系"或与之"密切联系的关系"的集体劳动关系和社会劳动关系，已经成为劳动关系的本体关系的主要构成[7]。但本书认为，撇开"集体劳动关系""社会劳动关系"的地位，常凯教授这一新表述依然是同劳动法学界对劳动法的定义是一致的。原因在于：劳动法是由工厂法逐渐发展而来的，是对劳动者倾斜保护之法，已成为现代各国法律体系中一个重要法律部门；劳动法以劳动关系为其规范与调整的基础性对象，这种劳动关系是个别劳动关系，是最本原的劳动关系，是劳动法产生、对劳动者倾斜保护的根源；劳动法除了调整劳动关系外，还调整与劳动关系密切联系的其他社会关系，包括集体劳动关系和社会劳动关系。集体劳动关系和社会劳动关系皆由个别劳动

---

〔1〕 ［英］艾利森·邦、马纳·撒夫：《劳动法基础》（影印版），武汉大学出版社 2004 年版，第 1 页。
〔2〕 史尚宽：《劳动法原论》，正大印书馆 1934 年版，第 1 页。
〔3〕 史尚宽：《劳动法原论》，正大印书馆 1934 年版，第 1~2 页。
〔4〕 关怀主编：《劳动法学》，群众出版社 1983 年版，第 1 页。
〔5〕 李景森、贾俊玲主编：《劳动法学》，北京大学出版社 1995 年版，第 4 页。
〔6〕 王全兴主编：《劳动法学》，高等教育出版社 2004 年版，第 51 页。
〔7〕 常凯主编：《劳动法学》，高等教育出版社 2011 年版，第 7 页。

关系发展而来，是为个别劳动关系服务的。因此，本书依然将劳动法定义为：劳动法是调整劳动关系以及与劳动关系密切联系的其他社会关系的法律规范的总称。

劳动法概念可作狭义和广义理解，而我们一般是从广义上理解和使用的。广义上的劳动法，包括一个国家的劳动法典（狭义劳动法）和与劳动法典实施相配套的一系列劳动法规和规章。

就我国而言，狭义上的劳动法，是指由国家最高立法机关颁布的关于调整劳动关系以及与劳动关系有密切联系的其他社会关系的全国性、综合性的法律，即第八届全国人民代表大会常务委员会第八次会议于 1994 年 7 月 5 日通过，自 1995 年 1 月 1 日起施行的《中华人民共和国劳动法》（最新一次修改是 2009 年 8 月 27 日）。广义上的劳动法，是指调整劳动关系以及与劳动关系有密切联系的其他社会关系的法律规范的总称。包括：①宪法中相关的劳动规范；②法律中相关的劳动规范；③行政法规中相关的劳动规范；④部委规章中相关的劳动规范；⑤地方性法规和地方性规章中相关的劳动规范；⑥经我国政府批准的国际劳工公约中相关的劳动规范；⑦规范性的劳动法律、法规解释；⑧其他，如国际惯例等。

二、劳动法的调整对象

任何法律都以特定的社会关系作为调整对象，劳动法当然也不例外。与劳动法的定义相一致，大多数中外学者认为：劳动法以劳动关系为主要调整对象，同时也调整与劳动关系密切联系的其他一些社会关系。

（一）劳动关系是劳动法调整的基本社会关系

1. 劳动的含义。劳动关系产生于劳动过程，因而认识劳动关系，就必须先了解什么是劳动。劳动是人们利用劳动资料改造劳动对象，使之符合人类需要的有意识、有目的的活动，是劳动关系的前提。马克思在《资本论》中对劳动的一般含义做过精辟的阐述：劳动是劳动力的使用（消费），是制造使用价值的有目的的活动，"是人以自身的活动来引起、调整和控制人与自然之间的物质变换的过程"。[1] 劳动对于人类社会具有特殊的基础性作用：首先，劳动创造人类本身，劳动对于人类的形成有决定性的作用；其次，劳动是人类生活的基本条件，是人类社会从低级阶段向高级阶段发展所必需的先决性条件。

劳动过程的实现，必须以劳动力和生产资料相结合为前提。劳动力是指人所具有的并在生产使用价值时运用的体力与脑力的总和。劳动力须以劳动者的人身为载体，因此，劳动具有双重属性。马克思、恩格斯从两个方面来考察劳动：

---

〔1〕 〔德〕马克思：《资本论》（第 1 卷），人民出版社 1975 年版，第 201~210 页。

①劳动的物质规定性。它体现着劳动者（劳动力）与自然界的关系，即劳动是使用价值的创造过程，是人们利用生产工具（劳动资料）改造劳动对象，创造社会财富的活动。在任何时候，劳动者（劳动力）与生产资料的结合，在质量上都有一定的要求，在数量上都要成一定的比例。这一层面的问题就是劳动经济学研究的主要内容。②劳动的社会规定性，即劳动的社会性质。它体现着人们在劳动过程中发生的一定的社会关系。在劳动力与生产资料分别归属于不同主体的社会条件下，二者结合实现劳动的过程中必然产生劳动力所有者（劳动者）与劳动力使用者（用人单位）之间的各种各样的关系。对这一定范围的社会关系的规定与调整，使劳动法成为一个独立的法律部门。

劳动法上的劳动，除了有其一般含义外，还有其特定的内涵。我国台湾地区的劳动法学家史尚宽在其《劳动法原论》一书中讲到："广义的劳动谓之有意识的且有一定目的之肉体的或精神的操作。然在劳动法上之劳动，须具备下列条件：一为法律的义务之履行；二为基于契约关系；三为有偿的；四为职业的；五为在于从属的关系。"[1] 他由此得出结论："劳动法上的劳动为基于契约上义务在从属的关系所为之职业上有偿的劳动。"[2] 史尚宽教授对劳动法上的劳动的限定是符合劳动法基本原理的。据此，生产资料与劳动力自我结合形成的劳动不属于劳动法上的劳动。

2. 劳动关系的含义。正如上文所提到的，在劳动过程中，人们不仅要与自然界发生关系，而且彼此之间也必然发生一定的联系，我们把这种联系称为劳动关系。

"劳动关系"，也称为"劳资关系""劳雇关系""劳使关系"等。我国台湾地区著名劳动法学者黄越钦认为："劳动关系"是以劳动为中心所展开，着重以劳动力、劳动者为本位的思考；"劳资关系"含有对立意味，因为劳方资方的界限分明，其所展开的关系自然包含一致性与冲突性在内；"劳雇关系"以雇用的法律关系为基础，重点在权利义务之结构；"劳使关系"则已将所有的价值意味予以排除，只剩下技术性含义[3] 我国大陆的学者一般只使用"劳动关系"的概念，意在强调这种关系的社会主义性质，强调这种关系既包括公有制也包括私有制，以区别于"劳资关系"。

广义的劳动关系，是指劳动主体在实现集体劳动过程中彼此之间发生的各种社会关系。它可分为两大类：一类是劳动者在集体劳动过程中与其他劳动者或其

[1] 史尚宽：《劳动法原论》，正大印书馆1978年版，第2页。
[2] 史尚宽：《劳动法原论》，正大印书馆1978年版，第2页。
[3] 黄越钦：《劳动法新论》，中国政法大学出版社2003年版，第19页。

他组织之间产生的关系；另一类是劳动者在实现集体劳动过程中与所在单位之间发生的关系。这两类劳动关系并不全由劳动法调整，劳动法所调整的劳动关系仅限于后者，亦称狭义的劳动关系。在劳动过程中劳动者之间的关系、用人单位之间的关系、个体工商户的家庭成员之间基于共同劳动所发生的关系等，都不是劳动法意义上的劳动关系，均不由劳动法调整。因此，劳动法中所称的劳动关系是指劳动力所有者与劳动力使用者之间在实现劳动过程中发生的关系（狭义的劳动关系）。例如，甲建筑公司在为某企业施工时，其职工乙不慎掉落一工具，将其同组的职工丙砸伤。此例中，甲公司与乙丙之间的关系属于狭义的劳动关系，受劳动法调整，而甲公司和某企业之间的关系以及乙丙之间的关系属于广义的劳动关系，不受劳动法调整。

3. 劳动关系的特征。作为劳动法调整对象的劳动关系与其他社会关系相比较，具有以下几个方面的特征：

（1）劳动关系的主体，一方是劳动者（劳动力所有者），另一方是用人单位（劳动力使用者）。劳动者是劳动力所有者，包括所有自愿参加社会劳动的劳动者。用人单位是生产资料所有者或经营管理者，在我国，包括各种性质的企业、个体经济组织、特定范围劳动用工关系下的国家机关、事业单位以及社会团体、民办非企业单位、依法成立的会计师事务所、律师事务所等合伙组织和基金会等。劳动者的劳动力与用人单位提供的生产资料相结合（这种结合是一种他我结合，"他"指的是用人单位的生产资料，"我"指的是劳动者的劳动力），完成劳动过程，是劳动关系产生的条件。劳动者运用自己的生产资料进行劳动，不产生劳动法中的劳动关系，如农村村民的联产承包、个体劳动者的劳动中，由于劳动力与生产资料的结合是自我结合，因而不能纳入劳动法的调整范围。但是个体劳动者如果请了雇工、带了学徒，此时就产生了生产资料和劳动力的他我结合，即产生了劳动关系。

（2）劳动关系必须产生于劳动过程之中。只有劳动者进入用人单位，接受用人单位的安排，在劳动组织内和生产资料结合，使劳动对象发生形态的变化、位置的转移以及价值的增加，才会发生现实的劳动关系。这里所说的劳动过程，是指活劳动（劳动力）与物化劳动的交换过程，而不是指物与物交换的实现过程。前者是劳动法的调整范围，后者则属于民法学研究的范畴。例如，劳动者和用人单位的生产资料相结合生产某种劳动产品，该产品在市场上出售时形成了买卖关系，虽然该关系也与劳动有关，但不是在实现劳动过程中发生的关系，而是流通中发生的交换关系，是由民法调整的民事关系。再如，农民在市场上出售自己生产的粮食而与买主之间发生的关系；作家把自己的劳动成果交给出版社而与出版社之间发生的关系；劳动者将自己的工资存入银行而与银行之间发生的关系等，虽然这些关系都与劳动有一定关系，但并不是在劳动过程中发生的，因此不属于劳动关系。[1]

（3）劳动关系兼有人身关系和财产关系的双重属性。劳动首先表现为人体的一种生理机能，是人的大脑、神经、肌肉感官等的耗费。劳动力存在于劳动者肌体内不能须臾分离。劳动者向用人单位提供劳动力时，也将其人身在一定限度内交给了用人单位。劳动力的支付过程，也就是劳动者生命的实现过程。劳动法最初就是从维护劳动者生存权出发来调整劳动关系的。因此，劳动关系就其本来意义来说，具有一定的人身性。正是人身性决定了劳动关系不能被简单地视为契约关系。另一方面，劳动关系又具有财产关系的属性。劳动是人们谋生的主要手段，即使在社会主义条件下，人们也还需要通过劳动来换取生活资料，因此劳动关系也必然体现为劳动力的让渡与劳动报酬的交换关系。作为一种财产关系，民法所调整的是主体之间因交换物化了的劳动（劳动成果）而发生的关系；而劳动法所调整的是活劳动与物化劳动相交换的关系。

（4）劳动关系具有纵向关系（隶属关系）和横向关系（平等关系）相互交错的特征。纵向关系一般代表的是隶属关系；横向关系代表的是平等关系。劳动关系产生在经济组织内部劳动者与经营者之间，具有某些横向关系和纵向关系的特征。首先，随着我国劳动用人制度的改革和劳动力市场的确立，劳动力配置由国家集中的一元统配决策，转变为用人单位与劳动者个人进行双向选择。因此，劳动关系是按照平等协商的原则建立起来的，可以说是一种横向关系的体现。其次，劳动关系一经确立，劳动者必须进入用人单位，使自己的劳动力归用人单位支配，并须服从用人单位的指挥和调配，遵守该单位的劳动纪律和规章制度。这就使用人单位与劳动者之间形成了一种职责上的隶属关系。在这里，劳动关系就体现为一种纵向关系。

（5）劳动关系以劳动的给付为主要内容。用人单位与劳动者之间建立劳动关系的主要内容就是劳动者向用人单位提供劳动力，给付劳动。与之相对应，用人单位应向劳动者支付工资作为对价。史尚宽先生认为："劳动关系谓以劳动给付为目的之受雇人与雇用人间之关系。"[2] 我国大陆的史探径先生也持类似观点。[3]

4. 劳动关系的种类。依据不同的标准，在不同国家或同一国家的不同时期，针对劳动关系可以有不同的分类标准。比较典型的分类有：

---

〔1〕 任扶善：《世界劳动立法》，中国劳动出版社1991年版，第4页。
〔2〕 史尚宽：《劳动法原论》，正大印书馆1978年版，第2页。
〔3〕 史探径：《劳动法》，经济科学出版社1990年版，第44页。

（1）以生产资料所有制为标准进行分类。在我国可以划分为全民所有制劳动关系、集体所有制劳动关系、股份制企业劳动关系、外商投资企业劳动关系等。这种划分，在我国计划经济以及计划经济向市场经济转轨过程中具有重要的法律意义，但随着市场经济的深入发展及劳动力市场运行规则的一体化，这种划分将逐渐失去意义。即不同所有制劳动关系将逐步按统一规则运行，劳动关系全部依据合同建立，劳动力市场配置机制将会进一步成为对劳动关系运行起支配作用的机制。

（2）以劳动关系所在产业为标准进行分类，如划分为工业劳动关系、商业劳动关系、农业劳动关系、服务业劳动关系等，甚至还会进一步划分建筑业、运输业、矿产业等类型的劳动关系。这种划分，有利于按照行业特色和要求制定相应的劳动标准。

（3）以劳动关系的特征为标准进行分类。可将劳动关系划分为标准劳动关系和非标准劳动关系。这是最具实践意义的分类。这种分类对我国劳动法的发展和完善具有十分重要的意义。标准劳动关系是最典型的劳动关系，完全符合劳动关系的构成要件，并适用全部劳动基准和集体合同规定。随着市场经济的发展，非标准劳动关系应运而生。非标准劳动关系在劳动时间、收入报酬、工作场地、职业培训、岗位安排、保险福利等方面不同于标准劳动关系。《劳动合同法》注意到了标准劳动关系和非标准劳动关系的区分，开始对非标准劳动关系的部分类型加以规范，以特别规定的方式，对劳动力派遣、非全日制用工形成的非标准劳动关系进行规范。

（4）以劳动关系是否具有涉外因素为标准进行分类，可将劳动关系划分为国内劳动关系和国际劳动关系。由于大量的双边协议、多边协议和国际公约的存在和执行，国际劳动力市场正在形成，劳工标准已经打破国界，但劳动法和劳工标准的执行仍然有国界，所以，就形成了国内劳动关系和国际劳动关系。

5. 我国劳动法调整劳动关系的范围。《劳动法》实施以来，劳动法调整劳动关系的范围有扩大的趋势，尤其是《劳动合同法》《劳动合同法实施条例》在较大程度上肯定了这一趋势。我国劳动法调整劳动关系的范围包括：

（1）中华人民共和国境内的企业、个体经济组织、民办非企业单位等组织的劳动关系。中华人民共和国境内的企业、个体经济组织、民办非企业单位等组织的劳动关系都是劳动法调整对象。

（2）国家机关的劳动关系。国家机关与所用工勤人员之间的劳动关系是劳动法调整对象。

（3）事业单位的劳动关系。事业单位的劳动关系的法律适用分为三类：①参照公务员管理的工作人员的劳动关系，适用公务员法；②实行聘用制人员的劳动关系有特别规定的，从其规定；③工勤人员及实行聘任制但无特别规定的人员的劳动关系适用劳动法。

（4）社会团体的劳动关系。社会团体的劳动关系的法律适用分为三类：①参照公务员管理工会、共青团、妇联等的工作人员的劳动关系，适用公务员法；②工会、共青团、妇联等的工勤人员的劳动关系适用劳动法；③工会、共青团、妇联等人民团体和群众团体以外的其他社会团体与其劳动者的劳动关系适用劳动法。

（5）劳动力派遣、非全日制用工形成的部分类型的非标准劳动关系。

（6）不具备合法经营资格的用人单位劳动关系。不具备合法经营资格的用人单位的劳动关系已被纳入《劳动合同法》的适用范围，进而被纳入劳动法的适用范围。这在我国劳动法治实践中，意义非常重大。

（7）个人承包经营的劳动关系。个人承包经营中的劳动关系有条件地纳入劳动法调整对象。在个人承包经营中，承包个人招用了劳动者，一旦违反了《劳动合同法》的规定，视为劳动者是与发包人建立了劳动关系，发包人要承担赔偿责任。

（8）依法成立的会计师事务所、律师事务所等合伙组织和基金会与其劳动者的劳动关系。依法成立的会计师事务所、律师事务所等合伙组织和基金会与其劳动者的劳动关系是劳动法调整对象。

农村劳动者、现役军人、家庭保姆、自然人用工等性质的劳动关系仍不属于我国劳动法调整的范围。

6. 全球化对中国劳动关系的影响。全球化是国际经济格局变革的产物。全球化对我国经济、法制建设，乃至政治、文化生活产生了巨大的影响，劳动制度的改革也不例外。在经济全球化的影响下，我国劳动关系的发展变化呈现出以下特点[1]：

（1）劳动关系的运行更加市场化。劳动力市场作为经济市场的重要组成部分，也需要遵循市场法则进入国际经济大循环。针对劳动关系市场化的要求，国有企业劳动关系面临着市场化的重大转换，如由企业承接的富余下岗人员转为失业方式，由政府、社会直接承接；企业破产、兼并、转让等市场经济行为的增多，带来了劳动关系的剧烈变动与冲突；人才流动更为普遍、频繁；工资标准由政府调控；企业面向市场与劳动者协商；劳动者公平就业权的保障尤为突显；等等。

（2）劳动关系的范围逐步趋于国际化。全球化刺激了越来越多外国企业来

---

[1] 这里有些观点参考了中国人民大学程延园教授的文章。

华投资，国内的一些劳动岗位也进一步向外国劳动者开放。这些涉外劳动关系的发展以及经济全球化的进程，要求对劳动关系的法律调整符合国际通行的"游戏规则"和国际公认的劳动标准与惯例。

（3）劳动关系的主体呈现单极化。全球化促进了中国产业结构的调整，对劳动关系带来了一定的影响。在产业结构转换过程中，进一步强化了劳动力需求方的优势地位，弱化了劳动力供给方的弱势地位，使贫富差距加大，加剧投资者对利润的强占和职工收入相对偏低的矛盾。这就使劳动法在建立人本主义法制、促进社会公平与进步方面面临许多新的问题。

（4）劳动关系的冲突表现社会化。劳动关系市场化程度越高，劳资对立的情绪越容易产生，处理不好就会引发劳动争议。在我国现阶段，一方面，代表职工利益的工会组织在相当程度上依附于企业管理层，难以发挥制衡作用，工会的活动模式也难以适应员工多元化的利益需求；另一方面，劳动争议数量剧增。现有的审理劳动争议案件的"一裁两审"体制，不能保障及时有效地解决争议，容易使劳动关系的冲突、对立呈现社会化趋势，进而引发社会问题。

7. 劳动关系与劳务关系的区别。劳务关系主要包括加工承揽关系、运输关系、保管关系、建设工程承包关系、委托关系、居间关系等。在实践中，区别劳动关系、劳务关系有着十分重要的意义，因为劳务关系属于民事关系，是由民法调整的，而对劳动者的保护当然是劳动法更全面。虽然二者有着密切的联系，即都是由当事人一方提供劳动力给他方使用，由他方支付劳动报酬。但是二者又有着本质的区别：

（1）双方当事人及其关系不同。劳动关系的当事人一方是劳动者，另一方是用人单位；劳动者必须加入用人单位，成为其中一员，并且遵守单位的规章制度；双方存在支配与被支配的关系，劳动者与用人单位存在着一定程度的人身依附关系。劳务关系的当事人一方或双方既可以是法人，也可以是其他组织，还可以是自然人；劳务提供者无须加入另一方，双方不存在支配与被支配的关系，不存在人身依附关系，基本上反映的是一次性使用与被使用劳动力的商品交换关系。

（2）劳动过程中的关注点与要求不同。劳务提供方应当向劳务接受方提供的是劳务行为的物化或非物化成果，接受方关注的是劳动成果。而劳动关系虽然也涉及具体的劳动数量和质量，对劳动成果也有一定的要求，但劳动关系的目的在于劳动过程的实现，而不单纯是劳动成果的给付，因此，劳动关系强调的是劳动过程和劳动条件。

（3）劳动风险责任承担的主体不同。作为劳动关系当事人一方的用人单位组织劳动，享有劳动支配权，因而有义务承担劳动风险责任；而劳务提供者在劳动过程中自担风险。

（4）劳动报酬支付方式不同。基于劳动关系发生的劳动报酬，其支付方式特定化为一种持续的、定期的支付。基于劳务关系发生的劳动报酬是劳务费，其支付方式一般为一次性劳务价格支付。

此外，在区分一般劳动关系和劳务关系，判断劳动者是否为用人单位的成员时，除前述的区分理论外，还可以考虑以下因素：①劳动者所从事的劳动是临时的，还是单位性质决定的正常岗位劳动；②劳动者与用人单位关系是否具有一定的稳定性；③劳动者从用人单位劳动所取得的收入是不是其劳动收入的主要来源。如果劳动者所从事的是正常岗位劳动，与用人单位关系稳定，其从用人单位中获得的收入为其主要生活来源，就应当确认双方是劳动关系。

（二）与劳动关系密切联系的某些社会关系也是劳动法调整对象的重要组成部分

这里涉及的与劳动关系有密切联系的社会关系，也可称为劳动附随关系或附随劳动关系。劳动法调整的基本对象是劳动关系，除此之外，劳动法还调整与劳动关系有密切联系的某些其他社会关系。这些社会关系本身虽然并不是劳动关系，但与劳动关系有着密切的联系。它的当事人一般有一方是劳动者或者用人单位，另一方则是劳动关系当事人之外与劳动关系运行紧密相关的主体，如劳动行政部门、工会、用人单位团体、职业培训机构、职业介绍机构、劳动争议处理机构、社会保险经办机构等。判断社会关系与劳动关系是否有密切联系，主要有以下三种方法：①看是否为劳动关系发生的前提。例如，劳动人事行政部门、用人单位主管部门与用人单位在职工招用和调配方面的社会关系；职业培训单位与劳动者、用人单位之间在就业前培训方面的社会关系；职业介绍机构与劳动者、用人单位之间在职业介绍方面的社会关系等。②看是否为劳动关系发展、变化所产生的直接后果，如社会保险机构与失业人员、退休人员之间在社会保险方面的社会关系等。③看是否为劳动关系产生、变更、消灭而附带的关系。例如，工会与用人单位、职工之间在保护职工合法权益方面的社会关系；劳动争议调解，仲裁机构与用人单位、职工之间在处理劳动争议方面的社会关系；劳动监察机构与用人单位之间在劳动监察方面的社会关系；等等。符合三点中其中一个因素的社会关系都可确定其与劳动关系有密切联系。就其性质而言，这些关系可以概括为以下几个方面：

1. 劳动行政关系，即行政机关和经授权具有行政职能的有关机构与用人单位及其团体、劳动者及其团体和劳动服务主体之间，由于执行劳动行政职能而发生的社会关系。

2. 劳动服务关系，即劳动服务主体与用人单位和劳动者之间由于为劳动关系运行提供社会服务而发生的社会关系，具体包括劳动就业、职业培训、社会保险、劳动保护等服务活动方面所产生的社会关系。

3. 劳动团体关系，即劳动者团体（工会）与用人单位团体之间、劳动者团体（工会）与其成员或用人单位之间、用人单位团体与其成员或劳动者之间，由于协调劳动关系和维护劳动关系当事人利益而发生的社会关系。

4. 处理劳动争议方面的关系，即劳动争议处理机构与用人单位、劳动者之间由于调处和审理劳动争议而产生的社会关系。

第二节　劳动法的理论基础

人本理论是现代意义上的劳动法产生的理论基础。人本主义思想集中体现在：人决定一切，人的权利应当受到尊重和关爱，人的权利不可随意被侵犯，人的权利应由法律保障实现，人权中核心的权利是生存权，而生存权的基础是劳动权。正如我国政府认为，生存权是中国人民长期争取的首要人权，而劳动者的劳动权是获得生存权的必要条件，没有劳动权，生存权也就没有保障。以保护劳动权为宗旨的劳动法自产生以来，对社会、经济发展起着巨大的作用，从而为世界各国所重视。

一、人权理论和人权保障运动是影响劳动法的一种重要力量

人权是一个内涵十分丰富的概念，同自由、平等、人道等原则相联系而存在，包括人身权利、经济权利、政治权利、社会权利、文化权利等多方面以及生存权、发展权等多层次的内容。

西方国家的人权理论中，早就提出了职业自由、反对强迫劳动、国家保护弱者、男女劳动平等、禁止雇用童工、保护女工、缩短工作日、实行社会保险、按劳分配报酬等主张，不仅为人权保障运动提供了理论武器和斗争目标，而且为劳动立法提供了理论依据。所以说，人权理论和人权保障运动的冲击，是劳动立法得以兴起和发展的重要原因之一，劳动立法是在一定意义上对人权理论的落实。"近代劳动法从人本立场出发，认为对劳动者人格之完成、社会地位之向上、经济地位之改善，才是劳动法基本宗旨所在，也同时是资本法律秩序存在的相对价值所在。"[1]

劳动法作为劳动者保护法，是人权保障立法的重要组成部分。在劳动法中，确认劳动力为劳动者所有，赋予劳动者在劳动关系中的法律主体地位，规定劳动者有就业、获得劳动报酬、休息、安全健康、取得社会保险、接受职业培训、组

---

[1]　黄越钦：《劳动法新论》，中国政法大学出版社2003年版，第18页。

织工会、参与企业管理等项权利，从而使人权（尤其是其中的生存权）具有了实在的内容和具体的法律保障。

二、保护劳动者，促进生产力的发展是劳动立法的目的

劳动者在生产力系统中是最活跃并处于主导地位的因素，生产力诸要素的有机结合和协调运行要由劳动者来组织，劳动资料和劳动对象只有通过劳动者的支配或操作才能由潜在的生产力因素变成现实生产力因素。因而，劳动法通过作用于劳动者而对整个生产力系统发生作用。

劳动法对生产力发展的促进作用主要表现在：①劳动法保障劳动力市场配置机制，使劳动力在社会范围的配置趋向高效率，从而提高全社会的生产力水平；②劳动法保护劳动力扩大再生产顺利进行，促进劳动力资源开发，从而为生产力系统的运行和发展提供劳动力资源条件；③劳动法保护劳动者物质利益和政治权利，调动劳动者的积极性，从而发挥劳动者在生产力系统中的能动作用；④劳动法保护劳动者的安全和健康，要求不断改善劳动条件，从而使劳动者在生产力系统的运行中能正常地发挥作用；⑤劳动法要求合理组织劳动过程，巩固劳动纪律，从而为提高生产力系统的运行效率创造组织条件。[1]

三、市场经济的发展使劳动法的地位得到进一步加强

劳动力市场是市场经济一个不可或缺的重要组成部分。劳动力市场、商品市场、资本市场构成完整的商品经济市场体系，只有在劳动力成为商品，劳动者作为劳动力所有者进入市场的条件下，才会有市场经济的存在。我国经济体制改革的实践表明，要建成社会主义市场经济体制，就必须通过市场配置机制来实现劳动力与生产资料的结合。然而，在市场中，劳动力是一种不同于一般商品的特殊商品，劳动力市场也是一种不同于一般商品市场的特殊市场，因而在用民法、经济法来规范劳动力市场，以保持劳动力市场与整个市场体系相统一的同时，还必须针对劳动力商品的特殊性，就劳动力市场的特殊规律，用劳动法进行规范，以保护劳动者在劳动力市场上的合法权益，并维护劳动力市场的运行秩序。

我国台湾地区劳动法学家黄越钦先生在其《劳动法新论》中讲到：劳动法是以维持市场经济资本制为前提的法。尽管世人如今都已否认劳动的商品性质，但在市场经济实况中，将劳动当作商品处理的情形仍难避免，这也是劳动法存在的特别有意义的地方，即可以拟制劳动商品化而建立以劳动者为中心的人本主义法制。

---

[1]　王全兴：《劳动法》，法律出版社1997年版，第81页。

第三节　劳动法的地位与作用

一、劳动法的地位

劳动法的地位，是指劳动法在我国社会主义法律体系中的地位。法学界多数学者认为，我国劳动法，既不是民法的一部分，也不从属于经济法，亦不是行政法的内容，而是同刑法、民法、诉讼法、经济法、行政法等部门法处于同等的法律地位。它是我国整个法律体系的重要组成部分，是一个独立的法律部门。本书亦持这样的观点。早在 1956 年，董必武同志在中国共产党第八次全国代表大会上的发言中就曾指出："党的第七次代表大会以后，特别是开国 7 年来，党领导的人民民主法制工作是有显著成绩的。我们不仅已经有了国家根本法——宪法，而且有了许多重要法律、法令和其他各项法规。现在的问题是，我们还缺乏一些急需的较完整的基本法规。"当时国家领导人把劳动法看作是急需制定的基本法律之一。再从我国现行立法体系来看，国家立法机构是将劳动法作为大社会法类的基本法之一来确立的。

（一）劳动法是一个独立的法律部门

1. 劳动法有自己特定的调整对象。划分法律部门的主要依据是法律调整的社会关系所特有的性质和内容。如前所述，劳动法调整的是特定的劳动关系和与劳动关系有密切联系的其他社会关系。这些关系不仅有人身关系和财产关系的内容，也有平等关系与隶属关系的特征。这是其他任何一个法律部门都无法调整和替代的。通过劳动法调整这些关系，合理组织社会劳动，保护劳动者的合法权益，维护和发展稳定和谐的劳动关系，对于提高劳动生产率，促进国民经济的发展和社会的进步，具有重要的意义。

2. 劳动法有自己特有的基本原则。关于劳动法的基本原则，在我国劳动法学界认识不一致。我们将其概括为：维护劳动者合法权益与兼顾用人单位利益相结合的原则；实行劳动行为自主与劳动标准制约相结合的原则；坚持劳动者平等竞争与特殊劳动保护相结合的原则；贯彻按劳分配与公平救助相结合的原则；坚持法律调节与三方对话相结合的原则。这些原则与民法的平等自由原则，经济法的宏观、微观经济协调原则，以及行政法的依法行政原则有着明显的不同。

3. 劳动法有自己完整的独立体系。从劳动法律规范构成形式来看，既有劳动法典，又有单行法规；既有实体法，又有程序法；还有劳动法执行的监督、检查法。从劳动法的内容来看，其在总则部分规定了劳动法的目的、原则、作用、适用范围及劳动者的基本权利等；在分则部分规定了促进就业、劳动合同与集体合同、工作时间与休息休假、工资、劳动安全卫生、特殊劳动保护、职业技能开发、社会保险与职工福利、劳动争议的处理及劳动监督检查等。总则与分则构成了一个完整的法律体系。

4. 司法实践中劳动法早已被确认为一个独立的法律部门。劳动法作为独立的法律部门，并非始于我国，也并非只有社会主义国家才是如此。劳动法是从19世纪初开始，为了适应社会经济发展的客观需要，并经过工人阶级的长期斗争，而逐步发展成为一个独立的法律部门的。从19世纪到20世纪初，资本主义国家调整劳动关系的法律有两种类型：一种是民法，按照契约自由原则，调整雇用劳动关系。这种类型以德国民法的规定最为典型。另一种是工厂法以及其他各种单行劳动法规，其内容包括职业安全与卫生、职业训练、就业、保险、救济、工会组织等诸多方面，这些都是民法典中难以包含的内容。以20世纪20年代法国和苏联着手编纂劳动法典为契机，调整劳动关系的两类法律规范汇集到一起，构成了劳动法这个法律部门。

我国劳动法有自己的发展历史。中国共产党成立后不久（1922年七八月间），中国劳动组合书记部就提出了劳动立法的四项原则和"劳动法大纲"19条。1931年土地革命时期，中华苏维埃共和国制定了《中华苏维埃共和国劳动法》。抗日战争时期，党的各个革命根据地都制定了劳动法。解放战争时期，中国共产党于1948年在哈尔滨组织召开的第六次全国劳动大会，确定了劳动立法的原则和内容。新中国成立后，根据《共同纲领》和《宪法》确定的原则，我国在各个发展阶段制定了一系列劳动法规。随着劳动制度的改革和社会主义市场经济体制的确立，我国于1994年7月5日颁布了《中华人民共和国劳动法》，从而最终奠定了劳动法作为一个独立法律部门的地位。

（二）劳动法和民法、经济法、行政法及社会保障法的区别

1. 劳动法与民法的区别。①两者的调整对象不同。民法调整平等主体之间的财产关系以及与财产关系有密切联系的人身关系；劳动法调整的对象则是劳动关系以及与劳动关系密切联系的其他社会关系。②两者的主体不同。民事法律关系主体双方可能是自然人、法人、其他组织，也可能是一方为自然人，另一方为法人、其他组织；劳动法律关系的一方必须是劳动者，另一方为用人单位（劳动力使用者）。③两者调整的原则不完全相同。民法以平等主体双方意思自治、等价有偿等为原则；劳动法除一般性双方平等原则外，对某些主体还有特殊保护原则以及国家干预原则，如对女工与未成年工的特殊保护。但劳动法调整的某些关系也可能不是等价有偿的，如社会保险中的一些关系。

2. 劳动法与行政法的区别。①调整对象不同。行政法调整的对象主要是国家行政机关在行使国家行政职能活动中发生的关系；劳动法调整的对象主要是劳动者与用人单位在劳动过程中发生的劳动关系。②法律关系的主体不同。行政法

律关系发生在国家行政机关之间、国家行政机关与相对人之间，行政法律关系主体一方必定是国家行政机关；劳动法律关系主要发生在劳动者与用人单位之间，主体一方必定是劳动者。③法律关系的产生根据不同。行政法律关系是根据国家行政机关的行政职能在执行职务活动中产生的，具有单向性，即这种法律关系，只要具有该项职权的国家机关单方意思表示即可产生，无须征得另一方当事人同意；劳动法律关系是根据劳动法律、劳动合同和集体合同产生的。

3. 劳动法与经济法的区别。①调整对象不同。经济法调整的是由于国家干预和纵向管理经济而形成的，以国家为一方主体同其他各方主体之间的特定的经济关系；劳动法主要调整劳动者与用人单位之间的劳动关系。②目的不同。经济法的目的在于加强国家对经济活动的宏观调控，提高企业的经营管理水平与经济效益；劳动法的目的在于保护劳动关系双方的合法权益，归根到底是保护劳动者的合法权益，进而促进社会生产力的发展。

4. 劳动法与社会保障法的区别。劳动法与社会保障法的关系密切：社会保险是二者交叉的部分；二者立足点都是保护弱势群体，实现社会公平和社会安定。但二者又是相互独立、相互并列的两个法律部门，调整对象和调整方法是不同的。从调整对象上讲，社会保障法调整的是社会保障、社会救济、社会福利等社会关系；劳动法调整的是劳动关系以及与劳动关系密切联系的其他社会关系。从调整方法上讲，劳动法通过基准法、集体合同、劳动合同对劳动关系进行调整，而社会保障法更注重国家的责任与作用。

二、劳动法的作用

劳动法以规范劳动行为、调整劳动关系为主要内容，并以保护劳动者的合法权益为立法宗旨。劳动行为是社会的基本行为，劳动关系是社会关系中的核心部分，而劳动者则是这部分关系中的主力军。劳动关系能够得到科学合理的调整，就会形成稳定和谐的氛围；劳动者的合法权益能够得到有力的保障，便会产生极大的劳动积极性和创造性，这些正是促进社会生产力发展和推进社会进步的必要条件。反之，这部分社会关系如果调整不好，就有可能引发矛盾的激化，进而直接阻碍生产力的发展，影响社会的安定团结。由此可见劳动法对社会、经济的发展所起的重要作用。劳动法在我国现实生活中的作用可以概括为以下几个方面：

（一）保护劳动者的合法权益，调动劳动者的生产积极性和创造性

在我国社会主义市场经济条件下，从劳动关系的主流看，虽然劳动者与用人单位在根本利益上是一致的，但二者不可避免地存在着具体利益的矛盾与冲突。用人单位作为独立面向市场的主体，在市场竞争机制的驱动下，不得不考虑以最小的成本获取最大的利润。这样就很容易在劳动待遇、劳动条件等方面侵犯职工的权益，从而挫伤劳动者的生产积极性。为此需要用法律来保护劳动者的合法权

益，确立劳动者主人翁的地位。而从劳动法产生和发展的历史可以看出，它的主要任务就是保护劳动者的利益。劳动法确认劳动力为劳动者所有，赋予劳动者在劳动关系中与用人单位处于平等的法律地位；规定劳动者享有就业与选择职业、获得劳动报酬、休息、劳动安全与卫生、社会保险和福利待遇等权利；规定用人单位负有向劳动者提供劳动待遇、劳动条件与生活条件等义务，从而使劳动者的权益有了法律保障。劳动者的权益能依法得以实现，在以按劳分配原则为主建立的分配机制的激励下，在国家、企业、劳动者的利益共同体中，劳动者的生产积极性和创造性便能得到充分的发挥。

（二）合理组织社会劳动，提高劳动生产率

解放生产力、发展生产力，消灭剥削、消灭贫穷，实现全社会成员的共同富裕，是我国社会主义的本质所在。劳动力是生产力的决定性要素。合理地组织社会劳动，不断改进劳动组织，充分发挥劳动者在劳动过程中的主观能动性，就可以不断地提高劳动生产率和经济效益，促进生产力的发展。劳动法在这一方面的促进作用具体表现为：①通过规范劳动力市场，确立劳动合同制度，促进人才合理流动，使劳动力资源得以合理配置，使劳动力与生产资料的结合趋于最佳状态。②通过实行职业技能开发制度和职业资格证书制度，确保和不断提高劳动者队伍的整体素质，以适应现代化大生产的要求。③通过实行按劳分配和其他激励制度，充分调动劳动者的生产积极性和创造性。劳动者主观能动性的充分发挥，是推进科学技术发展的根本动力。④通过保护劳动者在生产过程中的安全与健康，并要求用人单位不断改善劳动条件，使劳动者在生产力系统的运行上能够正常发挥作用，也使劳动过程能够得以顺利实现。⑤通过要求合理组织劳动过程，巩固劳动纪律，从而为提高劳动生产力创造组织条件。总之，劳动法从保护劳动者的利益出发，以期最终达到调整劳动关系和促进社会生产力发展的目的。

（三）规范劳动力市场，完善市场运行的法律保障体系

我国实行社会主义市场经济体制，市场经济要求一切生产力要素进入市场，以市场作为配置的基础手段。其中，劳动力市场是市场经济的一个重要组成部分，只有使劳动力的开发、配置和使用趋向社会化、商品化，并通过市场竞争机制，使劳动力与生产资料的结合处于最佳状态，才能创造出最好的劳动效益。然而，由于劳动力商品的特殊性，劳动力市场不同于其他生产力要素市场。在其运行中，除须遵循市场经济的一般法律原则外，还需要通过劳动法对劳动力市场加以具体规范，包括界定供求主体与中介主体资格，规范市场行为，明确劳动主体的权利、义务与责任等。我国劳动力市场确立和发展的实践证明，没有相应的法律规范，就不能发挥市场运行的积极效应。劳动法作为我国社会主义市场经济法律体系的一个重要组成部分，它的颁布与实施，填补了我国市场经济法律保障体

系的空白。劳动法对劳动力市场的具体作用主要有：①确认劳动者有就业和选择职业的权利，明确劳动关系供求双方及市场中中介机构的法律地位，保证主体具有相应的行为能力和责任能力。②规定劳动合同制度，要求建立劳动关系须签订劳动合同，即以劳动合同作为确立劳动关系的法律形式，为劳动关系的供求双方相互选择和享受权利、履行义务提供法律条件。③实行各种劳动标准制度，如工时休假、工资保障、劳动安全卫生及特殊劳动保护制度等，使市场确立的劳动关系中的劳动者基本权益得到保障。④实行统一的社会保险制度，为劳动者的合理流动和劳动力再生产提供基本保障。⑤实行集体协商、调解、仲裁等制度，为预防和化解劳动争议，保障劳动力市场顺利运行提供有效的法律手段。

（四）维护和发展稳定和谐的劳动关系，促进社会安定团结

社会安定是一个国家政治稳定、经济繁荣和社会进步的重要前提。没有这个前提，深化改革以及经济的持续、稳定发展，都不可能顺利进行。而劳动关系的存在与发展，是直接关系到社会安定的重要因素，劳动法的功能就在于通过规范劳动行为，使主体双方在各自的权利义务范围内，沿着法律设定的轨道进行合作与联系，从而形成稳定和谐的劳动关系，以利于社会的安定团结。劳动法的这一作用，首先由其产生和发展的历史背景给予了证明。劳动法是资本主义社会劳资矛盾激化和工人运动不断高涨的产物，它以限制资本家对工人的剥削程度为主要内容，从而缓和了阶级矛盾和协调了劳动关系。在我国社会主义现阶段，劳动法的这一作用也得到了验证。我国社会主义公有制决定了劳动者与用人单位之间在根本利益上的一致性，但是存在着非对抗性的矛盾，特别是在物质利益方面还存在着矛盾和冲突，随着我国市场经济的进一步发展，非公有制背景下的劳动者与用人单位也存在诸多矛盾。这些矛盾与冲突如能及时化解、处理，就能使劳动关系保持协调与稳定，否则就会影响社会的安定。因此，我们必须高度重视和充分发挥劳动法对社会安定的保障作用。

此外，劳动法与社会进步的关系还在于：劳动者的劳动权利是获得生存权的必要条件。劳动法对劳动者基本权利的保护是符合国际人权理论的。在历史上，人权理论与人权保障运动是影响劳动立法的一种重要力量，如人权理论中提出的职业自由、反对强迫劳动、男女平等、保护弱者、缩短工作时间、实行社会保险等，都是劳动法的立法依据和目标。劳动法对劳动者劳动权利保护的程度，被看作是一个国家人权保障的标志。我国《劳动法》《劳动合同法》《就业促进法》《劳动争议调解仲裁法》《社会保险法》等的颁布实施，是我国人权保障制度化、法制化的一个重要标志。

第四节　劳动法渊源及其体系架构

一、劳动法的渊源

劳动法的渊源，亦称劳动法的形式，是指劳动法律规范的具体表现形式。它表明劳动法律规范以什么形式存在于法律体系中。我国劳动法的渊源，按其效力层次与范围的不同，可以分为以下七类：

（一）宪法

宪法是一个国家的根本大法，它具有最高的法律权威和法律效力。我国宪法关于劳动者基本权利义务及与劳动问题相关的经济制度的规定是我国劳动立法的基础和最高法律依据，同时又是劳动法律规范的一种表现形式。

（二）法律

法律包括全国人民代表大会制定和修改的基本法及全国人民代表大会常务委员会制定和修改的其他法律，其效力仅次于宪法。作为劳动法律，在我国有《劳动法》（狭义劳动法），它是调整劳动关系的基本法；有单项法律，如《劳动合同法》《就业促进法》《劳动争议调解仲裁法》《社会保险法》《工会法》《矿山安全法》；还有涉及劳动问题规定的其他法律，如《妇女权益保障法》《公司法》等。

（三）行政法规

行政法规指由国务院根据宪法和法律的有关原则制定发布的各种劳动行政法规，其法律效力具有普遍性，是我国当前调整劳动关系的重要依据。劳动行政法规在我国为数较多，涉及的面也较广，如《禁止使用童工规定》《工伤保险条例》《劳动保障监察条例》《劳动合同法实施条例》等。

（四）部委规章

部委规章指国务院劳动行政部门单独或会同有关部门制定的专项劳动规章。如《工伤认定办法》《最低工资规定》《集体合同规定》等多个配套规章，这些都是调整劳动关系的重要规范。

（五）地方性法规和地方性规章

地方性法规，是指省、自治区、直辖市以及省、自治区的人民政府所在地的市、经济特区所在地的市和经国务院批准的较大的市的人大及其常委会制定的规范性文件。地方性规章是指省、自治区、直辖市人民政府以及省、自治区的人民政府所在地的市，经济特区所在地的市和经国务院批准的较大的市的人民政府制定的规范性文件。这些地方性法规或规章中有关劳动问题的规定均属于劳动法渊源的范畴。

（六）国际劳工公约

国际劳工组织通过的劳工公约经我国政府批准后，便在我国产生法律效力，应保证其实施。包括：1984 年 5 月我国承认的旧中国政府批准的 14 个国际劳工公约和 1984 年以来新批准的公约，如 2002 年 6 月 29 日批准的《禁止和立即行动消除最恶劣形式的童工劳动公约》（第 182 号公约）、2005 年 8 月 28 日批准的《消除就业和职业歧视公约》（第 111 号公约）以及 2016 年 11 月 12 日将正式对我国生效的《2006 年海事劳工公约》等。截至 2015 年 8 月 28 日，我国已正式批准了 25 个国际劳工公约[1]，这些公约也是我国劳动法的组成部分。

（七）规范性劳动法律、法规解释

规范性劳动法律、法规解释是指法定对劳动法律、法规有解释权的国家机关，就劳动法律、法规在执行中的问题所作的具有普遍约束力的解释。在我国，一般是国务院劳动行政主管部门享有该解释权。

（八）其他

如国际惯例等。

二、劳动法体系

劳动法体系，是指按照一定标准将劳动法律规范的内容分类组合，形成结构严密、形式完整的有机统一体。关于劳动法体系，经过学者们多年来的研究和探讨，目前我国劳动法学界已基本达成共识，认为劳动法体系结构的总体框架为：

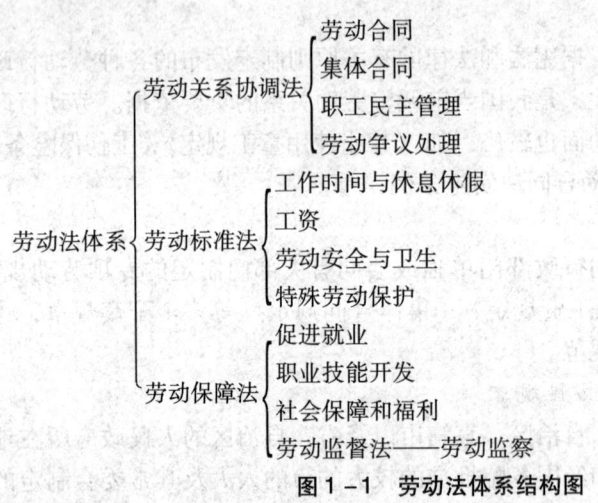

图 1-1　劳动法体系结构图

具体来说，劳动法的内容体系包括下列制度：

---

[1]　"全国人大常委会批准我国加入国际劳工组织《2006 年海事劳工公约》"，载《中国劳动保障报》2015 年 8 月 28 日。

（一）就业促进制度

充分的就业和稳定的就业形势，是保障人民生活、维持社会经济发展和社会安定的重要条件，因而为世界各国劳动法所规定。就业促进制度规定的主要内容有就业促进方针、就业促进主体、就业促进政策支持、就业保障、就业服务与管理等。

（二）劳动合同制度

劳动合同是市场经济国家确立劳动关系的基本法律形式，因而劳动合同制度成为世界各国劳动法的核心内容。劳动合同制度包括对劳动合同的形式、种类、主要条款及订立、变更、解除与违约责任的规定。

（三）集体谈判与集体合同制度

集体谈判是指劳动者以工会或集体谈判团体的名义，同雇主就改善劳动条件、提高劳动待遇及处理劳动关系问题进行谈判、交涉的一种制度，我国称之为集体协商。当谈判达成一致意见时，其成果体现就是订立集体合同。集体谈判与集体合同制度是缓和劳资矛盾、协调劳动关系、维护正常的劳动秩序与生产秩序的有效手段，因而为各国法律所认可，并成为劳动法的重要内容之一。集体谈判制度主要包括谈判的主体、对象和程序，在谈判过程中对劳动者谈判权的保护，以及政府有关部门在谈判中的作用等。集体合同制度一般包括集体合同的订立、变更、解除、形式及效力等内容。

（四）劳动标准制度

劳动标准，亦称劳动基准，是国家为保护劳动者的利益而制定的有关劳动条件与劳动待遇的最低标准。用人单位只能高于劳动标准向劳动者提供劳动条件和劳动待遇，而不能低于劳动标准约定劳动条件和劳动待遇。劳动标准制度具体包括以下四项内容：

1. 工作时间和休息休假。这方面主要是：规定日工作时间和周工作时间的最长限度；规定休息日、法定节假日和年休假；规定加班加点的限度和加班加点工资等。

2. 工资。这方面主要是：规定工资分配原则和用人单位的分配自主权；规定最低工资标准的确定及工资的支付形式和支付时间等。

3. 劳动安全与卫生。这方面主要是：规定用人单位和劳动者必须执行的劳动安全与卫生规程及标准；规定伤亡事故和职业病的统计报告和处理制度；规定劳动安全卫生管理制度等。

4. 特殊劳动保护。特殊劳动保护的对象是女职工和未成年工。这方面主要是：规定女职工的"四期"（经期、孕期、产期和哺乳期）保护和禁忌从事的劳动范围；规定未成年工禁忌从事的劳动范围和定期健康检查制度。

（五）社会保险制度

社会保险一般包括养老保险、疾病保险、工伤保险、失业保险和生育保险，目的是使劳动者在年老、患病、工伤、失业和生育等情况下能够获得物质帮助和补偿。它是劳动者生活保障权的体现，因而成为各国劳动法的重要内容。社会保险制度一般规定社会保险的种类，社会保险基金的筹集、管理和运营，社会保险待遇的享受范围、条件和标准等。

（六）劳动争议处理制度

劳动争议处理是协调劳动关系、化解劳动关系矛盾、矫正劳动关系扭曲的重要途径。劳动争议处理制度主要包括劳动争议处理机构、劳动争议处理机构的受案范围、劳动争议处理程序等规定。

（七）劳动监察制度

劳动监察是指享有监察权的国家专门行政机关，对用人单位执行劳动法律、法规的情况，依法进行监督检查的活动，以确保劳动法的切实贯彻实施。劳动监察制度主要规定劳动监察机构及其职权，劳动监察范围、程序及劳动监察处理等内容。

（八）法律责任

法律责任是指有关单位或个人违反劳动法律、法规及劳动合同应当承担的法律后果。劳动法中的法律责任主要包括：违反劳动合同法的法律责任、违反劳动基准法的法律责任、违反就业促进法和社会保险法的法律责任等。

■思考题

1. 如何准确界定劳动法的调整对象？
2. 劳动法的适用范围应当如何界定？
3. 如何理解劳动法的地位与功能？
4. 劳动法的基本内容有哪些？

第二章　劳动法的产生与发展

■ **学习目的和要求**

　　本章内容主要是关于劳动法的产生和发展。通过本章的学习，理解劳动法产生的社会基础以及劳动法产生的原因；了解 19 世纪工厂立法的有关情况和内容、初期劳动法的特点、外国的劳动立法概况、我国不同历史时期劳动立法的主要内容、国际劳工组织的成立与发展；掌握国际劳动立法的概念、内容。

　　劳动法以市场经济为其存在的基础，产生于资本主义社会。随着资本主义生产关系的发展及工人运动的高涨，劳动法在自由资本主义时期和垄断资本主义时期均得到了发展，并趋于完善。社会主义国家也非常重视发挥劳动法的功能与作用。市场国际化的趋向，使国际劳动法成为各国劳动法的重要组成部分。

第一节　劳动法的起源

　　自从有了国家与法，劳动关系作为生产关系的重要组成部分，就成为法调整对象的一部分。但调整劳动关系的专门法——劳动法，却是在人类社会发展到一定历史阶段才开始出现的。

　　资本主义社会以前没有专门调整劳动关系的法律。在古代奴隶社会，奴隶完全没有人身自由，奴隶只是物；在封建社会，劳动者也没有完全的人身自由，不能摆脱对剥削者的人身依附，因而劳动者与劳动力使用者之间的关系，不只是单纯的劳动关系，更存在着人身和财产的所有关系。所以，在各国的古代法律中，虽然已经有了调整劳动关系的规范，然而这些规范并不能离开调整其他社会关系的法律而存在。

　　专门调整劳动关系的法律起源于资本主义社会。资本主义的产生和发展需要两个前提：①广大的农民和手工业者被剥夺生产资料后沦为可以"自由"出卖劳动力的劳动者；②剥削者手里积累大量货币资本。在资本主义发展初期，资本势力还不够强大，单凭经济的强制还不能满足资本家获取最大限度的剩余劳动的需求，因而需要凭借国家权力来给予保护，于是出现了历史上最早的"劳工法规"。具体来讲，在资本主义制度产生最早的英国，为了强制被剥夺了土地的农民从事雇佣劳动，以满足新兴的工场手工业对劳动力的迫切需要，曾经颁布过许多强迫劳动的法律。如英国亨利八世时期曾明文规定，对流浪者给予鞭打；如再度流浪，则予以逮捕；三度流浪就要当做重罪犯人或社会敌人而处死。同时，英国政府为了帮助资本家加强剥削，还制定了许多强制工人接受苛刻劳动条件的法律，其中有些是延长工作时间的，有些是限制最高工资的。在 14 世纪～18 世纪中叶，欧洲其他资本主义国家也先后制定了类似的法律，以保障资本家能够榨取工人更多的剩余劳动。当时人们把这种"血腥立法"统称为"劳工法规"。"劳工法规"虽然是调整资本主义劳动关系的法律，但还不是现代意义上的劳动法，因为"劳工法规""自始就是为了剥削工人，并且在进行中总是直接和工人居于敌对地位的关于劳资雇佣劳动的立法"[1]。这与现代意义上的劳动立法宗旨是背道而驰的。

现代意义上的劳动法是在 18 世纪产业革命以后，劳资关系日趋紧张，工人运动不断高涨的条件下产生的。它是以限制资本家对劳动者剥削程度为内容的法规。

18 世纪产业革命以后，随着大工业的兴起，资产阶级的势力大大加强，而大多数的劳动者，由于生产资料被剥夺，在失业和饥饿的胁迫下，不得不接受资本家规定的任何苛刻条件。在这种情况下，用法律来规定有利于资本家的劳动条件已经没有必要，于是资本主义国家对于劳动关系采取了"自由放任"的不干预政策。资本家为了最大限度地获取剩余价值，利用经济手段强制把工作日延长到 14 或 16 个小时甚至 18 个小时，这种远远超过工人生理界限的工作日长度，加上极端恶劣的工作场所，极大地破坏了工人的健康，伤亡事故和职业病经常发生，死亡率猛增，工人的平均寿命日趋缩短。工人们为了保卫自己的生存权利，在 18 世纪中叶以后，就自发地和资本家进行斗争，除采取破坏机器、罢工等方式外，还要求政府颁布法律来限制工作日长度。随着工人阶级斗争的日趋高涨，再加上受 18 世纪启蒙运动和法国革命的影响，某些社会政治力量也开始同情和支持工人，迫使资本主义国家不得不制定法律来限制资本家对工人的剥削程度。

1802 年英国议会通过的《学徒健康与道德法》，规定纺织童工的最低年龄为 9 岁，纺织厂不得雇用 9 岁以下的学徒；童工每天工作不得超过 12 小时，而且限于清晨 6 时至晚间 9 时之间，禁止童工做夜工。《学徒健康与道德法》是资本主

---

[1]　[德] 马克思：《资本论》（第 1 卷），人民出版社 1963 年版，第 814 页。

义"工厂立法"的开端，而"工厂立法"与以前的劳工立法相比有了质的变化，它是为了保护工人利益而制定的，因此是现代意义上劳动法产生的标志。在此后的几十年中，英国议会又陆续通过了几项法规，对童工的年龄作出了进一步的限制，并将限制工作时间的范围由童工扩大到女工。1847 年英国颁布的《十时间法》规定，13~18 岁的童工以及女工的日工作时间不得超过 10 小时。此后，工厂立法逐渐适用于英国的一切大工业。

以英国立法为开端，其他工业发达的资本主义国家也先后出现了"工厂法"。德国于 1839 年颁布了《普鲁士工厂矿山条例》，该法规定禁止未成年工从事每天 10 小时以上的劳动和夜间劳动。法国于 1841 年和 1879 年分别颁布法律，对限制童工工作时间以及限制女工工作时间和女工工资等问题作了规定。1848 年加利福尼亚州颁布了一项禁止 9 种工厂使用 12 岁以下儿童的法律。瑞士于 1848 年颁布了第一个限制未成年人工作时间的法律。

基于上述内容，可以说，现代意义上的劳动法起源于 19 世纪初期的"工厂法"，是从以英国为首的一些西欧资本主义国家开始的。因为工厂法一定程度上体现了劳动法对劳动者保护的要旨，而劳动法的产生则是工人阶级为了维护自身利益而长期斗争的结果。

第二节 外国劳动立法简况

一、资本主义国家的劳动立法

资本主义国家劳动立法的进程可分为两个阶段，即自由资本主义时期和垄断资本主义时期。

（一）自由资本主义时期的劳动立法

19 世纪中叶以后，资本主义社会的自由竞争已占据统治地位，各国相继进入了自由竞争的资本主义阶段。随着资本主义经济的发展和各国工人运动的普遍高涨，再加上"工厂法"的产生，各国对劳动法的作用更加重视，进而颁布了许多"工厂法"。如德国于 1891 年颁布了《德意志帝国工业法》，法国于 1847 年制定了《劳动保护法》，英国分别于 1910 年、1908 年制定了《工厂及作业场法》和《煤矿业限制法》，俄国于 1882 年制定了《雇用童工、童工劳动时间和工厂检察机构法》等，这些都是这一时期工厂立法的重要成果。从立法的国家来看，除了西欧几个主要的资本主义国家以外，这一时期其他一些资本主义国家，如意大利、俄国、比利时、奥地利等国也先后颁布了限制工作时间和改善劳动条件的法律；有些附属国和殖民地，如澳大利亚、新西兰、加拿大和印度等，在 19 世纪末也都颁布了类似的法律。自由资本主义时期的劳动立法，较之初期阶段，在内容和范围上都有了较大的进展，具体表现在：

1. 进一步缩短了劳动时间并扩大了适用范围。如英国于 1847 年颁布了《十时间法》，规定纺织工业的女工和童工实行每日 10 小时工作制；1867 年和 1878 年的两项法律又把以前"工厂法"的规定推广适用于雇用 50 人以上的所有工业企业，即"工厂法"的适用范围逐渐扩大。同一时期，法、德等国也颁布了类似的法律。

2. 增加了改善劳动条件的一些规定。如法国的《劳动保护法》、英国的《煤矿业限制法》、俄国的《雇用童工、童工劳动时间和工厂检察机构法》等，分别规定了限制童工、女工从事夜间工作，改善工厂、矿山的安全卫生条件，建立工厂检察制度等内容。这在一定程度上反映了"工厂法"内容的不断充实化。

3. 出现了工资保障的法律。首先是限制资本家对工人任意罚款和扣发工资，后来发展到实行最低工资法，如沙皇俄国被迫取消了罚款的法律；英国在 20 世纪初设立劳资协商会来议定某些产业和地方工人的最低工资标准；澳大利亚和新西兰也相继采用由仲裁委员会决定最低工资的办法。而且，新西兰 1894 年的《最低工资法》是世界上最低工资立法的开端。

4. 出现了承认工会组织合法地位的法律。英国议会早在 1824 年就废除了 1800 年实行的禁止工人组织工会的法律，承认工人有组织工会和罢工的权利。1859 年、1871 年和 1875 年英国又 3 次修正和补充了有关工会和罢工的法律。法国于 1864 年解除了罢工的禁令，1884 年承认工人有组织工会的自由。其他一些国家也有类似的规定。

5. 出现了社会保险法。社会保险成为劳动法的内容是从德国率先开始的。1883 年，俾斯麦政府为了缓和国内阶级矛盾，分化国际工人运动，颁布了《劳工疾病保险法》，次年又实行了《工人赔偿法》，其内容包括劳动者疾病保险、残疾和老年保险、雇主对工人伤亡事故承担直接责任等。英国也于 1897 年颁布了《工人赔偿法》，以后又实行了健康和失业保险。

6. 出现了解决劳资纠纷的法律。新西兰于 1890 年通过立法，第一个开始对劳资纠纷实行强制仲裁，其他先进的工业国家也先后在劳动立法中规定了解决劳资纠纷以及处理纠纷的法律程序。

总之，在自由资本主义时期，劳动法有了一定的发展，表现为：工厂立法的适用范围越来越广，内容越来越充实，逐步在摆脱资本主义经济发展初期工厂立法的范畴。但是该时期的发展进程比较缓慢，而且很不平衡，也不稳定，不但劳动法的效力范围有限，而且对劳动法的贯彻实施还缺少必要的保障。

（二）垄断资本主义时期的劳动立法

19 世纪末 20 世纪初，随着生产的集中，在一些发达的资本主义国家，垄断代替了自由竞争，资本主义开始进入了垄断资本主义阶段。这一时期，资本主义社会所固有的各种矛盾进一步尖锐化，其中雇佣劳动与垄断资本之间的矛盾也更加激化。在不断高涨的工人运动的压力下，资产阶级不得不做出让步。因此，以改良主义作为主要方法，资产阶级劳动法得到广泛而迅速的发展。

垄断资本主义时期，劳动法的内容和范围比以前有了进一步的充实和扩大。过去的"工厂立法"多半带有片面性，只涉及劳动关系的一些主要方面，这时的劳动法内容逐步增加，基本上包括了劳动关系的所有方面，如在劳动合同、集体谈判与集体协议、学徒培训、劳动报酬、工作时间、女工与童工、安全与卫生、社会保障、工会组织、劳动纠纷的处理等方面均有了相应的法律；过去的"工厂立法"主要适用于工业无产阶级，这时的劳动法一般都扩大了适用范围，涉及了所有的经济部门，如工业、交通、商业等部门的工人和职员。这样就使劳动法成为一个内容比较完备、范围比较广阔的独立的法律部门。

需要指出的是，垄断资本主义阶段，特别是在二次世界大战期间和以后的一段时间内，资产阶级劳动法的发展经历了一个曲折和反复的过程。当工人运动高涨时，劳动法就得到重视和发展；当工人运动受到镇压处于低潮时期，资产阶级国家就通过立法剥夺和限制劳动者的权利，如德国法西斯政权建立后于1934年颁布的《国民劳动秩序法》，取消了工会和工厂委员会，确认雇主和职工之间是主仆关系，职工须绝对服从雇主；1938年又颁布法律，授权雇主延长工时至14小时甚至16小时，而且无须给予附加报酬。第二次世界大战爆发后，德、意、日等法西斯国家还实行了强制劳动制度。英、美、法等资本主义国家在二战前经济大萧条时期，采取了一些比较开明的法律措施。美国于1935年颁布了《国家劳动关系法》，承认工人有罢工权，工会有代表工人同雇主订立集体合同的权利。同年，还颁布了《公平劳动基准法》，规定工人的最低工资标准和最高工时限制，以及超过标准工时的工资支付办法。英国在此期间颁布了关于缩短女工和青工工时、实行年休假制度以及改善安全卫生条件等方面的法律。同时期法国也颁布了类似的法律。至第二次世界大战爆发后，各国为了适应"战时"的需要，均大大降低了已有的法定劳动条件。二战以后的一段时间内，英、美、法等国还多次实行"冻结"工资的政策，致使工人的实际工资水平不断下降。

然而，不论是镇压工人运动，还是恶化劳动条件，垄断资产阶级都不能抑制工人运动的高涨，各国的罢工运动逐年增长，并且越来越具有长期性和群众性。在罢工斗争的推动下，各资本主义国家的劳动立法从总体上讲还是得到了发展的，特别是进入20世纪六七十年代以来，由于经济发展和社会环境的安定，一些主要资本主义国家相继制定和修订了一系列改善劳动条件的法律，如美国颁布了同工同酬、综合就业与训练、就业机会均等等法律；英国颁布了关于雇用保障、社会保障、劳动卫生与安全等法律；法国颁布了关于改善劳动条件、男女同酬、限制种族歧视等法律；意大利颁布了关于雇用平等、工人保护、工资保障等法律；加拿大颁布了劳工标准法；日本重新修订了《劳动标准法》《工会法》和《劳动关系调整法》，并制定了关于最低工资、劳动安全与卫生、就业措施、失业保险、职业训练、女工福利等法律。

20世纪末以来，世界格局发生了深远的转变，如苏东瓦解、冷战结束、经济（进而政治、文化）全球化、工业化向信息化快速发展、贫富差距拉大和两极分化加深，失业和贫困化加剧，社会条款之争、强资本弱劳工问题日益突出，等等，这一切使得劳动法的发展面临诸多冲击和挑战。

当代资本主义国家劳动法呈现出以下特点[1]：①劳资关系相对缓和。整个19世纪乃至20世纪大部分时间，各国劳动法都深深打上了阶级斗争、劳资冲突和东西意识形态藩篱的烙印。21世纪劳资关系的主要特征，正随着全球意识形态的退潮而逐渐浮现。工业革命以来曾经被认为是劳资间互动基础的"阶级斗争"正逐渐消失，以"合作"为本质的劳资关系体制则逐渐形成。展望21世纪，劳动问题的核心正由过去的工资斗争转趋务实，劳资政三方合作共同提升工作环境的品质，落实工作环境权。②劳资关系以社会保障体系为基础。第二次世界大战结束后，解决劳动问题的主要手段，逐渐超越单纯劳动法的范畴，借由社会法所建立的社会保障体系，成为普遍的发展趋势。尤其是21世纪全球化与信息化的时代中，高度竞争、变动不居的劳资关系，使得社会保障体系的建立成为劳资关系和谐发展的首要前提。③经济全球化对劳动法的发展的冲击和挑战。在全球化的时代环境中，不但国际经济竞争激烈，国内市场也向世界开放。全球经济一体化带来的资本、劳动力的跨国、跨地区流动对过去以国内为基础范围的各国劳资关系形成了诸多冲击和挑战，各国劳动立法无法回避这些问题。④信息化造成结构性影响。随着信息化的推进，劳动者的劳动场所更加分散、工作时间更为灵活，雇佣关系之双务关系逐渐复杂，深刻影响劳资关系的组成与结构，不但工会的组织动员方式、劳资关系的运行规则不断推陈出新，在雇主与劳动者的劳动合同制度上，较明显的转变也已经形成，劳资关系体制受到重大影响，建立松散而自由的劳资关系是信息化时代常见的形态。例如，放松劳动法的管制政策、工会的组织动员遇到难题，在西方国家劳动法实践中已是现实。

二、社会主义国家的劳动立法

社会主义国家劳动法是在无产阶级取得革命胜利，劳动人民掌握了国家政权的条件下开始出现的。劳动法典是社会主义国家劳动立法的基本形式，它首先开

---

[1] 主要参见黄越钦：《劳动法新论》，中国政法大学出版社2003年版，第6~10页。

始于苏联。

　　苏联在国内战争和外国干涉期间，苏维埃政权就于 1918 年通过了第一部《苏俄劳动法典》，把十月革命后颁布的各项劳动法令以法典形式固定下来。该法典共 17 章 190 条，对集体合同、劳动合同、内部劳动规则、工资、工时、女工和未成年工、工会、劳动保护、劳动保险以及劳动争议处理等方面都作了规定。此外，为了战时共产主义时期的需要，苏维埃还规定实行普遍义务劳动制。《苏俄劳动法典》于 1922 年被重新修订颁布，取消了普遍义务劳动制，全面实行劳动合同制，并把职工在劳动方面取得的成果加以巩固和扩大。

　　《苏俄劳动法典》一直沿用到 20 世纪 60 年代末。1970 年苏联最高苏维埃又通过了《苏联和各加盟共和国劳动立法纲要》，共 15 章 107 条，每章都专门规定劳动立法的一个方面。具体包括：总则、集体合同、劳动合同、工作时间与休息时间、劳动报酬、劳动纪律、劳动安全与卫生、妇女劳动、未成年人劳动、在职培训的优待、劳动争议、工会与职工参加生产管理、国家社会保险、遵守劳动立法的监督检查和附则。各加盟共和国依照《纲要》的精神，结合本加盟共和国的具体情况，分别通过了新的劳动法典。进入 80 年代，苏联最高苏维埃主席团先后通过了两项法令，对《劳动立法纲要》作了修订。除制定与修订劳动法典之外，苏联还发布了一些单行劳动法规，如 1972 年的《标准内部劳动规则》、1974 年的《劳动纠纷审理程序条例》、1983 年的《劳动集体法》、1989 年的《工会及其权利和活动保障法》等。苏联在 1981～1985 年以及 1986～1990 年的经济社会发展基本方针中还提出了劳动立法的发展方向：①合理使用劳动资源，提高社会生产效率和职工的劳动生产率及完成工作的质量；②巩固劳动纪律和生产秩序，节约劳动时间，改善劳动保护和对劳动者的社会保障；③加强对劳动量和消费量的监督，改进工资制度，扩大运用集体形式的劳动组织和劳动报酬，增进人民福利；④提高工会和劳动集体组织在社会主义劳动竞赛中的作用，吸引劳动者参加生产管理。当然，由于随后苏联的解体，这些发展规划都未能付诸实施。

　　第二次世界大战以后，东欧各社会主义国家相继出现。各国在工人阶级掌握政权以后，均颁布了一系列改善劳动条件、解决就业、实行工人监督等法令，以后又相继制定并颁布了内容比较完备的劳动法典。如阿尔巴尼亚于 1947 年颁布并于 1966 年修订的《劳动法典》；匈牙利于 1950 年颁布并于 1972 年重新修订的《劳动法典》；保加利亚于 1951 年颁布并于 1977 年修订后重新颁布的《劳动法典》；1965 年捷克斯洛伐克、南斯拉夫先后颁布的《劳动法典》；前东德于 1977 年颁布的新的《劳动法典》。当时的东欧各社会主义国家，除颁布劳动法典之外，还分别制定了一系列单行劳动法规，以配合劳动法典调整劳动关系。

　　此外，亚洲的各社会主义国家也都先后颁布了劳动法典，如蒙古于 1941 年颁布并于 1973 年重新修订后颁布的《劳动法典》；越南于 1947 年发布劳动法令并于 1976 年制定并颁布的《劳动法典》；朝鲜人民民主共和国于 1946 年颁布并于 1978 年修改后重新颁布的《劳动法典》。

1989 年以来，苏联、东欧政治形势的急剧变化，引起了社会主义劳动法某些内容的巨大变化。但是，社会主义劳动法作为一种新型的劳动法律制度，在劳动法发展历史上具有重要意义。

第三节　中国劳动立法概况

一、旧中国的劳动立法

（一）中国工人阶级争取劳动立法的斗争

中国产业工人是在 19 世纪中叶开始出现的。随着外国资本主义在华企业的增多和中国民族资本主义的发展，到 1919 年，中国产业工人已达 200 万人左右。在半殖民地半封建社会的条件下，中国工人阶级深受帝国主义、封建主义和资本主义三重剥削与压迫，其劳动条件之恶劣和生活境遇之悲惨，在世界各国的工人中是罕见的。当时，工人每日劳动时间一般为 12 小时，有的行业长达 16 小时甚至 20 小时；工资很低；劳动条件十分恶劣，工厂根本没有劳动保护设施，大量工人患职业病，工伤事故不断发生。此外，工人的人身自由没有保障，当时企业里出现的"养成工""包身工"及"学徒工"，人身自由都不同程度地受到限制。

为了保卫自己的生存权利，中国工人阶级自发地开展了反对资本家剥削和帝国主义侵略的斗争。1879 年、1882 年、1884 年、1890 年、1891 年，在上海、香港、福州等地都进行了罢工斗争。斗争的主要目标是要求增加工资，反对延长工时、反对克扣工资等，其中 1884 年，在香港的广东工人反对法国侵略者挑起中法战争，继而发展为反对一切外国侵略的斗争，被英国侵略者报纸称为"香港有史以来最严重的一次暴动"。1895 ~ 1913 年期间，中国工人阶级进行了为数更多的罢工斗争，其罢工规模和水平不断扩大和提高。

五四运动以后，特别是 1921 年中国共产党成立以后，中国工人阶级的斗争进入了一个崭新的阶段，罢工斗争风起云涌。据不完全统计，从 1918 年至 1926 年，工人罢工次数达 1232 次，参加人数达 1 613 291 人。1921 年 8 月，中国共产党成立了中国劳动组合书记部，作为公开领导中国工人运动的总机关。中国劳动组合书记部在中国工人阶级为争取劳动立法的斗争中起到了巨大作用，做出了重大贡献。1922 年 5 月 1 日在广州召开了第一次全国劳动大会，大会通过了中国共产党提出的"打倒帝国主义""打倒军阀"等政治口号，通过了《八小时工作制案》。同年 6 月，中国共产党发表了对于时局的主张，提出"斗争目标十一条"，其中包括废止压制罢工的刑律，制定保护童工、女工的法律，以及关于一般工厂卫生、工人保险法的要求。1922 年 8 月，中国劳动组合书记部利用北洋军阀吴佩孚宣言恢复国会制定宪法的机会，举行了争取劳动立法的运动，拟定了《劳动立法原则》，制定了《劳动法案大纲》。在《劳动立法原则》中，中国劳动组合书记部提出保障政治上自由、改良经济生活、参加劳动管理和劳动补习教育等四项立法原则。《劳动法案大纲》的内容共 19 条：①承认劳动者有集会结社权；②承认劳动者有同盟罢工权；③承认劳动者有缔结团体契约权；④承认劳动者有国际联合权；⑤每日昼间劳动时间不得超过 8 小时，夜工不得超过 6 小时，每星期应予以连续 24 小时之休息；⑥18 岁以下之男女及剧烈劳动之劳动时间，不得超过 6 小时；⑦禁止超过法定工作时间延长劳动时间，没有特别事故，须得工会之同意，始可延长之；⑧农业劳动者之工作时间，虽得超过 8 小时，但对于超过时间之工资，须以 8 小时制为标准而计算之；⑨以法律保障农民（不掠夺他人之劳动者）之生产产品价格，由农民代表提出，以法律规定之；⑩剧烈有害卫生及法定工作时间外之劳动，不得使 18 岁以下男女为之；⑪对于需要体力之女子劳动者，产前产后均予以 8 星期之休假，其他女工，应予以 5 个星期之休假，休假中工资照给；⑫16 岁以下之男女工，不得雇用；⑬为保障劳动者之最低工资，国家应制定保障法，制定此项法律时，应许可全国劳动总工会代表出席；公私企业或机关之工资均不得低于最低工资；⑭各种劳动者，有由产业工会或职业工会选举代表参加政府之经济机关、企业机关及政府所管理之私人企业或机关之权；⑮国家对于全国公私各企业，应设立劳动检查局；⑯国家对于劳动者，应赋予完全参加劳动检查局之权利；⑰一切保险事业规章之订立，均应使劳动者参加之，避免政府、公共及私人企业或机关中劳动者所受之损失；其保险费完全由雇主或国家分担，不得使被保险者负担；⑱各种劳动者，一年劳动期间中，应有 1 个月之休假，半年中应有 2 星期之休假，其于期间内有领工资之权；⑲国家以法律保障男女劳动者享受补习教育之机会。《劳动立法原则》和《劳动法案大纲》得到了广大工人的响应和拥护，并被作为争取劳动立法的斗争纲领。其后，在 1925 年、1926 年、1927 年分别召开的第二、三、四次全国劳动大会上，中国共产党都提出了劳动立法的具体要求。历次大会的要求，虽然未被北洋军阀控制下的国会和政府通过，但它们对以后的劳动立法活动确实产生了积极的影响。

（二）北洋政府的劳动立法

在强大的工人运动斗争的压力下，中国劳动组合书记部所发起的劳动立法运动，加上社会各界的同情和支持，迫使北洋政府于 1923 年由农商部颁布了《暂行工厂规则》，对最低就业年龄、限制最高工时、保护女工和童工、义务教育和工厂检查等内容作了规定。尽管这个《暂行工厂规则》的内容大大低于《劳动立法原则》和《劳动法案大纲》拟定的标准，但它毕竟是在强大的工人运动斗争压力下所颁布的我国第一个劳动立法，标志着中国劳动法的产生。此外，北洋政府还颁布了《矿工待遇规则》《煤矿爆炸预防规则》《国有铁路职员征缴特别保证金规则》等法令。不过上述这些法规都是徒有虚名，并未付诸实施。

（三）广州、武汉国民政府的劳动立法

在中国共产党的积极帮助下，1923 年 11 月孙中山对国民党进行了改组，确定了联俄、联共、扶助农工的三大政策。1924 的 1 月，在广州召开了有中国产共党人参加的国民党第一次全国代表大会。1925 年在广州成立了国民政府，于 1926 年迁至武汉。1924 年 11 月，孙中山以大元帅的名义颁布了《工会条例》，其中规定了承认工人与雇主团体立于对等之地位，工会有言论、出版及办理教育事业之自由，规定了工会对雇主之团体契约权、罢工权，等等。1926 年 1 月，在广州召开的国民党第二次全国代表大会上通过的《工人运动决议案》中，提出要实行 8 小时工作制，制定最低工资标准，保护女工、童工，改良工厂卫生，厉行工人教育，等等。同年 8 月，国民政府还公布了《劳工仲裁条例》《国民政府组织解决雇主雇工争执仲裁条例》等。这些法令对于工人运动的发展和工人权益的保护起着积极的作用。这是因为，广州、武汉国民政府在当时是革命政权，是以 “扶助农工” 为劳动立法宗旨的，这与后来的蒋介石的南京国民政府有本质的区别。

（四）南京国民政府的劳动立法

南京国民政府是蒋介石 1927 年发动 “四·一二” 反革命政变后建立的政权。该政府成立后，即于 1927 年 7 月 9 日成立劳动法起草委员会，着手编纂劳动法典，但劳动法典的编纂并未完成。后来南京政府的立法院决定不用法典形式，而采取单行法规的形式颁布。在其后的 10 年内，南京国民政府先后颁布了 13 项劳动单行法规，主要有：1929 年颁布的《工会法》和《工厂法》，1930 年颁布的《劳动争议处理法》和《团体协约法》，1931 年颁布的《劳动契约法》以及 1936 年颁布的《最低工资法》等。这些劳动法规使国民党政府的劳动法初具规模。

抗日战争时期，国民党政府以 “非常时期” 为借口，于 1941 年颁布了《非常时期工会管制暂行办法》，1943 年又修正公布《工会法》，加强了对工会的控制，取消了工人的罢工权利。与此同时，针对抗战时期出现的通货膨胀、物价飞涨、工资贬值、技术工人减少、技工跳厂等问题，南京国民政府制定了一系列有针对性的法律，其中比较完整的是有关职工福利方面的四项规定，即《职工福利金条例》（1943 年 1 月 26 日）、《职工福利金条例施行细则》（1943 年 5 月 25 日）、《职工福利委员会组织规程》（1943 年 10 月 23 日）和《职工福利社设立法》（1943 年 10 月 23 日）。

（五）革命根据地的劳动立法

中国共产党从成立时起，就十分重视劳动立法工作。自 1930 年建立了以瑞金为中心的革命根据地以后，人民政权便开始制定劳动法规。1930 年 1 月，由江西省行政委员会制定的《赤色工会组织法》，是最早的革命根据地的劳动法规。该法规共 11 部分 47 条，规定了工会的性质和任务等重要内容。1930 年 6 月，全国苏维埃区域代表大会通过了《劳动保护法》，共 8 章 44 条，对工作时间、休息时间、工资、工会、社会保险等作了规定。1931 年 11 月 7 日，在瑞金召开的中华苏维埃工农兵第一次全国代表大会通过了《中华苏维埃共和国劳动法》。这个劳动法是第二次国内革命战争时期农村革命根据地最重要、最完备的劳动立法，该法 1931 年 12 月 1 日经中央执行委员会颁布，自 1932 年 1 月 1 日起生效。该法适用于一切企业和机关的雇用劳动者，其内容包括总则、雇用手续、集体合同与劳动合同、工作时间、休息时间、工资、女工、青工及童工、劳动保护、中华全国总工会、社会保险、劳动争议及处理等，共 11 章 75 条。由于该法规定的劳动条件标准过高，与当时工业落后而且正处于武装斗争中的革命根据地的实际情况不相适应，以致在执行中遇到很多实际困难。因此，中央执行委员会于 1933 年 4 月组织劳动法起草委员会，重新起草劳动法。修改后的劳动法于 1933 年 10 月 15 日公布实施。劳动法的颁布与实施，对于保障劳动者的基本权利，促进革命发展和根据地建设，起了积极作用。但由于劳动法规定的标准仍然过高，脱离实际，再加上"左"倾机会主义的影响，新劳动法并未得到充分的实施。

抗日战争时期，在总结革命根据地劳动立法工作经验的基础上，劳动立法的指导思想更加明确，进而制定了一系列符合当时实际情况的劳动法规。这些法规主要有《陕甘宁边区施政纲领》《晋察冀边区施政纲领》《陕甘宁边区劳动保护暂行条例》等，对发展生产、保护劳动者的利益起到了积极的作用。

解放战争时期，各根据地基本沿用了抗日战争时期的劳动法规。1945 年，晋察冀边区就工人工资标准、奖励技术发明和中小学教职员待遇等内容作出了规定。1948 年 8 月，在哈尔滨召开的第六次全国劳动大会通过了《关于中国职工运动当前任务的决议》。该《决议》提出了劳动立法的建议：劳动时间一般实行 8～10 小时工作日，企业实行民主管理，实行合理的工资制（必须保障职工最低的生活水平），劳动保护及女工、青工特殊保护，劳动保险，失业救济，劳动契约，集体契约，劳动争议处理，工会，等等。这一建议成为当时劳动立法的总纲领，也为新中国建立初期制定劳动法律提出了基本原则和规范。此后制定的主要劳动法规有东北行政委员会的《东北公营企业战时暂行劳动保险条例》（1948 年 12 月）、太原市军管会的《太原国营公营企业劳动保险暂行办法》（1949 年 7 月）、上海市军管会的《关于私营企业劳资争议调处程序暂行办法》（1949 年 8

月）、东北《旅大地区工会与企业签订集体合同基本要点》（1949 年 6 月）、华北人民政府《关于国营、公营工厂企业中建立工厂管理委员会与工厂职工代表会议的实施条例》（1949 年 8 月）等。

二、新中国的劳动立法[1]

（一）国民经济恢复时期的劳动立法

从中华人民共和国成立到 1952 年底为国民经济恢复时期。依据国民经济恢复时期继续完成新民主主义革命和恢复国民经济的中心任务和《共同纲领》的有关规定，国家制定了一些重要的劳动法规，使新中国的劳动立法有了一个良好的开端。

1. 在保障职工民主权利方面。1950 年 2 月 28 日中央人民政府政务院财政经济委员会公布了《关于国营、公营工厂建立工厂管理委员会的指示》，要求实行工厂管理民主化；1950 年 4 月 3 日政务院公布了《关于废除各地搬运事业中封建把持制度暂行处理办法》；同年 3 月燃料工业部发出了《关于全国各煤矿废除把头制度的通令》，在纺织业中则通令废除对工人的抄身制度；1950 年 6 月 29 日中央人民政府公布施行《中华人民共和国工会法》，这是建国初期制定的一项重要的劳动法律，它对于保障工会的法律地位和发挥工会作用起了重要的作用。

2. 在救济和安置失业人员方面。劳动部于 1950 年 5 月 20 日发布了《失业技术员工登记介绍办法》；政务院于 1950 年 6 月 7 日发布了《关于救济失业工人的指示》，劳动部随即于同年 6 月 17 日发布了《救济失业工人暂行办法》；1952 年 8 月 6 日政务院发布了《关于劳动就业问题的决定》；同年 8 月 30 日政务院劳动就业委员会发布了《关于失业人员统一登记办法》。这些法规对于救济和安置当时旧社会遗留下来的 400 万城市失业人员和在经济结构改组过程中产生的新失业人员起了巨大的作用。

3. 在劳动保护方面。政务院财政经济委员会于 1950 年 5 月 3 日发布了《全国公私营各厂矿职工伤亡报告办法》，并于 1951 年 12 月 31 日重新制定发布了《工业交通及建筑企业职工伤亡事故报告办法》；劳动部于 1950 年 5 月 31 日发布了《工厂卫生暂行条例（草案）》，于 1951 年 10 月颁布了《关于搬运危险物品的几项办法》，于 1952 年 12 月公布了《关于防止沥青中毒的办法》等，以保护劳动者在劳动过程中的安全与健康。

4. 在劳动保险方面。1951 年 2 月 26 日，政务院公布了《中华人民共和国劳动保险条例》，并于 1953 年进行了修改，这是新中国成立初期又一项重要的劳动法规。

---

〔1〕 不包括实行不同制度的我国台湾、香港和澳门地区。

5. 在处理劳资争议方面。新中国成立前夕，1949 年 7 月，全国工会工作会议通过了中华全国总工会提出的三个文件，即《关于劳资关系暂行处理办法》《关于私营工商企业劳资双方订立集体合同的暂行办法》《劳资争议解决程序的暂行规定》，并于同年 11 月公布。这三个规范性文件实施后，对于当时调处劳资关系中的问题，起到了应有的作用。1950 年 4 月 29 日，劳动部发布了《关于在私营企业中设立劳资协商会议的指示》。[1]

（二）第一个五年计划时期的劳动立法

1953 年，我国进入了第一个五年计划的经济建设时期。1954 年 9 月 20 日第一届全国人民代表大会第一次会议通过了《中华人民共和国宪法》。《宪法》对调整劳动关系的基本原则作了规定，宪法的这些规定确立了当时我国劳动立法的基本原则，对于我国劳动立法的发展具有重要的指导意义。这一时期，以《宪法》为依据，制定了许多重要的劳动法规。主要包括：为巩固劳动纪律，政务院于 1954 年 7 月公布了《国营企业内部劳动规则纲要》；为改革不合理的工资制度，国务院于 1956 年 7 月公布了《关于工资改革的决定》和《关于工资改革中若干具体问题的规定》，同年 10 月还颁布了《关于新公私合营企业工资改革中若干问题的规定》；为保护劳动者在劳动过程中的安全与健康，国务院于 1956 年 5 月同时发布了三大规程和一个决定，即《工厂安全卫生规程》《建筑安装工程安全技术规程》《工人职员伤亡事故报告规程》和《关于防止厂矿企业中矽尘危害的决定》。

（三）我国劳动立法的低谷时期

从 1957 年到 1976 年，我国劳动立法处于低谷时期。1956 年，我国对生产资料私有制的社会主义改造基本完成。同年 9 月，党的第八届全国代表大会提出了国家进行经济建设的主要任务，并且指出，制定系统的比较完备的法律，健全法制，是国家的迫切任务之一。1957 年初，起草《中华人民共和国劳动法》的准备工作开始。但是此后不久，全国就开始了反右斗争和"大跃进运动"。在"左"倾错误思想指导下，起草《劳动法》的准备工作被迫停顿下来，其他劳动法规的制定也停滞不前。随着 1963～1965 年期间国民经济的恢复与发展，劳动立法工作也有所复苏。1963 年国务院颁发了《关于加强企业生产中安全工作的几项规定》；1964 年劳动部颁发了《企业计时奖励暂行规定（草案）》；1965 年国务院颁发了《关于改进临时工的使用和管理暂行规定》和《关于企业、事业单位的干部和工人调动问题的若干规定》等。这些法规对保护劳动者的利益，调

---

[1] 1950 年 11 月 26 日，劳动部制定了《关于劳动争议解决程序的规定》，由政务院批准公布施行；1950 年 6 月 15 日，劳动部公布了《劳动争议仲裁委员会组织及工作规则》。

动劳动者的生产积极性起了积极的作用。

"文化大革命"时期,极"左"思潮泛滥,社会主义法制遭到践踏,劳动立法工作再次陷于停顿状态,已有的劳动法律、法规也得不到贯彻实施。这一时期,国务院仅就改革临时工和轮换工制度,调整部分人员工资,加强工资基金管理以及安全卫生等问题发布了一些通知。

(四)改革开放以来的劳动立法

党的十一届三中全会以后,我国进入了以经济建设为中心,对内实行改革,对外实行开放的新时期。改革开放以来的十几年,是我国经济建设取得重大成就的时期,也是我国法制建设的黄金时期,我国的劳动立法工作,也出现了一个蓬勃发展的局面。尤其是1982年的新宪法在劳动方面作了多项原则性规定,为制定具体的各项劳动法律、法规提供了依据。

党的十一届三中全会以后至《劳动法》颁布的这一时期制定的主要劳动法律、法规有:

1. 劳动就业方面。1981年10月中共中央、国务院颁布的《关于广开门路、搞活经济、解决城镇就业问题的若干决定》,规定了"三结合"的就业方针;1986年7月国务院发布了《国营企业实行劳动合同制暂行规定》与《国营企业招用工人暂行规定》;1990年1月劳动部发布了《职业介绍暂行规定》;1991年国务院发布了《全民所有制企业招用农民合同制工人的规定》;1992年劳动部发布了《境外就业服务机构管理规定》等。

2. 工资制度方面。1985年1月国务院发布了《关于国营企业工资改革问题的规定》及试行办法;1991年劳动部等联合发布了《城镇集体所有制企业工资同经济效益挂钩办法》;1993年11月劳动部发布了《关于加强企业工资总额宏观调控的实施意见》;1993年五部委联合发布了《国有企业工资总额同经济效益挂钩规定》;1993年11月劳动部发布了《企业最低工资规定》等。此外,国家对工资基金的管理、工资总额、工资税收及岗位技能工资制等问题也作了相应的规定。

3. 劳动保护方面。在劳动安全卫生标准方面,国务院发布的主要法规有1982年的《矿山安全条例》、1984年的《关于加强防尘防毒工作的决定》、1987年的《化学危险物品安全管理条例》、1989年的《特别重大事故调查程序暂行规定》、1991年的《企业职工伤亡事故报告和处理规定》等。在特殊劳动保护方面的法规有1988年国务院发布的《女职工劳动保护规定》、1990年劳动部发布的《女职工禁忌劳动范围的规定》、1991年国务院发布的《禁止使用童工规定》。此外,国家于1991年和1992年分别颁布了《中华人民共和国未成年人保护法》和《中华人民共和国妇女权益保障法》。在工时制度方面的规定有1994年2月国务院发布的《关于职工工作时间的规定》，规定了 44 小时工作周。

4. 劳动保险方面。国务院发布的主要法规有 1978 年的《关于安置老弱病残干部的暂行办法》和《关于工人退休、退职的暂行办法》、1980 年的《关于老干部离职休养的暂行规定》、1986 年的《国营企业职工待业保险暂行规定》、1991 年的《关于企业职工养老保险制度改革的决定》、1993 年的《国有企业职工待业保险规定》和《企业职工养老保险基金管理规定》等。

5. 工会与企业民主管理方面。1986 年 9 月国务院发布了《全民所有制工业企业职工代表大会条例》；1992 年 4 月全国人大通过并颁布了《中华人民共和国工会法》。此外，《全民所有制工业企业法》和《城镇集体所有制企业条例》也对职工参加民主管理作了重要规定。

6. 职业技能方面。1981 年中共中央、国务院发布了《关于加强职工教育工作的决定》；1985 年劳动人事部发布了《关于就业训练若干问题的暂行办法》；1986 年发布了《技工学校工作条例》；1987 年发布了《关于实行技师聘任制的暂行规定》；1990 年劳动部发布了《关于高级技师评聘的实施意见》和《工人考核条例》；1991 年国务院发布了《关于大力发展职业技术教育的决定》；1993 年劳动部发布了《职业技能鉴定规定》等。

7. 劳动纪律方面。1982 年 4 月国务院发布了《企业职工奖惩条例》；1986 年 7 月国务院发布了《国营企业辞退违纪职工暂行规定》。

8. 外商投资企业与私营企业劳动管理方面。1980 年 7 月国务院发布了《中华人民共和国中外合资经营企业劳动管理规定》；1986 年劳动人事部发布了《关于外商投资企业用人自主权和职工工资、保险福利费用的规定》；1989 年 9 月劳动部发布了《私营企业劳动管理暂行规定》等。《劳动法》颁布后，劳动部和对外贸易经济合作部联合制定了《外商投资企业劳动管理规定》。

9. 劳动争议处理方面。1987 年国务院发布《国营企业劳动争议处理暂行规定》；1993 年 7 月国务院在总结 6 年来实践经验的基础上又颁布了《中华人民共和国企业劳动争议处理条例》，后来又制定了劳动争议处理机构组织规则和活动规则。

10. 劳动监察方面。1982 年国务院颁布了《矿山安全监察条例》和《锅炉压力容器安全监察暂行条例》；1993 年 8 月劳动部发布了《劳动监察规定》。

1994 年 7 月 5 日，全国人大常委会八届八次会议审议通过了《中华人民共和国劳动法》。这是新中国成立后我国第一部劳动法典，它确立了我国社会主义市场经济条件下劳动力市场的基本法律原则，为保护劳动者的合法权益，稳定劳动关系，开展劳动法对外交流与合作提供了法律保障。为了有效地贯彻执行《劳动法》，劳动和社会保障部（劳动部）先后制定了一系列配套的劳动规章。

　　《劳动法》及配套劳动法律、法规的制定，标志着我国劳动立法的加强，加速了我国社会主义市场经济体制下有中国特色的社会主义劳动法律体系的发展与完善。2007年以来，我国劳动立法进入了一个新的发展阶段。

　　2007年是我国劳动立法中的一个里程碑，在这一年，先后通过了三部重要的劳动法律，分别是：2007年6月29日第十届全国人民代表大会常务委员会第二十八次会议通过了《劳动合同法》，2007年8月30日第十届全国人民代表大会常务委员会第二十九次会议通过了《就业促进法》，2007年12月29日第十届全国人民代表大会常务委员会第三十一次会议通过了《劳动争议调解仲裁法》。2010年10月28日第十一届全国人民代表大会常务委员会第十七次会议通过了《社会保险法》。这四部法律分别完善了我国的劳动合同法律制度、就业促进法律制度、劳动争议处理法律制度和社会保险法律制度，标志着我国已经初步建立了适应社会主义市场经济体制需要的劳动法律体系。2010年以来，新出台的法律法规主要有：①《工伤保险条例》修订并实施（2011年1月1日起施行）；②《刑法修正案（八）》2011年2月增设拒不支付劳动报酬罪；③最高人民法院《关于审理拒不支付劳动报酬刑事案件适用法律若干问题的解释》（2013年1月23日起施行）；④最高人民法院《关于审理劳动争议案件适用法律若干问题的解释（四）》(2013年2月1日起施行)[1]；⑤《劳动合同法》修订并实施（2013年7月1日起施行）；⑥《劳务派遣暂行规定》（2014年3月1日起施行）；⑦《城乡养老保险制度衔接暂行办法》（2014年7月1日起施行）；⑧《关于建立统一的城乡居民基本养老保险制度的意见》（2014年2月21日起施行）；⑨《社会救助暂行办法》（2014年5月1日起施行）；⑩《全国人民代表大会常务委员会关于修改〈中华人民共和国安全生产法〉的决定》（2014年12月1日起施行）；⑪《关于进一步做好为农民工服务工作的意见》（2014年9月12日起施行）；⑫《人力资源社会保障部关于修改〈就业服务与就业管理规定〉的决定》（2015年2月1日起施行）；⑬《关于机关事业单位工作人员养老保险制度改革的决定》（2014年10月1日起实施）；⑭《关于构建和谐劳动关系的意见》（2015年3月21日起施行）；⑮《关于全面实施城乡居民大病保险的意见》（2015年7月28日施行）；⑯《关于宣布失效和废止一批文件的通知》（人社部发〔2016〕16号）；等等。

---

〔1〕　这是最高人民法院针对劳动争议案件审理发布的第四个司法解释，也是21世纪以来，最高人民法院针对调整和规范同一社会关系的案件，出台件数最多的司法解释。

第四节 国际劳动立法

一、国际劳动立法的产生与发展

采取国际劳动立法的形式来改善各国工人劳动状况的思想，早在19世纪初期就已经在欧洲出现。当时，由于产业革命的结果，西欧各国工业迅猛发展，市场范围不断扩大，国际竞争日趋激烈。有些关心劳动问题的思想家开始认识到，工人劳动状况的彻底改善，单靠本国的劳动法是不够的，如果其他国家不采取同样的保护劳工的法律，实行劳工保护法的国家就会由于所生产的商品中人工成本的增加而在国际市场上处于不利的地位，由此提出了制定国际劳动法的主张，以便各国共同遵守。

19世纪前半期，首倡国际劳动法的思想家，主要是英国空想社会主义者欧文和法国社会活动家大卫·李格兰。由于他们体察到了资本主义制度的种种弊病，对工人产生了同情心，于是决心致力于社会改革事业。提倡国际劳动立法，就是他们活动的一个方面。1818年英国人欧文上书"神圣同盟"会议，提出制定国际劳动法的建议，法国人布朗基等人也表示了这种想法。但是，系统地提出国际劳动立法主张的，则是法国人李格兰。1838～1859年间，李格兰多次向法、德、英等国上书，建议制定国际劳动法律，但均遭到各国政府的拒绝，并受到一些学者的非议，认为这样做是"妨害契约自由"，"侵犯国家主权"。

直到19世纪后半期，由于各国工人运动日益壮大，各国的无产阶级已经形成一种国际势力，同时法国革命所鼓吹的人道主义思想影响日益扩大，这使许多政治家和理论家对制定国际劳动法的必要性有了更清楚的认识，各国工会的会议和国际工作会议，也多次讨论制定国际劳动法的问题。在这种形势下，各国政府不得不考虑国际劳动立法的问题。

瑞士是最先同意制定国际劳动法的国家。1880年瑞士政府根据联邦会议的决定，正式发出通知，邀请各工业国政府开会讨论签订国际劳动公约的问题。但是由于多数国家态度冷淡，不愿意参加，会议未能举行。这次行动虽然失败了，但毕竟是第一次由官方正式提出国际劳动立法问题，因而引起了各国和各方人士的普遍重视。国际劳动立法运动，经过半个多世纪努力，到19世纪末才首次产生实际效果。1889年，瑞士政府再一次向欧洲各国发出通知，邀请各国于次年5月在瑞士首都伯尔尼开会，讨论制定国际劳动法的问题。除俄国外其他各国都表示赞同，但在会议举行前3个月，德皇威廉为了缓和国内无产阶级的斗争，下令首相俾斯麦召集国际会议，讨论保护工人的问题。各国政府出于对德国的畏惧，不得不表示同意。于是正在筹备中的国际劳动法会议从瑞士的伯尔尼转移到德国的柏林召开。

柏林会议于1890年3月召开，有15个国家参加。会议讨论通过了下列议案：星期日休息；童工的最低年龄；青年工的每日最多工时；禁止女工、童工从事危险工作；限制女工、童工做夜工；保护矿工；实施公约的办法。但由于所通过的议案内容过于空泛，而且缺乏国际公约的效力，所以并没有付诸实施。然而，柏林会议是第一次由各国政府正式派代表讨论国际劳动立法的会议，因此，对于促进国际劳动立法的产生仍然具有重要意义。

柏林会议以后，一些赞成国际劳动法的社会活动家、经济学家和工会领袖，决定组织国际劳动法协会。1900年国际劳动法协会在巴黎正式成立。协会的宗旨是：①联合一切相信国际劳动法是必要的人；②组织国际劳动机关；③赞助各国研究劳动法，传播有关劳动法的消息；④提倡制定关于劳动状况的公约；⑤召开国际大会讨论劳动法。

国际劳动法协会于1901年在瑞士的巴塞尔召开了第一次代表大会，1902年在德国科隆召开了第二次代表大会，1905年正式起草并提交由瑞士政府发起召开的伯尔尼国际会议讨论通过两个公约，即《关于禁止工厂女工做夜工的公约》和《关于使用白磷的公约》。这是世界上最早的两个国际劳动公约。两个公约经缔约国批准即在缔约国内发生效力，标志着国际劳动立法的正式开始。1913年，协会又起草了《关于禁止未成年工做夜工公约》和《关于女工和未成年工每日最多工作时间公约》，准备提交1914年国际会议批准，终因第一次世界大战爆发，会议未能举行。

第一次世界大战爆发，暂时中断了国际劳动立法的进程。但是战争结束后，很快就产生了一个新的国际劳动立法机构——国际劳工组织。

二、国际劳工组织的成立与发展

（一）国际劳工组织的产生

第一次世界大战期间，交战双方各国以及中立国的工会组织都坚持要求战后制定的和约中必须包括改善工人工作条件的条款。第一次世界大战结束后，参战国于1919年初在巴黎召开和平会议。在"和会"第一次预备会议上，相关国家决定组织一个国际劳工委员会，以便考察各国工人的状况，研究必需的国际劳动立法，并建议组织一个永久性的机构。据此决议，由英、美、法、日、意等国推派15名代表组成委员会，并由当时的美国劳动联合会主席甘柏斯任委员长。委员会经过多次讨论，拟订了《国际劳工组织章程草案》和一个包括9项原则的宣言，于1919年4月提交"和会"讨论通过，编入《凡尔赛和平条约》第13篇，即"国际劳动宪章"。1919年6月国际劳工组织正式宣告成立。当时《凡尔赛和平条约》还未签订，国际联盟还未产生，而作为国际联盟一个附设机构的国际劳工组织却先告成立。1919 年 10 月在华盛顿召开了第一届国际劳工大会，制定了最初的 6 个国际劳工公约和 6 个国际劳工建议书，任命了理事会。法国社会党人阿尔培特·多玛被任命为首任国际劳工局局长。

国际劳工组织是当今世界上历史最久、规模最大的国际组织之一。从 1919 年成立至今，国际劳工组织已经有 90 多年的历史。在此期间，它经历了三个发展阶段：第一阶段，1919～1939 年，它是国际联盟一个带有自治性的附设机构；第二阶段，1940～1945 年，即第二次世界大战期间，国际联盟已经解体，它便作为一个独立的国际组织继续存在；第三阶段，从 1946 年到现在，由于二战后联合国成立，它便与联合国签订协议，成为联合国的专门机构之一。

在过去的 90 余年中，国际劳工组织的成员国不断增加，1919 年刚成立时仅有 39 个国家参加，1946 年与联合国建立联系时才有 45 个成员国，而以后 70 多年间，成员国的数目迅猛增加，除了最初的资本主义国家及其附属国之外，东欧各国以及大批新独立的发展中国家也都先后参加。截至目前，国际劳工组织的会员国已有 170 多个。

中国是国际劳工组织的创始成员国之一，1944 年起又成为该组织的常任理事国。国际劳工组织对旧中国劳动法的制定曾起过一定的作用。新中国成立以后，由于台湾国民党政府继续占据着我国在国际劳工组织中的席位，我国拒绝参加该组织的活动。1971 年 10 月联合国恢复了中华人民共和国的合法席位。同年 11 月 16 日，国际劳工组织理事会也恢复了新中国的合法席位。

（二）国际劳工组织机构

国际劳工组织是一个由各会员国组成的国际性的政府间组织。它内部设有国际劳工大会、理事会和国际劳工局。

1. 国际劳工大会。国际劳工大会是国际劳工组织的最高权力机关，也是国际劳动立法的决策机关。大会由各成员国委派的代表团按三方性原则组成，即各国代表团均有 4 名代表，其中政府代表 2 名，工人代表和雇主代表各 1 名，各代表权利平等，每一位代表可有顾问陪同。大会每年至少举行一次，一般在每年的 6 月份举行。大会下设 5 个常设委员会，即总务委员会、财政委员会、《公约》与《建议书》实施委员会、提案委员会、资格审查委员会。大会的主要工作是：听取国际劳工局长的报告；通过关于劳工事务的国际公约和建议书，并审查这些公约和建议书在各国的执行情况；批准理事会提交的预算；批准接纳新会员国；选举理事会成员等。

2. 理事会。理事会是国际劳工组织的执行机构。理事会也是按三方原则构成，即理事会由 56 人组成，其中政府理事 28 人，工人和雇主理事各 14 人。在政府理事中，有 10 名常任理事由所在常任理事国（中、美、英、法、俄、日、德、巴西、印度、意大利）委派，不需要选举，其余 18 名理事从参加大会的政府代表中选举产生。工人理事和雇主理事也从参加大会的相应代表中选举产生。理事会每届任期 3 年，每年举行 3 次会议。理事会选举主席 1 人，副主席 2 人，每年改选一次。理事会的主要职责是：协调该组织的各项活动；召开各种会议，并确定会议议程和进行必要的技术准备；任命国际劳工局局长；制定每年的预算；决定设立国际劳工组织某些机构及召开各种会议，并确定所设机构的成员和职能等。

3. 国际劳工局。国际劳工局是国际劳工组织的常设机构，也是大会理事会及其他会议的秘书处，对理事会负责。国际劳工局的主要职责是：起草公约、建议书及有关文件和报告，以作为大会和专门会议所必需的背景材料；执行大会和理事会的决议；征聘和指导国际劳工组织在世界各地进行技术合作的专家；发行各种专门性出版物和期刊；与各国政府有关部门、工人和雇主组织保持联系并进行合作；促进公约的有效实施。国际劳工局设在日内瓦，设局长总管其事，并派国际公务员和技术援助专家在世界各国工作。

除上述机构外，国际劳工组织还设有一些技术性委员会来协助国际劳工局进行工作。

三、国际劳动立法的原则与内容

严格来讲，国际劳动立法，既有来源于国际劳工组织的文件，也有来源于联合国和区域性组织（尤其是欧盟）的文件以及有关的双边条约。例如，国际劳工组织的八项国际劳工公约所涉及的"核心劳动标准"，在联合国《经济、社会、文化权利国际公约》中的第三部分第 6~11 条作了规定，在《劳动者权利和政治权利国际公约》的第 8 条和第 22 条中也都作了规定。但是，毋庸赘言的是，国际劳工组织的劳动立法是国际劳动立法最主要的来源。

（一）国际劳工组织的立法原则

国际劳工组织进行国际劳动立法所遵循的原则，在第二次世界大战以前是 1919 年《国际劳动宪章》中所列的 9 项原则，二战后主要是 1944 年通过的《费城宣言》中提出的 10 项原则。

《国际劳动宪章》提出的 9 项原则是：①在法律和事实上，人的劳动不应视为商品；②工人和雇主都有结社的权利，其宗旨必须合法；③工人应该得到足以维持适当生活程度的工资；④工厂的工作时间以每日 8 小时或者每周 48 小时为标准；⑤工人每周至少有 24 小时的休息，并尽量把星期日作为休息日；⑥工商业不得雇用 14 岁以下的童工，保护 14 岁~18 岁男女未成年工的劳动；⑦男女工做同等的工作应得到同等的报酬；⑧各国法律规定的劳动标准，适用于合法居住该国的外籍工人，以做到待遇平等；⑨各国设立监察制度（监察人员应有妇女参加），以保证劳动法的实施。这些原则，在战前制定的国际劳工公约和建议书中大部分得到了实现。

《费城宣言》（即《关于国际劳工组织的目标和宗旨的宣言》）提出的 10 项原则是：①充分就业和提高生活标准；②保证工人有最充分发挥技能与成就的职业；③提供训练和包括易地就业、易地居住在内的迁移以及调动工作的方便；④工资、收入、工作时间和其他劳动条件方面的政策，应能保证将进步的成果公平地分配给一切人，将维持最低生活的工资给予一切就业的并需要此种保护的人；⑤承认集体谈判，发展劳资双方合作；⑥扩大社会保障措施；⑦充分保护各业工人的安全和健康；⑧保护儿童福利和妇女的劳动；⑨提供充分营养、居住条件和文化娱乐设施；⑩提供教育和保证职业机会均等。《费城宣言》规定的目标和原则，是国际劳工组织战后各项活动的主要依据，特别是制定国际劳工公约和建议书所应遵循的基本原则。

（二）国际劳动立法的形式与内容

1. 国际劳工组织国际劳动立法的形式。

（1）国际劳工组织章程。国际劳工组织的成员有义务遵守国际劳工组织章程。该章程在其序言和不可分割的附件《费城宣言》里，确认了处理劳动问题的总的原则。

（2）国际劳工公约和建议书。这是国际劳动立法的最主要形式。国际劳工公约和建议书与其他公约相比，有其独特之处，主要表现在：①公约和建议书都是经国际劳工大会以主席代表 2/3 多数票通过，而不要求一致通过，并且国际劳工大会是按三方原则成立的，亦即国际劳工大会中的政府代表、雇主代表和工人代表都有独立的表决权。②公约和建议书的法律效力不同。公约一经成员国批准，便在该国产生法律效力，批准国应承担相应的法律义务；至于建议书，仅供成员国立法时或采取其他措施时参考，不需要批准，也没有遵守和执行的义务，但这种参考会产生间接影响，而且这种间接影响的作用越来越大。③对公约的解释权，由国际法院裁决。《国际劳工组织章程》第 37 条第 1 款规定，对章程本身和任何公约"在解释上发生任何问题或争执，应提交国际法院裁决"。

（3）国际劳工组织的决议和会议结论。对那些目前尚不宜制定公约或建议书的劳动关系问题，或者对一些技术性问题，采用的是决议和会议结论形式，其权威性不如公约和建议书。但因其对问题深入详细的分析，并指出解决问题的切实可行的意见，因而受到成员国的重视。

（4）对国际劳工组织章程以及公约的解释和"判例法"。这些都是国际劳工组织立法的辅助形式。

2. 其他国际劳动立法的形式。这主要包括：联合国文件尤其是联合国关于人权问题的某些文件；区域性组织的文件；双边条约等。

3. 国际劳动立法的内容。这主要包括：关于劳动者基本权利的规定；关于就业政策、职业介绍、职业保障方面的规定；关于最低工资、工资保障的规定；关于工作时间和休息时间的规定；关于各类职业安全与卫生的规定；关于童工和未成年工保护的规定；关于疾病、年老、失业及综合性社会保障方面的规定；关于集体谈判与集体合同的规定；关于劳动争议调解与仲裁的规定；关于劳动检查与劳动行政方面的规定等。此外，还有关于移民工人、土著工人、非本部领土工人、海员、渔民、内河航运工人等特殊问题的规定。所有这些已经形成了一个相当完整的国际劳工组织法律体系。其中涉及劳动者基本人权方面的内容，被称为"核心劳动标准"，包括结社自由权、集体谈判权、平等就业权、反对强迫劳动、禁止使用童工及男女同工同酬等。这些"核心劳动标准"主要体现在以下四大类八项的国际劳工公约中。

第一类是关于自由结社与集体谈判的公约，包括：

(1) 1948 年《结社自由与保护组织权利公约》（Freedom of Association and Protection of the Right to Organize Convention, 1948）（第 87 号公约）。

(2) 1949 年《组织权与集体谈判权公约》（The Right to Organize and Collective Bargaining Convention, 1949）（第 98 号公约）。

第二类是关于废除强迫劳动的公约，包括：

(1) 1930 年《强迫劳动公约》（Forced Labor Convention, 1930）（第 29 号公约）。

(2) 1957 年《废除强迫劳动公约》（Abolition of Forced Labor Convention, 1957）（第 105 号公约）。

第三类是关于平等权方面的公约，包括：

(1) 1958 年《（就业与职业）歧视公约》（Discrimination on Employment and Occupation Convention, 1958）（第 111 号公约）。

(2) 1951 年《同工同酬公约》（Equal Remuneration Convention, 1951）（第 100 号公约）。

第四类是关于禁止使用童工方面的公约，包括：

(1) 1973 年《准予就业最低年龄公约》（Minimum Age Convention, 1973）（第 138 号公约）。

(2) 1999 年《禁止和立即行动消除最恶劣形式的童工劳动公约》（第 182 号公约）（于 2000 年 11 月 19 日生效，亦被纳入核心劳动标准中）。

我国已批准的国际劳工公约的数量以及其中与国际核心劳动标准相关的公约较少，截至 2015 年底，上述八大国际劳工公约中，我国批准了 4 个，即第 100

号、138 号、182 号、111 号公约。这与国际社会的主流国家相比有一定的距离，也与我国作为国际劳工组织的常任理事国的地位不大相称。当然，一方面，我们应参照国际核心劳工标准，不断发展和完善中国劳动立法，从而使我国劳动者的合法权益得到进一步保护；另一方面，我们还是要坚持从具体国情出发，遵循社会主义市场经济的发展规律，采取切合实际的做法，提升我国在国际社会中的地位。

■思考题

1. 劳动法产生的原因有哪些？
2. 如何正确理解新中国劳动法制建设的成就和存在的不足？
3. 简述国际劳工组织的机构、任务及其立法活动。
4. 如何理解国际核心劳动标准？

第三章　劳动法的基本原则

■ 学习目的和要求

　　本章的主要内容是劳动法的基本原则。通过本章的学习，理解劳动法基本原则的概念；掌握劳动法基本原则的内容；了解劳动法基本原则的不同观点。

第一节　劳动法基本原则的概念

　　法律的基本原则是立法的指导思想和执法的行为准则。劳动法的基本原则，是国家在劳动立法中所体现的指导思想和在调整劳动关系以及与劳动关系密切联系的其他社会关系时应遵循的基本准则。

　　劳动法的基本原则应当符合四个条件：①它必须贯穿劳动法律条文始终，体现劳动立法的核心和灵魂。②它必须是执法的基本准则，具有劳动法律规范的最高效力，对违背基本原则的行为，劳动法不仅不予确认和保护，而且要追究违法行为人的法律责任。③它必须在指导劳动立法和约束劳动执法中具有相对的稳定性。随着劳动关系的不断变化，劳动法律规范的某些条文可以进行修改，但只要国家的政治经济制度不变，劳动法的基本原则也就不会改变，以保证阶段性劳动法律规范之间的连续性。④对劳动立法、劳动守法和执法具有普遍的指导意义，有利于指导劳动法的实施，在没有具体法律依据时，可根据基本原则来分析和处理劳动法律事务。劳动法基本原则只有符合这四个方面的条件，才能发挥其在劳动法律体系中的凝聚和统帅功能、在劳动立法中的依据和准则功能，以及在劳动执法中的指导和制约功能。

　　劳动法基本原则的确认依据，首先是宪法。宪法是国家的根本大法，是确立劳动制度的最高法律依据，因而劳动法的基本原则应依据宪法而确立，包括宪法中关于国家政治制度和经济制度的规定（如实行社会主义市场经济等）以及劳动者劳动基本权利的规定，同时还应以基本劳动政策作为宪法依据的补充性依据。其次，劳动法的基本原则还应以我国将长期处于社会主义初级阶段这个基本国情对劳动法的基本要求为依据，即劳动法的基本原则必须来源和植根于现实，并正确反映劳动领域的基本现状和发展方向。最后，劳动法的基本原则还应以对劳动者倾斜保护理论为依据。尽管劳动法对用人单位的权利也要加以保护，但这并不是劳动法的立法宗旨，劳动法是以对处于弱势地位的劳动者的倾斜保护为理论基础的，并以此构筑劳动法的基本原则。

第二节 劳动法基本原则的内容

根据我国社会主义市场经济制度和劳动法的基本要求，结合法律部门基本原则的确认依据，我们认为劳动法的基本原则应为以下五项：

一、维护劳动者合法权益与兼顾用人单位利益相结合的原则

维护劳动者的合法权益是劳动法的立法宗旨。我们说，资本主义国家的劳动法是限制资本家对劳工剥削的法，社会主义国家的劳动法则是保护劳动人民利益的法，这都是从劳动立法宗旨来讲的。我国《劳动法》第1条规定："为了保护劳动者的合法权益，调整劳动关系，建立和维护适应社会主义市场经济的劳动制度，促进经济发展和社会进步，根据宪法，制定本法。"劳动法强调保护劳动者的合法权益，是因为：①劳动者作为劳动关系的一方当事人，与对应的用人单位主体相比较，属于弱者，为防止以强凌弱，国家法律对劳动者予以特别保护，从而使双方主体处于平等的法律地位；②市场经济条件下，市场竞争机制中的用人单位均有追求利润最大化的欲望，因而容易发生侵犯劳动者权益的行为或事件，这就要求用法律来抑制用人单位的侵权行为，保护劳动者的合法权益；③用人单位的权利往往由主体组织法加以规定，劳动法赋予劳动者的权利与主体组织法赋予用人单位的权利相互制衡，才能使权利的行使在法律规范的范围内进行，以防止滥用权利现象的发生。

维护劳动者合法权益原则在我国劳动法中体现在两个方面：一方面，法律、法规明确规定了劳动者应享有的基本权利和在各个劳动环节中的具体权利。如《劳动法》第3条第1款规定："劳动者享有平等就业和选择职业的权利、取得劳动报酬的权利、休息休假的权利、获得劳动安全卫生保护的权利、接受职业技能培训的权利、享受社会保险和福利的权利、提请劳动争议处理的权利以及法律规定的其他劳动权利。"同时，《劳动法》在劳动合同与集体合同、工作时间与休息休假、工资、劳动安全卫生、职业培训、劳动争议等章节中，将劳动者的权利更加具体化。另一方面，《劳动法》《劳动合同法》《就业促进法》等具体规定了用人单位必须履行的劳动义务，如遵守工时制度、限制加班加点、提供劳动安全卫生保护、支付劳动保障费用、不得低于当地最低工资标准支付工资等。这些规

定都体现了维护劳动者合法权益这一立法指导思想。

　　劳动法在突出保护劳动者合法权益的同时，也兼顾维护用人单位的利益：①从法律中权利、义务相一致的原则来讲，劳动者享受劳动权利是以履行劳动义务为前提的。法律不允许任何主体只享受权利而不履行义务，或者只履行义务而不享受权利。劳动者只有在全面履行劳动义务的条件下，才能充分享受法律赋予的权利。例如，我国《劳动法》第3条第1款规定了劳动者应享有的基本权利，第2款就规定了劳动者的基本义务。②劳动法适应市场经济的客观要求，在维护用人单位的利益方面也有具体的规定。如《劳动法》《劳动合同法》规定，用人单位有招收录用职工的自主权；有依法自主确定本单位的工资分配方式和工资水平权；在劳动者严重违纪，或者不能胜任工作，或者患病及非因工负伤超过医疗期限，以及在用人单位生产经营状况发生严重困难等情况下，用人单位享有解除劳动合同的权利等。这些都是为了维护用人单位的利益所作的规定。而用人单位提高了效益，得到了发展，又为劳动者各项权利的实现打下了基础。但必须明确的是，对用人单位利益的保护，在劳动法视野中，只能是"兼顾"，即应建立在对劳动者保护的前提下。

二、实行劳动行为自主与劳动标准制约相结合的原则

　　法律赋予劳动关系当事人意思自治、行为自主权，是社会主义市场经济的客观要求。市场经济的建立和发展完善，需要有一个完整的市场体系，包括商品市场、资本市场和劳动力市场为主的各生产要素市场。资本主义市场经济的形成过程已经表明，只有在劳动力成为商品，劳动者作为劳动力所有者进入市场的条件下，才会有市场经济。在劳动力市场中，用人单位作为劳动关系的一方当事人是独立面向市场的主体，享有用人自主权，即按照自己的需要和意愿去寻找确定劳动关系的另一方当事人；劳动者作为劳动力的所有者，按照择业自主、就业自愿的原则而成为劳动关系的另一方主体。用人单位与劳动者经过互相选择，在平等自愿、协商一致的基础上，通过签订劳动合同来确立劳动关系。他们离开劳动力市场进入劳动过程之后，用人单位由于生产过程的分工和竞争的需要，享有法律赋予的劳动管理自主权、劳动分配自主权及辞退权等；劳动者则是自愿接受这些条件而成为单位集体劳动的一员。这些都充分体现了劳动行为自主的原则。

　　在实行劳动行为自主的同时，必须看到，劳动法律关系当事人之间具有职责上的从属关系和劳动力人身性质的特点，因此应要求国家制定劳动标准，明确规定劳动的基本条件，以制约用人单位的行为，保护劳动者的合法权益。我国劳动法规定的工作时间制度、最低工资制度、女职工和未成年工的特殊劳动保护制度等，均属于劳动标准制度。它们是用人单位必须向劳动者提供的最低劳动条件和劳动待遇。如果用人单位违反劳动法的这些规定，给劳动者造成侵害的，要承担

相应的赔偿责任；对用人单位的直接责任人，要分情况给予行政制裁、民事制裁，直至追究其刑事责任。

三、坚持劳动者平等竞争与特殊劳动保护相结合的原则

建立劳动者平等竞争机制，是发展社会主义市场经济、提高劳动生产率的客观要求，也是劳动者在法律上一律平等原则的重要体现。首先，我国劳动法明确规定了劳动者有平等的就业和选择职业的权利，即劳动者不论性别、民族、出身及财产状况等，有权就业，并通过劳动获取劳动报酬；有权参与平等竞争，选择适合自己特点的职业和用人单位；有权利用国家和社会所提供的各种就业保障条件，以提高就业能力和增加就业机会。其次，劳动者在劳动报酬、劳动安全卫生保护、劳动保险、职业培训、劳动争议处理等方面一律平等地受到劳动法律、法规的保护，而不问劳动者是在全民所有制单位就业，还是在其他非全民所有制单位就业。也就是说，劳动者不论民族、种族、性别、职业、职务、劳动关系的所有制性质及用工形式等，在劳动法上的法律地位一律平等，劳动法所直接规定或要求达到的劳动标准都一律适用；禁止对任何劳动者在劳动方面歧视。

劳动法在坚持劳动者平等竞争原则的同时，还必须注重对特殊劳动者的劳动保护。由于生理方面和社会方面的种种原因，在劳动者中不可避免地形成了一些特殊劳动者群体，为使他们真正地与其他劳动者处于平等的法律地位，必须给他们以特殊劳动保护。因此，特殊劳动保护制度便成为世界各国劳动法的一项重要内容。我国劳动法特殊保护的对象是女职工、未成年工、残疾劳动者、少数民族劳动者及退役军人劳动者等。《劳动法》第14条规定："残疾人、少数民族人员、退出现役的军人的就业，法律、法规有特别规定的，从其规定。"第58条规定："国家对女职工和未成年工实行特殊劳动保护。……"同时，劳动法律、法规在就业、从事职业、安全卫生、解除劳动合同等方面对不同的特殊劳动者群体分别作了不同的保护规定。如在劳动就业方面，对退役军人、残疾人、少数民族劳动者及妇女劳动者，均作了特别保护规定；在从事职业方面，对女职工、未成年人规定了禁止用人单位安排其从事有害健康的繁重体力劳动和有毒有害的工作；在劳动安全卫生保护方面，作了对女职工的"三期"（孕期、产期、哺乳期）给予特别保护的规定，和对未成年工实行定期体格检查的规定；在解除劳动合同方面，规定了在女职工"三期"内，用人单位不得解除劳动合同的规定等。这些具体保护规定，为特殊劳动者群体实现劳动权提供了法律保障。

四、贯彻按劳分配与公平救助相结合的原则

按劳分配是我国经济制度的一项重要内容，也是我国劳动法的一项基本原则。我国《宪法》第6条第1款规定："……社会主义公有制消灭人剥削人的制度，实行各尽所能、按劳分配的原则。"我国《劳动法》第46条规定："工资分

配应当遵循按劳分配原则，实行同工同酬。……"

"各尽所能、按劳分配、同工同酬"的基本要求是：①每一个具有劳动能力的劳动者，都有平等的权利和义务，都应尽自己的能力为社会劳动。②用人单位应以劳动为尺度，按照劳动的数量和质量给劳动者支付劳动报酬。即用人单位通过对职工个人劳动技能、劳动条件、劳动强度、劳动贡献的全面考核，确定对职工个人的工资分配。③劳动者不分性别、年龄、民族和种族，等量劳动（包括数量、质量与贡献）应当取得等量报酬。

按劳分配与分配上的平均主义是不相容的。平均主义是手工业和小农经济的思想要求，贯彻按劳分配原则，本身就意味着反对在分配上搞平均主义。长期以来，由于计酬标准和管理水平的一些问题，平均主义思想在分配上表现得相当突出，比如前些年普遍存在的"吃大锅饭"现象就是平均主义分配思想的反映。因此，在我国分配制度中，要真正贯彻按劳分配原则，应当注意做到：①要体现奖勤罚懒、奖优罚劣；②要体现多劳多得、鼓励多做贡献；③要体现效益分配优先，兼顾公平；④要体现脑力劳动与体力劳动、复杂劳动和简单劳动之间的差别。此外，在贯彻按劳分配原则时，还要求正确处理生产与生活的关系，也就是在发展生产的基础上，逐步提高劳动报酬和福利待遇。

在贯彻按劳分配原则的同时，要求兼顾公平救助原则。公平救助原则主要体现于社会保险制度上。我国《宪法》第45条第1款规定："中华人民共和国公民在年老、疾病或者丧失劳动能力的情况下，有从国家和社会获得物质帮助的权利。国家发展为公民享受这些权利所需要的社会保险、社会救济和医疗卫生事业。"我国《劳动法》第70条规定："国家发展社会保险事业，建立社会保险制度，设立社会保险基金，使劳动者在年老、患病、工伤、失业、生育等情况下获得帮助和补偿。"物质帮助权是指劳动者暂时或永久丧失劳动能力时，有获得物质帮助的权利，以使劳动者本人及其家属能够获得基本的生活保障。物质帮助权是劳动报酬权的延伸或补充。我国劳动法还规定了劳动者退休养老保险、患病或非因工负伤保险、因工伤残或患职业病保险、失业保险及生育保险的制度。所有的劳动者均可按照法律、法规规定的条件和标准享受社会保险待遇。

公平救助原则的实现受制于按劳分配原则的贯彻，只有真正贯彻按劳分配原则，调动广大劳动者的劳动积极性，创造出更多、更丰富的物质财富，才能使公平救助原则得到充分的体现。

五、坚持法律调节与三方对话相结合的原则

在我国社会主义市场经济体制下，劳动力资源的配置以市场为手段，劳动关系的确立与运行要求法律制度作保障，劳动关系运行中出现的当事人之间的冲突与矛盾也必须依据劳动法律、法规处理，这些都是不言而喻的。但是劳动关系的多变性与复杂性及劳动标准的基准性特点，又使劳动者、用人单位、政府三方代表协商对话机制成为劳动法的原则。

劳动法中所称的三方性原则，是指政府、工会组织、用人单位组织三方在平等的基础上，通过一定的组织机构和运作机制，共同对有关劳动关系的重大问题（劳动立法、经济与社会政策的制定、就业与劳动条件、工资水平、职业培训、社会保障、职业安全与卫生、劳动争议处理以及对产业行为的规范与防范等）进行规范和协调处理。[1]

三方性原则的理论基础是社会连带关系理论。社会连带关系理论最早是由法国社会学家杜尔克姆提出的，他认为人类社会存在着"机械的"和"有机的"连带关系。法国法学家莱翁·狄骥进一步发挥了这种理论，提出社会连带关系或者社会相互依赖是一个重大事实。一方面，人类在社会生活中始终是联合的，这种联合的基础在于人类共同的需要，人类只有共同生活才能满足共同的需要。人们在共同生活中贡献自己同样的能力，以实现共同的需要，这就是一种"同求的连带关系"。另一方面，人们有不同的能力和不同的需要，为此，就必须互相交换服务，每个人贡献出自己固有的能力来满足他人的需要，并由此从他人手中获得报酬，这就产生了社会分工，这就是"分工的连带关系"。"社会连带关系"是一种事实，而不是某种道德观念，而且在不同的国家、不同的社会阶段具有不同的形态。在其代表作《宪法论》第一章中，莱翁·狄骥指出："社会的相互依赖主要是一种法律的关系，我所说的客观法的基础是社会的连带关系。"[2]

劳动关系是一种典型的社会连带关系。作为劳动关系的双方当事人，用人单位与劳动者之间是一种互相依赖、互相促进、共存共荣的社会伙伴关系。然而，劳动者与用人单位之间本质上属于不平等关系，而且双方在利益分配方面还存在着明显的对立关系。用人单位关心的是用人单位利益的最大化，因此，强调降低生产成本，提高生产效率，取得用人单位的发展；工人组织则强调劳动者权益的保护，特别是希望劳动者能分享用人单位发展的成果，保证劳动者收入能稳定增长，希望用人单位能不断地改善劳动者的工作条件。因此，对于涉及劳动关系的重大问题难免出现分歧，单纯依靠双方当事人的自觉自愿来实现合作是不现实的，而是必须要由国家进行适当的干预，有限度地介入劳动关系，并且积极推动劳动关系双方的合作，从而充分调动各方的积极性，达到相互的协调和平衡，共同创造一个繁荣、民主、文明的社会。这样，就形成了劳动者、用人单位与政府

---

〔1〕 国际劳工组织 1976 年 144 号《三方协商促进履行国际劳工标准公约》对三方机制的定义是：政府（通常以劳动部门为代表）、雇主和工人之间就制定和实施经济与社会政策而进行的所有交往和活动。

〔2〕 转引自周长征：《劳动法原理》，科学出版社 2004 年版，第 40~41 页。

三方协商对话与合作的劳动关系调整新机制。

三方性原则最早是由国际劳工组织提出的，是国际劳工组织为缓解劳资对抗，防止社会矛盾激化而用来稳定和协调劳动关系的措施。三方性原则是国际劳工组织行动的基本原则，也是国际劳工组织与联合国其他机构相比的独特之处：①从组织形式上看，国际劳工组织实行"三方机制"，即国际劳工大会、国际劳工局理事会及所属各委员会、区域会议等国际劳工组织机构的活动，均由会员国政府、雇主和工人三方代表参加，三方代表享有独立平等的发言权和表决权。②从活动内容上看，制定国际劳工标准是国际劳工组织的主要行动手段。国际劳工标准无论是以公约还是建议书的形式制定，都是充分听取政府、雇主、工人三方代表意见，并经过三方代表讨论通过后发布的。

三方性原则得到了西方市场经济国家的普遍认同，已成为世界多数国家劳动法的一个基本原则。

在我国劳动法中，三方性原则也得到了相应的体现。现行的《劳动法》《工会法》《集体合同规定》《劳动争议调解仲裁法》和《工资集体协商试行办法》等法律、法规、规章中规定了三方机制运作的基本框架：①我国在 1990 年就已经批准了国际劳工组织的《1976 年三方协商促进贯彻国际劳工标准公约》（第144 号公约）和同名建议书。国务院在提请审议的说明中指出，批准这项公约旨在建立一项工作程序，以便就涉及劳动者权益的国际劳工公约的制定、批准、实施及其监督检查等，进行国家一级的政府与雇主和工会组织代表间的协商，使各方意见都能得到充分反映。②2009 年 8 月 27 日修订的《工会法》第 34 条第 2 款规定："各级人民政府劳动行政部门应当会同同级工会和企业方面代表，建立劳动关系三方协商机制，共同研究解决劳动关系方面的重大问题。"这是我国第一次明确实行三方协商机制的法律。③在劳动基准制定过程中，也逐步实行三方合作原则。例如，2004 年劳动和社会保障部联合颁布的《最低工资规定》第 8 条第 1 款规定："最低工资标准的确定和调整方案，由省、自治区、直辖市人民政府劳动保障行政部门会同同级工会、企业联合会/企业家协会研究拟订，并将拟订的方案报送劳动保障部。方案内容包括最低工资确定和调整的依据、适用范围、拟订标准和说明。劳动保障部在收到拟订方案后，应征求全国总工会、中国企业联合会/企业家协会的意见。"④根据我国《劳动法》，我国劳动争议仲裁委员会是由劳动行政部门代表、同级工会代表和用人单位代表三方共同组成的。《集体合同规定》中也有三方共同协调处理集体争议的条文。

同时，三方性原则在我国法治的实践中也得以运用：①建立了国家级协调劳动关系的三方机制。2001 年 8 月，由劳动和社会保障部、中华全国总工会、中国企业联合会（中国企业家协会）三方组成了国家级协调劳动关系三方会议制度，使中国的劳动关系协调工作有了一个较为规范和稳定的工作机制，并开展了卓有成效的工作。②我国省级三方机制全面建立，大部分省、自治区、直辖市在市（地）一级普遍建立了三方机制，有的地方已延伸到县（市）、乡镇（街道）和村（社区）。2002 年 8 月，全国建设系统建立了协调劳动关系的三方会议制度，这是全国第一个行业性的最高层面的劳动关系协调机制，标志着产业性三方机制的启动。国家协调劳动关系三方会议，每年召开例会，截至 2016 年 4 月，已召开了 21 次会议。各级三方机制在协调劳动关系、促进改革发展中发挥了积极作用。

当然，三方性原则的贯彻在我国仍然存在着很大的不足，具体表现在：①三方机制相关法律不完善；②劳动者与用人单位双方主体的代表性须进一步增强；③三方机制运行的社会影响力不大；④通过三方机制解决问题的针对性有待提高。[1] 对此，我们应坚持从国情出发，吸收借鉴国外市场经济国家经验，不断完善有中国特色的三方机制，以促进劳动关系的和谐发展。

■思考题

1. 劳动法基本原则的确认应考虑哪些因素？
2. 劳动法基本原则应包含哪些内容？

---

[1]　汪洋："我国协调劳动关系三方机制现状、问题及改革思路"，载《经济研究参考》2006 年第 44 期。

第四章　劳动法律关系

■ **学习目的和要求**

　　劳动法律关系是劳动法学的重要理论问题。通过本章的学习，理解劳动法律关系的概念，劳动法律关系与劳动关系的区别与联系，劳动法律关系的特征；掌握劳动法律关系各要素的概念和内容，劳动法律事实的概念和种类，劳动法律关系产生、变更及消灭的条件；初步学会运用本章中的基本原理分析具体劳动法实例。

　　以劳动权为重心的劳动法律关系，具有法律关系的一般规定性，同时在其表现形式上以及主体、内容、客体的构成要素方面均有一定的特殊性。对劳动法律关系特殊性的揭示与研究，是劳动法学的基本理论问题之一。

第一节　劳动法律关系概述

　　现实的社会物质生活关系是复杂的、多种多样的，国家对不同性质、不同内容的社会关系，分别制定与之相适应的法律规范予以调整，从而形成了各种不同的法律关系，劳动法律关系就是其中的一种。

一、劳动法律关系的概念

　　劳动法律关系，是指劳动者与用人单位之间，在实现劳动过程中依据劳动法律规范而形成的劳动权利与劳动义务关系。它是劳动关系在法律上的表现，是劳动关系为劳动法调整的结果。比如，某自然人在某企业参加了工作，相互之间形成了劳动权利与义务关系，劳动法对之进行调整，就在该自然人与该企业之间产生了劳动法律关系。这一具体的劳动法律关系表现为：劳动者进入用人单位，就有义务遵守劳动纪律，完成劳动任务，并有权获取劳动报酬，受到劳动保护，享受劳动保险等待遇；用人单位有权要求劳动者遵守劳动规章制度、完成劳动定额，并有义务按照法律规定或约定支付劳动报酬，提供劳动保护及劳动保险等。任何一方不履行或不完全履行劳动义务，都会产生一定的法律后果。

劳动法律关系与劳动关系是两个既有联系又有区别的不同概念。它们之间的联系表现在两个方面：①劳动关系是劳动法律关系产生的基础，劳动法律关系是劳动关系在法律上的表现形式。因而在制定劳动法时，必须考虑现实劳动关系的法律要求，脱离现实要求的法律，是不会产生积极效果的。②劳动法律关系不仅仅反映劳动关系，而且当其形成后，便给具体劳动关系以积极的影响，即现实的劳动关系唯有取得劳动法律关系的形式，其运行过程才有法律保障。劳动法律关系与劳动关系的区别在于：①劳动关系是生产关系的组成部分，属于经济基础的范畴；而劳动法律关系是思想意识关系的组成部分，属于上层建筑范畴。②劳动关系的形成以劳动为前提，发生在现实社会劳动过程之中；劳动法律关系的形成则是以劳动法律规范的存在为前提，发生在劳动法律规范调整劳动关系的范围之内。③劳动关系的内容是劳动，劳动者提供劳动力，用人单位使用劳动力，双方形成劳动力的支配与被支配的关系。如果没有相应的法律规范调整，就不会形成法律上的权利义务关系。劳动法律关系的内容则是法定的权利义务，双方当事人必须依法享有权利并承担义务。如果任何一方当事人不履行自己应尽的义务，侵犯对方的权利或者损害对方的利益，另一方当事人有权请求法院强制其履行义务，以维护自己的合法权益。④劳动关系的范围大于劳动法律关系的范围，即并非所有的劳动关系都能成为劳动法律关系，只有那些经过劳动法律规范所承认的劳动关系才可能构成劳动法律关系。⑤劳动法律关系具有法律效果；劳动关系不具有法律效果。劳动法律关系的成立以法律规定的形式和条件为构成要件，即劳动者适格、用人单位适格、劳动合同不违法等；而劳动关系的成立条件以主体双方的劳动合意及劳动者的实际劳动为成立要件。⑥劳动法律关系属于形式范畴；劳动关系属于内容范畴。

二、劳动法律关系的法律特征

从劳动法律关系与民事法律关系、行政法律关系的区别来考察，劳动法律关系具有以下法律特征：

（一）劳动法律关系的主体之间具有平等性和隶属性交错共存的特点

劳动法律关系的主体一方是劳动者，另一方是用人单位。在劳动法律关系建立时，劳动者和用人单位都是平等主体，双方是否建立劳动法律关系及如何建立劳动法律关系，应由双方平等协商依法确定，也就是说在劳动力市场上，由双方依法自我判断，双向选择。同时，劳动法律关系确立后，劳动者必须进入用人单位，使自己的劳动力归用人单位支配，并必须服从用人单位的指挥，这就使双方形成了一种职责上的隶属关系。劳动者与用人单位之间的平等性和隶属性交错的特点，与民事法律关系主体之间的平等性及行政法律关系之间的隶属性相区别，是劳动法律关系的主要特征之一。

（二）劳动法律关系的内容体现了国家与当事人的双重意志

劳动法律关系是按照劳动法律规范规定、集体合同规定及劳动合同的约定形成的。劳动法律关系首先是双方当事人在平等、自愿的基础上缔结的，具体的劳动权利与劳动义务也允许双方当事人协商议定（通过劳动合同与集体合同）。但双方当事人在缔结劳动法律关系，确定劳动权利义务时，不得违背国家法律和行政法规的规定，如为了切实保障劳动者的合法权益，在工时休假制度、最低工资待遇、劳动保护条件、社会保险待遇等方面，国家法律均有基准规定，这就要求当事人的意志不得违背国家意志，在国家法律、法规许可的范围内确定具体的劳动权利和义务，以形成劳动法律关系。劳动法律关系的这一特征区别于民事法律关系，在民事法律关系中，当事人意思自治是其根本特征。

（三）劳动法律关系的客体表现为兼有人身性与财产性的特定的劳动行为和财物

双方当事人及国家法律对劳动行为和财物的具体要求与规范，都是围绕劳动力的让渡、劳动力的使用、劳动力的保护等进行的。而劳动力的人身依附性和作为商品的财产性，决定了作为劳动法律关系客体的行为与财物有别于民事、行政法律关系客体的行为与财物。这也是劳动法律关系区别于其他法律关系的显著特征。

三、劳动法律关系的种类

根据不同的划分依据，劳动法律关系可以分为以下主要几种不同的类型：

1. 按用人单位的所有制性质不同，可将劳动法律关系分为全民所有制单位的劳动法律关系、集体所有制单位的劳动法律关系、个体经济组织中的劳动法律关系、私营企业劳动法律关系、股份制企业劳动法律关系、外商投资企业劳动法律关系。这种划分在我国《劳动法》颁布之前具有重要的意义，也是最重要的一种划分方法，因为我国过去一直是条块立法，不同经济成分中的劳动法律关系，其当事人在劳动过程中的劳动权利和义务是各不相同的。实践证明，条块立法不能适应社会主义市场经济对劳动主体建立公平竞争机制的统一要求，因为市场经济要求，不论所有制性质，不分单位大小，所有主体一律平等地按照统一规范和要求建立劳动法律关系，实现劳动过程。因而，按用人单位的所有制性质分类的方法将逐渐失去它的重要意义。

2. 根据劳动法律关系的当事人是否具有涉外因素，可将劳动法律关系分为国内劳动法律关系和涉外劳动法律关系。由于这两类劳动法律关系从确立到履行，乃至发生劳动争议后的处理等，法律、法规均有不同的规定和要求，因此，这种分类方法具有一定的理论和实践意义。但随着我国向国际社会融入的程度不断加深，这种分类方法也将会逐渐失去意义。

3. 根据劳动法律关系的表现形式不同，可将劳动法律关系划分为典型劳动法律关系和非典型劳动法律关系。传统情况下，劳动法律关系都是典型劳动法律关系，但随着时代的发展，非典型劳动法律关系出现并逐渐发展壮大。例如，非全日制劳动法律关系、劳动派遣法律关系等都是非典型劳动法律关系。这种划分越来越具有重要的理论和实践意义。

第二节　劳动法律关系的主体

劳动法律关系是由劳动法律关系主体、劳动法律关系内容和劳动法律关系客体这三个基本要素构成的，缺一不可。本节主要阐述劳动法律关系的主体。

劳动法律关系的主体，是指参与劳动法律关系，享有劳动权利和承担劳动义务的当事人，包括劳动者和用人单位。

一、劳动者

（一）劳动者的法律含义

劳动法中的劳动者，是指达到法定年龄、具有劳动能力，以从事某种社会劳动获取收入为主要生活来源的自然人。他们是依照法律或合同的规定，在用人单位管理下从事劳动并获取劳动报酬的劳动关系当事人。劳动者包括本国人、外国人和无国籍人。我国劳动法律关系中对劳动者的称谓很多，如职工、职员、工人等。

自然人参与劳动法律关系并成为合法主体，必须具备一定的条件并取得劳动权利能力和劳动行为能力。反之，不具备法定资格的自然人则不能成为劳动关系中的合法当事人。各国法律赋予本国劳动者相应的劳动权利能力和劳动行为能力。

（二）劳动者劳动权利能力与劳动行为能力的概念

劳动者的劳动权利能力与劳动行为能力，是劳动者（即自然人）参与劳动法律关系必须具备的基本资格或者说一般资格，不具备这一资格的劳动者则不允许参加劳动法律关系成为合法主体。劳动权利能力，是指劳动者依法享有劳动权利和承担劳动义务的资格，它是劳动者参与劳动法律关系成为主体的前提条件。[1] 劳动行为能力是指劳动者能以自己的行为参与劳动法律关系，实际享有权利和履行义务的能力。它是劳动者作为劳动法律关系主体的基本条件。不具备

---

[1] 劳动者的劳动权利能力应当具有平等性，这是现代市场经济的必然要求，更是社会文明的标志。基于此，劳动者的劳动权利能力不应该因种族、肤色、性别、宗教、血统、社会出身、城乡、地域等的不同而有所区别。

劳动行为能力的劳动者，就不能够实际参与劳动法律关系，享有权利和承担义务。

法律赋予劳动者劳动权利能力与劳动行为能力是基于以下两个条件：

1. 达到法定年龄。关于劳动者的就业年龄，世界各国的劳动法都有规定，一般规定在 14 ~ 16 周岁之间。我国劳动法将就业年龄规定为 16 周岁，禁止招用未满 16 周岁的未成年人；某些特殊职业，如文艺、体育和特种工艺单位确需招用未满 16 周岁的人（如演员、运动员）时，须报县级以上劳动行政部门批准。

2. 具有劳动能力。劳动者的劳动能力属于自身生理因素，而不是由法律规定的。根据自然人的生理状况，劳动者的劳动能力一般表现为三种情况，即有完全劳动能力、有部分劳动能力和无劳动能力。具体来讲，因生理状况不能劳动的，视为无劳动能力的人；因生理状况不能进行正常劳动，但又没有完全丧失劳动能力的，视为有部分劳动能力的人；而身体健康、智力健全的人则是有完全劳动能力的人。

只有达到法定年龄，具有完全劳动能力或部分劳动能力的劳动者，法律才赋予其劳动权利能力和劳动行为能力。反之，达不到法定年龄，即使是具有劳动能力的人，也不能参与劳动法律关系而成为主体。同时，无劳动能力的人，无论是生来就没有，还是后来因丧失劳动能力而离开劳动岗位，都不具备主体资格。

劳动者的劳动权利能力与劳动权利是两个不同的概念。劳动权利能力不是劳动权利本身，它只是享有劳动权利的前提。劳动权利是具体权利，是主观上的权利，如取得劳动报酬权、享受物质帮助权、参加民主管理权等；而劳动权利能力则是抽象权利，是客观上的权利，是劳动者实际取得劳动权利的一种资格。有劳动能力的劳动者具有相同的劳动权利能力，但运用劳动权利能力取得具体劳动权利的结果则不相同，因为劳动权利的实现要受到劳动者劳动能力所表现出来的脑力、体力等因素的限制。

（三）劳动者劳动权利能力与劳动行为能力的特点

劳动者的劳动权利能力与劳动行为能力，与其民事权利能力与民事行为能力不同，具体表现在以下四个方面：

1. 劳动者的劳动权利能力和劳动行为能力是统一的。劳动者达到法定就业年龄并具有劳动能力，就同时享有劳动权利能力和劳动行为能力，一旦完全丧失了劳动能力，就不再享有劳动权利能力与劳动行为能力。因此，劳动者的劳动权利能力与劳动行为能力同时产生、同时消灭。而劳动者的民事权利能力从出生之日起即开始享有，直到死亡之日方告终止，不受任何条件限制；劳动者的民事行为能力则受年龄与健康条件的限制。

2. 劳动者的劳动权利能力与劳动行为能力具有不可分割性。劳动者的劳动权利能力和劳动行为能力只能由劳动者本人亲自实施，法律不允许他人代理劳动者行使劳动权利能力和劳动行为能力。如果他人代理劳动者行使劳动权利能力和劳动行为能力，是无效的和非法的。而在民事法律关系中，年满10周岁、未满18周岁，智力正常的未成年人是限制行为能力的人，10周岁以下的人以及精神病人为完全无民事行为能力人，但是他们却仍然享有民事权利能力，可以由他们的法定代理人代理或协助其参与民事法律关系；即使是年满18周岁的劳动者也可以委托他人代理自己行使民事行为能力，参与民事法律关系。

3. 劳动者劳动权利能力与劳动行为能力的运用要受到劳动能力所表现出来的各种因素差别的限制，如文化水平、劳动技能、健康状况及年龄、性别、人身自由等。正因为如此，对女职工和未成年工的特殊劳动保护制度才成为劳动法的重要内容。这一特征也决定了劳动者必须不断提高自身的劳动素质，以适应劳动过程的客观要求，这样才能实现宪法与劳动法赋予劳动者的各项权利。

4. 劳动者在运用劳动权利能力和劳动行为能力实现劳动权利时，已经参加了某一种劳动法律关系，一般就没有条件再参加另一种劳动法律关系。即使可以参加，条件也是十分严格的。例如，劳动者在退休后，如果继续从事有偿社会劳动，其形成的关系一般不属于劳动法调整范围内的劳动关系，应视为民事劳务关系，而非劳动法律关系。而劳动者的民事权利能力与民事行为能力并不限定在一种民事法律关系中行使，一个劳动者可以同时参加法律允许的各种民事法律关系。

二、用人单位

（一）用人单位的概念和种类

用人单位，是指依法招用和管理劳动者，并按法律规定或合同约定向劳动者提供劳动条件、劳动保护及支付劳动报酬的劳动组织。我国现阶段的用人单位包括各种性质的企业、个体经济组织、特定范围劳动用工关系下的国家机关、事业单位以及社会团体、民办非企业单位、依法成立的会计师事务所、律师事务所等合伙组织和基金会等。

（二）用人单位的劳动权利能力和劳动行为能力

用人单位作为劳动法律关系的一方当事人，也必须具备一定的条件，方能取得劳动权利能力和劳动行为能力。

劳动权利能力，是指用人单位依法享有用人权利和承担用人义务的资格。它是用人单位参与劳动关系成为合法主体的前提条件。用人单位不同，其劳动权利能力的范围也不同。这种制约因素通常表现为国家允许用人单位使用劳动力的限度和要求用人单位提供劳动条件和劳动待遇的限度。

劳动行为能力，是指用人单位依法能够以自己的行为实际行使用人权利和履行用人义务的资格。它是用人单位依法参与劳动法律关系、享有权利和履行义务的基本条件。用人单位的劳动行为能力，主要表现在为职工提供劳动条件和劳动待遇的能力。为此要求用人单位，首先要有必要的独立支配的财产，其中最主要的是生产资料。单位占有一定的生产资料是吸收劳动力的先决条件。其次，要有一定的工作场所和组织机构，这样才能将劳动力在一定分工和协作的条件下与生产资料相结合，并遵循统一的劳动规则，顺利实现劳动过程。

用人单位的劳动权利能力和劳动行为能力具有统一性，只有二者同时具备，用人单位才能充分实现用人自主权。在我国现阶段，制约用人单位劳动权利能力与劳动行为能力的主要因素有：

1. 职工编制定员。一般用人单位应根据生产经营规模、工作岗位需要编制用人计划，报上级主管部门和劳动部门审核批准后执行。这就使单位的用人自主权利受到了一定的限制。随着市场经济的深入发展，企业、民办非企业单位等用人单位的用人自主权将不再受编制限制。

2. 职工录用基本条件。如职工的年龄、户口、职业资格证书等条件，就是对单位用什么样的劳动者的制约因素。其中，随着市场经济的深入发展，诸如户口等不公平的用人条件将会逐渐消失。

3. 最低工资标准。用人单位不得低于当地最低工资标准向劳动者支付工资。

4. 工时休假制度与劳动安全卫生标准。用人单位不得违反劳动法律、法规延长工作时间或侵犯劳动者的休息权，也不得低于国家规定或集体合同约定的标准提供劳动保护条件。

5. 社会保险。用人单位必须按国家法律、法规规定为劳动者支付各项保险费用。

6. 社会责任。企业社会责任，是近年来在我国提出和掀起讨论的新概念。企业社会责任理论强调：企业在创造利润、对股东利益负责的同时，还要承担对员工、对社会和环境的责任，包括遵守商业道德、生产安全、职业健康、保护劳动者的合法权益、节约资源等。例如，在我国现阶段，法律虽然赋予企业以用人自主权，但对于富余人员还不能一概辞退，而是尽可能地在企业内部消化；对于国家安置的退役军人，也须接纳并安排工作等。

（三）用人单位劳动权利能力与劳动行为能力的特点

用人单位的劳动权利能力、劳动行为能力与其民事权利能力、民事行为能力相比较，有受国家较严格干预的特点，这是由劳动力市场的特殊性和用人行为的社会性决定的。法律虽然赋予了单位用人自主权，但这种自主权必须在服从国家意志的前提下行使，包括录用、辞退、提供劳动条件和劳动待遇等，均须按照法律规定行使。而单位的民事权利能力与民事行为能力，相对来讲意思自治成分较大。

第三节　劳动法律关系的内容

劳动法律关系的内容，是指劳动法主体依法享有的劳动权利和承担的劳动义务，亦即劳动者与用人单位之间的相互权利和义务。

一、权利和义务的一般含义

(一) 权利

《牛津法律大辞典》称，"权利"是一个受到相当不友好对待和被使用过度的词，它表示通过法律规则授予某人以好处或收益。权利标志着人们能够或实际作出某种行为的自由度，它包括法律权利及社会其他领域（如政治、伦理、宗教等）内以法外权利形式存在的一切权利现象。法律权利的含义有三个方面：①它是法律赋予人们谋求自身利益的行为的资格。权利作为人们实施行为的资格，表明权利主体在特定时间、特定场合下为某种行为或者不为某种行为是法律许可的，不会受到法律的制裁。②它是人们按照自己的意志在国家法律规定的范围内选择一定社会行为方式的可能性。也就是说，权利所标志的行为，是在法律假定的条件下和规定的范围内可做可不做、可以这样做也可以那样做的行为。③它是国家法律赋予人们谋求自身利益的社会力量。法律权利的特点就在于：它的存在与实现要凭借国家组织的政权力量。因为在现实社会活动中，实现权利的活动总是与某些人的利益相违背的，因而会受到种种制约和阻碍。国家赋予权利以强制力，当事人享有的权利不能顺利实现或无法实现时，便可请求法律的保护。

(二) 义务

《牛津法律大辞典》称，"义务"源自于拉丁语的"债务"和法语的"责任"一词，是指负有和应支付他人而又必须履行的一种法律上的不利条件。法律义务是对依法必须做出和恪守的行为的确定形式。规定义务及对不履行义务者予以制裁是法律用以调整人们行为的主要方式。

义务标志着人们应该、必须或实际作出或抑制某种行为的约束度。它包括法律义务及其他社会领域内作为法律外义务而存在的一切义务现象，如宗教义务、道德义务及习惯义务等。法律义务与法律权利是相对应的一对法学基本范畴。它的含义有：①义务没有选择性，它是必须实现的一种行为规范。义务主体不履行义务或不完全履行义务，要受法律的制裁。②义务和行为主体的利益相脱离，甚至表现在与该行为主体的直接利益的对立。③义务与社会总体利益相联系。义务主体履行义务，在具体法律关系中表现为他人利益的实现，但整个法律义务的履行就是社会总体利益的实现。正因为如此，国家从社会整体利益出发规定义务是主体必须实施的作为与不作为。

二、劳动权利与劳动义务的含义

（一）劳动权利

劳动权利是指劳动法主体依法能够为一定行为和不为一定行为或要求他人为一定行为和不为一定行为，以实现其意志或利益的可能性。它表明：①在劳动法规定的范围内，权利主体有权做出一定行为（包括作为和不作为），以实现其意志和利益；②在劳动法规定的范围内，权利主体有权要求义务主体做出一定行为（包括作为与不作为），以保证实现或不影响实现其意志和利益；③在劳动法规定的范围内，权利主体由于他人行为而使其权利不能实现或受到侵害时，有权请求国家有关机关予以保护。

（二）劳动义务

劳动义务是指劳动法主体根据法律的规定，为满足权利主体的要求，在劳动过程中履行某种行为的必要性。它意味着：①义务主体要依据法律作出一定行为（包括作为与不作为），以保证国家利益和权利主体的权利得以实现；②义务主体应自觉履行法定义务，如不履行或不完全履行则要受到法律的制裁。

劳动义务是实现劳动权利的条件，与劳动权利形成对立统一关系，权利以义务为条件，义务以权利为前提。建立在平等主体之间的劳动权利与劳动义务具有对应性和一致性的特点。

三、劳动者的劳动基本权利

绝大多数国家的宪法和劳动法对劳动者的劳动基本权利都作了相应的规定。我国《劳动法》第 3 条规定："劳动者享有平等就业和选择职业的权利、取得劳动报酬的权利、休息休假的权利、获得劳动安全卫生保护的权利、接受职业技能培训的权利、享受社会保险和福利的权利、提请劳动争议处理的权利以及法律规定的其他劳动权利。"据此规定，我国劳动者的基本权利可以概括为以下几个方面：

（一）平等就业与选择职业权

平等就业与选择职业权，也称狭义的劳动权或工作权，是指具有劳动能力、达到法定就业年龄的劳动者有获得劳动机会的权利。它是劳动基本权的核心，主要包括四个方面：①劳动作为权利，标志着劳动是自由的，是否就业，从事何种职业，均由劳动者自己选择，对不愿意就业的劳动者不得加以强迫。②每个劳动者参加劳动的机会也是平等的，在平等的基础上竞争，不允许任何人以任何方式妨碍劳动者就业。劳动者就业不因民族、种族、宗教信仰不同而受歧视；妇女享有与男子平等的就业的权利。③国家有义务通过各种途径创造就业条件，帮助劳动者就业。④任何用人单位不得滥用解雇权。用人单位必须依法才能解除劳动合同，凡是滥用解除权的行为，均属违法行为，行为人应受法律的追究。

（二）劳动报酬权

劳动报酬，是指劳动者参加社会劳动，按其劳动的数量和质量，从用人单位取得的报酬。通过劳动取得报酬，作为劳动者的一项劳动基本权利，其内容具体表现为：①劳动者参加了社会劳动，用人单位须以劳动为尺度，按照劳动者劳动的数量和质量支付劳动报酬。②同工同酬。劳动者不分性别、年龄、民族、种族，等量劳动获得等量劳动成果，就应当得到等量劳动报酬。③劳动者的工资标准一般预先在劳动合同中加以规定，当劳动者按照用人单位的要求完成了劳动任务，用人单位须按合同规定的标准与时间向劳动者支付工资。④劳动者在法定工作时间内提供了正常劳动的情况下，用人单位不得低于当地最低工资标准向劳动者支付工资。⑤禁止用人单位随意克扣、拖欠、拒付职工工资的行为。⑥劳动报酬是劳动者的主要生活来源，国家应通过一定的制度规范保证在发展生产的基础上不断提高劳动者的劳动报酬标准。此外，国家法律还应通过工资协商机制、工资支付保障制度等，充分实现劳动者的报酬协商权和报酬请求权。

（三）劳动保护权

劳动保护权，亦称劳动者职业安全权，是指劳动者在职业劳动中的人身安全和身心健康获得保障，从而免遭职业危害的权利。劳动保护权的基础是人的生命和健康的权利，它是最基本人权的体现。劳动保护权的具体内容有：①单位必须按照国家劳动安全卫生规程标准，配备劳动安全设施和发放劳动保护用品；②单位必须依法给予女职工和未成年工以特殊的劳动保护；③单位有责任对全体职工进行全面的安全生产教育，并建立健全安全生产管理制度；④经劳动鉴定委员会确认，单位劳动卫生条件极为恶劣，以致危害劳动者身体健康的，劳动者有权拒绝投入生产劳动，直到劳动条件得到改善；⑤因劳动安全卫生条件差，致劳动者伤、残或患职业病的，单位有义务负责给予治疗，并承担由此而产生的一切费用；⑥单位有责任在发展生产的基础上不断改善劳动条件和提高劳动保护标准。

需要强调的是，我国劳动保护权的权利理念正在经历从传统的劳动安全保护立法中的国家本位原则到劳工本位的演变过程。在以往的法律、法规中，劳动者劳动保护权的实现主要靠用人单位全面履行义务，是一种被动的受益权。近年来，随着国际劳工组织对劳动者工作环境权理念的提出及其内容的不断完善，我国劳动保护权理念也在发生着转变，这集中体现于两部重要的法律——《职业病防治法》和《安全生产法》中，尤其是《安全生产法》（2014 年 8 月 31 日修订）中专章规定了从业人员的权利和义务，突破了以往法律法规只规制用人单位对劳动者职业安全保护义务的立法模式，直接引入权利主体及权利内容体系，对作为从业人员的劳动者在生产过程中所享有的知情权，建议权，批评、检举、控告权，紧急避险权，拒绝权，工伤保险权以及民事赔偿权等安全保障的权利做了具体的规定，使劳动者由被动的受益人转变成权利人。

此外，休息权也属于广义的劳动保护权范畴。休息权是指劳动者经过一定时间的劳动之后，获得充分的休息的权利。我国《宪法》第43条规定：“中华人民共和国劳动者有休息的权利。国家发展劳动者休息和休养的设施，规定职工的工作时间和休假制度。”《劳动法》统一规定了劳动者公休假日、法定节日、年休假等休假制度，并对用人单位安排加班加点作了严格的限制。此外，国家要在发展生产的基础上，逐步增设疗养院、休养院、文化宫、俱乐部、运动场、图书馆等，使劳动者对休息权的享受能获得更加丰富的内容。

（四）接受职业技能培训权

职业技能培训，是指对具有劳动能力的未能参加工作的劳动者和在职劳动者进行技术业务知识和实际操作技能的教育和训练，包括就业前的培训和在职培训。就目前我国劳动者接受职业技能培训权的内容来看：①就业前的劳动者有权通过各种途径使自己获得专业知识和技能，从而为就业创造条件，国家鼓励和帮助劳动者实现这一权利，如举办、扶持和发展技工学校、职业学校、高等职业教育及各种类型的职业培训班等；②在职劳动者有权利用业余时间参加各类学校学习，以丰富科学文化知识和提高专业理论水平，用人单位应对职工学习给予鼓励和支持；③有条件的单位应根据实际需要有计划、多渠道地加强对整个职工队伍知识、技能方面的训练，以适应现代化生产过程的要求。

（五）生活保障权

生活保障权，亦称享受社会保险权或物质帮助权，是指劳动者暂时或永久丧失劳动能力时，有权依法获得物质帮助，以保证劳动者在生、老、病、死、伤、残等情况下，本人及其直系亲属的生活需要。我国是社会主义国家，《宪法》第45条第1款规定：“中华人民共和国公民在年老、疾病或者丧失劳动能力的情况下，有从国家和社会获得物质帮助的权利……”这就为劳动者的生活保障权提供了法律依据。劳动者的生活保障权，体现在我国劳动制度中的有：退休保险待遇、疾病保险待遇、工伤保险待遇、失业保险待遇及生育保险待遇。随着我国经济的不断发展，劳动者生活保障权的范围会更加扩大，待遇标准也会逐步提高。

（六）结社权与集体协商权

结社权是指狭义的团结权。广义的团结权包括结社权、团体交涉权（集体谈判权）、争讼权等三项权利。[1] 我国现行法律中规定了劳动者的结社权与集体协

---

〔1〕 广义的团结权也称“劳动三权”：①团结权（结社权），指劳工参加、组织工会的权利；②团体交涉权，指工会代表职工与雇主谈判的权利；③争讼权，也称行动权，主要指赋予劳动者怠工、罢工、游行示威等权利。“劳动三权”理论在资本主义市场经济国家备受重视。

商权。结社权是法律赋予劳动者通过代表自己利益的团体（形成工会）来保护其经济与社会利益的权利。结社权的基础在于劳动者在劳动关系中始终处于劣势、弱者地位，唯有通过团结组成工会组织，才能形成与雇主利益抗衡的力量，使失衡的劳动关系得以改善和协调。我国宪法没有明确规定劳动法意义上的结社权，只是从公民基本权利的角度宽泛地规定了公民的结社权，劳动法和工会法则具体确认了劳动者的结社权。集体协商权，在多数国家称为集体谈判权或团体交涉权，是指代表劳动者的工会代表与雇主或雇主组织的代表进行谈判协商，从而签订有关劳动条件的集体协议（合同）的权利。集体协商权的意义在于：劳动者通过工会的力量与用人单位（或其团体）在平等的基础上进行协商，确立集体劳动条件与待遇，故其所形成的权利义务关系，能较为真实地反映集体合同双方主体的意思，从而弥补劳动合同的不足，避免劳动合同中的不合理或不平等条款，并在此基础上进一步为劳动者争取更好的劳动条件与待遇。

（七）合法权益保护权

合法权益保护权，亦即提请劳动争议处理权，是指劳动者有权在自己的合法权益受到侵害时，通过申请调解、提请仲裁和提起诉讼，排除侵害行为，并使由此而受到的损失得到赔偿。

四、劳动权的性质界定

关于劳动权的性质，是学界有争议的基本理论问题之一，有三种基本观点：

1. 认为劳动权是典型的社会权。日本学者大须贺明认为社会权是国家对经济上的弱者进行帮助和保护的权利。他在《生存权论》中强调：①仅视劳动权为自由权加以保障是不够的。作为生存权这一基本权利之一的劳动权，否定它是一种国民可以向国家请求像获得劳动机会之类的一定给付的权利，就忽视了现行宪法的人权保障的现代意义，是没有正当性的。②有劳动的意愿和能力而无法就业时，可以要求国家提供劳动机会，若不能实现就可以请求支付相当生活费。③劳动机会的取得，原则上应当归属于个人的努力，但现代资本主义体制必然会导致动态失业，要求国家予以积极的关注，采取积极的措施。

2. 将劳动权定义为自由权。持此观点的人认为，把劳动权认定为社会权不足以揭示劳动权的本质，也不足以激发劳动者的主体自觉性和自身潜力。把劳动权定位为自由权，更能说明劳动权与人的生存、发展及与社会的存在与发展的内在逻辑。主张从自由的角度重新审视劳动权，如此可以将劳动权放在更广阔的视野中去阐释，并对劳动权做出积极自由和消极自由的划分。一方面，强调劳动者的自由和能力；另一方面，劳动者有权利要求国家的保护与帮助，甚至要求国家提供诉讼救济。

3. 主张劳动权为受益权，即"人民为一己之利益，请求国家为某种行为之权利"。这表明劳动权是人民为己之生存利益而请求国家提供就业机会或生活保障的权利，当属受益权无疑。把劳动权理解为受益权，强调请求国家提供就业机会和社会保障的权利，反映出以国家为主导的思路。

我们认为，劳动权应定位于以私法为主导兼有公法性质的社会权。这种定位既有利于发挥劳动者在实现权利过程中的主观能动性，也有利于国家建立有效的权利保护机制，保障劳动者劳动权的充分实现。

五、用人单位权利

（一）招收录用职工权

用人单位有权依照国家规定和本单位需要择优录用职工，并有权自主决定招工方式、招工数量、招工条件和招工时间。用人单位除依法承担一定的社会责任外，有权根据生产岗位的需要和劳动力市场的供求关系，通过平等协商，依法签订劳动合同，确立单位与劳动者之间的劳动法律关系，明确双方的权利和义务。其他任何单位和个人不得进行非法干预，不得迫使用人单位招收不符合录用条件的劳动者。

（二）合理组织调配权

用人单位有权根据自身的生产规模、生产特点，自行决定内部机构设置和人员配备。我国企业面对旧体制下形成的机构臃肿、结构不合理、人员素质低、职工对企业缺乏责任感的弊端，有权本着"精简、效能、减员"的原则，自行确定内部机构设置、调整劳动组织和人员定编，将劳动合同关系中的平等竞争、双向选择、优胜劣汰机制运用到企业的各级组织机构中，用合同方式对人员聘用实行定岗和目标管理，使各种组织机构按照合同机制运行，实现企业劳动力资源与生产资料的优化配置。当然，在此项权利行使中还应考虑对特定劳动者的特殊保护问题，如对老职工、女职工、因工伤残职工、转业复退军人及残疾人等，应依法优先使用，以保障他们劳动权利的实现。

（三）劳动报酬分配权

用人单位有权制定本单位的工资形式及奖金、津贴的分配办法，有权组织各种形式的考核确定职工的工资级别和等级标准，有权通过民主程序制定职工工资晋升条件、标准和时间。当然，用人单位确定的职工工资标准，不得低于当地政府所制定的最低工资标准。

（四）劳动奖惩权

用人单位有权依法制定和实施劳动规章制度，有权决定奖惩条件和奖惩办法。

（五）辞退职工权

辞退职工权是用人单位用人自主权的有机组成部分。它与招收录用职工权相配合，解决职工能进能出的问题。用人单位有权按照《劳动合同法》规定的条件和程序，通过解除劳动合同的方式来实现辞退权。

第四节　劳动法律关系的客体

一、劳动法律关系客体的概念

劳动法律关系的客体，是指劳动法律关系中主体的劳动权利和劳动义务所共同指向的对象，具体表现为一定的劳动行为和财物。

劳动行为，是指劳动者和用人单位在实现劳动过程中所实施的行为。它包括劳动者与生产资料结合直接从事生产活动的行为、职工完成单位所交付的工作任务的行为，以及用人单位对全部劳动过程实行劳动管理的行为。在劳动法律关系中，劳动行为的方式、质量、数量都具有重要的法律意义。

财物，是指劳动法律关系中体现双方当事人物质利益的实物与货币，如劳动报酬、劳动保护、劳动保险及福利待遇等法律关系中的客体均是如此。具体劳动法律关系中的客体，总是体现一定的劳动条件和劳动待遇，这些一般表现为实物与货币。

劳动法律关系的客体也是劳动法律关系不可缺少的要素，没有客体，劳动权利和劳动义务就没有着落，就不能形成劳动法律关系。

二、有关劳动法律关系客体的几种不同观点

关于劳动法律关系的客体，在我国劳动法学界颇有争议。诸多观点中比较有新意的两种是"劳动力客体说"和"基本客体与辅助客体说"。下面我们予以简介与简评。

（一）劳动力客体说[1]

这种观点认为，劳动法律关系的客体是劳动力。劳动法律关系的各项权利、义务都是紧紧围绕着劳动力展开的，大体可以分为劳动力的让渡、劳动力的使用和劳动力的保护。在劳动者择业和用人单位招收录用关系中，劳动者与用人单位旨在建立劳动力让渡关系。随着劳动合同制度的全面确立，劳动力的让渡条件与形式都由合同约定。在劳动报酬权和单位用人权关系中，权利义务共同指向的对象是使用中的劳动力，劳动者有偿地让渡劳动力支配权，具体化为"劳动者按用人单位的要求进行劳动，用人单位按劳动量进行分配"这样一种劳动力使用关系，即以运动形式的劳动力为客体；劳动力与其载体——劳动者的身体密不可分，在劳动者休息权和劳动保护权关系中，是以劳动力的物质载体为保护对

---

[1]　观点持有人董保华，参见董保华：《劳动法论》，世界图书出版公司1999年版。

象的。

这种观点虽有一定的道理，但由于劳动力是一种潜在的劳动能力，在具体劳动法律关系中总须以具体的形式和要求加以体现，而各种具体的形式和要求则成为劳动法律关系中权利义务所指向的对象，如劳动保护法律关系中权利义务所指向的是劳动者的生命安全与身体健康，而不是潜在的劳动力。

（二）基本客体与辅助客体说[1]

这种观点认为，劳动法律关系的客体，在实践中的具体表现形态是复杂多样的，视其在劳动法律关系中的地位和作用不同，可分为基本客体和辅助客体两大类。劳动法律关系的基本客体是劳动行为，即劳动者为完成用人单位安排的任务而支出劳动力的活动。劳动法律关系的辅助客体是劳动待遇和劳动条件，即劳动者因实施劳动行为而有权获得的、用人单位因支配劳动行为而有义务提供的各种待遇和条件，如劳动报酬、劳动保险和福利、劳动工具、劳动保护设施、技术资料等。这类客体中有的表现为行为，有的表现为物，有的表现为技术，有的则表现为行为、物、技术的结合。这类客体的主要特征是：①从属和受制于劳动行为；②主要承载或体现劳动者的利益。

基本客体与辅助客体说，反映了劳动法律关系中多重客体的并存性。但具体到某一环节的具体劳动法律关系时，这种划分不能全面概括，如医疗保险法律关系中，在确定保险待遇标准时，虽不排除权利主体对用人单位的劳动贡献，但更须着重考虑劳动者所患疾病的轻重和所需要医疗费用的多少。

第五节　劳动法律关系的产生、变更与消灭

一、劳动法律关系产生、变更与消灭的概念

劳动法律关系的产生，是指劳动法主体之间为实现一定的劳动过程，依照劳动法规，通过签订劳动合同而设立的劳动权利与劳动义务关系，如某劳动者参加用人单位招工考试合格后，双方依法签订劳动合同，从而在相互间形成法律上的劳动权利义务关系。在市场经济条件下，主要通过订立劳动合同行为引起劳动权利义务关系的发生。

劳动法律关系的变更，是指劳动法主体间已经形成的劳动法律关系，由于一定的客观情况的出现而引起法律关系中某些要素的变化。如某职工提出要求调换工作，征得所在单位的同意，从而引起劳动权利和劳动义务的变更。实践中，双方协商或单方决定以及行政决定、仲裁裁决或法院判决均可引起劳动权利义务关

---

[1]　王全兴主编：《劳动法学》，高等教育出版社 2004 年版，第 83 ~ 84 页。

系的变更。需要指出的是，劳动法律关系的变更指的是劳动者和用人单位主体并未改变，而仅仅是原来确定的权利义务内容的变更。劳动法律关系主体的任何一方变更都是原来劳动法律关系的消灭和新的劳动法律关系的产生。

劳动法律关系的消灭，是指劳动法主体间的劳动法律关系依法解除或终止，亦即劳动权利和劳动义务的消灭。实践中，双方协商或单方依法解除劳动合同、劳动合同期限届满或合同目的实现，以及行政决定、仲裁裁决或法院裁判均可引起劳动权利义务关系的消灭。

二、法律事实

劳动法律关系的产生、变更或消灭，都是由一定的法律事实引起的。所谓法律事实，是指劳动法规定的能够引起劳动法律关系产生、变更或消灭的一切客观情况。例如，劳动法律关系的产生，必须由一定的法律事实才能引起。劳动者和用人单位所享有的劳动权利能力与劳动行为能力仅仅是可以依法参与劳动法律关系的资格，它只是一种可能性，要使这种可能性变为现实，即在劳动者与用人单位之间建立一定的劳动法律关系，就必须经过双方协商、达成一致意见并签订劳动合同。这种协商一致并签订合同的行为就是法律事实，它是引起这一具体劳动法律关系产生的原因。同样，劳动法律关系的变更或消灭，也都必须通过一定的法律事实才能引起。可见，劳动法律规范、法律事实和劳动法律关系之间的关系是：劳动法律规范是确认法律事实的依据；法律事实是引起劳动法律关系产生、变更、消灭的原因；劳动法律关系则是劳动法律规范规定范围内法律事实的结果。

三、法律事实的分类

依据我国劳动法的规定，能够引起劳动法律关系产生、变更和消灭的法律事实是多种多样的，按照它们的发生是否以行为人的意志为转移，可以分为行为和事件两大类。

（一）行为

行为，是指劳动法规定的，能够引起劳动法律关系产生、变更和消灭的人的意志活动，包括作为与不作为。按照行为的性质，可以将其分为劳动法律行为、劳动行政管理行为、仲裁行为和司法行为。

劳动法律行为，是指根据现行劳动法律规范的要求，法律主体所为的行为，包括合法行为和违法行为。合法行为如签订劳动合同的行为，劳动者完成生产任务、工作任务的行为，用人单位实施劳动管理的行为，以及单位工会代表职工与单位签订集体合同的行为等。违法行为如职工的严重违纪行为，失职、营私舞弊行为，以及用人单位侵犯劳动者合法权益行为等。凡符合劳动法规要求所为的行为均属合法行为，凡违反劳动法规所为的行为都是违法行为。合法行为与违法行为都能引起一定的法律后果，因而都是法律事实。

劳动行政管理行为，指的是劳动行政主管部门的管理、监督和检查行为。其结果也能引起一定的劳动法律后果，因而是法律事实。

仲裁行为，是指劳动争议仲裁机构对劳动争议事件所实施的裁决行为。生效的仲裁调解书和裁决书，均能引起劳动法律关系发生一定的变化，因而是法律事实。

司法行为，是指由司法机关所为的行为。如各级人民法院对当事人不服仲裁而提起诉讼的劳动争议事件所作的裁定与判决，也能引起一定的劳动法律后果，因而也是法律事实。

（二）事件

事件，是指不以当事人意志为转移的客观现象，如自然灾害、人体伤残、疾病、死亡、破产等。它们在一定条件下能够引起劳动法律关系的变更或消灭，因而是法律事实。例如，《劳动合同法》第44条规定，劳动者死亡或被人民法院宣告死亡或宣告失踪的，劳动合同终止。

■ **思考题**

1. 劳动法律关系有哪些特点？
2. 如何界定劳动者主体？
3. 劳动者劳动权的内容有哪些？如何理解劳动权？
4. 如何理解劳动法律关系的客体？

第五章　附随劳动法律关系

■ **学习目的和要求**

附随劳动法律关系亦是劳动法学的重要理论问题。通过本章的学习，理解附随劳动法律关系的概念、附随劳动法律关系与劳动法律关系的区别与联系；掌握附随劳动法律关系的分类、主体构成及其职能。

劳动法除调整劳动关系而形成劳动法律关系之外，还调整与劳动关系密切联系的其他社会关系，从而形成附随劳动法律关系。劳动法对这一部分社会关系的调整，主要是基于对其特定主体权利义务的规范。

第一节　附随劳动法律关系概述

附随劳动法律关系，是指劳动法调整与劳动关系密切联系的其他社会关系时所形成的权利义务关系。与劳动关系密切联系的其他社会关系，就其本身而言并非劳动关系，但是它们与劳动关系有着密切的联系，有的是劳动关系发生的前提，有的是劳动关系发展变化的直接后果，还有的是随着劳动关系的产生、变更和消灭而附带发生的。附随劳动法律关系始终围绕着劳动关系展开，以实现劳动关系或协调劳动关系为自身运作的目标。正是基于这些社会关系与劳动关系有着密切的联系，将其纳入劳动法的调整对象统一调整，从而形成劳动法律关系和附随劳动法律关系两个部分。

附随劳动法律关系的主体一方为劳动法律关系的当事人（用人单位或劳动者），另一方则是劳动行政主管部门、劳动服务机构、劳动团体、劳动争议处理机构。附随劳动法律关系的内容与客体，因具体法律关系的性质不同而各异。

依据法律关系的性质不同，可以将附随劳动法律关系分为劳动行政法律关系、劳动服务法律关系、劳动团体法律关系和劳动争议处理法律关系。

一、劳动行政法律关系

劳动行政法律关系，是指劳动行政主管部门在实现劳动管理过程中对用人单位、职业介绍机构、工会组织以及劳动者进行管理而形成的权利义务关系。这里的"政府部门"主要是指劳动主管部门，但是又不仅限于劳动主管部门，而且也包括安全生产、卫生、民政、工商等相关领域的政府主管部门。经过授权而具有一定的劳动行政职能的职业介绍机构、社会保险经办机构和劳动安全卫生检测机构等社会机构在法律授权的范围内作为行政主体行使职权，也具有劳动行政主体的资格。劳动行政法律关系具体包括因劳动力管理、劳动工资、劳动保护、社会保险等方面管理活动所产生的法律关系。劳动行政法律关系具有行政法律关系的特点，劳动行政主管部门代表国家行使劳动管理职权，按照国家意志设定权利义务关系。[1]

二、劳动服务法律关系

劳动服务法律关系，是指劳动服务机构在为劳动者和用人单位确立劳动关系、实现劳动过程及各自利益提供服务活动过程中，与劳动者或用人单位之间依法形成的权利义务关系。具体包括劳动就业、职业培训、社会保险、劳动保护等服务活动方面所产生的法律关系。劳动服务法律关系不同于劳动行政法律关系，它是主体间在依法所为的有偿服务或无偿服务活动过程中形成的权利义务关系。

三、劳动团体法律关系

劳动团体法律关系，是指劳动者团体（工会）与用人单位团体之间、劳动者团体（工会）与其成员或用人单位之间、用人单位团体与其成员或劳动者之间由于协调劳动关系和维护劳动关系当事人利益而发生的权利义务关系。以工会活动方面的法律关系来讲，在实现劳动过程中，工会作为职工劳动者利益的代表者，为代表、维护劳动者整体的利益，与劳动者、用人单位及有关国家机关依法形成的权利义务关系，即工会活动方面的法律关系。工会活动方面的关系较为复杂，有直接代表职工与用人单位之间签订集体合同而形成的法律关系，也有为职工提供服务活动的法律关系，还有监督用人单位执行劳动法律、法规、劳动合同方面的法律关系，以及参与劳动争议调解、仲裁方面的法律关系。

四、处理劳动争议方面的法律关系

处理劳动争议方面的法律关系，是指劳动争议处理机构与用人单位、劳动者之间由于调处和审理劳动争议而产生的权利义务关系。

第二节　劳动行政部门

劳动行政部门，又称劳动行政机关。它是国家设立的专门行使劳动管理职能

---

[1] 随着我国社会主义市场经济的深入发展，劳动行政法律关系的内容范围将仅以保障劳动基准实施为限。

的机构。设立劳动行政机构主管劳动工作，是当代世界各国政府普遍采用的方式。例如，美国政府中设有劳工部；日本政府中设有劳动省，内阁成员中有劳动大臣；加拿大内阁中设有劳工部长、就业和移民部长；有些国家还设有劳工和社会福利部。国际劳工大会1978年通过的《劳动行政管理、作用、职能及组织公约》（第150号）规定：各会员国以适合国情的方法，保证在其领土内组织和有效实施一项劳工行政系统制度，其任务和职责应予适当协调；在劳工行政系统内应作出安排，以保证公共机关同最有代表性的雇主和工人组织之间的协商、合作与谈判；劳工行政系统应由有资格从事其被委派活动的人员组成，他们应有独立性而不受不正当的外来影响，应具备为有效履行其职责所必需的地位、物质手段和资金来源。

我国主管劳动工作的最高劳动行政机关是国务院劳动行政主管部门。国务院劳动行政主管部门几经变化。1949年，劳动部成立，下设工资局、计划局、劳动力调配局、技术工人培训局、劳动保护局、锅炉安全监察局、劳动争议处理司等。1970年7月，劳动部降格为国家计委劳动局。1975年10月，改为国家劳动总局，隶属国务院，并由国家计委代管。1982年5月，与国家人事局、国家编制委员会、国务院军队转业干部安置办公室、国务院科学技术干部局合并成立劳动人事部，行使我国最高劳动行政管理职权。此后，随着我国劳动、人事体制的变化，劳动人事部又分为劳动部与人事部。我国劳动行政部门是按统一领导、分级管理的体制建立的。国务院设立劳动部，县级以上各级政府分别设有劳动厅、劳动局。国务院劳动部是统管全国劳动工作的机关，各级政府的劳动部门是管理本行政区域内劳动工作的机关。根据第九届全国人民代表大会第一次会议批准的国务院机构改革方案和《国务院关于机构设置的通知》（国发〔1998〕5号），分设劳动和社会保障部和人事部，并对两部的职责作了划分。2008年，根据第十一届全国人民代表大会第一次会议批准的国务院机构改革方案和《国务院关于机构设置的通知》（国发〔2008〕11号），国务院设立人力资源和社会保障部，作为国务院负责全国劳动行政和社会保障的工作部门。县级以上地方人民政府的相关机构亦将按照国务院机构改革的方向完成部门整合，由地方人力资源和社会保障部门主管本区域内的劳动行政事务，不仅要受人力资源与社会保障部的业务领导，而且要受地方政府的领导。

一、劳动行政部门的法律地位

我国《劳动法》第9条规定："国务院劳动行政部门主管全国劳动工作。县级以上地方人民政府劳动行政部门主管本行政区域内的劳动工作。"这一规定明确了劳动行政部门的法律地位：①它是同级政府领导下专门以劳动管理为基本职能的机关。政府中的其他职能机构，其职能也可能涉及劳动管理工作的某个方面，但并非专门机构。②它是同级政府统一管理劳动工作的行政机关，即国务院劳动部门领导地方各级劳动部门的工作，监督和指导国务院所属各部门的劳动工作，并且通过地方各级劳动部门监督和指导各用人单位的劳动工作。县级以上各级地方劳动行政部门，在同级政府和上级劳动行政部门的领导和指导下，管理本行政区域内的劳动工作，监督和指导本级政府所属各部门的劳动工作，通过下级劳动行政部门或直接监督与指导本行政区域内各用工单位的劳动工作。③它是综合管理劳动工作的行政机关，即它们进行的管理，包括实现劳动过程中的各个环节，如劳动力管理、工资管理、劳动保护管理、职业培训管理、社会保险管理等各个方面的内容。而其他职能管理部门（如计划、人事、卫生、教育、财政等部门）所从事的劳动管理，都只限于与其基本职能相关的部分内容。

二、劳动行政部门的职责

劳动行政部门的职责集权利义务为一体。作为劳动行政法律关系的主体，其职责既可以看作是法律赋予其行使劳动管理职能的权利，也可以看作是国家为了实现对劳动工作的有效管理而要求其职能机构必须履行的义务。作为权利，要求依法正确行使；作为义务，必须尽职尽责，否则，要承担相应的法律责任。

（一）国务院人力资源和社会保障部的主要职责

1. 拟订人力资源和社会保障事业发展规划、政策，起草人力资源和社会保障法律法规草案，制定部门规章，并组织实施和监督检查。

2. 拟订人力资源市场发展规划和人力资源流动政策，建立统一规范的人力资源市场，促进人力资源合理流动、有效配置。

3. 负责促进就业工作，拟订统筹城乡的就业发展规划和政策，完善公共就业服务体系，拟订就业援助制度，完善职业资格制度，统筹建立面向城乡劳动者的职业培训制度，牵头拟订高校毕业生就业政策，会同有关部门拟订高技能人才、农村实用人才培养和激励政策。

4. 统筹建立覆盖城乡的社会保障体系。统筹拟订城乡社会保险及其补充保险政策和标准，组织拟订全国统一的社会保险关系转续办法和基础养老金全国统筹办法，统筹拟订机关企事业单位基本养老保险政策并逐步提高基金统筹层次。会同有关部门拟订社会保险及其补充保险基金管理和监督制度，编制全国社会保险基金预决算草案，参与制定全国社会保障基金投资政策。

5. 负责就业、失业、社会保险基金预测预警和信息引导，拟订应对预案，实施预防、调节和控制，保持就业形势稳定和社会保险基金总体收支平衡。

6. 会同有关部门拟订机关、事业单位人员工资收入分配政策，建立机关企事业单位人员工资正常增长和支付保障机制，拟订机关企事业单位人员福利和离退休政策。

7. 会同有关部门拟订农民工工作综合性政策和规划，推动农民工相关政策的落实，协调解决重点难点问题，维护农民工合法权益。

8. 统筹拟订劳动、人事争议调解仲裁制度和劳动关系政策，完善劳动关系协调机制，制定消除非法使用童工政策和女工、未成年工的特殊劳动保护政策，组织实施劳动监察，协调劳动者维权工作，依法查处重大案件。

9. 承办国务院交办的其他事项。

（二）各级地方劳动行政部门的主要职责

地方各级劳动行政部门的职责是主管本地方劳动工作，其内容与国务院劳动行政部门有所不同，偏重于依据劳动法规和政策进行具体劳动管理。主要包括：

1. 贯彻实施国家劳动事业的政策法规，拟订地方政府人力资源和社会保障事业发展规划、政策，起草地方人力资源和社会保障法规规章草案，并组织实施和监督检查。

2. 拟订地方政府人力资源市场发展规划和人力资源流动政策，建立统一规范的人力资源市场，促进人力资源合理流动、有效配置。

3. 负责地方促进就业工作，拟订统筹城乡的地方就业发展规划和政策，完善公共就业服务体系，拟订就业援助制度，完善职业资格制度，统筹建立面向城乡劳动者的职业培训制度，牵头拟订高校毕业生就业政策，会同有关部门拟订高技能人才、农村实用人才培养和激励政策。

4. 统筹建立覆盖地方城乡的社会保障体系。统筹拟订地方城乡社会保险及其补充保险政策和标准，组织拟订地方统一的社会保险关系转续办法；统筹拟订地方机关企事业单位基本养老保险政策。会同有关部门拟订地方社会保险及其补充保险基金管理和监督制度。

5. 负责地方就业、失业、社会保险基金预测预警和信息引导，拟订应对预案，实施预防、调节和控制，保持地方就业形势稳定和社会保险基金总体收支平衡。

6. 负责地方机关事业单位人事宏观管理；会同有关部门拟订地方机关、事业单位人员工资收入分配政策，建立地方机关企事业单位人员工资正常增长和支付保障机制，拟订机关企事业单位人员福利和离退休政策。

7. 会同有关部门拟订地方农民工工作综合性政策和规划，推动农民工相关政策的落实，协调解决重点难点问题，维护农民工合法权益。

8. 统筹拟订地方劳动争议调解仲裁制度和劳动关系政策，完善劳动关系协调机制，拟订消除非法使用童工政策和女工、未成年工的特殊劳动保护政策，组织实施劳动监察，协调劳动者维权工作，依法查处重大案件。

9. 承办地方政府交办的其他事项。

第三节　劳动服务机构

劳动服务机构，是为劳动力资源开发、配置及劳动者与用人单位实现各自劳动权益提供服务的机构。在我国现阶段，劳动服务机构按其职能不同，可主要分为下述四大类：劳动就业服务机构、职业培训服务机构、社会保险服务机构和劳动保护服务机构。

劳动服务机构作为劳动法的主体，它与劳动者和用人单位之间是一种劳动服务法律关系，它与劳动行政部门及其他管理主体之间是一种劳动行政法律关系，均属于附随劳动法律关系的范畴。劳动服务主体的特征在于：①它的基本职能是为劳动者和用人单位提供社会服务，一般不以营利为目的或不以营利为主要目的，大多为事业单位；②它的主体资格一般必须经劳动行政部门确认，其业务范围只限于劳动部门所许可或批准的服务项目，有的经劳动部门授权还代行一定的劳动管理职能。

一、劳动就业服务机构

劳动就业服务机构是为帮助劳动者实现就业而提供服务的机构。我国现有的就业服务机构主要有下述两种：

（一）公共就业服务机构

公共就业服务机构是指国家为了社会公益目的、解决国民就业问题所设立的机构。公共就业服务机构根据政府确定的就业工作目标任务，制订就业服务计划，推动落实就业扶持政策，组织实施就业服务项目，为劳动者和用人单位提供就业服务，开展人力资源市场调查分析，并受劳动保障行政部门委托经办促进就业的相关事务。

（二）职业中介机构

职业中介机构是指由法人、其他组织和公民个人举办，为用人单位招用人员和劳动者求职提供中介服务以及其他相关服务的经营性组织。政府部门不得举办或者与他人联合举办经营性的职业中介机构。从事职业中介活动，应当遵循合法、诚实信用、公平、公开的原则。禁止任何组织或者个人利用职业中介活动侵害劳动者和用人单位的合法权益。

设立职业中介机构应当具备一定条件，应当依法办理行政许可。国家对外商投资的职业中介机构和向劳动者提供境外就业服务的职业中介机构另有规定的，依照其规定。职业中介机构不得有提供虚假就业信息等违法行为。

二、职业培训服务机构

(一) 职业培训的含义

职业培训也可称为职业教育、职业技术培训或职业技能开发。职业培训是劳动就业服务的一种重要形式。

劳动者从事各种职业，都需要掌握一定的技术业务知识和具有运用知识的实际能力。特别是在现代化大生产的条件下，科学技术发达，机器设备复杂，操作要求严格，劳动者不但需要掌握熟练的生产技能，而且需要懂得技术理论知识。劳动者队伍的职业素养与专业技能水平，是推动社会生产力发展的重要因素。世界各国都非常重视以提高劳动者职业素质为目标的职业培训活动。

职业培训和普通教育同为国民教育体系的组成部分。但两者之间又存在明显的区别。相对于普通教育，职业培训具有以下特征：①教育目的的针对性和专业性。职业培训是受培训者在普通教育基础上，以直接培养和提高劳动者的职业技能为目的的专门化教育；普通教育是一种基础教育，具有基础性和普及性。②教育对象的特定性。职业教育的对象主要是社会劳动者，其中包括失业的劳动者、在职的劳动者、企业富余人员和其他求职者；普通教育的对象主要是处于学龄期的青少年。③教育内容的实践性和应用性。职业教育以技能训练为主，在教育内容上更侧重实践性和应用性；普通教育则以基础性知识学习为主，比较注重基础性和系统性。④职业教育的方式灵活多变，一般可以根据劳动者自身的要求和条件，采取比较灵活的教育手段和方法，进行不同层次的教育和训练；而普通教育则采取比较固定的常规教育，一般都是全日制教育。

在我国，提供职业培训服务以满足劳动力供需双方要求的机构，主要包括职业培训的各种实体（职业培训机构）和职业技能鉴定机构。

(二) 职业培训机构

职业培训机构是开发劳动者职业技能，提高劳动者素质，增强劳动者就业能力和工作能力的培训实体。

职业培训机构的种类主要有：国家、社会组织和个人单独或联合举办的职业（技术）学校、技工学校、成人高等学校、就业训练中心、职工培训中心（学校）等，也包括境外机构和个人、外商投资企业（机构）单独或同境内的具有法人资格的社会组织联合举办的培训实体。具体包括：

1. 职业（技术）学校。职业（技术）学校，也称职业中学，是主要培养初级技术人员的学校。其招收的对象为初中毕业生或初中文化水平以下的人员，学制为2~3年。课程的设置分普通文化课和职业技术课两大块。

2. 技工学校。技工学校是培养中等技术水平和中等文化程度的技术工人的学校。我国现阶段，技工学校开始向培养高等技术水平和高等文化程度的技术工人才方向发展。技工学校的学制是根据受培训者原有的文化程度和专业知识要求确定的，专业设置服务于社会对人才的需求，同时具有相对的稳定性。

3. 成人高等学校。成人高等学校主要有继续教育学院、高等职业技术学院、远程职业教育学院（网络教育学院）[1]、职工大学等，是以培养高级专业技术人才为目标的学校。成人高等学校的教育是我国普通教育系统的一个组成部分，但又与职业教育紧密联系在一起。它与其他的职业培训相比，更注重文化基础课和高难度专业技术课的教育。招收的对象可以是已经接受过不同层次的教育和职业培训的在职人员，也可以是高中毕业生。所有学生的入学，都要经过全国的统一考试。成人高校适用普通高等院校的正规考试制度以及职业技能考核鉴定制度，经考试、考核合格的颁发相应的证书，学历文凭与职业资格证书兼具。

4. 就业训练中心。就业训练中心是在各级劳动行政部门领导下，由劳动就业服务机构管理和指导的就业训练实体，属事业单位。就业训练中心的培训对象主要是失业青年和失业职工。职业训练中心主要进行组织就业前训练和转业训练，多以实用技术和岗位适应性培训为主，根据施训内容和受培训人员的素质确定培训的期限。就业训练考核分为结业考核和职业资格鉴定。结业考核标准按照培训标准确定，职业资格鉴定标准按照国家颁布的标准执行。

5. 用人单位职工培训。用人单位举办的职工培训是指用人单位根据工作需要，由用人单位独办或委托联合设置的职工培训机构，对职工进行的思想政治、职业道德、管理知识、技术业务、操作技能等方面的教育和训练活动。职工培训是用人单位的一项经常性工作。用人单位的职工培训制度包括以下几个方面：①按照国家规定提取和使用职业培训经费。《职业教育法》规定，企业应当承担对本单位职工和准备录用的人员进行职业教育的费用，其金额为企业职工工资总额的 1.5%。职工教育经费属于企业管理经费，在企业成本中列支。职业教育经费主要用于校舍修缮费、生产实习费、图书资料费、支付委托培训费用等。②根据本单位实际工作的需要，有计划、分期分批地对劳动者进行职业培训。职工的培训计划，应当根据本单位的实际情况编制，其主要内容应当包括培训的目的、培训的基本内容、培训方式、培训时间和培训经费等。③从事技术工种的劳动者，上岗前必须经过培训；技术工种是指在劳动过程中操作技术要求相对高的工种。即劳动者上岗前，必须经过培训，对所从事的工种，必须有一定的理论认识和操作上的熟练程度，否则不能上岗；从事特种作业的职业的，必须经过培训，并取得特种作业资格。

---

〔1〕　网络教育能以一种开放和互动的形式吸收更多的培训对象，同时又不受场地、时间等办学条件的限制，是职业培训改革与发展的潮流和方向。

此外，学徒培训也是用人单位的一种职业培训形式。学徒培训，是指由用人单位招收学徒工，在师傅直接指导下，通过实际操作，让其掌握一定技能的培训形式。学徒培训是一种比较传统的培训形式，就目前而言，仍有积极的意义。学徒培训需要签订学徒（招收）培训合同或师徒合同，其内容包括培训目标、培训期限、培训标准及培训期间的待遇等。学徒培训关系具有以下法律特征：①它不是劳动关系。这期间，用人单位与劳动者确立的仅是以传授、学习技艺为内容的学徒关系，只有学徒学艺期满，符合用人单位的录用条件，双方在平等自愿、协商一致的原则下，签订劳动合同，才能确立劳动关系。②建立学徒培训关系的目的，旨在建立正式的劳动关系，受训者是否达到预期的培训要求，是决定能否建立劳动关系的主要根据。

6. 综合性培训基地和职业技能开发集团。综合性培训基地是指在改革现有的技工学校、就业训练中心以及企业的培训实体基础上，建立起一种兼有职业需求预测、职业培训、技能鉴定和职业指导等多种功能，并与职业介绍紧密结合的综合性职业培训基地，为学员提供培训、鉴定、就业一体化服务。职业技能开发集团是指在城市，依托社区，联合各类培训机构，并实行劳动部门内部培训、鉴定与就业机构的联合运作，扩大培训规模效益，从而促进就业服务的一种新型培训联合体。综合性培训基地和职业技能开发集团根据劳动力市场需求变化设置专业，培训层次上采取初、中、高级技能培训相结合，培训规格上可将学历教育和非学历教育相结合，实行灵活的办学方式，根据专业的内容和受训人员的素质确定培训的期限，实行长短结合。

（三）职业技能鉴定机构

职业技能鉴定机构，是负责指导和实施对劳动者职业资格进行考核和认定的专门机构。职业技能鉴定机构是经政府批准的专门机构，并在劳动行政部门的管理和监督下进行职业技能鉴定工作。它包括职业技能鉴定指导中心和职业技能鉴定站（所）。为了更好理解职业技能鉴定指导中心和职业技能鉴定站（所），我们需同时了解一些与之相关的问题。

1. 职业技能鉴定的概念。职业技能鉴定，是指职业技能鉴定机构对劳动者从事某种职业所应掌握的技术理论知识和实际操作能力做出客观的测量和评价，从而赋予劳动者一定的职业资格的活动。[1] 目前，我国实行学历文凭和职业资格证书并重的两种证书制度。职业技能鉴定是国家职业资格证书制度的重要组成部分，鉴定合格是劳动者取得职业资格证书以证明其职业技能水平的前提。我国《劳动法》第69条规定："国家确定职业分类，对规定的职业制定职业技能标

---

[1]　职业技能鉴定是狭义上的，并不包括医生、教师等专业技术人员的鉴定。

准，实行职业资格证书制度，由经过政府批准的考核鉴定机构负责对劳动者实施职业技能考核鉴定。"《职业教育法》第 20 条第 3 款规定："从事技术工种的职工，上岗前必须经过培训；从事特种作业的职工必须经过培训，并取得特种作业资格。"

2. 职业分类和职业技能标准。职业分类，是指依照一定的标准对所有的职业进行归类。职业分类是制定职业技能标准、考核和鉴定的前提，是劳动力管理的基础性工作。1992 年，我国完成了第一部《工种分类目录》，1999 年颁布了《职业分类大典》（简称《大典》）。《大典》是第一部对职业进行科学分类的权威性文献和工具书，它将我国职业归为 8 个大类、66 个中类、413 个小类、1838 个细类（职业）。我国国务院劳动行政部门及时跟踪国内外职业的发展变化，每年组织有关专家对《大典》进行修订与更新，并定期向社会发布有关信息。2015 年 7 月 29 日，国家职业分类大典修订工作委员会召开全体会议审议、表决通过并颁布了新修订的 2015 版《职业分类大典》。

职业技能标准，是指在职业分类的基础上，通过科学的方法确定的，根据具体职业现有的全社会平均技术水平，对从事或将要从事特定职业的劳动者所要求的知识和技能水平进行规范性的概括和界定。其内容包括知识要求、技能要求和工作实例三部分。它是从业人员从事职业活动，接受职业教育培训和职业技能鉴定的主要依据。

3. 职业技能鉴定指导中心和职业技能鉴定站（所）。我国现行体制将职业技能鉴定机构分为劳动保障行政部门所属的职业技能鉴定指导中心和经劳动保障行政部门批准成立的职业技能鉴定站（所）两类。劳动部《职业技能鉴定规定》将职业技能鉴定站（所）定性为事业性机构，现在包含属于民办非企业单位的民办职业技能鉴定站（所）。

职业技能鉴定指导中心分为三个层次，即国务院劳动行政部门职业技能鉴定中心，各省、自治区、直辖市劳动行政部门所属职业技能鉴定指导中心，国务院行业主管部门所属职业技能鉴定指导中心。它们在各自职责范围内组织、协调、指导职能鉴定工作。职业技能鉴定指导中心属于事业性机构，在管理上实行中心主任负责制。职业技能鉴定站（所）是面向社会，具体实施对劳动者职业技能进行鉴定的机构。

职业技能鉴定机构设立的条件为：①具有与所鉴定工种（专业）及其等级或类别相适应的考核场地和设备；②具有与所鉴定工种（专业）及其等级或类别操作技能相适应的、符合国家标准的检测仪器；③有专（兼）职的组织管理人员和考评员；④有完善的管理办法。

职业技能鉴定机构职责是：①受理参加职业技能鉴定人员的报名申请，对申请鉴定人员进行资格审查，对符合申报条件的签发准考证；②在已取得考评员资格的人员中，聘任相应工种、级别的考评员组成专业鉴定小组；③按照国家或各地方统一编制的试题，组织实施技术（业务）理论和操作技能鉴定；④向劳动行政部门书面报告鉴定情况，并对鉴定合格人员办理核发证书手续。

4. 职业资格证书制度。职业资格证书是通过政府认可的劳动者具备某种职业所需的专门知识和技能的凭证。它是劳动者求职、任职、开业的资格证明，是用人单位招聘、录用劳动者的主要依据，也是境外就业、对外劳务合作人员办理技能水平公证的有效证件。

职业技能鉴定由劳动者本人提出申请。申报不同的职业（工种）、级别，其申报条件不尽相同，申请人要根据国家颁布的职业标准和鉴定规范，对照本人的条件，确定申报的级别。职业技能鉴定分为知识要求考试和操作技能考核两部分。劳动者经考核合格，由劳动保障行政部门核发相应的职业资格证书。国家职业资格等级分为初级（五级）、中级（四级）、高级（三级）、技师（二级）、高级技师（一级）共五个等级。

三、社会保险服务机构

社会保险服务机构，是劳动行政部门所属的经办职工社会保险业务和为给付社会保险待遇提供相关服务的机构，其性质为事业单位。主要有社会保险经办机构、劳动鉴定机构和医疗服务机构等。

社会保险经办机构，是劳动行政部门所属的经办职工社会保险业务的事业单位。它的主要职责是提供社会保险服务，负责社会保险登记、个人权益记录、社会保险待遇支付等工作。统筹地区设立社会保险经办机构。社会保险经办机构根据工作需要，经所在地的社会保险行政部门和机构编制管理机关批准，可以在本统筹地区设立分支机构和服务网点。社会保险经办机构的人员经费和经办社会保险发生的基本运行费用、管理费用，由同级财政按照国家规定予以保障。社会保险经办机构应当建立健全业务、财务、安全和风险管理制度。社会保险经办机构是劳动行政部门所属的非营利性的事业单位，须接受所属劳动部门的管理。同时社会保险经办机构须接受社会保险基金监督机构的监督。

劳动能力鉴定机构是负责组织对工伤职工伤残程度进行鉴定，并根据鉴定结果决定其应享有何种保险待遇的专门机构。我国目前称为劳动能力鉴定委员会。依据《工伤保险条例》第24条的规定，劳动能力鉴定委员会由劳动保障行政部门、人事行政部门、卫生行政部门、工会组织、用人单位和社会保险经办机构代表组成。

作为社会保险服务机构的医疗服务机构，是指为医疗保险的被保险人和受益人提供医疗服务的机构，主要指定点医疗机构、定点零售药店。医疗服务机构由统筹地区内基本医疗保险的经办机构负责选定，并由二者签订职工基本医疗保险定点服务合同。根据合同，由统筹地区内基本医疗保险的经办机构对定点医疗机构、零售药店执行基本医疗保险有关规定的情况进行检查监督。

四、劳动保护服务机构

劳动保护服务机构，指为实现劳动安全与卫生而提供服务的机构。包括劳动保护检验检测、劳动保护技术设计、劳动保护教育、劳动保护设备用品专项经营、劳动保护工程专项施工、劳动保护科研和职业病防治等机构。上述机构，除劳动保护设备用品经营机构、劳动保护工程施工机构外，均为非营利性单位。

第四节　劳动团体

一、工会

我国工会作为劳动法主体，是唯一代表职工劳动者利益的群众组织，其性质、地位、权利义务等均由《工会法》和《劳动法》等具体规定。

（一）工会及工会立法

1. 西方国家及国际工会立法概述。工会产生于阶级的经济斗争基础之上，以其产生的初衷来讲，它是工人阶级为加强内部团结，集中斗争力量，维护自身利益而自愿组成的社会团体。世界上最早的工会组织出现于19世纪初西欧的一些资本主义国家。工会组织的产生与发展，必然要反映在国家的立法上。由于"工会是反对劳动压迫者的机关，是反对资本主义的机关"[1]，所以，资本主义国家早期的工会立法经历了三个阶段，即：①禁止阶段，视工人组织工会为非法行为、犯罪行为；②限制阶段，承认劳动者的结社权，但对工会活动作了种种限制；③承认阶段，完全认可工会存在的合法地位，并对工会活动自由权加以保护。以1871年英国颁布的《工会法》为标志，工会最终获得了法律上的合法地位。工会组织在西方国家普遍取得合法地位则是在第二次世界大战以后。在现代，许多国家的宪法都明确肯定了工会的合法地位，工会的合法地位也为国际法所确立。1948年12月联合国大会通过并颁布的《世界人权宣言》第23条第4款规定："人人有维护其利益而组织和参加工会的权利。"1949年国际劳工组织通过的《组织权与集体谈判权利公约》（第98号公约）的目的是保护工人在就业方面免受任何排斥工会行为的歧视[2]："工人应享有充分保护，以抵制在雇用方面的反工会的歧视行为"，如"对雇用工人以其不得加入工会或放弃工会会

---

〔1〕《列宁全集》（第38卷），人民出版社1986年版，第285页。
〔2〕刘旭：《国际劳工标准概述》，中国劳动社会保障出版社2003年版，第44页。

员资格为录用条件",　"因工人为工会会员或因其在工作时间外，或经雇主同意在工作时间内参加工会活动，而将其开除，或用其他方法使其蒙受损害"。1966年联合国的《经济、社会及文化权利国际公约》要求缔约各国作出下述保证：①人人有权组织工会和参加其所选择的工会，以促进和保护其经济和社会利益，这种权利只受工会有关规章的限制。对这一权利的行使，除法律所规定的以及在民主社会中为了国家安全或公共秩序的利益或为保护他人权利和自由所必需的限制以外，不得加以任何限制。②工会有权建立全国性的协会或联合会，有权组织或参加国际工会组织。③工会有权自由地进行工作，除法律所规定的以及在民主社会为了国家安全或者公共秩序的利益或者为保护他人的权利和自由所必需的限制外，不受任何限制。④工会有权组织罢工，但应按照各个国家的法律行使此项权利。

2. 我国工会立法概述。我国工会是职工自愿结合的工人阶级的群众组织。中国共产党成立后，于1921年8月建立了中国劳动组合书记部，领导全国工人运动。1925年5月在广州召开的第二次全国劳动大会上，成立了中华全国总工会，取代了中国劳动组合书记部。我国最早出现的工会立法是1924年11月孙中山以大元帅的名义公布的《工会条例》。1929年10月21日，国民政府正式公布了《工会法》，于同年11月1日起开始施行。我国真正代表工人阶级利益和意志的工会立法，始于1930年中央革命根据地制定的《赤色工会组织法》，该法明确规定了工会的宗旨、职权和活动范围。此后，在我国各个时期革命根据地制定的劳动立法中，也都包括工会工作的内容。中华人民共和国成立后，废除了国民党政府的《工会法》，并且在1950年6月28日颁布了《工会法》，共5章26条，明确规定了工会的性质、法律地位、权利和职责。它与当时的《土地改革法》《婚姻法》成为新中国最早诞生的三部重要法律。这是新中国成立后的第一部《工会法》，首次在国家法律的意义上确认了工会的权利和义务，使工会在国家政治、经济和社会生活中的地位有了法律保障。该法对于建立新中国的工会组织，巩固人民民主专政的政权，维护广大职工的合法权益，组织和教育广大职工在社会主义革命和建设中发挥主动性、积极性和创造性起到了重要的作用。党的十一届三中全会以后，随着国家工作重心的转移，我国处于重大的历史性转变的新时期，根据新时期对工会工作的要求，总结40多年来特别是近十几年来实行改革开放、发展社会主义市场经济的工会工作经验的基础上，1992年4月3日第七届全国人民代表大会第五次会议通过并颁布了新的《中华人民共和国工会法》，内容扩充为6章42条，进一步明确了工会的性质、法律地位及其在新的历史时期的权利和职责。1998年10月24日，中国工会第十三次全国代表大会对原来的《中国工会章程》进行修订，颁布了新的《中国工会章程》。[1] 但是随着我国社会主义市场经济的深入发展，非公有制经济大量涌现，劳动关系又发生了深刻变革，愈趋多样化和复杂化。为适应新形势的需要，2001 年 10 月 27 日第九届全国人大常委会第二十四次会议对 1992 年的《工会法》作了修改，内容扩充为 7 章 57 条。2009 年 8 月 27 日又进行了个别文字修改。《工会法》修改的主要内容有：①突出了工会维护职工合法权益的职责和义务；②强化了职工参加和组织工会权利的法律保障；③加强了工会组织的民主化；④加大了对工会干部的保护力度；⑤强化了对工会经费的收缴及经费和财产的保护力度；⑥规定了劳动关系三方协商机制；⑦明确了法律责任。《工会法》的修改对于保障工会在国家政治、经济和社会生活中的地位，确定工会的权利义务，发挥工会在社会主义现代化建设事业中的作用，具有重大意义。2003 年 9 月 26 日中国工会第十四次全国代表大会通过了《中国工会章程（修正案）》。2004 年 12 月 23 日，中华全国总工会十四届二次执委会议审议通过了《中华全国总工会关于进一步加强基层工会工作的决定》。2006 年 7 月 6 日，中华全国总工会又通过了《企业工会工作条例（试行）》。2007 年 6 月、8 月、12 月分别通过的《劳动合同法》《就业促进法》《劳动争议调解仲裁法》也对工会的职能、工会会员权利的维护等作了一些新规定。为确保《工会法》的实施，正确审理涉及工会经费和财产、工会工作人员权利的案件，2003 年 6 月 25 日，最高人民法院颁布了《关于在民事审判工作中适用〈中华人民共和国工会法〉若干问题的解释》。2011 年初，中华全国总工会制定了《2011～2013 年推动企业的普遍建立工会组织工作规划》和《2011～2013 年深入推进工资集体协商工作规划》，重点做好非公有制企业、在华外资企业和小微企业的工会组建工作。2014 年 7 月，中华全国总工会连续出台了《中华全国总工会关于新形势下加强基层工会建设的意见》（总工发〔2014〕22 号）和《中华全国总工会基层组织建设工作规划（2014～2018 年）》（总工发〔2014〕23 号）。2015 年 3 月 21 日，中共中央、国务院《关于构建和谐劳动关系的意见》对新时期工会工作提出了新要求。2015 年 11 月 9 日，习近平总书记主持召开中央全面深化改革领导小组第十八次会议并发表重要讲话。会议审议通过了《全国总工会改革试点方案》，这意味着全国总工会改革试点工作正式启动。至此，我国形成了以《工会法》《劳动法》《中国工会章程》等为核心的较为完善的有关工会的规范体系。

　　3. 工会类型。在国外，工会一般分为以下几种类型：①雇用单位工会，即

---

〔1〕　1983 年 10 月 23 日，中国工会第十次全国代表大会通过了《中国工会章程》。1988 年 10 月 28 日，中国工会第十一次全国代表大会对《中国工会章程》的部分条文作了修正。

以受雇于同一雇用人的雇工所组成的工会。②职业工会，也称"行业工会"，是指从事同一职业或相类似职业的雇工所组成的工会。[1] 行业工会属于一种横向的组织，包括了不同产业内、不同企业内的同一行业或者相近行业的一切劳动者。③产业工会，是指联合同一产业内各部分不同职业工人所组织的工会。[2] 产业工会是一种纵向的组织，包括了同一产业或者相近产业内的一切劳动者。行业工会的出现早于产业工会，但是，工业化大生产以来，各国产业工会较行业工会流行。④联合工会，即由各个单独工会联合组成的工会组织。

在我国，工会可以分为全国总工会、地方总工会、产业工会与基层工会四种形式。我国《工会法》没有规定行业工会，只规定了产业工会。根据《工会法》第 10 条的规定，中国工会实行产业和地方相结合的组织领导原则。同一企业、事业、机关单位中的会员，组织在一个工会基层组织中；同一行业或性质相近的几个行业，根据需要建立全国的或地方的产业工会组织。除少数行政管理体制实行垂直管理的产业，其产业工会实行产业工会和地方工会双重领导，以产业工会领导为主外（如中华全国铁路总工会、民航工会等产业工会等），其他产业工会均实行以地方工会领导为主，同时接受上级产业工会领导的体制（如教育工会等）。各产业工会的领导体制，由中华全国总工会确定。省、自治区、直辖市、自治州、市、县（旗）建立地方总工会。地方总工会是当地工会组织和产业工会地方组织的领导机关。全国建立统一的中华全国总工会。中华全国总工会是各地方总工会和各产业工会全国组织的领导机关。中华全国总工会成立于 1925 年 5 月 1 日，是一个统一的、团结的、强大的全国性群众团体，也是当今世界会员人数最多的一个工会组织。截至 2013 年 6 月底，中国工会已拥有 2.8 亿会员，是世界上最大的工会组织。在 2.8 亿工会会员中，农民工会员有 1.09 亿人；全国基层工会组织总数为 275.3 万个，覆盖基层单位 637.8 万家，职工入会率达 81.1%。[3] 中国工会的最高权力机关是五年一届的全国代表大会和它所选举产生的中华全国总工会执行委员会。执行委员会闭会期间，由主席团行使其职权。主席团下设书记处，主持全国总工会的日常工作。

（二）我国工会的性质及地位

1. 工会的性质。我国《工会法》第 2 条第 1 款规定："工会是职工自愿结合的工人阶级的群众组织。"《中国工会章程》规定，中国工会是中国共产党领导的职工自愿结合的工人阶级群众组织，是重要的社会政治团体。这一规定表明：

---

〔1〕　史尚宽：《劳动法原论》，正大印书馆 1978 年版，第 157 页。
〔2〕　黄越钦：《劳动法新论》，中国政法大学出版社 2003 年版，第 266 页。
〔3〕　"中华全国总工会会员总数达到 2.8 亿"，载《光明日报》2013 年 10 月 12 日。

(1) 工会是职工群众自愿结合的组织。工会作为职工劳动者群体利益的代表者，是职工群众自己建立起来维护自身利益的组织。工会组织坚持入会自愿、退会自由的原则，职工加入工会或退出工会完全是根据本人自愿申请，而不受任何限制或强制。

(2) 工会是工人阶级的阶级组织。我国工会只能由工人阶级的成员组成，非工人阶级的成员不得加入工会，这一点体现了工会具有鲜明的阶级性。在我国现阶段，工人阶级的成员包括企业、事业组织、国家机关、社会团体中以工资收入为主要生活来源的体力劳动者和脑力劳动者。而那些非工人阶级成员如农民、个体劳动者及外商企业中的外商代理人等，均不得加入工会。这就保证了工会的阶级性和内部利益的一致性。

(3) 工会是工人阶级最广泛的群众组织。我国《工会法》第 3 条规定："在中国境内的企业、事业单位、机关中以工资收入为主要生活来源的体力劳动者和脑力劳动者，不分民族、种族、性别、职业、宗教信仰、教育程度，都有依法参加和组织工会的权利……"这表明工会是最大限度地、广泛地团结广大工人阶级群众的组织。

2. 我国工会的法律地位。我国工会的法律地位表现在三个方面：

(1) 工会的唯一性[1]和独立性。工会在我国是唯一合法的、联合广大职工并代表国家利益的群众组织，在全国范围内具有统一的组织体系。任何单位和个人都不得在职工群众中另立组织，不得进行分裂工会组织的活动。同时工会在我国是一个独立的工人阶级群众组织，有一套独立的组织体系，在宪法和法律的范围内依据《中国工会章程》独立自主地开展工作。工会服从共产党的政治领导和遵守国家的法律，但不是党和政府的一个部门或附属机构，基层工会和单位在法律上处于平等地位。

(2) 工会大都具有法人资格。由于各级工会的具体情况差别较大，所以，《工会法》第 14 条对工会的法律地位问题分两种情况作了规定。我国《工会法》第 14 条规定："中华全国总工会、地方总工会、产业工会具有社会团体法人资格。基层工会组织具备民法通则规定的法人条件的，依法取得社会团体法人资格。"《民法通则》第 37 条所规定的法人条件为：依法成立，有必要的财产，有名称、一定的组织机构和场所，并能够独立承担民事责任的社会组织。我国《民

---

[1] 在西方国家，有一元化、多元化工会组织体系之分。一元化工会组织体系，即有一个统一全国各种工会组织的全国性工会联合组织，各工厂一级雇用单位也只存在一个工会组织。多元化工会组织体系，即在全国并存几个不同的组织体系，没有一个统一全国各种工会组织的全国性工会联合组织，各工厂一级雇用单位也不只存在一个工会组织。参见黄越钦：《劳动法新论》，中国政法大学出版社2003 年版，第 278 页。

法通则》第 50 条第 2 款规定，我国社会团体法人成立的方式有两种：①依法不需要办理法人登记的，从成立之日起，具有法人资格；②依法需要办理法人登记，经核准登记，取得法人资格。《工会法》规定中华全国总工会、地方总工会、产业工会具有社会团体法人资格，属于第一种成立方式。截至 2013 年 6 月底，全国基层工会组织总数为 275.3 万个，包括国有企业工会、集体企业工会、外商投资企业工会、机关工会等。这些基层工会情况千差万别，并不是全部都具备《民法通则》规定的法人条件，所以规定基层工会要依法取得法人资格，应依《民法通则》第 37 条规定的条件，经有关主管机关依法确定。

作为法人的工会，能够独立地享有民事权利，并依法对外开展活动，如工会代表职工同用人单位签订集体合同，成为集体合同的一方当事人；再如，当工会的经费、财产等权益受到侵犯时，工会可以独立的法人主体资格诉诸法律，请求保护，成为独立的诉讼主体。

（3）工会的永续性。中国工会不是暂设性组织，而是永久、连续性的组织。只是如果基层工会所在企业终止或者所在的事业单位、机关被撤销，该工会组织相应撤销，它的经费、财产由上级工会处置，会员的会籍可以继续保留。中国工会作为一个整体，它是永久存在的组织。

（三）工会的组织原则与职能

1. 我国工会的组织原则。我国工会的组织原则是民主集中制原则。具体为：①各级工会委员会都由会员大会或者会员代表大会民主选举产生；②各级工会委员会向同级会员大会或者会员代表大会负责并报告工作，接受其监督；③工会会员大会或者会员代表大会有权撤换或者罢免其选举的代表或者委员会组成人员；④上级工会组织领导下级工会组织；⑤工会主席、副主席任期未满时，不得随意调动其工作；因工作需要调动时，应当征得本级工会委员会和上一级工会的同意。

2. 我国工会的职能。按照《工会法》的规定，我国工会的基本职能有：

（1）维权职能。工会在维护全国人民总体利益的同时，维护职工的合法权益。维护职工合法权益是工会的基本职责。工会必须密切联系职工，听取和反映职工的意见和要求，关心职工的生活，帮助职工解决困难，全心全意为职工服务。

（2）参与职能。工会通过各种途径和形式，参与管理国家事务，管理经济和文化事业，管理社会以及本企业的有关事务，协调人民政府开展工作，从而巩固工人阶级领导的以工农联盟为基础的人民民主专政的社会主义国家政权。

（3）组织职能。工会组织职工依照宪法和法律的规定行使民主权利，参加本单位的民主管理和民主监督，发动和组织职工努力完成生产任务和工作任务；

组织职工开展劳动竞赛，开展群众性的合理化建议、技术革新和技术协作活动；提高劳动生产率和经济效益，发展社会生产力。

（4）教育职能。工会动员和教育职工以主人翁态度对待劳动，爱护国家和企业财产，遵守劳动纪律；工会对职工进行爱国主义、集体主义、社会主义教育，进行民主、法制、纪律教育，以及科学、文化、技术教育；提高职工的思想道德、科学、文化、技术、业务素质，使职工成为有理想、有道德、有文化、有纪律的劳动者。

（四）工会的权利与义务

根据《工会法》和《劳动法》的有关规定，工会在代表职工利益和维护职工合法权益方面具有如下权利和义务：

1. 工会对用人单位的权利和义务。工会对用人单位的权利主要有下述三个方面的内容：

（1）参与权。参与权是工会代表职工群众的利益和意志参与企业管理的权利。工会的参与权表现为：①在公有制和以公有制为主体的企业，通过职工（代表）大会等形式，组织职工参与企业的民主管理；组织职工对企业的重大问题的决策，特别是有关职工的劳动报酬、劳动时间、生活福利、劳动保护、劳动保险等方面重大事项，进行讨论或交职工（代表）大会审议通过。②单位讨论有关工资、福利、劳动安全卫生、社会保险等涉及职工切身利益的问题，必须有工会代表参加；工会也可以就有关职工切身利益的事项提出建议，同单位协商处理；用人单位的特定机构，如企业管理委员会、公司监事会等，应当有工会代表参加；在非公有制企业，则应由工会代表职工与企业进行平等协商，以确定涉及职工切身利益的重要事项的决策。③工会代表职工与企业进行协商，就劳动报酬、工作时间、休息休假、劳动安全卫生、保险福利等问题，与企业签订集体合同。④企业因裁减人员或者与职工解除劳动合同时，工会有权提出意见和建议。

（2）监督用人单位遵守劳动法的权利。工会有对用人单位执行劳动法律、法规和履行劳动合同进行监督的权利。《劳动法》第88条第1款规定："各级工会依法维护劳动者的合法权益，对用人单位遵守劳动法律、法规的情况进行监督。"工会的监督权包括：①工会对用人单位违反职工代表大会制度和其他民主管理制度有权提出意见，以保障职工依法行使民主管理权利。②对用人单位违反劳动法律、法规，侵犯职工合法权益的行为，工会有权要求其及时纠正，或要求有关部门进行处理。③用人单位解除劳动合同，工会认为不适当的，有权提出意见；如果用人单位违反法律、法规或者劳动合同，工会有权要求重新处理；如果劳动者不服单位解除劳动合同的决定，申请仲裁或者提起诉讼的，工会应当依法给予支持和帮助。④工会对用人单位基本建设和技术改造工程的劳动条件和安全卫生设施有权提出意见，用人单位或主管部门应当认真处理；工会发现有明显重大事故隐患和职业危害的，有权提出改进措施的建议；当发现危及职工生命安全的情况时，有权向单位建议组织撤离危险现场，用人单位必须及时作出处理决定。⑤工会有权派出代表对下属工会组织所在用人单位侵犯职工合法权益的问题进行调查，有关单位应予以协助。

（3）要求提供保障的权利。工会依法享有要求保障自身物质利益和开展活动的权利。①工会有权要求单位为工会办公和开展活动提供必要的物质条件；②工会有权要求单位按规定为工会工作人员支付工资等物质待遇；③工会有权要求单位支持工会依法开展工作。

工会对用人单位的义务主要有：①帮助、指导职工与用人单位签订劳动合同；②参加用人单位的劳动争议调解工作；③用人单位发生停工、怠工事件的，工会应当代表职工同用人单位或者有关方面协商，反映职工的意见和要求，并提出解决意见，工会应协助用人单位做好工作，尽快恢复生产和工作秩序；④协助用人单位办好集体福利事业，做好工资、劳动安全卫生和社会保险工作；⑤工会应会同用人单位教育职工以主人翁态度对待劳动，爱护国家和企业的财产，组织职工开展群众性的合理化建议、技术革新活动，进行业余文化技术学习和职工培训，组织职工开展文娱、体育活动。

2. 工会对政府的权利和义务。工会对政府的权利主要有下述内容：①国家机关在组织起草或者修改直接涉及职工切身利益的法律、法规、规章时，应当听取工会意见。县级以上各级人民政府制订国民经济和社会发展计划，对涉及职工利益的重大问题，应当听取同级工会的意见；县级以上各级人民政府及其有关部门研究制定劳动就业、工资、劳动安全卫生、社会保险等涉及职工切身利益的政策、措施时，应当吸收同级工会参加研究，听取工会意见。②县级以上地方各级人民政府可以通过召开会议或者采取适当方式，向同级工会通报政府的重要的工作部署和与工会工作有关的行政措施，研究解决工会反映的职工群众的意见和要求。③地方劳动争议仲裁组织应当有同级工会代表参加。④各级人民政府劳动行政部门应当会同同级工会和企业方面代表，建立劳动关系三方协商机制，共同研究解决劳动关系方面的重大问题。⑤各级政府应当为工会办公和开展活动提供必要的物质条件。⑥各级政府应当保护工会的合法权益不受侵犯。

工会对政府的义务主要是：①协助人民政府开展工作，维护工人阶级领导的、以工农联盟为基础的人民民主专政的社会主义国家政权；②动员、教育、组织职工贯彻执行政府的政策、规章，实现政府提出的各项任务。

二、用人单位（雇主）团体

用人单位团体，在我国称为企业家协会或企业联合会；在国外一般称雇主协会，是指由雇主依法组成的，旨在代表、维护雇主的利益而与工会在协调劳动关系中进行协商和谈判的团体。雇主组织是西方国家雇主维护自身利益、协调劳资关系的重要组织，在社会各利益集团中也占有相当重要的地位。

（一）外国的雇主协会

1. 雇主协会的产生与发展。雇主协会产生于19世纪后半叶，是为对抗工会而建立的。从产生时间和演变发展过程来看，雇主协会都落后于工会。就其最初宗旨而言，早期的雇主协会属于反动性协会，反工会的活动成为雇主协会的主要内容，它常常采用雇用罢工破坏者、列出黑名单、实施暴力等手段对抗和破坏劳工运动。随着工会运动的发展和劳工立法的颁布，20世纪30年代以后，雇主协会大多数反工会的活动成为非法，这就促使雇主协会在性质上发生了一个明显的变化，以带有交涉性质的活动代替了与工会的对立和斗争，即以同工会进行集体交涉（谈判）为主。

现代意义上的雇主协会，以同工会之间通过集体谈判维护雇主利益、建立协调的劳资关系、促进社会合作为宗旨和目标。雇主协会的任务主要有以下七项[1]：①积极为雇主服务，提高雇主适应事业挑战的能力；②促进和谐、稳定的雇主—雇员关系，即劳动关系；③在国家和国际上代表和促进雇主利益；④提高雇员的工作效率和工作的自觉性；⑤创造就业机会及更好的就业条件；⑥预防劳资纠纷，并以公平迅速的方式解决产生的争议；⑦为其会员达到发展目标提供服务。一般而言，雇主协会的建立，一是为保持和谐的劳资关系，在国家及地方一级建立三方机制，加强政府、工会和雇主协会在劳动关系问题上的协调与合作；二是以提高企业的竞争力并改善劳动者的素质为目标，并在帮助雇主提高企业竞争力的同时，通过企业发展创造良好的就业条件。

2. 国际劳工组织与雇主协会。国际劳工组织视雇主协会与工会为平等的交涉（谈判）主体。三方性原则，是国际劳工组织与联合国其他机构相比的独特之处。国际劳工大会、国际劳工局理事会及所属各委员会、区域会议等国际劳工组织机构的活动，均由会员国政府、雇主和工人三方面代表参加，各成员国代表团需由政府代表2人，劳工、雇主代表各1人组成，三方代表享有独立平等的发言权和表决权。其中，劳工代表和雇主代表都分别由工会、雇主协会的全国性联合组织或有代表性的组织选派。国际劳工组织的《费城宣言》明确规定："反对贫困的斗争，需要各国在国内坚持不懈地进行，还需要国际做持续一致的努力。在这种努力中，工人代表和雇主代表享有与政府代表同等的地位，与政府代表一

---

〔1〕 中国企业联合会、中国企业家协会雇主工作部："雇主组织在中国"，载《企业管理》2004年第2期。

起自由讨论和民主决定，以增进共同的福利。"这样的规定以期达到如下目的："有效地承认集体谈判的权利，促进雇主和劳动者加强双方在提高生产效能中的合作，以及在制定与实施社会和经济措施中的合作。"国际劳工组织还就劳工和雇主双方的结社自由和组织权利制定了《结社自由和保护组织权利公约》（第87号公约），并成为八大核心国际劳工标准之一。

3. 国际雇主组织。国际雇主组织（简称IOE）是目前国际上在社会和劳动领域代表雇主利益的国际组织，成员由世界各国国家级的雇主联合会或其他形式雇主组织组成，成立于1920年，现有126个成员国。国际雇主组织的建立主要有以下动机和目的：①在国际上协调各国雇主组织的立场，共同维护各国雇主的共同利益；②参与国际劳工组织活动，作为三方机制的一方，代表雇主组织及雇主立场，参与有关活动；③与国际工会组织协调、合作，就共同关心的劳工等方面问题，开展协商和合作，维护各自的利益主体；④加强各国雇主组织的交流与合作，特别是在有关的立法、政策和信息上加强交流与合作；⑤与各国政府建立积极的良好关系，为各国雇主组织的建立和开展活动创造良好的条件；⑥指导各国雇主组织开展维护雇主利益活动，使雇主组织成为雇主利益的代言人。

国际雇主组织的主要任务有：①在国际上维护雇主利益。国际雇主组织是国际上唯一代表雇主利益的国际组织，因此，它的首要任务是在国际上维护雇主利益，包括在国际劳工组织内部维护雇主利益，确保国际社会政策不损害企业的生存和发展条件，而且在制定国际社会政策过程中，要尽可能地提出有利于雇主的方案，以维护各国雇主和雇主组织的整体利益。②促进企业自主发展。国际雇主组织通过影响国际劳工组织的政策和制定技术合作项目，使国际法律法规不会限制企业的建立和经营，并通过制定积极的政策和措施促进企业提高竞争力，包括提高劳动力的素质和能力、促进企业管理水平的提升等。③帮助建立和加强国家级雇主组织。目前各国和各地区的雇主组织发展很不平衡，特别是广大发展中国家和受战争影响的国家，以及市场经济体制还没有真正建立和完善的国家，雇主组织的建立发展还有大量的工作要做。帮助这些国家和地区建立和加强国家级雇主组织是国际雇主组织目前的重要任务，特别是发展中国家和向市场经济转轨的国家。④促进雇主组织之间的信息交流和雇主之间的经贸合作。各个国家的雇主组织的建设和发展需要学习其他国家先进的经验，特别是有关的政策、机制和制度方面，需要交流信息，总结经验，更好地为雇主服务，因此，加强各个国家雇主组织的联系和交流有重要的意义。此外，通过各国雇主及雇主组织之间的交流，还可以促进各国企业之间的友好往来和经贸合作，推动企业的优势互补，提高企业的经营效益。[1] 随着国际劳工组织的地位和影响的扩大，国际雇主组织在国际劳工组织中的作用也越来越大。

（二）我国的用人单位团体

我国用人单位团体的出现与我国建立和完善社会主义市场经济密切相关，是我国经济体制改革的重大举措，也是借鉴国际经验与国际接轨的必然要求。

1. 我国的用人单位团体类型。

（1）以中国企业联合会为代表的全国性用人单位团体。中国企业联合会是经中华人民共和国民政部注册登记、非营利的全国性社会团体法人，是企业、企业家（雇主）和企业团体的联合组织，是国际雇主组织的中国唯一代表。

2013年2月27日修正的《中国企业联合会章程》规定：中国企业联合会，英文名称：CHINA ENTERPRISE CONFEDERATION，英文缩写为 CEC。本会是由企业、企业家和企业团体自愿结成的联合组织，是国际雇主组织的中国唯一代表。本会是经中华人民共和国民政部注册登记、非营利的全国性社会团体法人。本章程所称的企业家是指企业的法定代表人和企业生产经营管理活动的主要负责人。本会高举中国特色社会主义伟大旗帜，以邓小平理论、"三个代表"重要思想、科学发展观为指导，以为企业、企业家服务为宗旨，遵守宪法、法律、法规和国家政策，遵守社会道德风尚，维护企业、企业家的合法权益，促进企业、企业家守法、自律，发挥企业与政府之间的桥梁纽带作用，协调企业与企业、企业与社会、经营者与劳动者的关系。本会的业务主管单位是中华人民共和国国务院国有资产监督管理委员会，本会的社团登记管理机关是中华人民共和国民政部。本会接受业务主管单位、社团登记管理机关的业务指导和监督管理。本会的业务范围：①本会围绕维权、自律、服务等方面的功能开展工作。②维护企业、企业家的合法权益，代表企业、企业家协调劳动关系；推动各地区、各行业企业联合会（协会）、企业家协会建立健全"三方机制"和参加劳动关系协调工作。③根据授权，代表企业、企业家参加由中华人民共和国人力资源和社会保障部、中华全国总工会、本会及中华全国工商业联合会组成的国家协调劳动关系三方会议。积极参加国际劳工组织和国际雇主组织有关活动，发展与其他国家雇主组织及国际机构的交流与合作。④向政府及有关部门反映本会会员、企业、企业家的意见和要求，为国家制定与企业相关的法律、法规和政策提供建议。⑤引导企业、企业家遵纪守法，规范自身行为，维护市场经济秩序；提倡诚信经营，推动节能环保，积极承担社会责任，自觉维护企业员工的合法权益。⑥开展企业改革和现代

---

[1] 中国企业联合会、中国企业家协会雇主工作部："雇主组织在中国"，载《企业管理》2004年第2期。

企业管理的理论研究，促进企业现代化建设，推动企业开展科技进步、管理创新，总结推广先进企业管理经验，增强企业的市场竞争能力。⑦组织开展有关本会会员、企业和企业家的专题调研工作，发布相关报告和评价信息。⑧推进企业家队伍建设、企业文化建设，为企业、企业家提供培训、咨询、信息、课题研究、新闻出版、资质评价等智力服务，经政府有关部门批准，组织开展评价企业活动，宣传、表彰优秀企业和优秀企业家。⑨开展与国外、境外企业团体和企业的交流与合作，组织有关企业团体和企业开展与国外、境外有关组织及企业间的交流与合作。⑩健全组织体系，推动单位会员积极开展活动，联合全国各行业企业联合会（协会）和其他社团组织开展活动，发挥整体优势，促进相互合作。⑪按照自主、自立、自养、自强的方针和建设品牌协会的总体要求，加强本会工作机构自身的思想建设、组织建设、制度建设、业务建设、作风建设和廉政建设，建立健全监督机制，不断提高工作人员的政治和业务素质，更好地为企业、企业家服务。⑫承担政府和有关部门委托的任务。

（2）各类非公有制企业的用人单位团体。近年来一些非公有制经济的用人单位团体也有了一定的发展。此类全国性的用人单位团体有全国工商联合会、中国外商投资企业协会、中国民营企业家协会和中国个体劳动者协会等。这些组织，在各地都有其下属的组织和机构。并且，近年来随着非公有制经济实力的增强，这些组织目前在经济关系和社会关系中也日趋活跃。起初，这些组织的活动更多地侧重于政治影响和社会影响，而非作为劳动关系一方的雇主代表来处理与政府和工会的关系。[1] 但是随着市场经济的深入发展，为适应市场经济的要求，劳动关系的协调也已渐渐成为各类非公有制企业的用人单位团体的主要任务。

（3）不分所有制的用人单位团体。在市场经济较为发达的地区，目前已经开始出现了不分企业所有制类别的统一的用人单位团体。在我国比较典型的是市场经济较为发达的地区的省总商会，并组建各级商会。例如，为进一步加强企业组织的代表性，福建省成立了由福建省企业与企业家联合会牵头，综合协调福建省总商会、外商投资企业协会、青年企业家协会、女企业家联谊会、私营企业协会、个体劳动者协会、三资企业经济发展联合会、船东协会等9家省级协会组成的省协调劳动关系三方会议的"企业组织和雇主协调小组"。

（4）各地由雇主自发成立的民间的用人单位团体。在非公有制经济发达的地区，许多雇主为在与政府对话和处理劳资关系事务中共同行动，自发成立了许多民间的用人单位团体，这些组织一般没有正式的章程和组织机构，而是以"联

〔1〕　参见常凯：《劳权论——当代中国劳动关系的法律调整研究》，中国劳动社会保障出版社2004年版，第143～144页。

谊会"等形式出现。这些自发的用人单位团体大都在外资企业集中的地区出现，特别是在区、乡以下的地域成立，如大连的日资企业、福建的台资企业、广东的港资企业都有此类组织。[1]

2. 我国用人单位团体的发展。尽管近年来我国的用人单位团体得到了飞速发展，但从总体上看，我国的用人单位团体，目前正处于形成和完善的过程中。这就要求我们参照国际劳工组织、国际雇主组织的有关规定制定有关用人单位团体的法律法规，使用人单位团体的成立和活动规范化和法制化。我国用人单位团体的发展方向，应当是既符合现代国际通行规则又具有中国特色。简单地概括，就是应当在用人单位团体的代表性、独立性、宗旨、职能、与其成员之间的权利义务、组织体制、组织原则等方面着力规范。当前需要强调的是，用人单位团体是代表用人单位利益的组织，协调劳动关系是其基本职能，同时要协调我国用人单位团体多元化体制和工会一元化体制的冲突。

此外，劳动争议处理关系作为一种附随劳动法律关系，主要涉及程序法上的法律关系。在我国，劳动争议处理程序主要包括调解程序、仲裁程序与诉讼程序等。与此相对应，我国劳动争议处理机构主要包括劳动争议调解机构、劳动争议仲裁机构与人民法院。关于劳动争议处理机构，将在后面劳动争议处理专章中加以详细论述。因签订集体合同或专项集体合同发生的争议，除当事人协商解决外，由劳动保障行政部门协调处理。此时发生的附随劳动法律关系，属于劳动行政法律关系。

■ 思考题

1. 如何理解附随劳动法律关系？
2. 我国劳动行政部门的职责如何界定？
3. 如何理解劳动服务机构及其职能？
4. 工会应有哪些维权职能？
5. 简述我国用人单位团体的规范运作及其职能界定。

---

[1] 参见常凯：《劳权论——当代中国劳动关系的法律调整研究》，中国劳动社会保障出版社 2004 年版，第 144 页。

第六章　就业促进制度

第一节　就业促进制度概述

一、劳动就业的概念和特征

　　劳动就业是一个十分复杂的社会经济问题，它是形成劳动过程的基本条件之一，是再生产过程中的一个重要环节。同时，也是劳动法学研究的一项重要的内容。

　　（一）劳动就业的概念

　　劳动就业，是指具有劳动能力的公民在法定劳动年龄内自愿从事有一定劳动报酬或经营收入的社会劳动。

　　劳动就业是劳动的一种表现形式。劳动是人类社会存在和发展的最基本的条件，它是人类社会物质财富和精神文明的源泉。从法律上把握劳动概念，应明确以下几点：①劳动是一种自愿劳动，而不是强迫劳动；②劳动是一种社会劳动，而不是家庭劳动；③劳动是一种有报酬的劳动，而不是义务劳动；④劳动是一种受法律保护的劳动，而不是无保障的劳动。结合以上几点，可以清楚地认识到，就劳动者来讲，劳动就是劳动力的支出或使用，愿意支出或不愿意支出劳动力（即是否缔结劳动合同）是劳动者的权利。就社会组织活动而言，劳动就是劳动力的最佳配置或合理安排的过程。当劳动者与用人单位签订劳动合同以后，由于生产过程的自然分工，劳动就成为劳动者必须按时、按数、按质完成的法定任务，从这一点上来讲，劳动又是劳动者的义务。正因为如此，从法律角度上看，劳动有权利和义务两层含义,是二者在此的竞合。由于劳动的多样性和复杂性,劳动自身包含的这种权利和义务的对立统一关系,还有待进一步的深化研究。

(二) 劳动就业的特征

劳动就业作为一项法律制度,主要有以下法律特征:

1. 劳动就业的主体必须符合法定的就业年龄。各国劳动法律都对劳动者就业的最低年龄和最高年龄作了严格规定,只有在法律规定的年龄段内,劳动者才具备劳动就业的条件,否则便不能就业。我国《劳动法》规定,年满 16 周岁的公民才具有劳动就业的资格。

2. 劳动就业的主体必须具有劳动行为能力。劳动权利能力和劳动行为能力具有一致性。劳动权利是一种可能性权利,在一定程度上存在着较大的或然性,这种可能性和或然性,完全取决于某个人的劳动行为能力。他(她)具备了劳动行为能力,才会将法律赋予他(她)的劳动权利由可能性转化为现实性。反之,没有劳动行为能力的劳动者,就业就无法实现。

3. 劳动就业必须是出自公民的自愿。即劳动者要有就业的愿望,如果其没有就业的愿望,国家也就不需要保障其就业。劳动就业的这一法律特征说明:①劳动是公民的一种权利,他可以行使这种权利,也可以放弃这种权利,完全取决于公民自己的意愿;②劳动者的劳动力所有权和使用权可以分离,劳动者可以支出劳动力的使用权,让渡给他人,但是劳动力的所有权永远属于劳动者自己所有;③这是劳动者实现劳动权利的主观上的意思表示。

4. 劳动就业必须是一种能够为社会创造财富或有益于社会的劳动,即劳动就业要求劳动者必须从事法律允许的有益于社会的社会劳动,这是劳动者的劳动是否得到社会承认的客观依据。违反法律规定和社会公共利益的,不能作为劳动就业的内容。

5. 劳动就业必须使劳动者能够获得一定的劳动报酬或经营收入。劳动就业的这一法律特征表明:①劳动就业的目的是通过劳动获得一定的物质利益;②劳动能够获得一定的报酬或经营收入,这是劳动者实现自己再生产的物质保障;③这是劳动者进一步行使劳动权利和履行劳动义务的必要前提。

二、我国劳动就业的立法概况

新中国成立以来,党和政府很重视劳动就业工作,不断寻找和开辟适合我国国情的劳动就业途径,并为此先后颁布了一系列关于劳动就业方面的法律、法规。

新中国劳动就业的立法作为劳动立法的重要组成部分,同劳动立法一样大致可分为三个阶段。

（一）立法建立和形成阶段（1949～1956 年）

这一时期，由于新中国刚刚从战争的废墟中诞生，安置大量的失业人员，稳定全国局势，尽快恢复经济和生产，成为当务之急。为此，我国政府颁布了一系列法规：1950 年前后，中央人民政府政务院公布了《关于救济失业工人的指示》，劳动部公布了《救济失业工人暂行办法》；1952 年 8 月政务院公布了《关于劳动就业问题的决定》。这些法规对于当时安置失业人员就业起了重要的作用。1954 年 9 月 20 日，第一届全国人民代表大会常务委员会第一次会议通过了《中华人民共和国宪法》。根据宪法的有关规定和当时的中心任务，国家进行了一系列的劳动立法，其中关于劳动就业方面的法规包括：1954 年劳动部发布《建筑工人调配暂行办法》；同年，政务院发布《复员建设军人安置暂行办法》。从此，国家开始有计划、有组织地统一安排劳动就业工作。

（二）立法的低谷阶段（1957～1976 年）

在这近 20 年的时间里，由于"左"的错误思想干扰和法律虚无主义作祟，加之"十年动乱"的破坏，同其他各项工作一样，劳动立法工作也陷于停滞不前状态，关于劳动就业方面的立法几乎没有。

（三）立法的恢复阶段（1977～1993 年）

这一时期，我国政府加快了劳动立法的步伐，在劳动就业方面制定和颁布了一系列法律、法规。由于长期存在着认识上的偏差和工作上的错误，忽视了劳动就业方面的法制建设，而主要以行政手段对全国劳动就业实行统包统分，以致管理集中，统得太死，未能充分合理地实现劳动就业；加之"十年动乱"期间，城镇里的大批知识青年"上山下乡"，到了 1979 年，这些人又大批"返城"等待就业。劳动就业问题一度成为我国极为突出和严峻的社会问题。

为了缓解这一社会问题，我国政府及时采取了相应的措施，陆续出台了一系列劳动就业的法律、法规。1980 年，中央召开了全国就业工作会议，并发布了《进一步做好城镇劳动就业工作》。1981 年，党中央、国务院颁布了《关于广开门路，搞活经济，解决城镇就业问题的若干规定》。1982 年，劳动人事部颁布了《关于劳动服务公司若干问题的规定》。1983 年又制定了《关于招工考核择优录用的暂行规定》。1986 年，国务院发布了《国营企业招用工人暂行规定》。这一系列的劳动就业政策和行政法规，对于解决当时的劳动就业问题起到了积极的推动作用，使相当一部分失业人员得以就业，从而暂时缓解了我国劳动就业的巨大压力。

在此基础上，为适应经济体制改革的需要，打破了我国长期以来在计划经济体制下以固定工为主体的用工模式，改革用工制度，实行多种用工形式并存的劳动合同制。为此我国政府颁布了一系列劳动就业法规，其中包括：1983 年劳动人事部发布的《关于积极试行劳动合同制的通知》；同年国务院发布的《关于科技人员合理流动的若干规定》；1984年劳动人事部发布的《关于做好招聘工作的通知》；1986年国务院发布的《国营企业实行劳动合同制暂行规定》。这些法规的出台，无疑是我国劳动就业制度的一个巨大变革，它为我国全面实行全员劳动合同制奠定了基础。

（四）立法的发展阶段（1994年至今）

随着我国社会主义市场经济体制的确立，为了适应社会经济发展的需要，1994年7月5日第八届全国人民代表大会常务委员会第八次会议通过了《中华人民共和国劳动法》。在这部劳动法典中，专门就劳动就业、劳动合同和集体合同分别列章，为今后我国劳动就业确定了基本的原则和方针。

在进一步全面贯彻《劳动法》的基础之上，劳动部又先后颁布了一系列配套的促进就业规章，如《职业指导办法》（1994年10月27日）、《农村劳动力跨省流动就业管理暂行规定》（1994年11月17日）、《就业登记规定》（1995年9月12日）、《职业介绍规定》（1995年11月9日）、《外国人在中国就业管理规定》（1996年1月22日）、《职业介绍服务规程（试行）》（1998年1月6日）、《劳动力市场管理规定》（2000年12月8日）、《人才市场管理规定》（2001年9月11日）等。与此同时，国务院也颁布了大量涉及促进就业的条例和政策性文件，如《国务院关于在若干城市试行国营企业兼并破产和职工再就业有关问题的补充通知》（1997年）、《失业保险条例》（1999年）、《中共中央国务院关于切实做好国有企业下岗职工基本生活保障和再就业工作的通知》（1998年）、《中共中央国务院关于进一步做好下岗失业人员再就业工作的通知》（2002年）、《国务院关于进一步加强就业再就业工作的通知》（2005年）、《残疾人就业条例》（2007）等。这些法律法规及政策的颁布，进一步完善了我国的劳动就业制度。

为了全面贯彻落实积极的就业政策，强化就业服务和失业调控，切实做好各项就业和再就业工作，2007年8月30日，《中华人民共和国就业促进法》由第十届全国人大常委会第二十九次会议审议通过，自2008年1月1日起施行。2015年4月24日，第十二届全国人大常委会第十四次会议又对《就业促进法》进行了修订。《就业促进法》的颁布，是我国劳动保障法制建设取得的又一重大成果，对于解决关系国计民生的就业问题，促进社会主义和谐社会建设，具有重要而深远的意义。2007年11月5日，为了进一步贯彻落实《就业促进法》，培育完善人力资源市场，加快推进公共就业服务和就业援助实际工作，劳动和社会保障部颁布了《就业服务与就业管理规定》，对《就业促进法》中就业服务与管理、就业援助的相关制度做了进一步细化和完善。随着我国经济发展进入新常态，我国的就业形势将更加复杂，就业总量压力将继续加大，劳动者技能与岗位需求不相适应、劳动力供给与企业用工需求不相匹配的结构性矛盾将更加突出，就业任务更加繁重。因此，"着力培育大众创业、万众创新的新引擎，实施更加积极的就业政策，把创业和就业结合起来，以创业创新带动就业，催生经济社会发展新动力，为促进民生改善、经济结构调整和社会和谐稳定提供新动能"[1]就成为稳定与扩大就业工作的重中之重。

三、政府对劳动就业的职责

劳动就业机会的多与少，预示着一个国家的政治经济发达的程度。从广义上理解，劳动就业不单纯是社会成员自己劳动意愿的满足，而且也要求客观条件的保障。如果缺少必要的客观条件，社会成员的劳动愿望就会落空。但社会成员劳动就业的客观条件，不是靠个人就能创造的，而是有赖于这个国家的政府帮助，这是政府的一项职责和义务。

《就业促进法》对政府在促进就业中的职责作出了明确的规定，包括八个方面：

1. 建立就业工作目标责任制度。县级以上人民政府把扩大就业作为经济和社会发展的重要目标，纳入国民经济和社会发展规划，并制定促进就业的中长期规划和年度工作计划。各级人民政府和有关部门应当建立促进就业的目标责任制。县级以上人民政府按照促进就业目标责任制的要求，对所属有关部门和下一级人民政府进行考核和监督。

2. 制定实施有利于就业的经济和社会政策。县级以上人民政府通过发展经济和调整产业结构，实行有利于促进就业的产业政策、财政政策、税收政策等各项经济和社会政策，多渠道扩大就业、增加就业岗位。

3. 推进公平就业。各级人民政府依法保证劳动者享有平等就业和自主择业的权利，创造公平的就业环境，消除就业歧视。

4. 加强就业服务和管理。县级以上人民政府应当培育和完善统一开放、竞争有序的人力资源市场，促进劳动力供给与需求的有效匹配；建立健全公共就业服务体系，为劳动者就业提供服务；制定政策并采取措施，建立健全就业援助制度，对困难人员给予扶持和帮助。

5. 大力开展职业培训。国家依法发展职业教育，鼓励开展职业培训，并通过制定实施职业能力开发计划，鼓励和支持培训机构和用人单位开展就业前培训、在职培训、再就业培训、职业技能培训和创业培训，以及建立健全劳动预备制度和实行职业资格证书制度等措施，促进劳动者提高职业技能，增强就业能力和创业能力。

---

[1] 《国务院关于进一步做好新形势下就业创业工作的意见》（国发〔2015〕23号）。

6. 建立健全失业保险制度。国家建立健全失业保险制度，依法确保失业人员的基本生活，并促进其实现就业。

7. 开展就业和失业调查统计工作。国家建立劳动力调查统计制度和就业登记、失业登记制度，开展劳动力资源和就业、失业状况调查统计，并公布调查统计结果，以加强就业的基础管理工作。

8. 发挥社会各方面促进就业的作用。各级人民政府和有关部门应当对在促进就业工作中作出显著成绩的单位和个人，给予表彰和奖励，发挥工会、共青团、妇联、残联、用人单位以及其他社会组织在促进就业工作中的作用。

四、我国的劳动就业制度

劳动就业制度，是指国家促进和保障劳动者充分就业，实现劳动资源合理配置的立法形式。由于社会的不断发展，加之人们对社会客观规律的逐步认识，我国的就业制度大致可以分为两种类型。

（一）统包统配的行政性劳动就业制度

这种劳动就业制度是伴随着我国计划经济体制的形成而产生的。它曾经为解决旧中国遗留下来的严重失业问题发挥过重要的作用，对恢复和发展社会经济产生了积极的影响。但是，在这种劳动就业制度中，劳动者的劳动权不属于自己所有，没有择业的自由，而是完全由国家运用行政手段实行统一分配和安排，被动地依赖和接受国家的安置就业。用人单位也无用工自主权，只是被动地服从国家的统一调配，安置劳动者就业。这种单一集权式的劳动就业制度，造成了劳动者都挤在等待国家统包安置这条独木桥上的被动局面。其结果是：①造成了劳动者对国家安置的依赖性，对就业缺乏主动性，往往错过就业机会，致使失业人数增加。同时，也使得劳动者不能按自己的意愿，实现劳动力与生产资料的结合，从而埋没了劳动者的创造性和积极性，劳动力素质下降。②用人单位没有自主用工的权利，只有按国家规定的指标安置的义务，以致影响了用人单位的积极性，并使之背上了沉重的包袱。③对国家而言，这种劳动就业制度由于缺乏与经济发展政策、产业政策和所有制政策的有机联系，致使就业问题在城镇和乡村都陷入了积重难返的境地。同时，这种劳动就业制度也严重束缚了社会生产力的发展，不能适应社会主义市场经济的需要。

（二）以市场为导向的劳动就业制度

为了解决失业问题，中共中央国务院在1980年8月举行的全国劳动就业工作会议上提出了"三结合"的就业方针，即在国家统筹规划和指导下，实行劳动部门介绍就业、自愿组织起来就业和自谋职业相结合的方针。此后，随着社会主义市场经济体制的确立，为了提高经济效益，适应加快改革开放特别是企业转换经营机制的需要和经济与社会发展，开发利用劳动力资源，在保持就业局势稳定的同时深化劳动就业制度改革，于 20 世纪 90 年代初，国务院再一次明确了劳动就业的方针为"职业介绍就业机构、自愿组织就业、自谋职业"。[1] 这之后，在"三结合"就业方针的基础上，逐渐形成了以市场为导向的新型劳动就业制度，即 1994 年《劳动法》规定的集体组织起来就业和从事个体经营实现就业的劳动就业方针。1997 年，随着市场经济体制的进一步深化和完善，为了维护改革发展稳定大局和实现国家长治久安，扩大就业及促进再就业，在全国劳动会议上又确定了新时期劳动就业方针，即"实现劳动者自主择业、市场调节就业、政府促进就业"的方针。这一方针在《就业促进法》第 2 条中得到了进一步的明确。首先明确"劳动者自主择业"，充分调动劳动者就业的主动性和能动性，促进他们发挥就业潜能和提高职业技能，依靠自身努力，自谋职业和自主创业，尽快实现就业。其次明确"市场调节就业"，充分发挥人力资源市场在促进就业中的基础性作用。最后明确"政府促进就业"，充分发挥政府在促进就业中的重要职责。

以市场为导向的劳动就业制度，是我国所有制结构改革在劳动就业制度上的反映，是我国劳动制度改革的重大突破，这种新型的就业制度，目的在于充分利用和发挥我国劳动力资源丰富的优势，抓住经济发展及调整完善经济结构、所有制结构的机遇，努力开发就业岗位，按照社会主义市场经济体制的要求，完善市场就业机制，使得我国绝大多数劳动者得到各种不同形式的就业机会和就业岗位。

五、劳动就业的基本原则

劳动就业的基本原则，是指劳动法规定的劳动就业工作必须遵循的基本准则，根据我国的劳动立法，结合我国劳动就业的实际情况，可以归纳为以下几项：

（一）平等就业原则

平等就业，是指劳动者享有平等的就业权利和就业机会。这一劳动就业原则是解决劳动者就业资格和立法价值取向的问题。在我国的《宪法》《劳动法》规定，我国公民不论其民族、种族、性别、宗教信仰，均享有平等的就业权利和就业机会。这一原则的确定，客观上打破了对劳动者人身及基于人身而形成的种种限制，同时，也打破了区域之间的封锁，在全国范围内开始形成统一的劳动力市场，建立劳动者平等就业的机制。

平等就业是针对就业歧视提出的。为实现劳动者就业机会的均等，抵制各种

---

[1] 参见《国务院关于做好劳动就业工作的通知》（国发 [1990] 28 号）和《国务院批转劳动部关于劳动就业工作情况和下一步工作意见报告的通知》（国发 [1992] 36 号）。

形式的就业歧视就成为各国促进就业法的主要内容。国际劳工组织的《消除就业和职业歧视公约》中规定了禁止歧视的原则，并列举了应予以禁止的歧视因素，而有些因素在我国相关立法中并未予以确认，如年龄等。为了进一步促进就业平等，维护劳动者基本权益，2005 年 8 月 28 日第十届全国人民代表大会常务委员会第十七次会议通过了《全国人民代表大会常务委员会关于批准〈1958 年消除就业和职业歧视公约〉的决定》。批准《消除就业和职业歧视公约》有利于我国进一步促进就业平等、消除就业和职业歧视方面的立法、执法工作和有关政策的落实，也有利于树立我国重视社会进步、关心和维护劳动者基本权益的良好形象。为了进一步落实公约的要求，在 2007 年颁布的《就业促进法》中增加规定了对进城务工的农村剩余劳动力、传染病源携带者以及残疾人的歧视禁止，但对年龄、社会出身、户籍、身高等我国就业中常见的歧视形式却仍未作规定。

（二）自主择业和双向选择原则

自主择业，是指符合法定条件的劳动者根据自己的主观愿望，结合自己的才能，选择自己感兴趣的利益回报高的职业。在客观上，劳动者之间存在个性的差异，每一个劳动者都有实现自我价值的追求。现实中，职业不同，岗位不同，加之劳动者的能力不同，社会回报的程度也不同。所以，自主择业原则的确定，不仅符合劳动者个体追求自由、实现劳动权的价值取向，而且有利于调动劳动者就业的积极性和主观能动性，为劳动者最大化地释放自身的劳动潜能构筑一个新的平台。

双向选择，是指劳动者和用人单位根据各自需要相互选择对方，从而建立劳动法律关系，实现劳动者就业的原则。这一原则的确定：①充分体现在国家促进劳动就业的方针下我国劳动力的市场化和法制化日臻完善，摆脱了人力资源市场的行政干预，体现劳动者和用人单位的独立性、合意性、真实意愿性；②在人力资源市场中，劳动者和用人单位均具有市场主体资格。劳动者享有选择职业的权利，可以根据自身的能力、意愿和人力资源市场的客观需要，选择用人单位；用人单位也享有用人自主权，可以根据生产经营需要和工作岗位特点，按照面向社会、公开招用、全面考核、公平竞争、择优录用的原则，选择一定数量和相应质量要求的劳动者。双方在平等自愿、协商一致的基础上，签订劳动合同，缔结劳动关系。

（三）市场调节就业和宏观调控相结合原则

一方面，我们要大力培育和发展人力资源市场，以市场机制作为配置劳动力资源的基础性调节手段，实现供求双方的双向选择。这样在促进劳动力合理流动的同时，还有助于劳动力在竞争中实现最优化配置及劳动力素质的不断提高，使劳动力资源从总体上得到充分利用和开发。另一方面，为实现公平及保护就业中的弱者，政府在人力资源市场上也应有所作为，即通过调整宏观经济政策，使宏观经济与就业协调发展，拓展就业领域，增加就业岗位；通过制定和调整就业政策，调节劳动力供给，促使劳动者尽快实现就业；建立公平合理的就业竞争规则，健全就业服务体系，为就业竞争中的弱势群体提供必要的保护。

（四）照顾特殊群体人员就业原则

特殊群体人员是指由于自身、社会等原因造成劳动者自身就业困难的劳动者的总称。特殊群体人员包括妇女、残疾人、少数民族人员、退役军人等。这一原则的确定，是在国家促进就业方针下对这一特殊群体人员就业的倾斜表现。在劳动者平等就业、双向选择的前提下，针对这一特殊群体人员同样做到了实质上的平等，真正体现形式平等和实质平等的统一。

（五）城乡统筹就业的原则

二元的经济结构体制决定了我国长久以来一直实行的是城乡分割、城乡有别的就业政策。为了适应市场化、城市化的改革进程，促进城乡统筹就业，改进就业服务，强化职业培训成为当务之急。在有条件的地区开展城乡一体化劳动力市场的试点工作，建立覆盖城乡的就业管理服务组织体系，统筹管理城乡劳动力资源和就业工作；进一步改善农村劳动者进城就业环境，清理各种不合理的行政审批、收费项目和歧视性规定，取消农村劳动力进城和跨地区就业的限制，完善农村劳动者进城务工和跨地区就业合法权益保障的政策措施；促进农村富余劳动力转移就业，发展多种形式的劳务协作，加强对农村转移劳动力的职业培训、职业介绍和就业指导，发挥职业培训补贴、职业介绍补贴政策的效应。在此基础之上，国家应逐步统一城乡人力资源市场，利用市场机制，优化人力资源的配置，规范人力资源市场秩序，创造公平的就业环境，扩大就业机会。

六、劳动就业的意义

我国历来非常重视就业问题，近年来，相继颁布实施了许多积极的就业政策。各地区和有关部门认真贯彻落实党中央、国务院关于就业再就业的方针政策，取得显著成绩，体制转轨遗留的下岗失业人员再就业问题基本解决。当前及今后一个时期，我国劳动者充分就业的需求与劳动力总量过大、素质不相适应之间的矛盾依然存在，劳动者失业风险增加，促进就业任务十分繁重。因此，实施更加积极的就业政策，全方位促进就业增长，稳定就业局势，解决好劳动者的就业问题，对维护社会稳定，保持经济平稳较快发展，具有十分重要的意义。

1. 解决好劳动就业问题，能够逐步提高劳动者的生活水平。目前，在我国以按劳分配为主体的分配原则下，每个有劳动能力的人，只有参加一定的社会劳动，才能取得相应的报酬和收入，从而获得一定的生活资料。否则，就没有经济来源，他所必须消费的生活资料，就只能由其家庭成员负担。这样，不仅他本人的生活水平不会提高，还会使家庭在业人员的生活水平相对降低。反之，如果一个家庭里具有劳动能力的人都能够就业，这个家庭的总收入就会增多，家庭成员的生活水平也会不断提高。推而广之，如果全社会有劳动能力的成员都能就业，那么整个社会的成员的生活水平就会得到提高。

2. 解决好劳动就业问题，能够增加社会的物质财富，促进社会生产力的不断发展。劳动就业就是劳动过程的再现，只有通过广开门路、多种渠道地进行劳动就业，即增加劳动力投入的数量，同时增加生产资料的投入，才会促进整个社会的生产发展，增加社会财富的积累。

3. 解决好劳动就业问题，有利于促进社会的安定团结。要保持社会的稳定，发展生产，提高人民的物质文化生活水平，是一个很重要条件。而人民要安居乐业，就必须有一定的职业，有稳定的工作和可靠的经济收入。但由于多种因素的限制，我国目前甚至在今后一个相当长时期内，还不可避免地存在着失业的现象。由于这部分人的生活得不到基本保证，必然会对社会的安定产生不利影响，成为社会动荡的诱因，导致一系列的社会问题，构成影响社会安定的潜在因素。因此，解决好就业问题，是关系整个社会安定团结的一个十分重要的问题。

第二节　就业促进的政策支持

随着我国经济、劳动制度的深化改革，政府先后制定和实施了一系列积极的就业政策，如通过小额担保贷款、财政贴息、减免税费等措施，积极扶持劳动者自主创业、自谋职业；通过定额税收减免、优惠贷款等措施，鼓励企业吸纳下岗失业人员就业；通过开发公益性岗位和社会保险补贴等措施，建立健全就业援助制度，帮助困难人员实现就业。在经济发展中实现了新增就业的不断扩大，并基本解决了体制转轨过程中出现的下岗失业人员的再就业问题，有力保持了就业局势稳定。

为了建立促进就业的长效机制，保障我国积极的就业政策长期实施和有效运行。《就业促进法》将经过实践检验之有效的积极的就业政策上升为法律规范，在第二章中规定了较完整的政策支持体系。

一、实行有利于就业促进的产业政策

为了从产业政策上促进就业，《就业促进法》明确规定，县级以上政府统筹协调产业政策与就业政策。鼓励各类企业在法律、法规规定的范围内，通过兴办产业或者拓展经营，增加就业岗位。国家鼓励发展劳动密集型产业、服务业，扶持中小企业，鼓励、支持、引导非公有制经济发展，扩大就业机会，增加就业岗位。在安排政府投资和确定重大建设项目时，应当发挥投资和重大建设项目带动

就业的作用，增加就业岗位。国家发展国内外贸易和国际经济合作，拓宽就业渠道。

二、实行有利于就业促进的财政、税收政策

在国家财政资金的投入方面，《促进就业法》明确规定国家要加大资金投入，改善就业环境，扩大就业。县级以上人民政府应当根据就业状况和就业工作目标，在财政预算中安排就业专项资金用于促进就业工作。就业专项资金用于职业介绍、职业培训、公益性岗位、职业技能鉴定、特定就业政策和社会保险等的补贴，小额贷款担保基金和微利项目的小额担保贷款贴息，以及扶持公共就业服务等。为了保证专项资金被合理、安全地使用，法律还规定审计机关、财政部门应当依法对就业专项资金的管理和使用情况进行监督检查。

同时，为了实现促进就业的目标，《促进就业法》还规定了有利于促进就业的税收政策，即国家鼓励企业增加就业岗位，扶持失业人员和残疾人就业，对符合法定条件的企业和人员依法给予税收优惠，具体包括：①吸纳符合国家规定条件的失业人员达到规定要求的企业；②失业人员创办的中小企业；③安置残疾人员达到规定比例或者集中使用残疾人的企业；④从事个体经营的符合国家规定条件的失业人员；⑤从事个体经营的残疾人；⑥国务院规定给予税收优惠的其他企业、人员。另外，对从事个体经营的失业人员和残疾人还免除行政事业性收费。

三、实行有利于就业促进的金融政策

鉴于中小企业的发展在实践中对就业的贡献不可忽视，为了给其发展创造更好的条件，《就业促进法》明确规定增加中小企业的融资渠道；鼓励金融机构改进金融服务，加大对中小企业的信贷支持，并对自主创业人员在一定期限内给予小额信贷等扶持。

四、实行统筹就业政策

针对我国目前城乡、区域发展不平衡，对劳动者就业造成了严重影响的现实情形，《就业促进法》从统筹城乡就业及区域就业的角度来解决就业问题。

1. 实行城乡统筹的就业政策。明确规定国家建立健全城乡劳动者平等就业的制度，引导农业富余劳动力有序转移就业。首先，县级以上地方人民政府推进小城镇建设和加快县域经济发展，引导农业富余劳动力就地就近转移就业；在制定小城镇规划时，将本地区农业富余劳动力转移就业作为重要内容。其次，县级以上地方人民政府引导农业富余劳动力有序向城市异地转移就业；劳动力输出地和输入地人民政府应当互相配合，改善农村劳动者进城就业的环境和条件。

2. 实行区域统筹的就业政策。国家支持区域经济发展，鼓励区域协作，统筹协调不同地区就业的均衡增长；支持民族地区发展经济，扩大就业。

3. 实行群体统筹的就业政策。各级人民政府统筹做好城镇新增劳动力、农业富余劳动力转移就业和失业人员就业工作。当前，要统筹做好下岗失业人员、大学生、复转军人、残疾人、农民工等群体的就业工作。

五、实行有利于灵活就业的劳动和社会保险政策

灵活就业目前已成为我国重要的就业途径。为了促进就业，《就业促进法》明确规定各级人民政府采取措施，逐步完善和实施与非全日制用工等灵活就业相适应的劳动和社会保险政策，为灵活就业人员提供帮助和服务。

六、实行失业保险就业促进政策

明确规定基于失业保险制度保障基本生活和促进就业的功能。《就业促进法》规定国家建立健全失业保险制度，依法确保失业人员的基本生活，并促进其实现就业；并要求加强对大规模失业的预防、调节和控制。

第三节　就业保障

就业保障是指对劳动者采取保护措施，以保障其就业权的实现。国家有保障劳动者公平就业的任务，其基本的要求就是保障劳动者依法享有平等就业和自主择业的权利，这是政府就业保障中的核心内容。为了实现公平就业，维护劳动者的平等就业权，反对就业歧视，《就业促进法》对公平就业的原则及要求做出了规定。同时由于公平就业的任务在很大程度上也体现为对特殊群体人员的就业保障。些人员由于性别、年龄、种族、文化程度、身体健康等因素，造成就业困难，为了实现社会公平，构建和谐社会，国家需要对他们提供特别的帮助和扶持，最大限度地实现劳动者的平等就业权，这既是劳动者实现生存权的需要，也是社会进步发展的前提。为保障特殊群体人员的就业，在我国《劳动法》《妇女权益保护法》等法律法规的基础之上，《就业促进法》也做出了进一步的规定。

一、维护公平就业

公平就业是所有劳动者应享有公平的就业机会，反对各种形式的就业歧视。劳动力市场供大于求现状的长期存在，使得劳动者在就业中的弱势地位越发突出，就业中形式各异的歧视也层出不穷。就业歧视不仅影响了劳动者的公平竞争，违背了市场的供求规律，也带来了严重的社会公平问题。

为了维护劳动者的平等就业权，反对就业歧视，《就业促进法》在《劳动法》的基础之上，对公平就业作出了比较明确的规定。

1. 政府维护公平就业的责任。各级人民政府应当创造公平就业的环境，消除就业歧视，并制定政策和采取措施对就业困难人员给予扶持和援助。为了回应立法的要求，国务院先后在《关于做好促进就业工作的通知》（国发〔2008〕5号）、《关于做好当前经济形势下就业工作的通知》（国发〔2009〕4号）、《关于批转促进就业规划（2011~2015年）的通知》（国发〔2012〕6号）、《关于进一步做好新形势下就业创业工作的意见》（国发〔2015〕23号）等政策文件中强调：要扶持就业困难人员就业，强化对就业困难人员的就业援助。并指出：就业困难人员的具体范围和申请认定程序，由各省、自治区、直辖市人民政府根据本地实际情况规定；合理确定就业困难人员范围，规范认定程序，加强实名制动态管理和分类帮扶；建立健全就业援助制度，完善就业援助政策，开发公益性岗位，形成长效工作机制；对各地政府投资开发的公益性岗位，要优先安排符合岗位要求的就业困难人员，并视其缴纳社会保险费的情况，给予相应补贴；等等。这些政策的出台，对就业困难人员的就业扶持和援助起到了指导性的作用。

2. 严格规范用人单位和职业中介机构的行为。在人力资源市场中，用人单位和职业中介机构的行为，往往影响和决定着劳动者的就业机会和就业权利的实现。依法规范他们的行为，对维护劳动者平等就业权至关重要。因此，《就业促进法》规定，用人单位招用人员、职业中介机构从事职业中介活动，应当向劳动者提供平等的就业机会和公平的就业条件，不得实施就业歧视。

3. 明确就业歧视的类型。我国《劳动法》第12条规定："劳动者就业，不因民族、种族、性别、宗教信仰不同而受歧视。"可见劳动法明确的反歧视范围仅包括民族、种族、性别、宗教信仰歧视。这一规定已远远不能满足实践的需求，为了更好地实现劳动者的平等就业权，《就业促进法》第3条第2款作出了更为开放的列举式规定，即劳动者就业，不因民族、种族、性别、宗教信仰等不同而受歧视。这为实践中扩大反就业歧视的范围提供了法律依据。

总结分析起来，《就业促进法》中明确规定的歧视类型有以下几种：

（1）性别歧视。法律保障妇女享有与男子平等的劳动权利。用人单位在招用人员时，除国家规定的不适合妇女的工种或者岗位外，不得以性别为由拒绝录用妇女或者提高对妇女的录用标准。同时，用人单位录用女职工，不得在劳动合同中规定限制女职工结婚、生育的内容。

（2）民族歧视。为了保障各民族劳动者享有平等的劳动权利，法律规定用人单位招用人员，应当依法对少数民族劳动者给予适当照顾。

（3）残疾人歧视。国家有保障残疾人不受歧视的义务。各级人民政府应当为残疾人创造就业条件。用人单位招用人员，不得歧视残疾人。

（4）传染病病原携带者歧视。针对实践中对乙肝病原携带者、艾滋病病原携带者等疾病的歧视现象日益严重，法律明确规定用人单位招用人员，不得以传染病病原携带者为由拒绝录用。同时对其不能从事的工作作了法律限制，即经医学鉴定传染病病原携带者在治愈前或者排除传染嫌疑前，不得从事法律、行政法规和国务院卫生行政部门规定禁止从事的易使传染病扩散的工作。

（5）进城务工的农村劳动者歧视。农村劳动者进城就业享有与城镇劳动者平等的劳动权利，不得对农村劳动者进城就业设置歧视性限制。

4. 就业歧视的法律救济。我国第一次以法律的形式对劳动者受到就业歧视提供了法律救济途径。劳动行政部门应当对《就业促进法》实施情况进行监督检查，建立举报制度，受理对违反《就业促进法》行为的举报，并及时予以核实处理（当然包括就业歧视处理）；违反《就业促进法》规定，实施就业歧视的，劳动者可以向人民法院提起诉讼。

二、特殊就业保障

国家有保障劳动者公平就业的任务，而这一任务在很大程度上体现为对特殊群体人员的就业保障。

（一）妇女就业的保障

妇女劳动就业的权利，是妇女的一项基本权利。由于历史的原因，长期以来，中国妇女在政治、经济、文化、社会、家庭等方面，都处于与男子不平等的地位，根本谈不上有就业的权利。新中国成立后，妇女的政治、经济地位都有了极大的提高，在就业上，妇女拥有同男子一样的权利。越来越多的妇女走上各种工作岗位，从事各种工作，为国家的建设和社会的发展作出了重要的贡献。但是由于受传统的思想和习惯势力的影响，加上妇女本身的特殊情况，妇女在就业方面，还常常受到一些歧视与排斥，为此需要国家用法律对妇女的就业权利给予特别的保障。

1. 保障妇女就业的法律依据。我国宪法规定，公民有劳动的权利和义务；妇女在政治、经济、文化、社会、家庭等各方面享有与男子平等的权利。《劳动法》第13条规定："妇女享有与男子平等的就业权利。在录用职工时，除国家规定的不适合妇女的工种或者岗位外，不得以性别为由拒绝录用妇女或者提高对妇女的录用标准。"即妇女就业保障的核心就是保障妇女享有与男子平等的就业权，在就业中不应受到任何歧视。此外，在《女职工劳动保护特别规定》等法律法规中，也都有保障妇女就业的专门规定。

2. 妇女就业保障的主要内容。依据我国法律法规的规定，妇女就业保障的内容主要有以下几个方面：①妇女享有与男子平等的就业权利和社会保障权利，反对就业中的性别歧视。②不得以性别为由拒绝录用妇女或任意提高对妇女的录用标准。各单位在录用职工时，除不适合妇女的工种或者岗位外，不得以性别为由拒绝录用妇女或者提高对妇女的录用标准。③各单位在录用女职工时，应当依法与其签订劳动（聘用）合同或者服务协议，劳动（聘用）合同或者服务协议中不得规定限制女职工结婚、生育的内容。④实行男女同工同酬。妇女在享受福利待遇方面享有与男子平等的权利；在晋职、晋级、评定专业技术职务等方面，应当坚持男女平等的原则，不得歧视妇女。⑤任何单位均应根据妇女的特点，依法保护妇女在工作和劳动时的安全和健康，不得安排不适合妇女从事的工作和劳动，如禁止安排妇女从事矿山井下、国家规定的第四级体力劳动强度的劳动和其他女职工禁忌从事的劳动。妇女在经期、孕期、产期、哺乳期受特殊保护。⑥任何单位不得因结婚、怀孕、产假、哺乳等情形，降低女职工的工资，辞退女职工，单方解除劳动（聘用）合同或者服务协议。但是，女职工要求终止劳动（聘用）合同或者服务协议的除外。⑦各单位在执行国家退休制度时，不得以性别为由歧视妇女。⑧国家发展社会保险、社会救助、社会福利和医疗卫生事业，保障妇女享有社会保险、社会救助、社会福利和卫生保健等权益。⑨国家推行生育保险制度，建立健全与生育相关的其他保障制度。地方各级人民政府和有关部门应当按照有关规定为贫困妇女提供必要的生育救助。

（二）残疾人就业的保障

残疾人，是指心理、生理、人体结构某种组织、功能部分或全部丧失，不能以正常方式从事某种活动的人。有劳动能力的残疾人，应当同健康人一样享有劳动权。

我国《宪法》《劳动法》和《残疾人保障法》等对残疾人就业均作了特别规定，而 2007 年颁布的《残疾人就业条例》对残疾人就业保障做出了更为具体完整的制度安排。主要包括以下内容：

1. 残疾人就业方针。国家对残疾人的就业，采取集中与分散相结合的方针，即政府和社会依法兴办的残疾人福利企业、盲人按摩机构和其他福利性单位，应当集中安排残疾人就业；集中使用残疾人的用人单位中从事全日制工作的残疾人职工，应当占本单位在职职工总数的 25% 以上。同时，各机关团体、企事业组织、城乡集体经济组织，结合各自的特点，应当安排一定比例的残疾人就业，并为其选择适当的工种和岗位。

2. 按比例就业和残疾人就业的优惠政策。用人单位安排残疾人就业的比例不得低于本单位在职职工总数的 1.5%，并为其提供适当的工种、岗位。国家对集中使用残疾人的用人单位依法给予税收优惠，并在生产、经营、技术、资金、物资、场地使用等方面给予扶持；县级以上地方人民政府及其有关部门应当确定适合残疾人生产、经营的产品、项目，优先安排集中使用残疾人的用人单位生产或者经营，并根据集中使用残疾人的用人单位的生产特点确定某些产品由其专产；政府采购，在同等条件下，应当优先购买集中使用残疾人的用人单位的产品或者服务；国家鼓励扶持残疾人自主择业、自主创业。对残疾人从事个体经营的，应当依法给予税收优惠，有关部门应当在经营场地等方面给予照顾，并按照规定免收管理类、登记类和证照类的行政事业性收费；国家对自主择业、自主创业的残疾人在一定期限内给予小额信贷等扶持；地方各级人民政府应当多方面筹集资金，组织和扶持农村残疾人从事种植业、养殖业、手工业和其他形式的生产劳动；有关部门对从事农业生产劳动的农村残疾人，应当在生产服务、技术指导、农用物资供应、农副产品收购和信贷等方面给予帮助。

3. 残疾人就业的保护措施。国家保护残疾人福利性企业事业组织的合法权益；在职工的招用、聘用、转正、晋级、职称评定、劳动报酬、生活福利等方面不应受到任何歧视；对于国家分配的高等学校、中专学校、技工学校的有残疾的毕业生，有关单位不得因其残疾而拒绝接收；各级人民政府和有关部门应当为就业困难的残疾人提供有针对性的就业援助服务，鼓励和扶持职业培训机构为残疾人提供职业培训，并组织残疾人定期开展职业技能竞赛；中国残疾人联合会及其地方组织所属的残疾人就业服务机构应当免费为残疾人就业提供法定的服务；国家鼓励其他就业服务机构为残疾人就业提供免费服务；受劳动保障部门的委托，残疾人就业服务机构可以进行残疾人失业登记、残疾人就业与失业统计；经所在地劳动保障部门批准，残疾人就业服务机构还可以进行残疾人职业技能鉴定；残疾人职工与用人单位发生争议的，当地法律援助机构应当依法为其提供法律援助，各级残疾人联合会应当给予支持和帮助。

（三）少数民族人员的就业保障

我国是一个多民族的国家，国家对少数民族人员的就业问题历来十分重视。对少数民族人员的就业实行特殊保障，是促进各民族和谐发展，加快建设民族地区的经济与社会进步的重要手段。依据《民族区域自治法》等法律的规定，对少数民族人员就业权的保障主要是：民族自治地方的企事业单位在招收人员的时候，要优先招收少数民族人员；上级国家机关隶属的在民族自治地方的企事业单位在招收人员时，应当优先招收当地少数民族人员。同时，民族自治地方的自治机关和国家应采取各种措施培养少数民族干部和各种人才。

第四节　就业服务和管理

一、就业服务的概念和内容

依照我国劳动法的规定，地方各级人民政府应当积极采取措施，为劳动就业提供服务。享受就业服务，是每一个有劳动能力的公民应当享有的权利；提供就业服务，则是政府的职责和义务。在市场经济条件下，就业服务是为促进就业工作的开展和就业制度改革而出现的一项新兴事业。

（一）就业服务的含义

就业服务是指为劳动力供需双方提供的一系列服务活动，即协助劳动者就业和用人单位招用人员所提供的服务。具体说，就是通过劳动力市场信息、职业介绍、职业指导和相应的职业培训等手段的运用，由用人单位和劳动者之间进行双向选择，用人单位行使用人自主权，劳动者行使择业自主权，最终实现劳动者的就业。就业服务的对象包括两个方面：①有劳动力供给愿望的各种劳动者。主要包括城镇失业人员，退役军人，需要流动的在职人员，农村剩余劳动力，本地区、本部门的劳动者和外地区、外部门的劳动者，境外的劳动者。②需求劳动力的各种用人单位，包括境内各种所有制形式的用人单位及境外的用人单位。

（二）就业服务的内容

根据《就业促进法》的规定，就业服务分为公益性就业服务和非公益性就业服务。公益性就业服务包括公共就业服务机构提供的公共就业服务以及其他就业机构或个人提供的非营利性就业服务。非公益性就业服务是法人、其他组织和公民个人提供的营利性的就业服务。

二、就业服务工作的发展

随着就业形势和就业工作的需要，我国的就业服务也在不断地发展与变化，大体上有三个阶段：

第一阶段：建立劳动服务公司。《中共中央关于转发全国劳动就业会议文件的通知》（〔1980〕64号）和《中共中央、国务院关于广开门路，搞活经济，解决城镇就业问题的若干决定》（〔1981〕42号）明确把建立健全劳动服务公司作为解决当时就业问题的一条主要措施，要求将其"逐步发展成为组织经济事业，统筹劳动就业，输送和管理企业临时用工，开展就业训练的一种综合性机构"，"为了加强这方面的工作，应即着手筹组中国劳动服务总公司，市、县、区一级的劳动服务公司，可以是事业单位，也可以是企业单位，受同级劳动部门领导。在一个城镇的范围内，可以通过劳动服务公司逐步把待业人员组织起来，进行就业训练和从事临时性的劳动。劳动服务公司可以逐步做到发挥劳动力蓄水池的作用。除了地方劳动部门举办的劳动服务公司以外，有条件的厂矿企业和机关、团体等事业单位，也可以根据需要举办劳动服务公司，发展独立核算、自负盈亏的集体经济和个体经济，指导和组织职工的待业子女就业"。在当时，各类劳动服务公司对促进和吸纳劳动者就业发挥了重要作用。

第二阶段：20世纪80年代末90年代初，我国又明确提出建立和完善以职业介绍、就业培训、失业保险、劳服企业为支柱的就业服务体系，要求在劳动部门内不设就业工作重叠机构。在全国性清理整顿公司形势推动下，兼有部分行政职能的公益性劳动服务公司相继更名为劳动就业管理局或服务局，以职业介绍为首的四大支柱就业服务事业快速发展。同时为巩固和发展劳动就业服务企业，保障其合法权益，加强管理，促进城镇劳动就业工作的开展，1990年11月22日劳动部颁布了《劳动就业服务企业管理规定》。2000 年 12 月 8 日，为保护劳动者和用人单位的合法权益，发展和规范劳动力市场，促进就业，劳动和社会保障部又发布了《劳动力市场管理规定》。

第三阶段：2002 年 9 月，中共中央发出了《关于进一步做好下岗失业人员再就业工作的通知》，制定了一整套具有中国特色的积极就业政策，2003 年 8 月，为适应就业再就业形势的需要，胡锦涛总书记在全国再就业工作座谈会上的讲话中明确提出了"就业服务要实现专业化、制度化、社会化"的要求，强调以人为本的服务。至此，我国的就业服务开始进入了"新三化"的发展阶段。随着社会与经济的发展，2007 年《就业促进法》对就业服务尤其是公共就业服务提出了更加具体与明确的要求，这也是我国就业服务发展的重要表现。同年 11 月 5 日，劳动和社会保障部颁布了《就业服务与就业管理规定》[1]，对《就业促进法》中就业服务与管理、就业援助的相关制度做了进一步细化和完善，对促进就业，培育完善人力资源市场具有重要意义。

三、公共就业服务

公共就业服务是政府公共服务的重要内容。发展公共就业服务是政府的重要职责，对促进劳动力供求均衡、建立灵活有效的人力资源市场，促进求职人员，特别是帮助就业困难群体就业具有重要作用。

（一）公共就业服务机构的性质及职责

公共就业服务机构是政府设立的专门为劳动者提供就业服务的公益性机构。立法要求县级以上人民政府建立健全公共就业服务体系，设立公共就业服务机构，为劳动者免费提供就业服务，包括就业政策法规咨询，职业供求信息、市场工资指导价位信息和职业培训信息发布，职业指导和职业介绍，对就业困难人员实施就业援助，办理就业登记、失业登记以及其他公共就业服务。公共就业服务机构根据政府确定的就业工作目标任务，制订就业服务计划，推动落实就业扶持政策，组织实施就业服务项目，为劳动者和用人单位提供就业服务，开展人力资源市场调查分析，并受劳动保障行政部门委托经办促进就业的相关事务。

公共就业服务经费纳入同级财政预算，从而明确了公共就业服务机构的经费保障。同时为了区别经营性服务，《就业促进法》还规定地方各级人民政府和有关部门不得举办或者与他人联合举办经营性的职业中介机构；地方各级人民政府和有关部门、公共就业服务机构举办的招聘会，不得向劳动者收取费用。

---

〔1〕《就业服务与就业管理规定》于 2008 年 1 月 1 日起施行。2014 年 12 月 23 日人社部又对该《规定》进行了修订，于 2015 年 2 月 1 日起施行。劳动部 1994 年 10 月 27 日颁布的《职业指导办法》、劳动和社会保障部 2000 年 12 月 8 日颁布的《劳动力市场管理规定》同时废止。

（二）公共就业服务的内容

根据《就业促进法》和《就业服务与就业管理规定》的明确规定，公共就业服务机构应当免费为劳动者提供以下服务[1]：①就业政策法规咨询；②职业供求信息、市场工资指导价位信息和职业培训信息发布；③职业指导和职业介绍；④对就业困难人员实施就业援助；⑤办理就业登记、失业登记等事务；⑥其他公共就业服务。除了向劳动者提供免费服务之外，公共就业服务机构还应当积极拓展服务功能，根据用人单位需求提供以下服务：①招聘用人指导服务；②代理招聘服务；③跨地区人员招聘服务；④企业人力资源管理咨询等专业性服务；⑤劳动保障事务代理服务；⑥为满足用人单位需求开发的其他就业服务项目。

（三）强化就业援助制度

就业援助制度是通过贯彻落实各项促进就业扶持政策以及就业服务机构具体帮助，以实现就业困难人员就业或再就业的制度。《就业促进法》和《就业服务与就业管理规定》都专设"就业援助"一章，明确要求各级人民政府建立健全就业援助制度，并确立了公共就业服务机构对于就业援助的工作任务。具体包括以下内容：

1. 就业援助的对象。就业援助对象包括就业困难人员和零就业家庭。就业困难对象是指因身体状况、技能水平、家庭因素、失去土地等原因难以实现就业，以及连续失业一定时间仍未能实现就业的人员。零就业家庭是指法定劳动年龄内的家庭人员均处于失业状况的城市居民家庭。对援助对象的认定办法，由省级劳动保障行政部门依据当地人民政府规定的就业援助对象范围制定。

2. 就业援助的措施。就业困难人员和零就业家庭可以向所在地街道、社区公共就业服务机构申请就业援助。

（1）对就业困难人员的扶持和帮助。政府应采取税费减免、贷款贴息、社会保险补贴、岗位补贴等办法，通过公益性岗位安置等途径，对就业困难人员实行优先扶持和重点帮助。公共就业服务机构应当建立就业困难人员帮扶制度，通过落实各项就业扶持政策、提供就业岗位信息、组织技能培训等有针对性的就业服务和公益性岗位援助，对就业困难人员实施优先扶持和重点帮助。在公益性岗位上安置的就业困难人员，按照国家规定给予岗位补贴。

（2）对零就业家庭的援助。公共就业服务机构应当建立零就业家庭即时岗位援助制度，通过拓宽公益性岗位范围，开发各类就业岗位等措施，及时向零就业家庭中的失业人员提供适当的就业岗位，确保零就业家庭至少有一人实现就业。

---

[1]　具体内容见《就业服务与就业管理规定》第27~40、42、43条。

四、人力资源市场的管理

"人力资源市场"是对现有的劳动力市场、人才市场、毕业生就业市场等各类市场的总概括，是劳动力供求双方缔结劳动关系的中介性市场。《就业促进法》规定了县级以上人民政府在发展人力资源市场方面的职责。其中很重要的一点就是要求培育和完善统一开放、竞争有序的人力资源市场，为劳动者就业提供服务。这为我国将包括劳动力市场、人才市场等在内的多元模式转向市场一体化运行和规范的一元模式提供了法律依据。

根据我国《劳动法》以及《就业服务与就业管理规定》，我国人力资源市场对劳动力供求双方实行准入管理。

（一）劳动者进入人力资源市场的准入管理规定

依照法律，劳动者依法享有自主择业的权利。劳动者年满16周岁，有劳动能力且有就业愿望的，可凭本人身份证件，通过公共就业服务机构、职业中介机构介绍或直接联系用人单位等渠道求职。劳动者求职时，应当如实向公共就业服务机构或职业中介机构、用人单位提供个人基本情况以及与应聘岗位直接相关的知识技能、工作经历、就业现状等情况，并出示相关证明。

为了提高劳动者的职业技能及职业素质，国家鼓励劳动者在就业前接受必要的职业教育或职业培训，鼓励城镇初高中毕业生在就业前参加劳动预备制培训。

同时，为了保证所有的劳动者平等就业权的实现及建立统一、开放的人力资源市场，我国法律法规还规定，不得对劳动者进行就业歧视，不得限制劳动者的自由流动，特别是农村劳动者进城就业享有与城镇劳动者平等的就业权利，不得对农村劳动者进城就业设置歧视性限制。

（二）用人单位进入人力资源市场的准入管理规定

用人单位依法享有自主用人的权利。用人单位招用人员，应当向劳动者提供平等的就业机会和公平的就业条件。用人单位发布的招用人员简章或招聘广告，不得包含歧视性内容。用人单位在招用人员时，除国家规定的不适合从事的工种或者岗位外，不得以性别、民族、种族、宗教信仰、残疾、是传染病病原携带者以及户籍在农村为由拒绝录用或者提高录用标准。

用人单位可以通过法定的途径自主招用人员，即：委托公共就业服务机构或职业中介机构招用人员；参加职业招聘洽谈会；委托报纸、广播、电视、互联网站等大众传播媒介发布招聘信息；利用本企业场所、企业网站等自有途径发布招聘信息；其他合法途径。当用人单位委托公共就业服务机构或职业中介机构招用人员，或者参加招聘洽谈会时，应当提供招用人员简章，并出示营业执照（副本）或者有关部门批准其设立的文件、经办人的身份证件和受用人单位委托的证明。招用人员简章应当包括用人单位基本情况、招用人数、工作内容、招录条件、劳动报酬、福利待遇、社会保险等内容，以及法律、法规规定的其他内容。

另外，为了保障劳动者的合法权益，《就业服务与就业管理规定》对用人单位招用人员的禁止性行为也做出了明确规定：①禁止提供虚假招聘信息，发布虚假招聘广告；②禁止扣押被录用人员的居民身份证和其他证件；③禁止以担保或者其他名义向劳动者收取财物；④禁止招用未满16周岁的未成年人以及国家法律、行政法规规定不得招用的其他人员；⑤禁止招用无合法身份证件的人员；⑥禁止以招用人员为名牟取不正当利益或进行其他违法活动。

五、职业中介机构的管理

职业中介机构有经营性与非经营性之分。地方各级人民政府和有关部门开办的为非经营性的。我国法律明确规定，政府部门不得举办或者与他人联合举办经营性的职业中介机构。经营性的职业中介机构，是指由法人、其他组织和公民个人举办，为用人单位招用人员和劳动者求职提供中介服务以及其他相关服务的经营性组织。

为了规范对职业中介机构的管理，《就业促进法》《就业服务与就业管理规定》首先要求加强对职业中介机构的管理，鼓励其按照诚实信用、公平、公开的原则提高服务质量，发挥其在促进就业中的作用。其次，要求设立职业中介机构，应当依法办理行政许可，经许可的职业中介机构，应当向工商行政部门办理登记；未经依法许可和登记的机构，不得从事职业中介活动。再次，明确了设立职业中介机构应当具备以下条件：①有明确的章程和管理制度；②有开展业务必备的固定场所、办公设施和一定数额的开办资金；③有一定数量的具备相应职业资格的专职工作人员；④法律、法规规定的其他条件。并规定了职业中介机构不能从事的行为，即不得提供虚假就业信息；不得为无合法证照的用人单位提供职业中介服务；不得伪造、涂改、转让职业中介许可证；不得扣押劳动者的居民身份证和其他证件，或者向劳动者收取押金；不得实施其他违反法律、法规规定的行为。最后，要求设立外商投资职业中介机构以及职业中介机构从事境外就业中介服务的，按照有关规定执行。

■思考题

1. 如何理解劳动就业的概念和特征？
2. 简述我国就业促进的方针及应坚持的原则。
3. 简述我国就业促进政策体系的内容。
4. 如何保障就业公平？
5. 如何加强就业服务与管理？
6. 论述我国对职业介绍机构的管理。

第七章　劳动合同制度

■ **学习目的和要求**

　　劳动合同法律制度是劳动法的重要组成部分。通过本章的学习，了解我国劳动合同的立法概况；理解劳动合同的概念、性质、特征、分类、内容、形式、法律效力；掌握劳动合同的订立程序、履行原则、变更条件、终止条件和解除的分类、条件及其经济补偿；学会运用本章中的基本原理分析具体劳动合同实例。

　　劳动合同是市场经济条件下确立劳动关系的基本法律形式。劳动合同法律制度是劳动法的重要组成部分。有关劳动合同的概念、原则、订立、履行、变更、解除、违约责任等构成了本章的主要内容。

第一节　劳动合同概述

一、劳动合同的概念

　　我国《劳动法》第16条第1款规定："劳动合同是劳动者与用人单位确立劳动关系、明确双方权利和义务的协议。"依据劳动合同，劳动者就与用人单位之间确立了具体的劳动法律关系。劳动者成为用人单位的一员，有义务完成生产任务、工作任务，并有义务遵守劳动纪律和内部规章制度；用人单位则有义务支付劳动报酬、提供劳动条件、劳动保护及保险、福利等待遇。

　　劳动合同作为劳动者和用人单位确立劳动关系的基本法律形式，是稳定劳动关系，保障劳动过程平稳运行，维护劳动者和用人单位的合法权益，促进经济发展和社会进步的重要手段。《劳动法》第16条第2款规定："建立劳动关系应当订立劳动合同。"这是因为：①以劳动合同作为建立劳动关系的基本形式，是世界各国普遍的做法，也是建立和完善我国社会主义市场经济体制的客观要求。②劳动过程是非常复杂的，也是千变万化的，不同行业、不同单位和不同劳动者在劳动过程中的权利义务各不相同，国家法律、法规只能对共性问题作出原则性的规定，而不可能对当事人的权利义务进行具体规定。这就要求双方当事人依法签订劳动合同，明确相互的权利和义务。③劳动合同是双方当事人履行义务、享受权利的依据；一旦发生劳动争议，则是劳动争议调解委员会、仲裁委员会及人民法院处理劳动争议的依据。

劳动合同与劳动合同制是两个不同的概念。劳动合同只是确立劳动关系的法律形式，劳动关系双方当事人通过签订劳动合同，明确双方主体的权利、义务与责任。而劳动合同制是一种用人制度，它是指用人单位与劳动者之间，在一定条件下互相选择、平等协商，通过劳动合同的形式，确立和调整用人单位同劳动者之间劳动关系的一种用工制度。

劳动合同制是针对我国多年来实行的固定工制度的一大改革。在 20 世纪 80 年代国民经济调整时期，劳动合同制首先在广东、上海等地开始试行。1983 年以后逐步推广到全国各地，直到 1986 年国务院在总结经验的基础上，发布了《国营企业实行劳动合同制暂行规定》等 4 个暂行规定，要求全民所有制单位招用常年性工作岗位上的工人，统一实行劳动合同制。此后，在《城乡个体工商户管理暂行条例》（1987 年）、《全民所有制企业临时工管理暂行规定》（1989 年）、《私营企业劳动管理暂行规定》（1989 年）、《全民所有制企业招用农民合同制工人的规定》（1991 年）、《股份制试点企业劳动工资管理暂行办法》（1992 年）等法规中，都要求把劳动合同作为缔结劳动关系的法律形式。1994 年 7 月《劳动法》的颁布与实施，标志着全员劳动合同制的全面推行，计划经济时期的固定工用人制度统一于市场经济条件下的劳动合同制。

二、劳动合同的性质

关于劳动合同的性质，不同国家、不同历史时期、不同理论学派，有不同的观点。

西方国家学者关于劳动合同的性质，主要有四种观点：

1. "租赁合同说"。即劳动合同是与"对物租赁"相对应的"对人租赁"，租赁标的为劳动力，当合同关系消灭后就应当回复劳动力。"租赁合同说"存在于罗马法时期。后世的资产阶级民法典——《法国民法典》承袭、固守了罗马法的传统，将雇用合同称为"劳动力租赁"，其第 1708 条规定："租赁契约，可以分为两种：物的租赁契约；劳动力租赁契约。"

2. "身份合同说"。该说认为劳动力的给付与受领并非单纯的债务合同，尤其从劳动地位的取得来观察，其具有的身份性更为明显。"身份合同说"存在于中世纪日耳曼法时期。在英国，古代把雇佣关系亦规定在身份法中，成为类似亲子间监护关系，并与处理亲子关系遵循相同原则。[1]

---

[1] 黄越钦：《劳动法新论》，中国政法大学出版社 2003 年版，第 86 页。

3. "雇用合同说"。在自由资本主义时期，"雇用合同说"成为当时的主流学说，劳动关系被视为纯债权关系。1896 年的德国民法及 1911 年的瑞士债法均规定了这样的雇用合同。

4. "特殊合同说"。19 世纪末 20 世纪初历史步入垄断资本主义以来，出现了"特殊合同说"。"特殊合同说"认为劳动合同不属于民法中的典型合同，已形成一种特殊合同。然而，何谓"特殊合同"，各个国家或地区学理和立法上又有不同主张。在学理上，劳动法学者认为劳动合同是劳动法独立的体现，但民法学者认为劳动合同是私法（民法）社会化的结果。在立法上，在德国，受民法典的影响，现行立法仍将劳动合同称为"雇用合同"，只不过这种"雇用合同"已不同于过去自由资本主义时期的"雇用合同"，自由资本主义时期的"雇用合同"被视为纯债权关系，而现行的"雇用合同"包含了限制性规定。德国调整劳动合同立法主要依靠民法典并辅以特别法：一是民法典第 611～630 条关于雇佣合同的规定是最基础的法律依据；二是有关劳动合同的特别法，如工资续付法、休假法、解雇保护法等作了限制性规定。日本、奥地利等国以及我国台湾地区与德国大致相同。[1] 在法国，现行《劳动法典》在其第一卷第二篇将劳动合同亦称为"雇用合同"，但这种"雇用合同"也不同于自由资本主义时期的被视为纯债权关系的"雇用合同"，而是包含了类似德国劳动合同特别法的限制性规定。在普通法系的美国和英国也将劳动合同称为类似于大陆法系的"雇用合同"，并辅以判例法。1971 年修改的瑞士债法（最近的修改发生于 1999 年），直接将"雇用合同"称为劳动合同，这是民法典中正式以"劳动合同"取代"雇用合同"的创举，标志着落伍的雇佣合同概念从此在民法中消失。[2] 需要指出的是，瑞士债法虽然用劳动合同制度替代了雇用合同制度，但劳动合同制度仍然是民法体系的组成部分。

在中国，围绕劳动合同性质主要有三种观点：

1. "公法说"。"公法说"是一种传统观点，产生于《劳动法》公布之前，是与计划经济相适应的。该观点认为所有劳动者都与用人单位存在着劳动合同关系，"……如录用通知书、报到证明文件和任职文件，等等，这些有关参加工作的文件，即属于劳动合同性质的文件，说明双方达成了协议，产生了劳动法律关系……"[3]

2. "私法说"。该说基于合同的私法性质，强调当事人双方的合意性。认为

---

〔1〕 劳动部劳动科学研究所：《中国劳动科学研究报告集》，中国劳动出版社 1998 年版，第 342 页。

〔2〕 黄越钦：《劳动法新论》，中国政法大学出版社 2003 年版，第 83 页。

〔3〕 关怀主编：《劳动法学》，群众出版社 1987 年版，第 125 页。

劳动合同的自由性、协商性是第一位的，而国家干预是第二位的。在立法体例上，"私法说"认为应以合同法为核心，辅之以劳动基准法、集体劳动合同法构建成完整的劳动合同制度，其核心是合同的平等、自愿原则，同时以社会正义观来匡正其不足。并进而认为在市场经济条件下，"劳动力作为一种商品，它的交换……应当由我国统一的《合同法》进行调整，并一同遵循《合同法》的基本原则和准则"[1]。

3. "社会法说"。"社会法说"基于劳动关系兼具财产性和人身性、平等性和隶属性，强调劳动合同的社会性。"劳动合同是在劳动基准法和集体合同的基础上，对劳动者个人的劳动关系进行约定……在现代化大生产的条件下，劳动关系的当事人在劳动基准法和集体合同限定的范围内，有权处置自己的权益。"[2] "劳动合同已不是一种完全意义上的合同，而是一种在'合同自由'原则基础上渗透了国家公权力必要干预的、以社会利益为本位的合同。"[3]

尽管中外古今有关劳动合同的性质说法不一，但如果对各种观点加以梳理和对比，我们就会发现，各种观点都是承认劳动合同的私法主导兼具公法性质的。

结合劳动合同所依存的社会经济条件，我们仍会得出劳动合同的私法主导兼具公法性质的结论：一方面，在现代市场经济条件下，劳动合同所体现的劳动关系本质上是一种市场关系（私法关系），应首先适用私法上的契约自由原则。这也就决定了在市场经济前提下，劳动关系的产生、变更和消灭都是按市场机制的要求进行的，即应按自由经济（合同自由）的原则进行。"市场机制"转化而来的"意思自治""合同自由"，表明了劳动合同的私法主导性。另一方面，劳动关系的从属性和人身性使其具有社会性，而应有必要的公权力的介入，则表明了劳动合同的公法性质。然而，劳动合同的公法性质是以劳动合同的私法性质为基础且在劳动合同的私法性质基础上萌生的，是劳动合同的私法性质的一种补充和保障。

将劳动合同定位于一种私法主导兼具公法性质的复合性质的合同类型，这在我国社会主义市场经济条件下具有重要意义。它提出了劳动关系的产生、变更和消灭从行政化向市场化的转变的必然要求，也就决定了我们无论是在观念层面还是在制度层面都要与此相适应。在观念层面上，我们应当树立正确的劳动合同观念。对劳动者和用人单位而言，应该各自作为独立主体以自由合同的手段与方法通过自主性努力来产生、变更和消灭劳动关系，确保劳动合同主体的能动性与创

〔1〕 钱斐："劳动合同研究综述"，载《中国劳动》2004年第7期。
〔2〕 董保华：《劳动关系调整的法律机制》，上海交通大学出版社2000年版，第128~129页。
〔3〕 王全兴主编：《劳动法学》，高等教育出版社2004年版，第139页。该部分内容由下文提到的浙江大学许建宇教授撰写。

造性的充分发掘与发挥；就国家来说，应树立劳动者是"弱势群体"的观念（这在当前我国的下岗劳动者、农民工、"体制外"就业人员、长期失业者身上体现得尤为明显），通过限制劳动合同的抽象的绝对自由来积极干预劳动关系产生、变更和消灭过程中实质不公平、不正义现象，以保护和帮助社会弱者。在制度层面上，为了与正确的劳动合同观念相一致，适应劳动合同私法主导兼具公法性质的复合性质的要求，我们至少需要在劳动合同、集体合同、劳动基准等几方面做出努力。

三、劳动合同的法律特征

劳动合同除具有一般合同的平等性、自愿性等特征外，从劳动合同与其他合同，特别是与民事合同的区别来考察，劳动合同还具有以下独特的法律特征：

1. 劳动合同的当事人一方是用人单位，另一方是劳动者。这里的用人单位，是指具有用人权利能力和用人行为能力，通过招工或招聘行为雇用或聘用劳动者的用人主体。主要是指各种性质的企业，个体经济组织，特定范围劳动用工关系下的国家机关、事业单位以及社会团体，民办非企业单位，依法成立的会计师事务所、律师事务所等合伙组织和基金会等。这里的劳动者，是指具有劳动权利能力和劳动行为能力并被用人单位雇用的自然人，包括在我国境内与用人单位确立劳动关系的本国公民、外国人和无国籍人。劳动合同的当事人不可能同是单位，劳动合同也不可能产生在劳动者之间。各种社会组织之间、自然人与自然人之间，因含有劳务性质而签订的合同都不是劳动合同。

2. 劳动合同的双方当事人具有职责上的从属关系。劳动合同订立以后，劳动者必须进入用人单位，使自己的劳动力归用人单位支配，并须服从用人单位的指挥，听从调配，遵守该单位的劳动纪律和规章制度。这就使用人单位与劳动者之间形成了一种职责上的从属关系。这种从属性是社会化大生产决定的，法律只是对这种从属性进行了确认。但必须明确的是，用人单位对劳动者的管理和指挥，用人单位依据劳动纪律和规章制度对劳动者的支配，必须具有合法性。合法性依据既包括国家的劳动基准法，也包括集体合同，禁止任何违法的对劳动者的管理、指挥和支配。

3. 劳动合同一般有试用期限的规定。试用期限条款之所以被劳动合同的当事人所普遍采纳，是因为劳动过程是人的因素（劳动力）与物的因素（生产资料）结合作用的过程。劳动过程中，人的因素表现为体力素质、劳动技能、劳动经验、知识水平、志趣爱好及劳动态度等；物的因素包括劳动工具的现代化水平、劳动工种的复杂程度，以及各项劳动条件的具备情况等。只有人的因素与物的因素相互适应，有机结合，才会获得最佳的劳动效果。劳动合同规定试用期限的意义就在于：通过对劳动者一定期限的职业知识培训和实践锻炼，检验其是否适应劳动过程的要求。如果符合录用条件，则稳定劳动关系；如果不符合录用条件，则解除劳动关系，以便各自选择适合的对象，以免造成劳动过程中人力、物力的浪费。

4. 劳动合同在一定条件下，往往涉及第三人的物质利益关系。这一特征是由劳动力本身再生产的特点决定的。劳动者的配偶、父母及子女等直系亲属虽不是合同当事人，但劳动合同的某些条款或履行结果都与他们发生着紧密联系。劳动合同的内容不仅限于对当事人权利义务的规定，而且还要涉及劳动者的直系亲属在一定条件下应享有的物质帮助权，如劳动者子女的上学问题，劳动者家属的住房问题及其他特殊困难等；劳动者因生育、年老、患病、工伤、残疾、死亡等原因，部分或全部、暂时或永久地丧失劳动能力的时候，用人单位不仅要对劳动者本人给予一定的物质帮助，而且对劳动者所供养的直系亲属也要给予一定的物质帮助；对工资的衡量，无论是双方协商工资或国家规定的最低工资，都包含着对劳动者家庭成员基本生活费用的要求，等等。

5. 劳动合同的目的在于劳动过程的实现，而不单纯是劳动成果的给付。劳动过程是一个相当复杂的过程，有的劳动直接创造价值，有的劳动在于实现价值，有的劳动则是间接地帮助创造或实现价值；有的劳动成果当时就能衡量，有的劳动成果将来才能看到。比如，对劳动者的职业培训也是劳动过程的一个重要组成部分，劳动者在接受培训期间，不但不创造价值，而且单位还要为他们支付相当的学费，但只要他们完成了学习任务，就实现了该阶段的劳动过程。因此，劳动合同的目的在于劳动过程的实现。当然，这一特征并不排除劳动合同对劳动成果的要求。

6. 劳动合同条款具有较强的法定性。劳动合同首先是双方当事人在平等、自愿的基础上缔结的，具体的劳动权利与劳动义务允许双方当事人协商议定。但由于劳动关系的人身从属性特征，使得劳动者签订劳动合同时，也可能成为附属一方而丧失独立意志。所以，劳动合同双方当事人在缔结劳动合同，确定劳动权利义务时，不得违背国家法律和行政法规的规定，如为了切实保障劳动者的合法权益，在工时休假制度、最低工资待遇、劳动保护条件、社会保险待遇等方面，国家法律均有基准规定。这就要求当事人的意志不得违背国家意志，在国家法律、法规许可的范围内确定具体的劳动权利和义务，以形成劳动合同关系。另外，由于集体合同具有劳动基准法的效力，劳动合同也不得违背集体合同的规定。劳动合同的法定性表明了以合同形式建立的劳动关系与一般民事关系之间的差别。民商法的意思自治原则，使其所调整的民商事合同均建立在当事人的意思自治基础上，当事人间权利义务的确立，鲜有国家意志的强力干预。因此，合同当事人的选择、合同内容、合同形式、合同解除、合同争议的解决方式等均由当事人自行协商。

四、劳动合同与劳务合同的比较

劳务合同是一种以劳务为标的的合同类型，主要包括加工承揽合同、运输合同、保管合同、建设工程承包合同、委托合同、居间合同等。劳动合同与劳务合同的共同点在于双方都是由当事人一方提供劳动力给他方使用，由他方支付劳动报酬。因而，劳务合同与劳动合同相似。在司法实践中，区分劳动合同与劳务合同有着重要的法律意义。

具体而言，劳务合同与劳动合同主要有以下几点区别：

1. 合同主体有所不同。劳务合同的主体一方或双方既可以是法人，也可以是其他组织，还可以是自然人；而劳动合同的当事人，一方是以法人与其他组织形式存在的用人单位，另一方只能是自然人劳动者。

2. 劳动者一方所处的法律地位不同。劳务合同的主体无论在合同签订前或合同履行中，双方当事人的法律地位都是平等的，劳务提供者无须加入另一方，双方不存在支配与被支配的关系，基本上反映的是一次性使用与被使用劳动力的商品交换关系。而劳动合同双方在签订合同前，即在建立劳动关系前，劳动者与用人单位的地位都是平等的，即使在签订劳动合同的过程中，双方也必须遵循平等自愿、协商一致的原则；但在劳动合同签订后，劳动者必须加入用人单位，成为其中一员，并且遵守单位的规章制度，双方存在指挥与服从的关系及职责上的从属关系。

3. 合同履行中的权利义务关系不同。劳务合同中，劳务提供方应当向劳务接受方提供的是劳务行为的物化或非物化成果；而劳动合同虽然也涉及具体的劳动数量和质量，对劳动成果也有一定的要求，但劳动合同的目的在于劳动过程的实现，而不单纯是劳动成果的给付。因此，劳动合同中的劳动过程和劳动条件，就成为劳动合同必不可少的内容。

4. 劳动风险责任承担不同。劳务合同中，劳务提供者所使用的生产资料由自己来提供（有的劳动对象由对方提供），并自行组织劳务活动和自担其风险；劳动合同中，劳动者使用和改造的生产资料由用人单位来承担，并由用人单位组织和指挥劳动。用人单位享有劳动支配权，因而有义务承担劳动风险责任，劳动者不承担劳动生产过程中的各种风险。

5. 劳动酬金的性质不同。劳务合同中劳务报酬以市场价格来衡量，劳务报酬与商品交换中的价款具有同样性质，反映了商品交换性质，其支付方式及次数由双方约定，一般为一次性或分期支付。劳动合同中的劳动报酬以法律的规定以及当事人的约定来衡量，劳动报酬是生活消费品的一种分配形式，反映了劳动者生存需要的性质，其支付方式及支付时间受到劳动法律法规的严格制约，特定化为一种持续的、定期的支付。

6. 适用法律不同。劳务合同与劳动合同适用的法律不同，劳务合同主要由民法及合同法调整；劳动合同则主要由劳动法及劳动合同法调整。

五、劳动合同的分类

以不同的标准可对劳动合同进行多种分类，其中具有法律意义的分类主要有：

1. 以合同期限的不同来分类，劳动合同可分为有固定期限的劳动合同、无固定期限的劳动合同和以完成一定的工作为期限的劳动合同。这种分类，是世界各国或地区对劳动合同的普遍立法通例。我国《劳动法》《劳动合同法》及其配套法规也采取了这种分类。

（1）有固定期限的劳动合同，也称为定期劳动合同，是指双方当事人在劳动合同中约定一个明确的合同有效期限，期限届满可以依法续订，否则就终止双方的权利义务关系的劳动合同种类。这种劳动合同种类往往参考或依据用人单位的性质、工作的特点、劳动者的履历等诸多因素来规定。有固定期限劳动合同的优点是适用范围广，应变能力强，既能保持劳动关系的相对稳定，又能促进劳动力的合理流动；缺点是容易产生短期化，影响劳动关系的和谐稳定。

（2）无固定期限的劳动合同，也称为不定期劳动合同，是指双方当事人在合同中没有明确规定合同的有效期限，劳动关系可以在劳动者的法定劳动年龄和用人单位的存在期限内持续存在，只有在法定或约定的条件出现时才终止双方的权利义务关系的劳动合同种类。不定期劳动合同关系比定期合同关系更稳定。由于不定期劳动合同对劳动者的就业保护具有一定程度的优势，尤其是就防止用人单位在使用完劳动者"黄金年龄段"后不再使用劳动者而言，不定期劳动合同更有效。因此，许多国家和地区在立法中将此类合同作为常规性合同，放在较高的地位，并通过立法规范来保护一定范围内的劳动者。我国台湾地区的"劳动基准法"规定，只有临时性、短期性、季节性即特定性的工作，才能订立定期劳动合同。凡有继续性的工作，都应当订立不定期劳动合同。德国规定，定期劳动合同最长期限不得超过 5 年，定期劳动合同如第二次续订，就要订立不定期劳动合同。比利时规定，定期劳动合同期满后当事人继续履行合同的，定期劳动合同自动转化为不定期劳动合同。我国《劳动法》对有固定期限的劳动合同的期限长短未作限制，也未对续订次数作出限制，但《劳动法》第20条第2款规定："劳动者在同一用人单位连续工作满 10 年以上，当事人双方同意续延劳动合同的，如果劳动者提出订立无固定期限的劳动合同，应当订立无固定期限的劳动合同。"另外，我国有关地方立法、劳动行政规章均以无固定期限合同对一部分特殊人，如工作年限较长且距法定退休年龄 10 年以内的劳动者、初次就业的复转军人、劳模等给予保护。最高人民法院 2001 年的有关审理劳动争议案件的司法解释规定：根据《劳动法》第 20 条的规定，符合签订无固定期限合同的条件而未签订无固定期限合同的，视为双方之间存在无固定期限合同。《劳动合同法》第 14 条第 2、3 款对无固定期限合同作了全面的规定：用人单位与劳动者协商一致，可以订立无固定期限劳动合同。有下列情形之一，劳动者提出或者同意续订、订立劳动合同的，除劳动者提出订立固定期限劳动合同外，应当订立无固定期限劳动合同：①劳动者在该用人单位连续工作满 10 年的；②用人单位初次实行劳动合同制度或者国有企业改制重新订立劳动合同时，劳动者在该用人单位连续工作满 10 年且距法定退休年龄不足 10 年的；③连续订立 2 次固定期限劳动合同，且劳动者没有本法第 39 条和第 40 条第 1、2 项规定的情形，续订劳动合同的。用人单位自用工之日起满 1 年不与劳动者订立书面劳动合同的，视为用人单位与劳动者已订立无固定期限劳动合同。

（3）以完成一定工作为期限的劳动合同，是指双方当事人把完成某一项工作或劳动任务作为劳动关系的存续期间，约定任务完成后合同即自行终止的劳动合同。虽然其期限长短要视工作的进展情况而定，然而，因为一项工作最终是要完成的，而且完成的时间一般也是可以大致预期的，因此，以完成一定的工作为期限的合同，本质上仍然是一种有固定期限的合同。同时，此类合同不存在续订问题。它一般适用于铁路、公路、桥梁、水利、建筑以及工作无连续性的特定项目，比如"工程筹备期间""农副产品收购期间""旅游团滞留期间"等，均可能成为劳动合同的有效期限。

2. 根据就业方式的不同来分类，劳动合同可分为全日制劳动合同、非全日制劳动合同、劳务派遣合同。

全日制劳动合同就是依据国家法定劳动时间的规定，从事全时工作的合同。非全日制合同是指劳动者与用人单位签订的，以小时计酬为主，劳动者在同一用人单位一般平均每日工作时间不超过 4 小时，每周工作时间累积不超过 24 小时的特殊形式的劳动合同。《劳动合同法》从法律层面上对非全日制劳动合同作出了与全日制劳动合同不同的特别规范：①对非全日制用工作了定义。规定非全日制用工，是指以小时计酬为主，劳动者在同一用人单位一般平均每日工作时间不超过 4 小时，每周工作时间累计不超过 24 小时的用工形式。②规定从事非全日制用工的劳动者可以与一个或者一个以上用人单位订立劳动合同；但是，后订立的劳动合同不得影响先订立劳动合同的履行。而全日制用工劳动者只能与一个用人单位订立劳动合同。③规定非全日制用工双方当事人可以订立口头协议。而全日制用工的，应当订立书面劳动合同。④规定非全日制用工双方当事人不得约定试用期。而全日制用工的，除以完成一定工作任务为期限的劳动合同和 3 个月以下固定期限劳动合同外，其他劳动合同可以依法约定试用期。⑤规定双方当事人任何一方都可以随时通知对方终止用工；终止用工，用人单位不向劳动者支付经济补偿。而全日制用工的，双方当事人应当依法解除或者终止劳动合同；用人单位解除或者终止劳动合同，应当依法支付经济补偿。⑥规定非全日制用工不得低于用人单位所在地人民政府规定的最低小时工资标准。而全日制用工劳动者执行的是月最低工资标准。⑦非全日制用工劳动报酬结算周期最长不得超过15日。而全日制用工的，工资应当至少每月支付一次。[1] 劳务派遣合同是指劳务派遣单位（用人单位）和派遣劳动者签订劳动合同后，将派遣劳动者派遣至劳务派遣接受单位（用工单位），在劳务派遣关系中，受派遣劳动者和劳务派遣单位签订劳动合同，劳务派遣单位和实际用工单位签订劳务派遣协议。劳务派遣单位（用人单位）违反法律规定，给被派遣劳动者造成损害的，劳务派遣单位与接受派遣劳动者单位（用工单位）承担连带赔偿责任。

3. 按照劳动合同的存在形式进行分类，劳动合同可分为书面劳动合同、口头劳动合同等。

4. 按照用人单位的所有制性质进行分类，劳动合同可分为国有单位劳动合同、集体单位劳动合同、私营企业劳动合同、外商投资企业劳动合同、个体经济组织劳动合同等。在我国现阶段，还有必要按照用人单位的所有制性质不同对劳动合同进行分类，但意义大大降低。

另外，还可按劳动者的岗位性质、劳动者的国籍等标准进行分类。

六、我国劳动合同的立法

新中国成立以来，在我国的劳动法规中，对劳动合同制度曾作过一系列的规定。1949年11月，中华全国总工会《关于劳资关系暂行处理办法》第3条规定："私营企业主（以下简称资方）与被佣用之工人、职员、店员、学徒及杂务人员（以下简称劳方）之间的关系，凡属本法未规定者，得由劳资双方协议，签订集体合同或劳资契约规定之。"1951年5月，劳动部《关于各地招聘职工的暂行规定》中规定："招聘职工时，雇用者与被雇用者，双方应直接订立劳动契约，须将工资待遇，工时，试用期以及招往远地者来往路费、安家费等加以规定，并向当地劳动行政机关备案。"此后，劳动部还制定了《关于建筑工程单位赴外地招用建筑工人订立劳动合同的办法》（1954年）和《关于订立建筑工人借调合同办法》（1959年）。1958年国家对企业新招用劳动者试行了合同制度，对煤矿、矿山及县办企业从农村招用新工人，试行了亦工亦农的轮换制度。但在以后的一段时间内，由于错误地把固定工、合同工、临时工、轮换工等多种用工制

---

[1]　参见《〈中华人民共和国劳动合同法〉宣传提纲》。

度并存当作"分裂工人阶级队伍的资产阶级路线"加以批判,并把在常年性生产、工作岗位上的合同工、临时工、轮换工全部改为固定工,劳动合同制度也随之被废除。

党的十一届三中全会以后,国家的工作重心转移到经济建设上来,在全面进行经济体制改革的同时,对劳动制度也逐步进行了改革,劳动合同制度得到了重新肯定和发展。如1982年2月,劳动人事部发出了《关于积极试行劳动合同制的通知》,确定了实行劳动合同制的目的、要求和步骤,并在全国试行劳动合同制。此后,国务院和有关部委先后发布了《国营建筑企业实行合同工制度的试行办法》(1982年)、《国营建筑企业招用农民合同制工人和使用农村建筑队暂行办法》(1984年)、《矿山企业实行农民轮换工制度试行条例》(1984年)、《交通、铁路部门装卸搬运作业实行农民轮换工制度和使用承包工试行办法》(1984年)等重要法规。到1986年7月,国务院在总结试点经验的基础上发布了《国营企业实行劳动合同制暂行规定》《国营企业招用工人暂行规定》《国营企业辞退违纪职工暂行规定》及《国营企业职工待业保险暂行规定》,要求全民所有制单位招用常年性工作岗位上的工人,统一实行劳动合同制。并对实行劳动合同制的基本原则,合同制工人的招收录用,劳动合同的订立、变更、终止和解除,劳动者在职和待业期间的待遇、退休养老期间的待遇及组织管理等,作了系统全面的规定,从而为在全国范围内企业招用工人实行劳动合同制提供了法律依据。1992年2月和9月,劳动部分别发布了《关于扩大试行全员劳动合同制的通知》和《关于试行全员劳动合同制有关问题处理意见的通知》,提出了14个处理意见,包括:关于劳动合同签订问题、关于原有合同制工人劳动合同处理问题、关于劳动合同期限问题、关于国家统配人员是否订立劳动合同的问题、关于集体"混岗工"问题等。1992年7月国务院发布的《全民所有制工业企业转换经营机制条例》第17条第6款规定:"企业有权决定用工形式。企业可以实行合同化管理或者全员劳动合同制……"1992年10月22日劳动部颁发的《劳动合同鉴证实施办法》和《劳动仲裁费和劳动合同鉴证费管理办法》对进一步加强劳动合同管理具有一定的积极作用。

在我国劳动合同立法的发展过程中,《劳动法》具有特别重要的意义。该法第三章就劳动合同专章作出规定,并在第十二章规定了违反劳动合同的法律责任。《劳动法》全面肯定了劳动合同制度,就劳动合同的定义、适用范围、订立、变更和无效,内容、形式和期限,终止和解除等主要问题作出规定,为推行全员劳动合同制提供了法律保障,使劳动合同立法进入了一个新的发展阶段。为了配合《劳动法》的贯彻实施,劳动部制定了若干项与《劳动法》配套的有关劳动合同的规章,如《违反和解除劳动合同的经济补偿办法》(1994年12月)、

《违反〈劳动法〉有关劳动合同规定的赔偿办法》（1995 年 5 月）、《劳动部关于订立劳动合同有关问题的通知》（1996 年 2 月）、《关于实行劳动合同制度若干问题的通知》（1996 年 10 月）等。此外，2001 年 4 月 16 日最高人民法院发布的《关于审理劳动争议案件适用法律若干问题的解释》、2006 年 8 月发布的《关于审理劳动争议案件适用法律若干问题的解释（二）》、2010 年 9 月发布的《关于审理劳动争议案件适用法律若干问题的解释（三）》、2013 年 1 月发布的《关于审理劳动争议案件适用法律若干问题的解释（四）》，也就劳动合同适用法律的有关问题作了规定。

我国的一些地区结合本地的实际，根据《劳动法》和有关法律和法规的规定，也制定了相当数量的地方性法规，如《上海市劳动合同条例》（2001 年 11 月 15 日）、《北京市劳动合同规定》（2001 年 12 月 24 日）、《山东省劳动合同条例》（2001 年 10 月 28 日，2013 年 8 月 1 日修订）、《河北省劳动合同管理办法》（2002 年 6 月 12 日）、《浙江省劳动合同办法》（2002 年 11 月 18 日）、《广东省劳动合同管理办法》（2003 年 5 月 13 日）等。

为了适应我国社会主义市场经济深入发展的要求，进一步规范劳动合同行为，2007 年 6 月 29 日，第十届全国人大常委会第二十八次会议通过了《劳动合同法》，该法自 2008 年 1 月 1 日起施行。2008 年 9 月 18 日《劳动合同法实施条例》通过。此前，全国人大于 2006 年 3 月将《劳动合同法（草案）》全文向社会公布，广泛征求意见。至《劳动合同法》正式通过，该草案修订论证达四次之多。《劳动合同法》的颁布，标志着我国劳动合同的立法迈上了一个新台阶。2012 年 12 月 28 日，全国人大常委会公布《关于修改〈中华人民共和国劳动合同法〉的决定》，这份劳动合同法修正案里的 15 个条款全部是关于劳务派遣的规定，可以说这次《劳动合同法》修改，实际上就是对劳务派遣的新规范。

第二节 劳动合同的形式和内容

一、劳动合同的形式

劳动合同的形式，是劳动合同内容存在的方式，即劳动合同当事人双方意思表示一致的外部表现。它对于正确地表现合同的内容、证明合同关系的存在和权利义务的确定具有重要意义。各国关于劳动合同可以或应当以什么形式存在，都由立法明确规定。我国劳动合同的形式规定如下：

（一）劳动合同应当采用书面形式

《劳动合同法》第 10 条第 1 款明确规定："建立劳动关系，应当订立书面劳动合同。"据此，劳动合同应当采取书面形式。之所以这样规定，主要基于下述考虑：

1. 劳动合同内容较为复杂，以书面形式订立劳动合同，有利于当事人正确履行义务，也便于劳动合同的监督管理，发生争议后也有据可查，便于分清是非，明确责任，从而公正、及时地处理问题。特别是我国当前劳动合同法制程度还不算高，当事人的劳动法律意识还相当淡薄，执法素质也有待提高，因而以书面形式签订劳动合同就显得尤为重要和必要。

2. 现实中有很多不订立书面劳动合同的情况。由于一些用人单位与劳动者法律意识薄弱，或者一些用人单位利用其优势地位，违反法律规定，故意拖延或者拒绝与劳动者签订书面劳动合同，逃避应当履行的劳动合同义务，任意解除劳动关系，极大地损害了劳动者的合法权益。对于这种情况，极有必要作出相应的规制。

3. 书面劳动合同能够加强合同当事人的责任感，促使合同所规定的各项义务能够全面履行。

（二）未在建立劳动关系的同时订立书面劳动合同的情况的处理

形成劳动关系，就应当签订书面劳动合同。形成劳动关系而没有签订书面劳动合同的，按以下原则处理：

1. 用人单位自用工之日起即与劳动者建立劳动关系。也就是说，即使用人单位没有与劳动者订立书面劳动合同，只要存在用工行为，这个用人单位与劳动者之间的劳动关系即建立，劳动者即享有劳动法律规定的权利。

2. 已建立劳动关系，未同时订立书面劳动合同的，只要在自用工之日起1个月内订立了书面劳动合同，其行为即不违法。自用工之日起1个月内，经用人单位书面通知后，劳动者不与用人单位订立书面劳动合同的，用人单位应当书面通知劳动者终止劳动关系，无需向劳动者支付经济补偿，但是应当依法向劳动者支付其实际工作时间的劳动报酬。

3. 用人单位未在用工的同时订立书面劳动合同，与劳动者约定的劳动报酬不明确的，新招用的劳动者的劳动报酬按照集体合同规定的标准执行；没有集体合同或者集体合同未规定的，实行同工同酬。

4. 用人单位自用工之日起超过1个月不满1年未与劳动者订立书面劳动合同的，应当依《劳动合同法》第82条的规定向劳动者每月支付两倍的工资，并与劳动者补订书面劳动合同；劳动者不与用人单位订立书面劳动合同的，用人单位应当书面通知劳动者终止劳动关系，并依照《劳动合同法》第47条的规定支付经济补偿。这里规定的用人单位向劳动者每月支付两倍工资的起算时间为用工之日起满1个月的次日，截止时间为补订书面劳动合同的前1日。

5. 用人单位自用工之日起满1年未与劳动者订立书面劳动合同的，自用工之日起满 1 个月的次日至满 1 年的前 1 日应当依照《劳动合同法》第 82 条的规定向劳动者每月支付两倍的工资，并视为自用工之日起满 1 年的当日已经与劳动者订立无固定期限劳动合同，应当立即与劳动者补订书面劳动合同。

（三）非全日制用工劳动合同形式

根据《劳动合同法》第 69 条规定，非全日制用工的劳动合同既可以是书面形式，也可以是口头协议。之所以这样规定，是因为非全日制用工具有灵活性、复杂性、多样性的用工特点，这类劳动关系以口头协议形式确立，较为直接、简便、快捷。

二、劳动合同的内容

劳动合同的内容，即劳动合同条款，是指劳动合同中对当事人双方的权利和义务的具体规定。劳动合同的内容既关系到劳动者与用人单位的切身利益，也关系到劳动法律、法规的贯彻实施，因而是劳动合同法律制度中的一个重要问题。

由于劳动过程本身的复杂性和多变性，劳动合同的内容不可能千篇一律，而只能由用人单位根据劳动过程的特点和单位的实际情况与劳动者协商确定。本节仅就合同的主要条款加以阐述，其内容包括法定条款与约定条款两大部分。

（一）法定条款

法定条款是指依照法律规定劳动合同应当具备的条款。法定条款是劳动合同一般情况下都应当具备的、对于明确当事人双方权利义务至关重要的一些基本条款。根据我国《劳动合同法》第 17 条第 1 款的规定，劳动合同应具备以下主要条款：

1. 用人单位的名称、住所和法定代表人或者主要负责人。这一项内容的目的在于明确劳动合同中用人单位一方的主体资格。

2. 劳动者的姓名、住址和居民身份证或者其他有效身份证件号码。这一项内容的目的在于明确劳动合同中劳动者一方的主体资格。

3. 劳动合同期限。劳动合同期限，指合同的有效期间，即劳动权利义务关系的存续期限。劳动合同的期限分为有固定期限、无固定期限和以完成一定的工作为期限 3 种，由双方当事人协商选择具体采用哪一种合同期限。

4. 工作内容和工作地点。工作内容，是指劳动者应为用人单位提供的劳动，包括工作岗位与工作任务和要求。这是劳动者履行劳动合同的主要义务，须在合同中加以明确规定。劳动合同中必须明确工作岗位，即劳动者进入用人单位后担任何种工作或职务，这也与法律规定的有关解除劳动合同的条件密切相关。至于要求完成的工作任务或劳动定额，应视用人单位的具体情况，有必要的，可以加以具体规定；不宜具体规定的，作出原则性的规定即可。工作地点是劳动合同的履行地，即劳动者从事劳动合同中所规定的工作内容的地点。劳动者有权在与用人单位建立劳动关系时知悉自己的工作地点。

5. 工作时间和休息休假。工作时间是指劳动者用来完成其所担负的工作任务的时间。工作时间包括工作时间的长短、工作时间方式的确定。劳动合同约定的工作时间，应当遵守劳动法及相关法律法规的规定。休息休假是指劳动者按规定不必进行工作而可以自行支配的时间。休息休假的权利是每个国家的劳动者都应享有的权利。用人单位与劳动者在约定休息休假事项时应当遵守劳动法及相关法律法规的规定。

6. 劳动报酬。按约定向劳动者支付报酬，是用人单位的一项基本义务。这里的劳动报酬是指劳动者参加社会劳动，按约定标准，从用人方取得的劳动收入。劳动者的劳动报酬主要以货币的形式实现，其中工资是劳动报酬的基本形式，奖金与津贴也是劳动报酬的重要组成部分。在劳动合同中要求明确规定工资标准或工资的计算办法，工资的支付方式，奖金、津贴的获得条件及标准。在确定工资条款时要特别注意，工资的约定标准不得低于当地最低工资标准，也不得低于本单位集体合同中规定的最低工资标准。

7. 社会保险。社会保险一般包括医疗保险、养老保险、失业保险、工伤保险和生育保险。社会保险由国家强制实施，因此成为劳动合同不可缺少的内容。

8. 劳动保护、劳动条件和职业危害防护。劳动保护，是指用人单位为了保障劳动者在劳动过程中的身体健康与生命安全、预防伤亡事故和职业病的发生，而采取的有效措施。在劳动保护方面，凡是有国家标准的，用人单位必须按国家标准执行，劳动合同的约定只能高于国家标准，而不得低于国家标准；国家没有规定标准的，劳动合同中的约定标准以不使劳动者的生命安全受到威胁、身体健康受到侵害为前提条件。劳动者有特别要求，经用人单位协商同意的，亦应在合同中写明。劳动条件，是指劳动者完成劳动任务的必要条件。[1] 用人单位在保证提供必要的劳动条件下，才能要求劳动者完成所给付的劳动任务。因此，劳动条件也是劳动合同中不可缺少的内容。特别是劳动过程需要对劳动条件特别要求的，双方当事人应在合同中明确具体地加以规定，以避免劳动纠纷的发生，同时也有利于用人单位生产、经营及管理计划的实现。我国《劳动法》《安全生产法》以及其他生产领域的特别法，都对用人单位的劳动保护和劳动条件作出了明确规定，并形成了一整套安全生产标准体系。职业危害是指用人单位的劳动者在职业活动中，因接触职业性有害因素如粉尘、放射性物质和其他有毒、有害物质等而对生命健康所引起的危害。《职业病防治法》第30条要求把用人单位如实告

---

[1] 这里的劳动条件是狭义的劳动条件，广义的劳动条件一般包括工资、工时、休息休假、劳动安全卫生等。

知有关职业病事项的义务作为劳动合同的法定条款。

9. 法律、法规规定应当纳入劳动合同的其他事项。

（二）约定条款

约定条款，是指双方当事人在劳动合同中协商议定的条款。除上述法定条款之外，劳动合同的双方当事人可根据实际需要在协商一致的基础上，约定其他补充条款。约定条款的内容只要不违反法律、法规的规定，同法定条款一样，对当事人就具有法律约束力。《劳动合同法》第 17 条第 2 款规定："劳动合同除前款规定的必备条款外，用人单位与劳动者可以约定试用期、培训、保守秘密、补充保险和福利待遇等其他事项。"这里所规定的"试用期、培训、保守秘密、补充保险和福利待遇"都属于约定条款。

1. 试用期条款。试用期是用人单位和劳动者为相互了解、选择而依法约定的考察期。试用期多规定于初次就业、新上岗劳动者的劳动合同中。约定试用期的目的，在于考察劳动者是否符合录用条件，用人单位所介绍的劳动条件是否符合实际情况，从而使劳动者和用人单位在试用期限内对彼此的情况作进一步的了解，并根据实际情况和法律规定作出是否履行或解除劳动合同的决定。约定试用期限应遵守以下规定：

（1）试用期应包含在合同期限内，不能只约定试用期而不约定合同期限。《劳动合同法》第 19 条第 4 款规定："试用期包含在劳动合同期限内。劳动合同仅约定试用期的，试用期不成立，该期限为劳动合同期限。"

（2）同一用人单位与同一劳动者就同一岗位只能约定一次试用期。对初次就业或再就业时改变劳动岗位的劳动者，劳动合同可以约定试用期；对工作岗位没有发生变化的同一劳动者，用人单位只能试用一次。

（3）试用期最长不得超过 6 个月。《劳动法》规定，试用期最长不得超过 6 个月。《劳动合同法》的第 19 条第 1~3 款规定，劳动合同期限 3 个月以上不满 1 年的，试用期不得超过 1 个月；劳动合同期限 1 年以上不满 3 年的，试用期不得超过 2 个月；3 年以上固定期限和无固定期限的劳动合同，试用期不得超过 6 个月。同一用人单位与同一劳动者只能约定 1 次试用期。以完成一定工作任务为期限的劳动合同或者劳动合同期限不满 3 个月的，不得约定试用期。

（4）试用期的法律意义。试用期的法律意义表现在合同的解除、最低工资的保护等若干方面。具体表现为：①劳动合同当事人双方可以在试用期内解除劳动合同，但劳动者行使该权利时须提前 3 日通知用人单位，而用人单位则须证明劳动者不符合录用条件或具有其他法定的解除劳动合同的情形，才可以解除合同。并且，用人单位在试用期内解除劳动合同的，应当向劳动者说明理由。②试用期内的工资不得低于本单位相同岗位最低档工资或者劳动合同约定工资的

80%，并不得低于用人单位所在地的最低工资标准；等等。

2. 服务期条款。服务期条款是指双方当事人约定，由用人单位提供其专项培训待遇的劳动者，必须为用人单位服务满约定的期限，期限内不得单方解除劳动合同的条款。用人单位约定劳动者履行服务期义务的前提是用人单位为劳动者提供了专项培训待遇，否则就是对劳动者的法定单方劳动合同解除权的不当限制。

《劳动合同法》第22条规定："用人单位为劳动者提供专项培训费用，对其进行专业技术培训的，可以与该劳动者订立协议，约定服务期。劳动者违反服务期约定的，应当按照约定向用人单位支付违约金。违约金的数额不得超过用人单位提供的培训费用。用人单位要求劳动者支付的违约金不得超过服务期尚未履行部分所应分摊的培训费用。用人单位与劳动者约定服务期的，不影响按照正常的工资调整机制提高劳动者在服务期期间的劳动报酬。"《劳动合同法实施条例》第16条规定："劳动合同法第22条第2款规定的培训费用，包括用人单位为了对劳动者进行专业技术培训而支付的有凭证的培训费用、培训期间的差旅费用以及因培训产生的用于该劳动者的其他直接费用。"第17条规定："劳动合同期满，但是用人单位与劳动者依照劳动合同法第22条的规定约定的服务期尚未到期的，劳动合同应当续延至服务期满；双方另有约定的，从其约定。"第26条第1款规定，用人单位与劳动者约定了服务期，劳动者依照《劳动合同法》第38条的规定解除劳动合同的，不属于违反服务期的约定，用人单位不得要求劳动者支付违约金。因劳动者过错被解除劳动合同的，劳动者应当按照服务期协议的约定向用人单位支付违约金。这样可以避免实践中部分劳动者故意制造可被解雇的事由，"诱使"用人单位解除劳动合同，达到规避服务期约定的目的。

3. 保密事项条款。劳动过程涉及商业秘密的，当事人应当对有关保密事项在劳动合同中加以明确规定，使之成为劳动合同的一项条款。所谓商业秘密，根据《反不正当竞争法》第10条规定，是指不为公众所知悉，能为权利人带来经济利益，具有实用性并由权利人采取措施将其保密的技术、经营信息（如产品、方法、配方、工艺、通信、客户情报、财务状况、经营管理方法等）。

《劳动法》第22条规定："劳动合同当事人可以在劳动合同中约定保守用人单位商业秘密的有关事项。"第102条规定："劳动者……违反劳动合同中约定的保密事项，对用人单位造成经济损失的，应当依法承担赔偿责任。"《劳动合同法》第23条第1款规定："用人单位与劳动者可以在劳动合同中约定保守用人单位的商业秘密和与知识产权相关的保密事项。"

在市场经济条件下，竞争是核心，商业秘密是重要的竞争手段，有些商业秘密直接关系到用人单位的生存与发展。如果不设定保密事项条款，有的劳动者就有可能带着用人单位的商业秘密另谋职业，通过擅自泄露或使用原用人单位的商业秘密，以谋取更高的个人利益。如果没有事先约定，用人单位往往难以通过法律讨回公道，从而使用人单位遭受重大经济损失。为了保护用人单位的权益，用人单位可以在合同中就保守商业秘密的具体内容、方式、时间等，与劳动者进行约定，以防止自己的商业秘密被侵占或泄露。劳动者因违反约定保密事项给用人单位造成损失的，要负赔偿责任。

4. 补充保险。补充保险是指除了基本社会保险以外，用人单位根据自己的实际情况为劳动者建立的一种社会保险。补充保险由用人单位自愿实行，国家不作强制的统一规定。用人单位在参加基本保险并按时足额缴纳基本保险费的前提下，可以实行补充保险。

5. 福利待遇。随着市场经济的发展，用人单位给予劳动者的福利待遇也成为衡量劳动者收入的重要指标之一。福利待遇包括住房补贴、通信补贴、交通补贴、子女教育等。不同的用人单位福利待遇也有所不同，福利待遇已成为劳动者就业选择的一个重要因素。

6. 竞业限制条款。竞业限制条款是限制劳动者在合同关系消灭后的一定期间内参与或者从事与原用人单位同业竞争的活动，以保守原用人单位的商业秘密的合同条款。竞业限制条款一般包括竞业限制的具体范围、竞业限制的期限、补偿费的数额及支付方法、违约责任等内容。

《劳动合同法》第23、24条对竞业限制作了较为全面的规定：①对负有保密义务的劳动者，用人单位可以在劳动合同或者保密协议中与劳动者约定竞业限制条款，并约定在解除或者终止劳动合同后，在竞业限制期限内按月给予劳动者经济补偿。劳动者违反竞业限制约定的，应当按照约定向用人单位支付违约金。②竞业限制的人员限于用人单位的高级管理人员、高级技术人员和其他负有保密义务的人员。竞业限制的范围、地域、期限由用人单位与劳动者约定，竞业限制的约定不得违反法律、法规的规定。③在解除或者终止劳动合同后，竞业限制的人员到与本单位生产或者经营同类产品、从事同类业务的有竞争关系的其他用人单位，或者自己开业生产或者经营同类产品、从事同类业务的竞业限制期限，不得超过2年。

7. 违约金和赔偿金条款。是否在劳动合同中对劳动者的违约行为设定违约金和赔偿金条款，各国法律对此规定不一。大多数国家的立法一般未规定"违约金条款"，主要是考虑到劳动者的弱势地位，其承担赔偿责任的能力极为有限，不能与用人单位的经济抗衡；用人单位的优势地位也很容易让劳动者处于"违约"状态，因此，违约金条款往往对劳动者不利。日本明文禁止劳动合同中规定"违约金条款"。

我国《劳动合同法》第 25 条明确规定，通过劳动合同对劳动者的违约行为约定违约金，只限定在三种情形，即服务期、竞业限制、保守商业秘密。就赔偿金而言，《劳动合同法》的第 86 条明确规定，劳动合同依法被确认无效，给对方造成损害的，有过错的一方应当承担赔偿责任。《劳动合同法》第 90 条明确规定："劳动者违反本法规定解除劳动合同，或者违反劳动合同中约定的保密义务或者竞业限制，给用人单位造成损失的，应当承担赔偿责任。"

此外，现实生活中劳动岗位的复杂性和多变性，决定了劳动合同的条款不可能千篇一律，法律对劳动合同条款的规定也不可能穷尽，因此当事人可以根据自身情况和特殊需求，约定劳动合同的条款。这些条款在不违反法律精神和原则的前提下，均受法律保护，对双方当事人具有同样的约束力。

第三节　劳动合同的订立

劳动合同的订立，是指劳动者和用人单位经过相互选择和平等协商，就劳动合同条款达成协议，从而确立劳动关系和明确双方权利义务的法律行为。

一、订立劳动合同的原则

《劳动合同法》第 3 条第 1 款规定："订立劳动合同，应当遵循合法、公平、平等自愿、协商一致、诚实信用的原则。"

（一）合法原则

合法原则，亦称遵守国家法律、行政法规的原则，它是劳动合同有效的前提条件。这一原则的具体要求是：①劳动合同的双方当事人必须具备法定资格。具体来说，劳动合同的劳动者一方要有劳动权利能力和劳动行为能力。而用人单位作为劳动合同的一方当事人，必须以单位的名义与劳动者签订合同，而不能以单位内部的职能科室或党、团、工会组织的名义。此外，对未达到法定年龄的特殊劳动者，必须履行法定审批手续。②劳动合同的内容必须合法。劳动合同的双方当事人在确定具体的劳动权利义务时，不得违背国家有关法律、法规的规定。如《劳动合同法》第 19 条规定，劳动合同期限 3 个月以上不满 1 年的，试用期不得超过 1 个月。在这种情况下即使双方在合同中约定了 1 个月以上的试用期，也是违反法律规定的，该条款将视为无效。对此，用人单位应承担由此而产生的法律责任。③劳动合同的形式要合法。除非全日制用工外，劳动合同需要以书面形式订立，这是劳动合同法对劳动合同形式的要求。否则，用人单位要承担不订立书面合同的法律后果。

（二）公平原则

公平原则是指劳动合同的内容应当公平、合理。也就是说，在符合法律的强制性规定的前提下，劳动合同双方当事人之间的权利义务要公平合理，要大体上平衡。公平原则是社会公德的体现，将公平原则作为劳动合同订立的原则，可以防止劳动合同当事人尤其是用人单位滥用优势地位，损害劳动者的权利，有利于保护劳动合同双方当事人的合法权益，维护和平衡当事人之间的利益。

（三）平等自愿、协商一致原则

订立劳动合同，首先应当遵循平等自愿、协商一致的原则。所谓平等，是指双方当事人的法律地位平等，这既是民事法律关系成立的有效条件，也是劳动法律关系确立的基本原则。合同关系的成立，以当事人双方在平等的法律地位上经过协商一致为根本条件，任何一方都不得以地位、权势、经济实力等因素把自己的意志强加于对方。劳动合同的当事人尽管一方是用人单位，一方是劳动者个人，双方具有极强的隶属性特征，劳动者必须服从于用人单位在劳动过程中的支配和管理，但在订立劳动合同时，不存在谁命令谁、谁服从谁的问题。所谓自愿，是指劳动合同的订立，完全出于合同当事人的意愿，任何一方不得强制对方接受某种条件，第三人也不得干涉劳动合同的订立。自愿原则要求，订立合同时对对方的选择和合同内容的协商，必须具有当事人的自由意志，包括选择合同当事人、选择合同内容、选择合同变更、解除或终止的条件等。所谓协商一致，是指在订立劳动合同的过程中，劳动合同订立与否、劳动合同内容如何，应当在双方当事人以协商的方式达成一致意见的基础上确定。平等是自愿的前提，自愿是平等的体现，是平等原则在确立劳动关系时直接推导出的结果，没有平等，自愿就是一句空话。而协商一致是平等自愿的唯一表达形式，在意见分歧的情况下，只有通过协商达到的统一，才能真正体现平等自愿。

（四）诚实信用原则

诚实信用原则要求当事人在订立、履行合同，以及劳动合同终止后的全过程中，都要诚实，讲信用，相互协作。如《劳动合同法》第8条规定："用人单位招用劳动者时，应当如实告知劳动者工作内容、工作条件、工作地点、职业危害、安全生产状况、劳动报酬，以及劳动者要求了解的其他情况；用人单位有权了解劳动者与劳动合同直接相关的基本情况，劳动者应当如实说明。"诚实信用是合同法的一项基本原则，也是劳动合同法的一项基本原则，它也是一项社会道德。将诚实信用原则作为指导劳动合同当事人订立合同、履行合同的行为准则，有利于保护劳动合同当事人的合法权益，督促双方更好地履行合同义务。如果劳动合同没有约定或约定不明确而法律又没有规定的，可以根据诚实信用原则进行解释。

二、订立劳动合同的程序

劳动合同的订立程序，是指通过订立劳动合同，建立劳动法律关系的过程，包括签订合同的步骤和方式。它既能保障合同签订的正常进行，也是合同内容合法化、完备化的重要措施。我国法律目前还没有对劳动合同的签订程序作出规定，但是根据实践经验和客观需要，同时参考合同法的有关订立合同的规定，订立劳动合同主要应经过要约与承诺两个基本阶段。

（一）要约

要约，是指劳动合同的一方当事人向另一方当事人提出的订立劳动合同的建议。要约人可以是用人单位，也可以是劳动者。要约的内容应当包括：订立劳动合同的愿望、订立劳动合同的条件，以及要求对方考虑答复的期限。其中订立合同的条件必须明确具体，以便对方当事人进行考虑、衡量和选择，然后决定是否签订合同。

实践中，在劳动合同的要约行为实施之前，要做大量的准备工作（此环节应定性为要约邀请），如用人单位招用劳动者，首先要向社会公布招收简章，以便符合基本要求的劳动者进行报名，然后经过全面考核，在择优录用的基础上确定应招人员并发出要约。还有的是通过广告媒介或劳动力市场中的中介机构寻找特定对象，然后实施要约行为。

订立劳动合同的要约，同样也是一种法律行为，对要约人产生一定的法律约束力。要约人在要约有效期内不得随意撤销要约，也不得拒绝受要约人的有效承诺。

（二）承诺

承诺，是指受要约人对劳动合同的要约内容表示完全的同意和接受，即受要约人对要约人提出的劳动合同的全部内容表示赞同，而不是提出修改，或者部分同意，或者有条件地接受。当然，订立劳动合同的过程也是一个要约邀请—反要约邀请—要约—反要约—再要约—承诺的反复协商取得一致意见的过程。

劳动合同的承诺，也是一种法律行为。一般情况下，要约一经承诺，写成书面合同，并经双方当事人签名或盖章，合同即告成立。依法成立的劳动合同，从合同成立之日或者合同约定生效之日起就具有法律效力。

实践中劳动合同的签订程序多为：①用人单位拿出书面合同草案。②用人单位介绍符合相关条件的内部劳动规章制度（用人单位在签订劳动合同时，应向劳动者公示劳动规章制度的内容。对一些重要规定，应予以专门提示，最终以合同附件的形式成为合同的重要内容。但在具体操作时，劳动合同一般只列明劳动规章制度的名称、文号以及劳动者承诺遵守劳动规章制度的相关内容）。③经与劳动者协商达成一致意见（允许双方对劳动合同草案提出修改和补充）。④双方签字或盖章，合同即告成立。

此外，对于有些劳动合同（如涉外劳动合同），国家行政法规或地方性法规要求备案的，按规定向劳动行政主管部门备案后，劳动合同才发生法律效力。

（三）在劳动合同的订立过程中应当注意的问题

1. 劳动合同当事人的先合同义务。《劳动合同法》的第 8、9 条规定了劳动合同当事人的先合同义务，主要有：①用人单位应当如实向劳动者说明岗位用人要求、工作内容、工作时间、劳动报酬、劳动条件、社会保险、职业危害及其后果、职业病防治措施和待遇、规章制度等情况。有些地方立法还要求这种说明应采用书面形式或者在劳动合同中写明。②订立劳动合同，用人单位不得以任何形式向劳动者牟取不正当利益，如不得向劳动者收取抵押金、抵押物、定金或者其他财物，不得强迫劳动者集资入股，也不得扣押劳动者的身份证等证件。③劳动者应当如实向用人单位提供本人身份证和学历、就业状况、工作经历、职业技能、健康状况等证明。[1] ④用人单位必须尊重劳动者的个人隐私权，不可以任意询问劳动者与应聘工作无关的个人情况，对因为招聘而获悉的劳动者个人信息，负有保密的义务。

2. 劳动派遣问题。劳动派遣就是由派遣单位通过与用工单位订立劳动派遣协议，将和自己签订劳动合同的劳动者派往用工单位从事劳动的一种用工方式。比如保安、清洁、家政服务等岗位，有专门的公司来从事这方面的训练，然后将经过培训的劳动者派送给各个用人单位，这种用工形式能够降低用人单位在劳动力市场中的各种运行成本，还能降低一定的用人风险。劳动派遣在我国是客观存在的。

《劳动合同法》对劳务派遣用工形式作出了规范：①规范劳务派遣单位的设立。规定只有依法设立的能够独立承担民事法律责任、具备一定经济实力以承担对被派遣劳动者义务的公司法人才能专门从事劳务派遣经营。②对劳务派遣单位与被派遣劳动者订立的劳动合同作出特别规定。尤其是规定了劳务派遣单位应当与被派遣劳动者订立 2 年以上的固定期限劳动合同，按月支付劳动报酬；被派遣劳动者在无工作期间，劳务派遣单位应当按照所在地人民政府规定的最低工资标准，向其按月支付报酬。从而防止用工单位与劳务派遣单位联合起来随意解除劳动合同，侵害被派遣劳动者的就业稳定权益。③针对存在劳动关系三方主体的特殊情形，除了明确劳务派遣单位应当承担用人单位义务外，还规定了用工单位应当履行的义务，包括：用工单位应当执行国家劳动标准，提供相应的劳动条件和劳动保护；告知被派遣劳动者的工作要求和劳动报酬；支付加班费、绩效奖金，提供与工作岗位相关的福利待遇；对在岗被派遣劳动者进行工作岗位所必需的培训；连续用工的，实行正常的工资调整机制；应当按照劳务派遣协议使用被派遣

---

[1] 王全兴、侯玲玲："《劳动合同法》的地方立法资源评述"，载《法学杂志》2005 年第 2 期。

劳动者，不得将被派遣劳动者再派遣到其他用人单位。④明确劳务派遣单位与用工单位之间的关系。规定劳务派遣单位应当与用工单位订立劳务派遣协议。劳务派遣协议应当约定派遣岗位和人员数量、派遣期限、劳动报酬和社会保险费的数额与支付方式以及违反协议的责任。用工单位应当根据工作岗位的实际需要与劳务派遣单位确定派遣期限，不得将连续用工期限分割订立数个短期劳务派遣协议。劳务派遣单位应当将劳务派遣协议的内容告知被派遣劳动者，不得克扣用工单位按照劳务派遣协议支付给被派遣劳动者的劳动报酬。⑤针对劳务派遣的特殊性，对被派遣劳动者的权利作了一些特别规定，包括：劳务派遣单位跨地区派遣劳动者的，被派遣劳动者享有的劳动报酬和劳动条件，按照用工单位所在地的标准执行；被派遣劳动者享有与用工单位的劳动者同工同酬的权利；被派遣劳动者有权在劳务派遣单位或者用工单位依法参加或者组织工会，维护自身的合法权益。⑥限定劳务派遣岗位的范围。规定劳务派遣一般在临时性、辅助性或者替代性的工作岗位上实施。⑦规定用工单位与劳务派遣单位承担连带责任。在劳务派遣用工形式的发展中，用工单位处于主导地位，是最大的推动力量。为了防止用工单位规避劳动保障法律法规，促使用工单位只有在真正符合社会化分工需要时才采用劳务派遣形式用工，并且与规范的劳务派遣单位合作，督促劳务派遣单位依法履行义务。《劳动合同法》规定，在被派遣劳动者合法权益受到侵害时，用工单位与劳务派遣单位承担连带赔偿责任。⑧为了规范劳务派遣，保护被派劳动者的利益，《劳动合同法实施条例》又作了进一步具体规定，用人单位或者其所属单位出资或者合伙设立的劳务派遣单位，向本单位或者所属单位派遣劳动者的，属于《劳动合同法》第 67 条规定的不得设立的劳务派遣单位；明确劳务派遣单位不得以非全日制用工形式招用被派遣劳动者。

3. 先订立劳动合同后建立劳动关系问题。用人单位与劳动者在用工前订立劳动合同的，劳动关系自用工之日起建立。其劳动合同期限、劳动报酬、试用期、经济补偿金等，均从用工之日起计算。

三、工会在订立劳动合同中的作用

工会是劳动者群众利益的代表，维护劳动者的合法权益是工会义不容辞的责任。工会应当将帮助劳动者签订好劳动合同视为自己维护劳动者切身利益的重要手段。因为在订立劳动合同过程中，劳动者相对于用人单位一方，总是处于力量薄弱的地位，特别是在劳动力供过于求和劳动者还不具备自我保护的法律意识的情况下，更需要工会给予多方面的帮助。工会在帮助劳动者签订劳动合同方面，应当做的具体工作有：

1. 帮助劳动者了解有关的法律、法规，为劳动者提供法律咨询服务，使劳动者了解自己应享有的劳动权利和应履行的劳动义务。

2. 对本单位拟定的劳动合同文本进行审查，对违反法律、法规的条款提出修改意见。

3. 必要时，直接代表劳动者与单位协商，签订劳动合同。

第四节　劳动合同的法律效力

一、劳动合同的成立与生效

（一）劳动合同的成立

劳动合同的成立是指劳动合同的缔约双方当事人因意思表示一致而达成合意的客观状态。劳动合同的成立需要具备三个要件：①双方当事人作出完整的意思表示；②当事人的意思表示以订立劳动合同为目的，并能产生相应的法律后果；③当事人的意思表示须一致。其中，基本要件是双方意思表示一致。如果当事人约定了合同成立的特殊条件或期限，则劳动合同于该条件成就或期限届至时成立。

（二）劳动合同的有效（生效）

劳动合同的有效（生效）是指依法成立的劳动合同，对当事人双方产生法律约束力。在各国立法中，劳动合同有效要件通常散见于具体的合同法规范，而无集中性规定。从理论上归纳，一般而言，劳动合同的有效（生效）须符合下列条件：①合同的主体必须合法；②合同的内容和形式必须合法；③订立合同的程序必须合法；④当事人的意思表示必须真实。

对比劳动合同的成立要件和有效（生效）要件，我们会发现：劳动合同的成立并不完全等同于劳动合同的有效（生效）。依法成立的劳动合同为有效合同，绝大多数劳动合同的成立与生效是同时发生的；也有一些劳动合同因未依法成立而无法有效（生效）或因双方当事人约定了特殊条件或期限而推迟生效。这里的"依法"的"法"是指强制法和任意法。

劳动合同有效（生效）后对当事人双方产生的法律约束力具体表现为：①当事人双方必须亲自全面履行劳动合同所规定的义务（并同时享受权利），否则，当事人必须依法承担相应责任；②合同的变更和解除都必须遵循法定的条件和程序，任何一方当事人都不得擅自变更和解除合同，否则当事人必须依法承担相应责任；③当事人双方因劳动合同发生争议，必须以法定方式处理。

二、劳动合同的无效

（一）无效劳动合同的概念

无效劳动合同，是指当事人违反法律、法规或违背平等、自愿原则签订的对当事人全部或部分不产生法律约束力的劳动合同。

　　签订劳动合同是一种法律行为，它是劳动法律关系产生的重要法律事实。订立劳动合同应当遵循平等自愿、协商一致的原则，不得违背法律、行政法规的规定。只有当订立劳动合同的行为符合《劳动法》《劳动合同法》的规定及有关法律规范时，才能受到国家法律的保护，产生当事人期望的法律后果。否则，将导致合同无效。

　　（二）无效劳动合同的确认

　　按照《劳动法》第 18 条、《劳动合同法》第 26 条的规定，以下劳动合同为无效劳动合同：

　　1. 违反法律、行政法规强制性规定的劳动合同。国家的法律、行政法规是国家利益和人民利益的集中体现，也是全社会主体一致遵守的行为规范。这就要求当事人在订立劳动合同时，必须遵循合法原则。否则，所签订的合同不仅得不到法律的保护，反而会受到法律的追究。违反合法原则的具体情况主要包括：①主体资格不合法。如劳动者一方达不到法定就业年龄，不具有劳动权利能力和劳动行为能力而订立的劳动合同。②内容不合法。凡是与国家法律、行政法规相矛盾、相抵触的条款，均属无效条款。如违反工时休假制度、安全卫生标准、最低工资标准等规定的劳动合同条款，均属内容不合法。

　　2. 以欺诈、胁迫的手段或者乘人之危，使对方在违背真实意思的情况下订立或者变更的劳动合同。欺诈，是指一方当事人故意隐瞒事实真相或制造假象，使对方当事人在上当受骗的情况下表示愿意，如用人单位提供虚假的劳动条件和劳动待遇信息，劳动者提供假证件、假文凭等。胁迫，是指一方当事人以暴力或其他手段相威胁，强迫对方当事人与自己订立合同，如用人单位以限制人身自由的手段、拖欠工资的方式等迫使劳动者与其订立或续订劳动合同。乘人之危，是指行为人利用他人的危难处境或紧迫需要强迫对方接受某种明显不公平的条件并作出违背其真意的意思表示。采取欺诈、胁迫、乘人之危等手段签订的劳动合同，违背了平等自愿、协商一致的订立劳动合同的原则，是一种严重的违法行为。对此类劳动合同，不仅要宣告无效，而且应追究过错方当事人的法律责任。

　　3. 用人单位免除自己的法定责任、排除劳动者权利的劳动合同。如有的劳动合同规定："发生工伤事故，单位概不负责""不享受星期天休假"等，均属于因用人单位免除自己的法定责任、排除劳动者权利而无效的条款。

　　无效劳动合同，按其无效程度，可以分为全部无效和部分无效两种。

　　（1）全部无效，是指合同整体无效。全部无效又包括两种情况：①劳动合同的内容全部不符合国家法律、法规的要求，因而全部条款均为无效条款；②尽管劳动合同中只有部分内容无效，但无效部分足以影响其他部分的效力，导致全部无效的后果，如主体不合法及采取欺诈、胁迫等手段签订的合同即为全部无效劳动合同。

（2）部分无效，是指劳动合同中某些条款违反国家法律、行政法规的规定，但并不影响其他条款的履行，只需认定该项条款无效，其余条款仍为有效。如劳动合同中的工资标准低于最低工资标准或低于集体合同中规定的标准，就属于部分无效的情况。我国立法上承认部分无效劳动合同。例如，《劳动法》第18条第2款规定："无效的劳动合同，从订立的时候起，就没有法律约束力。确认劳动合同部分无效的，如果不影响其余部分的效力，其余部分仍然有效。"《劳动合同法》第27条规定："劳动合同部分无效，不影响其他部分效力的，其他部分仍然有效。"

无效劳动合同的确认机关，必须是劳动争议仲裁委员会或人民法院。我国《劳动法》第18条第3款规定："劳动合同的无效，由劳动争议仲裁委员会或者人民法院确认。"《劳动合同法》第26条第2款规定："对劳动合同的无效或者部分无效有争议的，由劳动争议仲裁机构或者人民法院确认。"其具体操作程序是，应首先由劳动争议仲裁委员会确认，在当事人不服劳动争议仲裁委员会的确认而依法提起诉讼的条件下，才由人民法院确认。

（三）无效劳动合同的处理

对无效劳动合同的处理，法律有特殊的要求和规定。对于无效民事合同的处理，一般采用返还财产、赔偿损失和追缴国库等方式。而无效劳动合同中，由于劳动者用以交换的劳动力的特殊性（劳动力支出后就不可回收），所以，对劳动者实施的劳动行为和所得的物质待遇不可能采取返还办法处理，并且对处于事实劳动关系中的劳动者应当依法予以保护。因此，只能根据无效劳动合同的特点采取相应的处理措施，主要包括撤销合同、修改合同和赔偿损失。

1. 撤销合同。撤销合同，是针对全部无效的劳动合同，确认其无效并予以撤销的法律行为。劳动合同的无效应追溯自劳动合同成立之时，即从合同订立的时候起就没有法律约束力。《劳动法》第18条第2款规定："无效的劳动合同，从订立的时候起，就没有法律约束力。确认劳动合同部分无效的，如果不影响其余部分的效力，其余部分仍然有效。"劳动合同被整体确认无效，没有履行的，不得履行；正在履行的，要停止履行；对于已经履行的部分，应按事实劳动关系对待，即劳动者付出了劳动的，应得到相应的报酬和有关待遇。《劳动合同法》第28条规定："劳动合同被确认无效，劳动者已付出劳动的，用人单位应当向劳动者支付劳动报酬。劳动报酬的数额，参照本单位相同或者相近岗位劳动者的劳动报酬确定。"

2. 修改合同。修改合同的处理方式，适用于被确认部分无效的劳动合同及因程序不合法而无效的劳动合同。劳动合同的部分条款被确认无效，并不影响其余部分的效力，须对其无效的部分予以修改，使其合法有效。修改后的合法条款应具有溯及力，溯及该合同生效之时。对于程序不合法而不发生法律效力的劳动合同，应从程序上予以补正和完善，以确认该项劳动关系存在的合法性。《劳动法》第18条第2款规定："无效的劳动合同，从订立的时候起，就没有法律约束力。确认劳动合同部分无效的，如果不影响其余部分的效力，其余部分仍然有效。"《劳动合同法》第27条规定："劳动合同部分无效，不影响其他部分效力的，其他部分仍然有效。"

3. 赔偿损失。《劳动合同法》第86条规定："劳动合同依照本法第26条规定被确认无效，给对方造成损害的，有过错的一方应当承担赔偿责任。"

第五节　劳动合同的履行、变更与终止

一、劳动合同的履行

（一）劳动合同的履行原则

劳动合同的履行，是指劳动合同的双方当事人按照合同约定完成各自义务的行为。只有双方当事人按照合同约定全面地、实际地履行了自己的义务，劳动过程才能顺利实现。具体来讲，当事人在履行劳动合同过程中必须坚持以下三项原则：

1. 实际履行原则。劳动合同实际履行原则包括两层含义：①双方当事人都必须亲自履行合同义务，而不能由第三人代替履行。这是由劳动合同主体的劳动权利能力和劳动行为能力的不可分割性决定的。并且，劳动合同是在双方当事人相互考察并取得信任的基础上签订的，随意让他人代替自己履行合同，就破坏了双方当事人之间的信任基础。②要求劳动者按合同规定的工作岗位和工作任务完成劳动过程，从而使劳动力与生产资料的结合成为最佳状态。

2. 全面履行原则。劳动合同全面履行原则，是指劳动合同的当事人按照合同规定和要求全面履行合同义务。这一原则要求在劳动合同履行中，既要全面履行法定条款规定的义务，也要全面履行协商条款约定的义务；既要全面履行财产内容的义务，也要全面履行人身内容的义务；既要全面履行主要合同条款，也要全面履行非主要合同条款。具体来说，劳动者一方应按照法律与合同规定的时间、地点和方式，保质保量地完成劳动任务；用人单位一方则应全面按照法律和合同规定，向劳动者提供劳动保护条件、劳动条件及劳动报酬和福利待遇等。只有遵循全面履行原则，才能使劳动过程得以顺利实现，这是因为劳动合同是一个整体，包括了劳动过程的各个环节，合同规定的条款相互之间有内在的联系，不能割裂。

3. 合作履行原则。劳动合同合作履行原则，要求双方当事人在履行劳动合同过程中相互配合、友好合作，并在遇到困难时相互理解和帮助。劳动关系比其他法律关系更强调当事人之间的合作，集体劳动客观上要求劳动者遵守劳动纪律、服从管理和指挥。同时，用人单位的领导者、管理者也必须关心劳动者，考虑劳动者切身利益方面的要求。在用人单位或劳动者遇到特殊困难时，对方应予体谅，并在法律允许的范围内尽力给予帮助；当双方当事人之间产生纠纷，发生争议时，应当通过协商、调解或按法律规定的其他程序予以解决，避免矛盾激化或采取任何过激的行为。只有这样，才能维护和发展稳定和谐的劳动关系，以促进经济发展和社会进步。

（二）劳动合同履行的特殊情形

我国有关司法解释及《劳动合同法》第33、34条规定了劳动合同履行的一些特殊情形：

1. 用人单位变更名称、法定代表人、主要负责人或者投资人等事项，不影响劳动合同的履行。

2. 用人单位发生合并或者分立等情况，原劳动合同继续有效，劳动合同由承继其权利和义务的用人单位继续履行。

另外，还有两种劳动合同履行的特殊情形值得注意：①对于劳动合同中内容不明确的条款，应依法确定其具体内容，然后予以履行；②劳动者在一定条件下还应履行约定之外的劳动给付。例如，我国台湾地区现行的"劳动契约法"规定，劳动者于其约定之劳动给付外，无给付其他附带劳动义务，但有紧急情形或其职业上有特别习惯时，不得拒绝其所能给付之劳动。我国《劳动法》第42条也有类似规定。

二、劳动合同的变更

劳动合同的变更，是指劳动合同双方当事人就已经订立的合同条款达成修改或补充协议的法律行为。一般来讲，劳动合同签订以后，双方当事人均应信守合同，不得轻易更改。但由于一定的主客观情况的变化，使原合同继续履行有一定困难时，则允许依法变更劳动合同。

劳动合同的变更，仅限于劳动合同内容的变化，而不可能是主体的变更。引起劳动合同变更的主客观情况是多方面的，有用人单位方面的原因，如生产转产，生产、工作任务变动，劳动组合变动，劳动定额变动，生产设备及生产工艺更新，市场激剧变化引起严重亏损，或发生重大事故等，均可能引起劳动合同的变更；有劳动者方面的原因，如因学习掌握了新技术、新技能或因病部分丧失劳动能力要求调整工作岗位或职务，因家庭困难要求变换工作地点等，均可能引起劳动合同的变更；还有国家法律、法规修改方面的原因，如工时休假规定、劳动保护规定、最低工资标准规定、劳动保险待遇标准规定等发生变化，也会引起劳动合同的变更。

劳动合同的变更同劳动合同的订立一样，是双方当事人的法律行为，提出变更要求的一方，应当提前通知对方，并须取得对方当事人的同意。变更合同的建议，经与对方协商取得对方同意后，应形成书面协议，由双方当事人签名或盖章，并按原签订劳动合同的程序办理手续后，方为生效。变更合同的建议，在未与对方取得一致意见之前，原劳动合同应当继续履行。劳动合同依法变更生效后，双方当事人之间的权利义务应以变更后的劳动合同为准。根据《劳动法》第 17 条的规定，当事人变更合同，也必须遵循平等自愿、协商一致的原则，不得违反法律、行政法规的规定。《劳动合同法》第 35 条规定，用人单位与劳动者协商一致，可以变更劳动合同约定的内容。变更劳动合同，应当采用书面形式。变更后的劳动合同文本由用人单位和劳动者各执一份。此外，我国《工会法》规定工会主席的主席任期未满时，不得随意调动其工作。

根据《最高人民法院关于审理劳动争议案件适用法律若干问题的解释（四）》（法释〔2013〕4 号）规定，如果用人单位与劳动者口头协商变更劳动合同，变更后的劳动合同内容不违法并且已经实际履行超过 1 个月的，将被认定为合法有效。

三、劳动合同的终止

劳动合同的终止，是指劳动合同自行失效，不再执行。劳动合同的双方当事人按照合同规定，履行了全部义务，实现了全部权利，或者在履行中出现了约定的终止条件时，合同即告终止。劳动合同的终止在法理上有广义和狭义之分。狭义的终止是指劳动合同依法或依约定的条件自行消灭，狭义的终止不包括合同的解除；广义的终止则包括劳动合同的解除（依法提前终止劳动合同的法律效力）。根据我国《劳动法》《劳动合同法》及相关规定，劳动合同终止不包括劳动合同解除。因此，一般意义上所指的终止是狭义的合同终止。

《劳动法》第 23 条规定："劳动合同期满或者当事人约定的劳动合同终止条件出现，劳动合同即行终止。"劳动合同期限届满，是指合同中采用固定期限，期限届满双方又不愿意再续订合同的；或者合同中采用无固定期限，劳动者达到退休年龄的；或者合同中以完成一定的工作为期限，其约定工作任务完成的。约定的劳动合同终止条件出现，是指劳动合同中双方当事人将可能遇到的特殊情况规定为终止劳动合同的法律事实，当所规定的特殊情况发生时，劳动合同中双方当事人的权利义务即归于消灭。也就是说，《劳动法》规定的劳动合同终止包括两类：一类是法定终止，即劳动合同因期满而终止；另一类是约定终止，即劳动合同因当事人约定的终止条件出现而终止。

在《劳动法》的实施中，一些用人单位随意与劳动者约定劳动合同终止条件，并据此终止劳动合同，使无固定期限劳动合同提前消灭，不能真正起到维护劳动者就业稳定权益的作用；同时，对于劳动者退休、死亡或者用人单位破产等情形，劳动合同如何处理，法律没有作出规定。为了更好地维护劳动者合法权益，《劳动合同法》调整了《劳动法》关于劳动合同终止的规定内容：一是取消了劳动合同的约定终止，规定劳动合同只能因法定情形出现而终止。也就是说，劳动合同当事人不得约定劳动合同终止条件；即使约定了，该约定也无效。二是增加了劳动合同法定终止的情形，即劳动合同终止的法定情形除劳动合同期满（包括固定期限劳动合同期满，以及以完成一定工作任务为期限的劳动合同因该工作任务完成而期满）外，还包括：①劳动者开始依法享受基本养老保险待遇的；②劳动者死亡，或者被人民法院宣告死亡或者宣告失踪的；③用人单位被依法宣告破产的；④用人单位被吊销营业执照、责令关闭、撤销或者用人单位决定提前解散的；⑤法律、行政法规规定的其他情形。三是增加了终止劳动合同的限制情形。在《劳动合同法》施行之前，为了保护劳动者的权益，国家规定在下列情形下，即使劳动合同期限届满，用人单位也不得终止劳动合同：①《工会法》规定，基层工会专职主席、副主席或者委员自任职之日起，其劳动合同期限自动延长，延长期限相当于其任职期间；非专职主席、副主席或者委员自任职之日起，其尚未履行的劳动合同期限短于任期的，劳动合同期限自动延长至任期期满。但是，任职期间个人严重过失或者达到法定退休年龄的除外。②劳动部《关于贯彻执行〈中华人民共和国劳动法〉若干问题的意见》（劳部发〔1995〕309号）规定，除劳动法第25条规定的情形（即在试用期间被证明不符合录用条件的；严重违反劳动纪律或者用人单位规章制度的；严重失职，营私舞弊，对用人单位利益造成重大损害的；被依法追究刑事责任的）外，劳动者在医疗期、孕期、产期和哺乳期内，劳动合同期限届满时，用人单位不得终止劳动合同。劳动合同的期限应自动延续至医疗期、孕期、产期和哺乳期期满为止。③《工伤保险条例》规定，劳动者在本单位患职业病或者因工负伤并被确认丧失劳动能力的，或者大部分丧失劳动能力且劳动者没有提出终止劳动合同的，用人单位不得与劳动者终止劳动合同。④《职业病防治法》规定，用人单位对未进行离岗前职业健康检查的劳动者不得终止与其订立的劳动合同；在疑似职业病病人诊断或者医学观察期间，不得终止与其订立的劳动合同。《劳动合同法》除延续《工会法》《职业病防治法》等规定外，还补充规定，劳动者在本单位连续工作满15年，且距法定退休年龄不足5年的，即使劳动合同期满，用人单位也不得与劳动者终止劳动合同。[1]

四、劳动合同的续订

法律对劳动合同终止的规定，并不影响当事人续订劳动合同。劳动合同期限届满，因生产、工作需要，双方当事人经协商同意续订合同的，可以续订劳动合同。劳动合同的续订，一般是期限的延长，但也可能同时变更其他方面的权利和义务。由于续订的合同以原合同为基础，续订后的权利、义务与原合同的权利、义务相同或相类似，所以不必也不能对劳动者再规定试用期。

第六节　劳动合同的解除

劳动合同的解除直接关系到劳动者的前途与生活来源，也关系到用人单位的生产秩序与工作秩序，是一件极为严肃的事情。因此，《劳动法》从第24条到第32条，对解除劳动合同的条件和程序作了较全面的规定；《劳动合同法》从第36条到第42条，也作了基本一致的规定（但经济性裁员变化较多）。

一、劳动合同解除的概念与特征

（一）劳动合同解除的概念

劳动合同的终止在法理上有狭义和广义之分，狭义的终止不包括合同的解除；广义的终止则包括劳动合同的解除。根据我国《劳动法》《劳动合同法》及其相关规定的体例，劳动合同的解除并不包含在劳动合同的终止范围之内，而是一项单列的制度。

劳动合同的解除，是指劳动合同签订以后，尚未履行完毕之前，由于一定事由的出现，提前终止劳动合同的法律行为。

（二）劳动合同解除的特征

1. 劳动合同的解除是劳动合同的提前终止。解除的时间为合同生效后至完全履行完毕之前。解除的目的，在于提前消灭合同关系。解除时合同期限尚未届满，双方当事人的主体资格也未丧失，因而不同于因合同目的完全实现或合同当事人丧失法律资格而终止。

2. 劳动合同的解除是根据当事人的意愿而产生的合同关系的终止，不同于劳动合同在一定法律事实出现后无需合同当事人有终止合同之意思表示的当然终止或强制终止。

3. 解除权的行使主体为合同当事人，任何合同以外的第三人均无权提起解除。仲裁机关或人民法院只对当事人的解除效力作出裁决。

---

[1]　参见《〈中华人民共和国劳动合同法〉宣传提纲》。

4. 劳动合同的解除是一种法律行为，它导致劳动合同的法律效力的提前终止，既可以表现为单方的法律行为，也可以表现为双方的法律行为。

二、劳动合同解除的分类

劳动合同的解除依不同标准具有不同分类。其中，有法律意义的分类主要包括下述几种：按照合同解除的方式不同，可分为双方解除和单方解除；按照合同解除条件的依据是法规还是合同，可分为法定解除和协议解除；按照导致合同解除的原因中是否含有对方当事人过错的不同，可分为有过错解除和无过错解除。这几种分类可以交叉使用。

一般情况下，劳动合同的双方解除，也可称为协议解除，单方解除也可称为法定解除，单方解除或法定解除中又可进一步分为过错解除和无过错解除。我国《劳动法》和《劳动合同法》对劳动合同的解除采取了双方解除或协议解除、过错性辞退、非过错性辞退、经济性裁员（非过错性辞退的一种特例）以及劳动者辞职的立法技术分类。其中，过错性辞退、非过错性辞退、经济性裁员属于用人单位的单方解除，劳动者辞职属于劳动者的单方解除。

劳动合同的双方解除，是指双方当事人在平等自愿的基础上，通过诚信协商，从而达成解除劳动合同的协议。双方解除一般是指任何一方均无法定解除权，但又存在解除合同的客观理由，因而完全按合同协商的一般程序所进行的解除。它是合同自由的表现。

劳动合同的单方解除，是指一方在享有单方解除权的条件下按照法定程序对合同进行的解除。由于单方解除是一方享有解除权，而解除权直接来源于法律的规定，因此单方解除的条件和程序较为严格。

过错解除，即由于对方当事人的过错行为而导致劳动合同解除。它包括劳动者因用人单位有重大过错而辞职和用人单位因劳动者有重大过错而辞退两种情形。过错解除的条件应当由立法规定。

无过错解除，即在对方当事人无重大过错行为的情况下单方解除劳动合同。无过错解除包括用人单位非过错性辞退、经济性裁员和劳动者的预告辞职、试用期内的即时辞职（根据《劳动合同法》的有关规定，试用期内劳动者仍应提前3日通知用人单位，才可以解除劳动合同）。

三、劳动合同解除的条件和程序

在劳动立法中，对协议解除和预告辞职一般不规定条件，而对即时辞退、预告辞退、裁员和即时辞职，则分别规定其特有的必备条件。

（一）劳动合同双方解除的条件和程序

《劳动法》第 24 条和《劳动合同法》第 36 条都规定，经劳动合同当事人协商一致，劳动合同可以解除。劳动合同是双方当事人在自愿的基础上订立的，当然也允许其自愿协商解除，而不问解除的理由或原因。只要一方提出解除的要求，另一方表示同意即可。

一般来讲，经双方协商解除劳动合同的，双方当事人之间便不会发生劳动争议。但用人单位应注意按法律、法规规定，给劳动者办理劳动合同的解除手续、社会保险的转移手续及给予经济补偿（前提是用人单位首先向劳动者提出解除劳动合同动议）。

（二）用人单位单方解除劳动合同的条件和程序

用人单位单方面解除劳动合同，在《劳动法》颁布之前，名义上有除名、开除、辞退之分，《劳动法》颁布后则统一于解除（辞退）名下。用人单位单方解除劳动合同，必须符合法定条件和按照法定程序进行。用人单位单方面解除劳动合同又可以分为以下几类：

1. 过错性辞退。过错性辞退也可称为过错性解雇、即时辞退，指用人单位可以不必依法提前预告而立即解除劳动合同的行为。依据《劳动法》第 25 条、《关于贯彻执行〈中华人民共和国劳动法〉若干问题的意见》，结合《劳动合同法》第 39 条的规定，适用过错性辞退的情况如下：①劳动者在试用期内被证明不符合录用条件；②劳动者严重违反劳动纪律或严重违反用人单位的规章制度；③劳动者严重失职、营私舞弊，给用人单位的利益造成重大损害；④劳动者同时与其他用人单位建立劳动关系，对完成工作任务造成严重影响，或者经用人单位提出，拒不改正；⑤劳动者被依法追究刑事责任。用人单位在劳动者有上述情况之一出现时，有权解除劳动合同，而无须征得他人的意见，也不必履行特别的程序，更不存在经济补偿问题。

关于用人单位的过错性辞退，还应注意以下问题：

（1）以试用不合格对劳动者作出的辞退，必须是在试用期届满前，而且，必须是有证据表明劳动者不符合录用条件，并由用人单位对此提出合法有效的证明。此处所指的录用条件，必须是法律、法规规定的一般条件以及用人单位在录用劳动者前公布的录用条件，不能包括试用期间以及试用期届满后用人单位自己抬高的录用条件，即录用条件应具有合法、合理性。另外，试用期期限必须符合法律、法规规定，若劳动合同约定的试用期间超出法定最长时间，则以法定最长期限为准；若试用期届满后仍未办理劳动者转正手续，不能再以试用不合格为由辞退劳动者。

（2）劳动者严重违反劳动纪律或用人单位规章制度的。此处的劳动纪律应从广义理解，包括我国法律确认的劳动纪律、行业行政主管部门的劳动纪律和守则、公约等。用人单位的规章制度必须是符合法律规定，按照法定程序制定的用人单位劳动规则。《劳动合同法》第 4 条规定，用人单位应当依法建立和完善劳动规章制度，保障劳动者享有劳动权利、履行劳动义务。用人单位在制定、修改或者决定直接涉及劳动者切身利益的劳动报酬、工作时间、休息休假、劳动安全卫生、保险福利、职工培训、劳动纪律以及劳动定额管理等规章制度或者重大事项时，应当经职工代表大会或者全体职工讨论，提出方案和意见，与工会或者职工代表平等协商确定。在规章制度实施过程中，工会或者职工认为用人单位的规章制度不适当的，有权向用人单位提出，通过协商作出修改完善。直接涉及劳动者切身利益的规章制度应当公示，或者告知劳动者。

（3）劳动者严重失职，营私舞弊，对用人单位利益造成重大损害的。此种情况下，必须是劳动者既存在失职行为，同时又给用人单位造成了重大损害后果，二者缺一不可。

（4）劳动者被依法追究刑事责任的，是指被人民法院判处刑罚或被人民法院免予刑事处分。此种情况下，不仅包括了劳动过程中的被依法追究的刑事责任，也包括了劳动过程以外的被依法追究的刑事责任。劳动者涉嫌违法犯罪，被侦查机关拘留或逮捕的或采取其他强制措施，不属于被追究刑事责任，用人单位在劳动者被限制人身自由期间，可暂时中止劳动合同的履行，但不应解除合同。中止履行期间，用人单位和劳动者双方暂停履行劳动合同的有关义务。如果劳动者被宣告无罪释放，除劳动合同已经无法履行外，劳动合同应当恢复履行。后来证明劳动者属于被错误限制人身自由的，对于其在劳动合同中止履行期间的损失，可以自行依据《国家赔偿法》向有关机关要求赔偿。[1] 但是，对依照《刑法》被处以管制、拘役、宣告缓刑者，以及被免予刑事处罚者，虽然立法规定可予辞退，但是在这些情况下，劳动者仍有履行劳动合同的行为自由，并且，保留其劳动关系更有利于本人的改造。所以在实践中，一般可不予辞退。

2. 非过错性辞退。非过错性辞退也可称为用人单位"预告解除""预告辞退"，是指劳动者虽无过错，但由于客观情况发生了变化或劳动者患病、非因公伤残等，用人单位在采取弥补措施无果的情况下，法律赋予用人单位在履行特定程序后解除劳动合同的权利。我国《劳动法》第26条规定了非过错性辞退的三种情况：①劳动者患病或非因工负伤，医疗期后，不能从事原工作也不能从事用人单位另行安排的工作的；②劳动者不能胜任工作，经过培训或者调整工作岗位，仍不能胜任工作的；③劳动合同订立时所依据的客观情况发生重大变化，致使原劳动合同无法履行，经当事人协商不能就变更劳动合同内容达成协议的。

上述三种情况并非劳动者的过错原因所致，但由于用人单位是独立面向市场的竞争主体，应从有利于增强企业竞争能力的角度，解除其过重负担，而对劳动

---

〔1〕　参见《关于贯彻执行〈中华人民共和国劳动法〉若干问题的意见》第28条。

者的必要生存条件应由社会保障制度予以解决。属于上述情况被解除劳动合同的，用人单位必须按照法律、法规规定，提前 30 日以书面形式通知劳动者本人并给予劳动者各项经济补偿。

关于用人单位的非过错性辞退，还应注意以下问题：

（1）劳动者患病或非因工负伤，医疗期后，不能从事原工作也不能从事用人单位另行安排的工作的。这里的"医疗期"，是指企业劳动者因患病或非因工负伤停止工作治病休息，用人单位不得解除劳动合同的时限，而不是劳动者病、伤治愈所实际需要的医疗期。

（2）劳动者不能胜任工作，经过培训或者调整工作岗位，仍不能胜任工作的。"不能胜任工作"是指不能按要求完成劳动合同中约定的任务或者同工种、同岗位人员的正常工作量。用人单位不得故意提高定额标准，使劳动者无法完成任务，而且对于因设备故障、原料质量、停水停电等客观因素造成的劳动者不能完成工作任务，不能视为劳动者"不能胜任工作"。即使劳动者确实不能胜任工作，用人单位也不能立即解除合同，而是应当对劳动者进行必要的培训或者调整工作岗位，经过培训或者调整工作岗位，仍不能胜任工作的，方可解除劳动合同。

（3）劳动合同订立时所依据的客观情况发生重大变化，致使原劳动合同无法履行，经当事人协商不能就变更劳动合同内容达成协议的。本项规定是情势变更原则在劳动合同中的具体运用。这里的"客观情况"是指发生不可抗力，比如地震、水灾、战争、严重的疫情等，或者出现了致使劳动合同全部或者部分无法履行的其他情况，如企业迁移、被兼并、企业资产转移等，但是不包括企业发生经营困难的情况。如果由于情势变更造成劳动合同无法履行，或者勉强履行则将会显失公平，应当允许双方变更劳动合同。这里的变更也包括协商解除合同。如果双方不能达成协议，《劳动法》允许用人单位单方解除合同。[1]

《劳动合同法》第 40 条规定："有下列情形之一的，用人单位提前 30 日以书面形式通知劳动者本人或者额外支付劳动者 1 个月工资后，可以解除劳动合同：①劳动者患病或者非因工负伤，在规定的医疗期满后不能从事原工作，也不能从事由用人单位另行安排的工作的；②劳动者不能胜任工作，经过培训或者调整工作岗位，仍不能胜任工作的；③劳动合同订立时所依据的客观情况发生重大变化，致使劳动合同无法履行，经用人单位与劳动者协商，未能就变更劳动合同内容达成协议的。"从上述规定可以看出，关于用人单位的非过错性辞退，《劳动合同法》第 40 条有所变化，增加了"或者额外支付劳动者 1 个月工资后，可以

---

〔1〕　周长征：《劳动法原理》，科学出版社 2004 年版，第 145～146 页。

解除劳动合同"。即用"额外支付劳动者1个月工资"可替代"30天"预告期。

3. 经济性裁员。经济性裁员，顾名思义，即因经济性原因，企业濒临破产，被人民法院宣告进入法定整顿期间，或因生产经营发生严重困难，达到当地政府规定的严重困难企业标准而难以正常经营的状况下，通过裁员以达到增效目的。它是预告辞退或无过错辞退的一种特殊形式。用人单位裁减人员往往涉及多个劳动者主体，事关重大，所以必须严明法定条件和法定程序。

《劳动合同法》第41条作了新的规定："有下列情形之一，需要裁减人员20人以上或者裁减不足20人但占企业职工总数10%以上的，用人单位提前30日向工会或者全体职工说明情况，听取工会或者职工的意见后，裁减人员方案经向劳动行政部门报告，可以裁减人员：①依照企业破产法规定进行重整的；②生产经营发生严重困难的；③企业转产、重大技术革新或者经营方式调整，经变更劳动合同后，仍需裁减人员的；④其他因劳动合同订立时所依据的客观经济情况发生重大变化，致使劳动合同无法履行的。裁减人员时，应当优先留用下列人员：①与本单位订立较长期限的固定期限劳动合同的；②与本单位订立无固定期限劳动合同的；③家庭无其他就业人员，有需要扶养的老人或者未成年人的。用人单位依照本条第1款规定裁减人员，在6个月内重新招用人员的，应当通知被裁减的人员，并在同等条件下优先招用被裁减的人员。"

4. 对用人单位预告解除和经济性裁员的法律限制。我国《劳动法》第29条特别规定了对用人单位预告解除和经济性裁员的法律限制的四种情形，凡是符合这四种情形的，用人单位都不得解除劳动合同：①患职业病或者因工负伤并被确认丧失或者部分丧失劳动能力的；②患病或者负伤，在规定的医疗期内的；③女职工在孕期、产期、哺乳期内的；④法律、行政法规规定的其他情形。《劳动合同法》第42条又增加了两条：①从事接触职业病危害作业的劳动者未进行离岗前职业健康检查，或者疑似职业病病人在诊断或者医学观察期间的；②在本单位连续工作满15年，且距法定退休年龄不足5年的。我国《工会法》第52条规定，用人单位不得因为劳动者参加工会活动而与之解除劳动合同，或者因为工会工作人员履行职责而与之解除劳动合同。

5. 工会对于用人单位解除劳动合同的介入权。我国《劳动法》第30条、《工会法》第21条、《劳动合同法》第43条规定了工会对于用人单位解除劳动合同的介入权：用人单位单方解除劳动合同，应当事先将理由通知工会。工会认为不适当的，有权提出意见。用人单位违反法律、行政法规规定或者劳动合同约定的，工会有权要求用人单位纠正。用人单位应当研究工会的意见，并将处理结果书面通知工会。劳动者申请劳动仲裁或者提起诉讼的，工会应当给予支持和帮助。

（三）劳动者单方解除劳动合同的条件和程序

劳动者单方解除劳动合同，分为即时辞职和预告辞职两种类型。

1. 即时辞职。与法律规定的用人单位即时辞退相适应，劳动者在法定条件下，也享有即时解除权。我国《劳动法》第 32 条规定了劳动者即时辞职的三种情况：①在试用期内的；②用人单位以暴力、威胁或者非法限制人身自由的手段强迫劳动的；③用人单位未按照劳动合同约定支付劳动报酬或者提供劳动条件的。最高人民法院《关于审理劳动争议案件适用法律若干问题的解释》第 15 条又增加规定了允许即时辞职的几种情形，即：克扣或者无故拖欠劳动者工资的；拒不支付劳动者延长工作时间工资报酬的；低于当地最低工资标准支付劳动者工资的。《劳动合同法》第 37、38 条在总结上述规定的基础上，详细规定了允许劳动者即时辞职的几种情况：①劳动者在试用期内提前 3 日通知用人单位，可以解除劳动合同；②用人单位未按照劳动合同约定提供劳动保护或者劳动条件的；③用人单位未及时足额支付劳动报酬的；④用人单位未依法为劳动者缴纳社会保险费用的；⑤用人单位的规章制度违反法律、法规的规定，损害劳动者权益的；⑥因《劳动合同法》第 26 条第 1 款规定的情形致使劳动合同无效的；⑦用人单位以暴力、威胁或者非法限制人身自由的手段强迫劳动者劳动的，或者用人单位违章指挥、强令冒险作业危及劳动者人身安全的，劳动者可以立即解除劳动合同，不需事先告知用人单位；⑧法律、行政法规规定劳动者可以解除劳动合同的其他情形。

以上几种情况与用人单位即时辞退相比，具有以下特点：①同样以试用期条款行使解除权，但劳动者的解除条件较宽；②除试用期外，用人单位存在严重过错；③除试用期外，在上述情况发生时，劳动者不仅享有解除劳动合同的权利，而且可以依法要求用人单位承担赔偿责任和其他形式的法律责任。

2. 预告辞职。预告辞职也称为劳动者预告解除。我国《劳动法》第 31 条规定："劳动者解除劳动合同，应当提前 30 日以书面形式通知用人单位。"《劳动合同法》第 37 条规定："劳动者提前 30 日以书面形式通知用人单位，可以解除劳动合同……"其基本含义是：①预告辞职的程序要求是劳动者必须提前 30 日以书面形式通知用人单位；②预告辞职没有任何法定理由，也就是说劳动者可以以任何理由向单位提出要求解除劳动合同；③通知后超过 30 日，劳动者可以向用人单位提出办理解除劳动合同手续，用人单位应予办理，不得以人事档案或扣发工资等相要挟、阻挠。

关于我国现行预告辞职制度，还存在较多争议，主要有：

（1）现行规定并不一定适用特殊行业、特殊劳动者。关于特殊行业，主要指航空运输企业。依照相关规定，航空运输企业招用其他航空运输企业在职飞行人员的，应当与飞行人员和其所在单位进行协商，达成一致后方可办理相关手续。这符合我国民用航空行业的特殊情况，是现阶段必不可少的管理手段。因此现行规定对特殊行业并不一定适用。关于特殊劳动者，主要指如今的知识经济时代的具有专业知识和特殊技能以及掌握现代管理经验的高级人才。现行规定对于维护普通劳动者解除合同的权利而言是适当的，但高级人才的可替代程度与普通劳动者不同，用人单位很难在 30 日内物色到适当的替代者。为解决 30 天的预告通知期限对某些岗位可能不够的难题，有学者建议应通过立法针对不同的人才和岗位的不同情况来考虑延长或缩短单方解除的预告期限。如对于高级人才单方解除劳动合同至少应提前 3 个月或半年时间以书面形式向用人单位预告通知，以使用人单位有充足的时间来准备替代人选，避免因保护劳动者行使一般解除权而损害用人单位的经济利益；而对于普通劳动者来讲，笼统地规定 30 日预告通知时间又显得太长，不便于普通劳动者及时更换新的工作岗位，可以考虑将预告通知时间缩短至 10 日或者 15 日即可。甚至有学者认为，对于知悉用人单位的核心商业秘密的高级人才的预告辞职，用人单位得向人民法院提出申请，禁止与用人单位竞争的单位聘用该劳动者。

（2）我国《劳动法》第 31 条、《劳动合同法》第 37 条将劳动者的一般预告辞职无区别地适用于所有的劳动合同有违国际通行做法。这种观点认为，综观世界各国关于劳动（雇用）合同解除的相关法律规定，都有一个相同的内容，即预告辞职只适用于无固定期限合同，而约定了明确期限的劳动合同只能基于法定的正当事由才能预告辞职，以达到强化劳动关系的稳定性的目的。所以，应该将劳动者预告辞职权严格限制在无固定期限合同领域。而我国《劳动法》《劳动合同法》并未如此设计，劳动合同普遍适用无条件辞职权，导致劳动关系随时都可能因劳动者的辞职而消灭，显然灵活有余而稳定不足。

四、劳动合同解除的法律后果

劳动合同的解除，意味着双方当事人之间劳动权利义务结束的同时，在双方当事人之间产生了新的权利义务关系（附随权利义务关系）。这些权利义务关系是基于已经解除的劳动合同关系而产生的，但是其内容是法律规定的，而不是约定的。

（一）用人单位的义务

合同解除后，用人单位负有以下几方面的义务：

1. 支付经济补偿金的义务。劳动合同解除的经济补偿，是指用人单位在协议解除劳动合同或者非过错性辞退、经济性裁员等情况下，按照法律的规定，支付给劳动者的补偿金。关于经济补偿金的性质，通说认为，经济补偿金不是对过去贡献的补偿，也不是对未履行部分的违约补偿，而是对用人单位行使法定解除权利导致劳动者失去工作岗位的一种帮助，经济补偿金应更多地体现公平。

《劳动法》第 28 条、《违反和解除劳动合同的经济补偿办法》（以下简称《经济补偿办法》）详细规定了不同情况下经济补偿金的支付标准。《劳动合同法》第 47 条也详细规定了不同情况下经济补偿金的支付标准。但是，《劳动合同法》与《劳动法》《经济补偿办法》的规定相比较有较大的变化，主要表现为：

（1）用人单位应当向劳动者支付经济补偿金的情形更加具体，包括：①劳动者依照《劳动合同法》第 38 条规定解除劳动合同的；②用人单位依照《劳动合同法》第 36 条向劳动者提出解除劳动合同动议并与劳动者协商一致解除劳动合同的；③用人单位依照《劳动合同法》第 40 条规定解除劳动合同的；④用人单位依照《劳动合同法》第 41 条第 1 款规定解除劳动合同的；⑤除用人单位维持或者提高劳动合同约定条件续订劳动合同，劳动者不同意续订的情形外，依照《劳动合同法》第 44 条第 1 项规定终止固定期限劳动合同的；⑥依照《劳动合同法》第 44 条第 4、5 项规定终止劳动合同的；⑦法律、行政法规规定的其他情形。

（2）经济补偿金的支付标准发生变化。根据《劳动合同法》第 47 条规定，经济补偿按劳动者在本单位工作的年限，每满 1 年支付 1 个月工资的标准向劳动者支付。6 个月以上不满 1 年的，按 1 年计算；不满 6 个月的，向劳动者支付半个月工资的经济补偿。劳动者月工资高于用人单位所在直辖市、设区的市级人民政府公布的上年度职工月平均工资 3 倍的，向其支付经济补偿的标准按职工月平均工资 3 倍的数额支付，向其支付经济补偿的年限最高不超过 12 年。所称月工资是指劳动者在劳动合同解除或者终止前 12 个月的平均工资。同时，《劳动合同法实施条例》第 27 条明确规定，《劳动合同法》第 47 条规定的经济补偿的月工资按照劳动者应得工资计算，包括计时工资或者计件工资以及奖金、津贴和补贴等货币性收入。劳动者在劳动合同解除或者终止前 12 个月的平均工资低于当地最低工资标准的，按照当地最低工资标准计算。劳动者工作不满 12 个月的，按照实际工作的月数计算平均工资。

2. 劳动合同解除的经济赔偿。劳动合同解除的经济赔偿，是指劳动合同当事人违反《劳动法》《劳动合同法》有关劳动合同解除的规定，所应支付给受损害方的赔偿金。劳动合同解除的经济补偿和赔偿功能不同。经济补偿在于人道性帮助，经济赔偿在于对违法者责任的确认和受损者的救济。因此，经济补偿只产生于用人单位支付给解除劳动合同的劳动者，而经济赔偿的赔偿主体既可能是用人单位，也可能是劳动者。

《劳动法》第 98 条、《违反〈劳动法〉有关劳动合同规定的赔偿办法》详细规定了不同情况下经济赔偿金的支付标准。但是，《劳动合同法》与《劳动法》

《违反〈劳动法〉有关劳动合同规定的赔偿办法》的规定相比较有较大的变化。主要表现为：

（1）统一了经济赔偿范围，不再区分造成工资损失、劳动保护待遇损失等不同情况。

（2）经济赔偿金的支付标准为：用人单位违反《劳动合同法》规定解除或者终止劳动合同的，应当依照《劳动合同法》第47条规定的经济补偿标准的2倍向劳动者支付赔偿金。《劳动合同法实施条例》第25条明确规定，用人单位违反劳动合同法的规定解除或者终止劳动合同，依照《劳动合同法》第87条的规定支付了赔偿金的，不再支付经济补偿。赔偿金的计算年限自用工之日起计算。同时，《劳动合同法》第85条还规定，用人单位解除或者终止劳动合同，未依照本法规定向劳动者支付经济补偿，经劳动行政部门责令限期支付，逾期仍不支付的，责令用人单位按应付金额50%以上100%以下的标准向劳动者加付赔偿金。

另外，我国《工会法》第52条规定，用人单位不得因为劳动者参加工会活动而与之解除劳动合同，或者因为工会工作人员履行职责而与之解除劳动合同。对于违反《工会法》第52条的用人单位不当解除劳动合同行为，劳动行政部门可以责令用人单位恢复被解雇劳动者的工作，补发因不当解除合同而损失的工资，或者责令用人单位按年收入的2倍给付赔偿。

3. 其他义务。用人单位应当在解除或者终止劳动合同时出具解除或者终止劳动合同的证明，并在15日内为劳动者办理档案和社会保险关系转移手续。用人单位违反规定未向劳动者出具解除或者终止劳动合同的书面证明，由劳动行政部门责令改正；给劳动者造成损害的，应当承担赔偿责任。

（二）劳动者的义务

合同解除后，劳动者的义务主要有：

1. 结束并移交工作事务。《劳动合同法》第50条第2款规定："劳动者应当按照双方约定，办理工作交接……"

2. 继续保守商业秘密和履行竞业禁止等义务。《劳动合同法》第90条规定："劳动者违反本法规定解除劳动合同，或者违反劳动合同中约定的保密义务或者竞业限制，给用人单位造成损失的，应当承担赔偿责任。"

第七节　我国劳务派遣合同制度

一、《劳动合同法》修改：针对劳务派遣

劳务派遣作为我国建立劳动力市场机制实践过程中出现的一种新的用工形式，逐渐产生和发展起来。然而，在2008年《劳动合同法》实施以来，劳务派遣呈现出"非正常繁荣"景象："劳务派遣在'千夫所指'中'独领风骚'，虽近乎'人人喊打'，发展却'如日中天'，无所不派，不派不灵，'欣欣向荣'，一派'繁荣'景象。"据"劳动力派遣业者国际联合会（CIETT）"的统计数据显示，2004 年被派遣劳动者占全体就业人员比例最高的为英国，达 5%，其他主要国家如美国为 1.93%，德国为 1%，法国为 2.1%，澳大利亚为 1.38%，日本为1.3%，韩国为 0.34%；据美国的职业雇主组织全国联合会（National Association of Professional Employer Organizations，NAPEO）公布的统计数据，通过 2005 年、2007 年和 2012 年三个年份比较，美国被派遣劳动者的人数比较稳定，均在 2%以下，几乎无变化。2010 年 10 月日本厚生劳动省公布的 2009 年度派遣劳动者数量调查结果显示，2009 年日本劳务派遣的渗透率（派遣员工与全日制员工的比例）低于 2%。我国派遣员工数量呈"井喷式"增长，其占国内职工总数的比例远远高于国外 2% ~ 3% 的平均水平。劳务派遣在我国的畸形发展，严重损害了劳动者的利益。

为此，2012 年 12 月 28 日，全国人大常委会公布修改《劳动合同法》的决定，这份劳动合同法修改案里的 15 个条款全部是关于劳务派遣的规定，可以说这次《劳动合同法》修改，实际上就是对劳务派遣的新规范。就是要使劳务派遣回归其作为劳动用工补充形式的定位，把派遣用工数量控制在合理范围内。修改包括四个方面：①将劳务派遣公司的法定注册资本由 50 万元提高到 200 万元，并且增加了经营劳务派遣业务的行政许可制度；②细化了被派遣劳动者享有与用工单位的劳动者同工同酬的权利的规定；③明确宣示："劳动合同用工是我国的企业基本用工形式。劳务派遣用工是补充形式，只能在临时性、辅助性或者替代性的工作岗位上实施。""临时性工作岗位是指存续时间不超过六个月的岗位；辅助性工作岗位是指为主营业务岗位提供服务的非主营业务岗位；替代性工作岗位是指用工单位的劳动者因脱产学习、休假等原因无法工作的一定期间内，可以由其他劳动者替代工作的岗位。""用工单位应当严格控制劳务派遣用工数量，不得超过其用工总量的一定比例，具体比例由国务院劳动行政部门规定。"④加大了处罚力度，将罚款标准由"1000 元以上 5000 元以下"提高至"5000 元以上1 万元以下"，并且规定："未经许可，擅自经营劳务派遣业务的，由劳动行政部门责令停止违法行为，没收违法所得，并处违法所得 1 倍以上 5 倍以下的罚款；没有违法所得的，可以处 5 万元以下的罚款。"

二、《劳动合同法》修改配套制度：进一步深化对劳务派遣的规范

2013 年 6 月 20 日，人力资源和社会保障部第十次部务会审议通过了《劳务派遣行政许可实施办法》（人力资源和社会保障部令第 19 号，以下简称《实施办法》），决定自 2013 年 7 月 1 日起施行。2013 年 12 月 20 日，人力资源和社会保障部第二十一次部务会审议通过了《劳务派遣暂行规定》（人力资源和社会保障部令第 22 号，以下简称《暂行规定》），决定自 2014 年 3 月 1 日起施行。《实施办法》和《暂行规定》是规范劳务派遣的重要规章，它们的颁布实施，对于进一步规范劳务派遣用工行为，明确劳务派遣单位、用工单位和被派遣劳动者三方的权利义务，维护被派遣劳动者的合法权益，促进企业健康发展，构建和发展和谐稳定的劳动关系具有重要意义。依据新修订的《劳动合同法》《劳动合同法实施条例》等法律法规，《实施办法》对劳务派遣行政许可的主管机关及许可原则、审批和处理流程、监督检查及法律责任等各方面作出了明确规定；《暂行规定》主要对适用范围，劳务派遣用工比例，劳动合同的订立、履行、解除和终止，跨地区劳务派遣的社会保险，法律责任以及用工比例调整过渡期等作了具体规定。

全国人大常委会 2014 年 8 月 31 日表决通过关于修改《安全生产法》的决定。新《安全生产法》明确使用劳务派遣人员的生产经营单位将现场劳务派遣人员纳入本单位从业人员统一管理，履行安全生产保障责任。

可以说，《实施办法》和《暂行规定》极大地完善了我国劳务派遣法律制度，我们以《暂行规定》为例具体说明：

（一）明确《暂行规定》的适用范围

《暂行规定》第 2 条规定：劳务派遣单位经营劳务派遣业务，企业（以下称用工单位）使用被派遣劳动者，适用本规定。依法成立的会计师事务所、律师事务所等合伙组织和基金会以及民办非企业单位等组织使用被派遣劳动者，依照本规定执行。

（二）明确劳务派遣用工比例及其过渡期

《暂行规定》第 4 条规定：用工单位应当严格控制劳务派遣用工数量，使用的被派遣劳动者数量不得超过其用工总量的 10%。之前款所称用工总量是指用工单位订立劳动合同人数与使用的被派遣劳动者人数之和。计算劳务派遣用工比例的用工单位是指依照劳动合同法和劳动合同法实施条例可以与劳动者订立劳动合同的用人单位。机关事业单位编制外用工问题将随着改革不断深化和法律的不断完善逐步加以妥善解决，本规定没有将其使用劳务派遣用工纳入适用范围。外国企业常驻代表机构和外国金融机构驻华代表机构等使用被派遣劳动者的，以及船员用人单位以劳务派遣形式使用国际远洋海员的，不受临时性、辅助性、替代性岗位和劳务派遣用工比例的限制。

为使劳务派遣用工数量较多的用工单位能够平稳地将用工比例降至规定比例，最大限度地减少对企业生产经营、劳动者就业和劳动关系的影响，《暂行规定》第 28 条规定：用工单位在本规定施行前使用被派遣劳动者数量超过其用工总量 10% 的，应当制定调整用工方案，于本规定施行之日起 2 年内降至规定比例。但是，《全国人民代表大会常务委员会关于修改〈中华人民共和国劳动合同法〉的决定》公布前已依法订立的劳动合同和劳务派遣协议期限届满日期在本规定施行之日起 2 年后的，可以依法继续履行至期限届满。用工单位应当将制定的调整用工方案报当地人力资源社会保障行政部门备案。用工单位未将本规定施行前使用的被派遣劳动者数量降至符合规定比例之前，不得新用被派遣劳动者。

（三）明确辅助性岗位确定程序

为增强新修订《劳动合同法》关于辅助性岗位规定的操作性，防止用工单位在辅助性岗位上滥用劳务派遣，《暂行规定》第 3 条第 3 款规定：用工单位决定使用被派遣劳动者的辅助性岗位，应当经职工代表大会或者全体职工讨论，提出方案和意见，与工会或者职工代表平等协商确定，并在用工单位内公示。

（四）明确同工同酬的要求

《暂行规定》在新修订《劳动合同法》所规定的用工单位应当对被派遣劳动者与本单位同类岗位的劳动者实行相同的劳动报酬分配办法的基础上，又增加了一些新的规定。《暂行规定》第 9 条规定：用工单位应当按照《劳动合同法》第 62 条的规定，向被派遣劳动者提供与工作岗位相关的福利待遇，不得歧视被派遣劳动者。在社会保险权益方面，《暂行规定》第 18 条规定：劳务派遣单位跨地区派遣劳动者的，应当在用工单位所在地为被派遣劳动者参加社会保险，按照用工单位所在地的规定缴纳社会保险费，被派遣劳动者按照国家规定享受社会保险待遇。《暂行规定》第 19 条规定：劳务派遣单位在用工单位所在地设立分支机构的，由分支机构为被派遣劳动者办理参保手续，缴纳社会保险费。劳务派遣单位未在用工单位所在地设立分支机构的，由用工单位代劳务派遣单位为被派遣劳动者办理参保手续，缴纳社会保险费。

（五）明确工伤处理

《暂行规定》第 10 条规定：被派遣劳动者在用工单位因工作遭受事故伤害的，劳务派遣单位应当依法申请工伤认定，用工单位应当协助工伤认定的调查核实工作。劳务派遣单位承担工伤保险责任，但可以与用工单位约定补偿办法。被派遣劳动者在申请进行职业病诊断、鉴定时，用工单位应当负责处理职业病诊断、鉴定事宜，并如实提供职业病诊断、鉴定所需的劳动者职业史和职业危害接触史、工作场所职业病危害因素检测结果等资料，劳务派遣单位应当提供被派遣劳动者职业病诊断、鉴定所需的其他材料。

（六）明确规定跨地区劳务派遣的社会保险

为防止劳务派遣单位侵害被派遣劳动者的合法权益，实现跨地区被派遣劳动者与用工单位职工的"同工同保"，《暂行规定》第 18 条规定：劳务派遣单位跨地区派遣劳动者的，应当在用工单位所在地为被派遣劳动者参加社会保险，按照用工单位所在地的规定缴纳社会保险费，被派遣劳动者按照国家规定享受社会保险待遇。《暂行规定》第19条规定：劳务派遣单位在用工单位所在地设立分支机构的，由分支机构为被派遣劳动者办理参保手续，缴纳社会保险费。劳务派遣单位未在用工单位所在地设立分支机构的，由用工单位代劳务派遣单位为被派遣劳动者办理参保手续，缴纳社会保险费。

（七）明确派遣劳动者退回劳务派遣单位的情形及处理

为保障被派遣劳动者的就业稳定性，防止用工单位无正当理由随意退回被派遣劳动者，《暂行规定》第12条第1款在《劳动合同法》第65条第2款的基础上进一步明确了用工单位可以退回劳动者的情形：①用工单位有劳动合同法第40条第3项、第41条规定情形的；②用工单位被依法宣告破产、吊销营业执照、责令关闭、撤销、决定提前解散或者经营期限届满不再继续经营的；③劳务派遣协议期满终止的。

但是，《暂行规定》第13条规定了例外情形：被派遣劳动者有《劳动合同法》第42条规定情形的，在派遣期限届满前，用工单位不得依据本规定第12条第1款第1项规定将被派遣劳动者退回劳务派遣单位；派遣期限届满的，应当延续至相应情形消失时方可退回。

被派遣劳动者被用工单位退回后，劳务派遣单位应区分情形依法妥善处理与被派遣劳动者的劳动关系。《暂行规定》第15条规定：被派遣劳动者因本规定第12条规定被用工单位退回，劳务派遣单位重新派遣时维持或者提高劳动合同约定条件，被派遣劳动者不同意的，劳务派遣单位可以解除劳动合同。被派遣劳动者因本规定第12条规定被用工单位退回，劳务派遣单位重新派遣时降低劳动合同约定条件，被派遣劳动者不同意的，劳务派遣单位不得解除劳动合同。但被派遣劳动者提出解除劳动合同的除外。《暂行规定》第16条规定：劳务派遣单位被依法宣告破产、吊销营业执照、责令关闭、撤销、决定提前解散或者经营期限届满不再继续经营的，劳动合同终止。用工单位应当与劳务派遣单位协商妥善安置被派遣劳动者。

此外，《暂行规定》第12条第2款规定：在被派遣劳动者退回后在无工作期间，劳务派遣单位应当按照不低于所在地人民政府规定的最低工资标准，向其按月支付报酬。

（八）明确遏制用人单位"假外包，真派遣"

《劳动合同法》修改决定公布后，有的劳务派遣单位和用工单位采取劳务承揽、业务外包的方式应对法律对劳务派遣的规制。为防止这种规避法律责任的行为，切实维护被派遣劳动者的合法权益，《暂行规定》第27条明确规定，用人单位以承揽、外包等名义，按劳务派遣用工形式使用劳动者的，按照本规定处理。这一规定将有效遏制用人单位"假外包，真派遣"的现象。

■思考题

1. 如何界定劳动合同？
2. 劳动合同应具备哪些条款？
3. 简述无效劳动合同的确认依据。
4. 劳动合同的解除有哪些情形？
5. 简述当事人违反劳动合同的法律责任。
6. 如何保护被派遣劳动者的合法权益？

第八章　集体合同制度

第一节　集体合同概述

一、集体合同的概念

　　集体合同，也称集体协议或团体协约，是指工会或劳动者代表与用人单位或其组织之间就劳动者的劳动条件与劳动待遇等事项在平等协商的基础上达成的书面协议。2004 年 1 月 20 日劳动和社会保障部发布的《集体合同规定》第 3 条规定："本规定所称集体合同，是指用人单位与本单位职工根据法律、法规、规章的规定，就劳动报酬、工作时间、休息休假、劳动安全卫生、职业培训、保险福利等事项，通过集体协商签订的书面协议……"这个定义更符合我国实施集体合同制度的实际，即只有企业层次的集体合同，没有多层次的集体合同。

　　关于集体合同的概念，国际劳工组织有一个明确的界定，代表了国际通行的做法。1951 年国际劳工组织第 91 号建议书《集体协议建议书》第 2 条第 1 款规定："以一个雇主或一群雇主，或者一个或几个雇主组织为一方，一个或几个有代表性的工人组织为另一方，如果没有这样的工人组织，则根据国家法律和法规由工人正式选举并授权的代表为另一方，上述各方之间缔结的关于劳动条件和就业条件的一切书面协议，称为集体合同。"

　　集体合同制度是一项重要的法律制度。它是在劳动关系发展到一定阶段后产生的，是弥补劳动关系法律调整机制的缺陷，以对等、均衡的目的调整劳动关系的重要法律制度。在西方，其重要性甚至超过劳动合同制度，成为劳动法调整劳动关系的核心。[1] 集体合同作为调整劳动关系的一种有效手段，目前已被国际劳工组织、世界各国广泛采用。随着我国社会主义市场经济体制的不断完善，劳动主体行为的意思自治成分不断扩大，为了确保劳动者的集体劳动条件与生活条件，集体合同制度的推行已成为劳动关系发展变化的客观要求。实践中，集体合同制度正在保护劳动者权益、促进劳动关系和谐稳定方面发挥着越来越大的作用。

二、集体合同的法律特征

集体合同与劳动合同均属于劳动主体之间权利义务关系的协议。但集体合同与劳动合同相比，又有其独特的法律特征。

（一）集体合同的主体一方是用人单位或其团体，另一方是工会或劳动者代表

工会作为集体合同的一方当事人，必须代表劳动者群体的意志和利益，即站在劳动者一边，依法为劳动者争取权利和利益。没有建立工会的企业，由上级工会指导劳动者推举代表与企业签订集体合同，劳动者代表作为集体合同的一方当事人，其职责与工会等同。用人单位作为集体合同的另一方当事人，从维护用人单位的整体利益出发，与工会或劳动者代表在平等的法律地位上，通过协商，取得合作，以维护稳定和谐的劳动关系。这一特征使集体合同与劳动合同、集体劳动合同有所区别。劳动合同的当事人一方是劳动者个人，另一方是单个用人单位，用人单位可以是企业，也可以是国家机关、事业单位和社会团体，还可以是个体经济组织。就集体劳动合同而言，也不同于集体合同，集体合同与集体劳动合同的区别，在于作为劳动者当事人一方表现为数人，但无论劳动者人数多少，代表的总是订立劳动合同的劳动者本人，而集体合同中的工会或劳动者代表则是代表企业劳动者整体。

（二）集体合同的内容侧重于维护劳动者权益

《劳动法》第33条第1款规定："企业职工一方与企业可以就劳动报酬、工作时间、休息休假、劳动安全卫生、保险福利等事项，签订集体合同……"这就体现了集体合同是以劳动者劳动条件、生活条件为主要内容的协议。集体合同以集体劳动关系中全体劳动者的共同权利和义务为内容，可能涉及劳动关系的各个方面，也可能只涉及劳动关系的某个方面（如工资合同等）。而劳动合同或集体劳动合同作为劳动关系确立的法律形式，则是对单个劳动者的权利和义务的具体规定，一般包括劳动关系的各个方面。集体合同的这一特征也有别于以劳动者承担一定义务为前提的"双保合同"，它主要是规定企业行政的义务，而不是劳动

---

〔1〕 程延园：《集体谈判制度研究》，中国人民大学出版社2004年版，第1页。

者的义务。

（三）集体合同的订立必须经过双方协商谈判，达成书面协议

按照我国法律、法规的规定，签订集体合同的程序依次为：首先，由双方依法产生的代表进行协商，形成集体合同草案；其次，由工会主持召开劳动者大会或劳动者代表大会讨论通过；再次，由双方首席代表签字盖章；最后，报送劳动行政部门审查、备案。劳动行政部门自收到集体合同文本之日起 15 日内未提出异议的，集体合同即行生效。这里既体现了合同关系成立必须遵循的平等、协商原则，又有严格的程序和形式要求。而劳动合同的成立，只要双方当事人协商一致，并且不违反国家法律、法规，合同关系就受到法律的保护，一般没有特别程序的规定。至于劳动合同的形式，在有的国家为要式合同，有的国家则为要式合同与非要式合同并存。

（四）集体合同具有较强的法定性

集体合同当事人不能自由决定是否订立集体合同、与谁订立集体合同、订立什么内容的集体合同、集体合同采取什么形式、集体合同争议处理等。例如，集体合同当事人不但无法选择缔约相对人，而且还负有必须接受协商请求的义务，当事人无正当理由不得拒绝对方提出的协商要求，否则就要承担相应的法律责任。我国《集体合同规定》第 32 条规定，集体协商任何一方均可就签订集体合同或专项集体合同以及相关事宜，以书面形式向对方提出进行集体协商的要求。一方提出进行集体协商要求的，另一方应当在收到集体协商要求之日起 20 日内以书面形式给予回应，无正当理由不得拒绝进行集体协商。第 56 条规定，用人单位无正当理由拒绝工会或职工代表提出的集体协商要求的，按照《工会法》及有关法律、法规的规定处理。

（五）集体合同争议类型具有特殊性

集体合同争议包括因签订而发生的争议（即集体协商争议）和因履行而发生的争议两种。我国立法规定，对因签订集体合同发生争议，当事人不能协商解决的，当事人一方或双方可以书面向劳动保障行政部门提出协调处理申请；未提出申请的，劳动保障行政部门认为必要时可以进行协调处理。因履行集体合同所确定的权利义务，当事人发生争议的，先由当事人协商解决；协商解决不成的，可以向劳动争议仲裁委员会申请仲裁；对仲裁裁决不服的，可以自收到仲裁裁决书之日起 15 日内向人民法院提起诉讼。而劳动合同争议仅指因履行劳动合同而发生的争议，其处理，劳动保障行政部门不介入。

（六）集体合同具有劳动基准法的效能

集体合同的内容多涉及国家劳动基准法的规定，它规定用人单位在不低于国家劳动标准的基础上，向劳动者提供劳动条件与生活条件。集体合同是为确立劳

动关系设定具体标准，即在其效力范围内规范劳动关系。

集体合同对签订合同的单个用人单位或用人单位团体所代表的全体用人单位，以及工会所代表的全体劳动者，都有法律效力。根据我国劳动法律、法规的规定，依法订立的集体合同对企业和企业全体劳动者具有法律约束力。《劳动法》第 35 条明确规定："职工个人与企业订立的劳动合同中劳动条件和劳动报酬等标准不得低于集体合同的规定。"《集体合同规定》第 6 条第 2 款进一步规定："用人单位与职工个人签订的劳动合同约定的劳动条件和劳动报酬等标准，不得低于集体合同或专项集体合同的规定。"这就使集体合同具有劳动基准法的效力。

三、集体合同的产生与发展

集体合同起源于资本主义国家，是工人阶级为争取自由和维护自己的利益而坚持斗争的产物。在资本主义制度下，由于雇主与雇用劳动者经济实力强弱的差异和利益上的冲突与对抗，再加上国家契约自由原则的保护，[1] 劳动契约对雇用劳动者来讲成了不平等的条约，劳动条件苛刻，劳动待遇低下。工人们为了改善劳动条件，提高劳动待遇，集体行动起来，通过怠工、罢工等方式向雇主施加压力。雇主为了避免持续怠工、罢工造成更大的损失，便与工人代表通过集体谈判达成和解协议，以缓和劳资矛盾，解决劳资纠纷，于是产生了集体合同。英国是世界上最早出现集体协议的国家。18 世纪末英国出现了雇用劳动团体与雇主签订的集体协议。19 世纪初，在英国某些行业，由雇主协会和工会双方成立的避免发生劳资争议的机构是世界上集体谈判的雏形。到 19 世纪末，资本主义各国已普遍实行集体合同制度，但集体合同只是劳资双方的"君子协定"，不具有法律约束力，法院也不受理集体合同争议案件。20 世纪初，随着工人运动的进一步发展，特别是十月革命的影响，资产阶级政府才开始承认集体合同，并以立法的形式加以确认。但早期的集体合同立法，内容比较简单，而且大多列入工会法、民法之中。例如，英国 1871 年制定的世界第一部《工会法》和 1875 年制定的《企业主和工人法》，率先肯定工会有与企业主签订契约的权利；新西兰 1904年制定了有关集体合同的法律；1906 年英国议会颁布了《行业争执法》，使劳资双方在自愿的基础上进行的谈判受到法律的保护；1907 年奥地利、荷兰制定了关于集体谈判的法律；1911 年瑞士颁布的《债务法》中，也有关于集体合同的规定。第一次世界大战以后，出现了一些较有影响力的单行集体合同法或劳动法典等基本法中的集体合同专章（篇）。例如，德国在 1918 年发布了《劳动协约、劳动者及使用人委员会暨劳动争议调停令》，并于 1921 年颁布了《劳动协约法

---

〔1〕　欧美资产阶级政府起初认为雇用劳动者团体迫使工厂雇主签订团体协约有悖于"契约自由"的原则，妨碍自由竞争，因而禁止缔结集体合同。

（草案）》；法国于 1919 年颁布《劳动协约法》，后来又将其编入《劳动法典》。随后，澳大利亚、芬兰等国家也相继颁布了集体协议法；1935 年美国颁布的劳资关系法中也承认了工会有代表工人同雇主订立集体合同的权利。第二次世界大战以后，集体谈判与集体合同制度在西方各国得到了进一步的发展。一些国家制定和修订劳动法时，大都对集体合同作了专门规定，有些国家还制定了新的集体合同法。另外，苏联和东欧各国也建立了集体合同制度，一些第三世界的国家也对集体合同作了专门规定。

20 世纪 60 年代以来，集体合同制度已普及于各市场经济国家，成为调节劳资关系的一项基本制度。例如，在日本，政府不参与企业工资的制定，工资主要靠劳资谈判解决。近 20 年来，这种增加工资的谈判和斗争都在每年 4 月份正式开始，已形成惯例，日本人称之为"春斗"。在这种集体谈判机制下，日本企业中因为工资而发生的罢工逐渐减少，造成企业全停产的情况几乎没有。[1] 在瑞典，雇主和工会都认为他们自己可以对工资和工作条件达成共识，通过集体协议解决问题，不需要政府的干预；雇主和工会缔结的集体合同可以包括许多内容，如工资、其他报酬、保险、教育、解雇的条件和程序等。冶金行业的一份集体合同，包括说明和附页共有 400 多页，其中只有一小部分和工资有关。集体合同可以在不同的层次上缔结，有的是核心集体合同，在全国所有的部门（包括国有和私有）都适用；有的是部门集体合同，只在某一个部门（如冶金部门）中适用；有的是企业集体合同，只在某一个工厂中适用。过去核心集体合同在瑞典比较常见，在此类合同中双方约定生产力的增长率和经济利益框架，以便于低一层次的集体合同的签订。现在更多的是订立部门集体合同。[2]

和早期的集体合同立法相比，现代集体合同立法无论是从形式还是从内容上都日臻完善，集体合同立法已成为国际劳工立法的最主要内容之一。国际劳工组织制定了多项有关集体合同的公约和建议书，如 1949 年第 98 号公约《组织权利和集体谈判权利公约》（八大基本国际劳工公约之一）、1951 年第 91 号建议书《集体协议建议书》、1981 年第 154 号公约《促进集体谈判公约》和第 163 号《促进集体谈判建议书》等。

对我国而言，集体合同制度在新中国成立之前就已存在。1922 年中国劳动组合书记部拟定的《劳动法案大纲》就提出"劳动者有缔结团体契约权"，这是

---

〔1〕　中华人民共和国劳动部国际合作司、中国劳动科学研究院国际劳工研究所编：《世界劳动》（第 1 集），中国劳动出版社 1996 年版，第 152 页。

〔2〕　Jan Edling："平衡的必要性——中瑞劳动法比较研究"，载贾俊玲主编：《21 世纪亚太地区劳动法与社会保障发展趋势》，中国劳动社会保障出版社 2001 年版，第 92～109 页，转引自周长征：《劳动法原理》，科学出版社 2004 年版，第 206 页。

我国涉及集体合同问题的首次立法议案；在工人运动的强大压力下，1930 年国民党政府公布了《团体协约法》，尽管由于各种原因该法并未真正实施，但它毕竟是旧中国第一部专门的集体合同法规；在中国共产党领导的革命根据地，1931年中华工农兵苏维埃第一次全国代表大会通过《中华苏维埃共和国劳动法》，对集体合同的内容、法律效力等作了明确规定；抗战时期，陕甘宁边区总工会于1940 年制定了《陕甘宁边区战时工厂集体合同暂行准则》；等等。这些法规在保证完成战时生产任务与维护工人阶级合法权益等方面发挥了积极的作用。

　　我国在新中国成立初期非常重视推行集体合同制度，不仅在《中国人民政治协商会议共同纲领》和《工会法》等立法中对集体合同作了规定，而且还制定了关于集体合同的专项规章——《关于私营工商企业劳资双方订立集体合同的暂行办法》，目的在于维护私营企业、公私合营企业中雇用劳动者的合法权益。但到 1956 年社会主义改造基本完成以后，在认识上出现了偏差，认为社会主义公有制基础上建立的劳动关系，其双方当事人根本利益是一致的，不会发生劳动争议，再加上后来法律虚无主义的影响，集体合同逐渐销声匿迹。党的十一届三中全会以后，随着全国工作重心的转移和社会主义法制的加强，集体合同制度在立法上得到了重新肯定。例如，1983 年中国工会通过的《中国工会章程》，1986 年国务院制定的《全民所有制工业企业职工代表大会条例》，1988 年国务院发布的《中华人民共和国私营企业暂行条例》和 1992 年颁布的《中华人民共和国工会法》，均作了有关工会代表劳动者与企业签订集体合同的规定，从而使一度中断的集体合同制度得以恢复。这些规定虽然没有得到充分实施，但为集体合同制度的推行奠定了基础。1994 年的《中华人民共和国劳动法》（2009 年 8 月 27 日最新修改）适应社会主义市场经济条件下劳动关系法律调整的要求，将集体合同作为一项重要内容加以明确规定。《劳动法》第 33 条第 1 款明确规定："企业职工一方与企业可以就劳动报酬、工作时间、休息休假、劳动安全卫生、保险福利等事项，签订集体合同……"并把集体合同置于与劳动合同并列的地位。为了规范集体协商和签订集体合同行为，依法维护劳动者和用人单位的合法权益，1994年 12 月 5 日劳动部又制定了《集体合同规定》，共 5 章 41 条，对集体合同的签订、审查及争议处理等作出了比较具体的规定。1995 年 8 月，中华全国总工会制定了《工会参加平等协商和签订集体合同试行办法》，就工会对集体合同运行各环节的参与，规定了较详细的规则。2001 年 10 月 27 日第九届全国人民代表大会常务委员会第 24 次会议对 1992 年的《中华人民共和国工会法》作了修正，进一步肯定了集体合同制度，这对普遍推行和健全集体合同制度，具有特别重要的意义。随着我国社会主义市场经济的深入发展，在集体协商领域出现了许多新问题，因此 2004 年 1 月 20 日劳动和社会保障部发布了新的《集体合同规定》，并于 2004 年 5 月 1 日起正式实施。这部新的《集体合同规定》从原来的 5 章 41 条扩充为 8 章 57 条。新颁布的《集体合同规定》丰富和拓展了集体合同的内容和范围，在原有的劳动报酬、工作时间、休息休假、劳动安全与卫生等内容的基础上，增加了补充保险和福利、女职工和未成年工的特殊保护、职业技能培训、劳动合同管理、奖惩、裁员等内容，并逐条加以细化，使集体合同的内容更加具体，更具有可操作性。根据集体合同实践的需要，新颁布的《集体合同规定》增加了专项集体合同的规定，明确企业与劳动者可以就劳动关系某一方面的突出问题进行集体协商，签订专项集体合同。在此基础上，劳动和社会保障部、中华全国总工会、中国企业协会及中国企业家协会在 2004 年 9 月 23 日联合发布的《关于贯彻实施〈集体合同规定〉的通知》中要求要在总结经验的基础上，积极探索区域性、行业性集体协商。且区域性、行业性集体协商已在实际工作中作了一些新的尝试，取得了较好的效果。2006 年 8 月，三部门又联合颁布了《关于开展区域性行业性集体协商工作的意见》。2005 年 7 月 22 日出台的《北京市集体合同条例》等地方法规则明确对区域性、行业性集体合同予以认可。2007 年 6 月 29 日通过的《劳动合同法》第 53 条规定，在县级以下区域内，建筑业、采矿业、餐饮服务业等行业可以由工会与企业方面代表订立行业性集体合同，或者订立区域性集体合同。2008 年以来，全国总工会先后就工会参加工资集体协商、建立集体协商指导员队伍、开展集体协商要约行动、开展行业性工资集体协商等下发指导意见。2010 年 5 月，全国总工会又联合人力资源和社会保障部、中国企业联合会/中国企业家协会下发了《全面实施集体合同制度"彩虹计划"》[1]，2011 年 1 月 18 日中华全国总工会印发《中华全国总工会 2011～2013 年深入推进工资集体协商工作规划》（总工发〔2011〕4 号）（简称三年规划），2014 年 4 月 18 日中华全国总工会印发《中华全国总工会深化集体协商工作规划（2014～2018 年）》（总工发〔2011〕4 号），加大推动力度。根据中华全国总工会提供的资料显示，截至 2013 年底，全国签订集体合同 242 万份，覆盖企业 632.9 万家，覆盖职工 2.87 亿人，分别比 2010 年增长了 72.0%、159.6%、55.7%；签订工资专项集体合同 129.8 万份，覆盖企业 364.4 万家，覆盖职工 1.64 亿人，分别比 2010 年增长 113.3%、226.6%、116.5%。[2] 所有这一切，表明我国集体合同立法得到了进一步的完善。

---

〔1〕《全面实施集体合同制度"彩虹计划"》确立的目标任务是：从 2010 年到 2012 年，力争用 3 年时间基本在各类已建工会的企业实行集体合同制度。其中，2010 年集体合同制度覆盖率达到 60% 以上；2011 年集体合同制度覆盖率达到 80% 以上。对未建工会的小企业，通过签订区域性、行业性集体合同努力提高覆盖比例，使集体协商机制逐步完善，集体合同实效性明显增强。

〔2〕"全国签订集体合同 242 万份 覆盖职工 2.87 亿人"，载《人民日报》2014 年 10 月 15 日。

四、集体合同的作用

集体合同的推行，对于保护劳动者的合法权益，维护与发展稳定和谐的劳动关系，建立现代企业管理制度等方面均有重要的作用。

（一）集体合同是确保劳动者劳动条件与劳动待遇的必要手段

在我国，虽然国家、企业、劳动者的根本利益是一致的，但三者之间又不可避免地存在着具体利益上的冲突与对抗。社会主义市场经济体制的建立，同样具有市场经济国家共同的特征，即企业成为自主经营、自负盈亏、独立面向市场的主体，在市场竞争机制约束下，理所当然地具有追求利润最大化及成本最小化的特点，这就不可避免地要和劳动者产生利益上的冲突。例如，近几年来随着企业利益意识的强化，特别是一些非国有企业，侵犯劳动者合法权益的事件不断发生，有的随意延长劳动时间，强迫加班、加点；有的拖欠、压低、克扣工人工资；有的忽视安全生产，劳动条件恶劣，对劳动者的身体健康、生命安全造成严重损害；更有甚者，采取非法野蛮手段对待工人，进行强迫劳动等。

如何保证劳动者的劳动条件与劳动待遇？从宏观层次上来说，国家应根据劳动关系具有隶属关系和人身关系的特点，通过倾斜立法的方式制定适用于全部用人单位和全体劳动者的劳动基准法，保障劳动者的劳动条件与劳动待遇。劳动法所规定的关于劳动者利益的标准属于最低标准，用人单位可以优于但不能低于基准法所规定的标准。按此标准对劳动者进行保护只是法律所要求的最低水平，对劳动者获得高于法定最低标准的利益，劳动基准法却力不能及。作为中观层次的集体合同制度，为劳动者依靠自身力量，通过协商交涉机制，争取比较优越的劳动条件和比较优厚的劳动待遇提供了法律保障。通过集体合同，可以对劳动者利益作出高于法定最低标准的约定，从而使劳动者利益保护的水平实际能够高于法定最低标准。我国劳动法规定，集体合同依法成立，即对双方当事人具有法律约束力，违反集体合同的行为人必然要承担相应的法律责任。同时，作为微观层次的企业与劳动者个人签订的劳动合同中关于劳动条件与劳动待遇的标准，不得低于集体合同的规定。这样就能抑制用人单位在竞争中损害劳动者的行为，切实保障劳动者合法权益的实现。所以，集体合同作为一种中观的层次，是一种承上启下的层次，既可以弥补劳动基准法、劳动合同的不足，又可以相互促进，成为确保劳动者劳动条件与劳动待遇的必要手段。

不仅如此，从世界劳动法制的发展来看，劳动基准法与集体合同制度之间存在着此长彼消的态势。"假若集体谈判制度能够有效合理地规制劳资问题，保护立法可相对减少。反之，假若集体谈判制度根本未能建立或名存实亡，则将多赖国家立法以保护劳工利益。"各国到底以何者为重，完全取决于每个国家的历史传统，"固受其社会、哲学思想、工业经济发展及政治制度之影响，但仅有轻重之别，实难偏废"。[1] 不过，"美国人更坚信以谈判方式达成合约较政府规定更富有弹性和创造性，更能唤起人类高尚的品质"。[2]

（二）集体合同是协调劳动关系，促进社会稳定与公平的有效措施

集体合同是工会代表劳动者与企业行政通过协商谈判形式签订的。在协商谈判过程中，多数劳动者的意志和要求可以得到充分反映，企业行政的意见及企业的实际情况与困难也可以在谈判中得到讨论和理解，从而使双方的利益在集体合同中得到公平体现。正是由于集体合同是在双方当事人协商的基础上签订的，有利于执行，从而能避免或减少企业劳动争议的发生，特别是避免劳动者怠工或罢工的情况发生，以维护稳定和谐的劳动关系，促进社会安定团结。

（三）集体合同是劳动者参加企业民主管理的重要途径

劳动者参加企业民主管理是我国宪法赋予劳动者的一项劳动基本权利。集体合同制度作为职工民主管理的基本形式之一，劳动者可以通过集体合同的签订和履行来实现对企业的民主管理权。因为集体合同的签订是工会组织在认真征求大多数劳动者意见的基础上，代表劳动者与企业行政签订的，所以集体合同的内容反映了广大劳动者的意见和要求，集体合同的履行也要靠广大劳动者的努力来实现。

（四）集体合同是现代化企业管理制度的重要组成部分

转换企业经营机制，建立现代企业制度，包括企业的用人、工资、保险等劳动制度在内。集体合同虽然侧重于劳动者权益的规定，但反过来也能保证企业自主权的充分实施。集体合同是在遵循国家劳动基准法的普遍原则下，允许企业自主并与工会组织协商达成书面协议，而协议本身就是企业管理自主权的实现。正因为集体合同既能保护劳动者的利益，又能促使企业生产经营计划的实现，所以才为世界各国所普遍采用。

五、集体合同的分类

对集体合同可以按不同的标准进行不同的分类。

（一）综合性集体合同与专项集体合同

这是根据集体合同所规定的内容进行的分类，也是我国 2004 年《集体合同规定》对集体合同采用的一种分类方法。当事人之间就劳动报酬、工作时间、休息休假、劳动安全卫生、职业培训、保险福利等一揽子事项达成的协议，均为综合性集体合同。它所涉及的内容是综合性的集体劳动条件，比较全面。如果当事

---

〔1〕　王泽鉴：《民法学说与判例研究》（第2册），中国政法大学出版社 1998 年版，第 324～325 页。转引自王全兴主编：《劳动法学》，高等教育出版社 2004 年版，第 186 页。

〔2〕　[美] 哈罗得·伯曼：《美国法律讲话》，陈若桓译，生活·读书·新知三联书店 1988 年版，第 129页。转引自王全兴主编：《劳动法学》，高等教育出版社 2004 年版，第 186 页。

人双方仅就集体协商的某项内容达成协议的则是专项集体合同。它所涉及的内容比较单一，仅是集体劳动条件之中的某一项，或是关于劳动报酬的专项集体协议，或是关于工作时间的专项协议等。正因为是专项协议，因而就该问题一般规定得非常详细、具体，所以可操作性也非常强。一个用人单位往往可以与本单位职工签订多个专项集体合同。

（二）单一层次集体合同与多层次集体合同

这是根据集体合同的缔约主体的数量进行的分类。由企业与本单位工会组织就集体协商内容达成的协议是单一层次集体合同；多层次集体合同是指由产业工会、行业工会、地方性联合工会、全国性联合工会与用人单位或用人单位团体就集体协商内容达成的协议。现代西方国家的集体合同大多为多层次集体合同。

我国《集体合同规定》只承认企业层次的集体合同，而不认可企业层次之外的多层次集体合同。但在实践中，这种情况有了变化，劳动和社会保障部、中华全国总工会、中国企业联合会及中国企业家协会于 2004 年 9 月 23 日联合发布的《关于贯彻实施〈集体合同规定〉的通知》中要求在总结经验的基础上，积极探索区域性、行业性集体协商。同时，区域性、行业性集体协商已在实际工作中作了一些新的尝试，取得了较好的效果。2005 年 7 月 22 日出台的《北京市集体合同条例》等地方法规则明确对区域性、行业性集体合同予以认可。2007 年 6 月 29 日通过的《劳动合同法》首次以法律的形式对区域性、行业性集体合同予以认可。

（三）纲领性集体合同和具体性集体合同

这是根据集体合同的内容进行的分类。从集体合同的内容看，内容上仅作原则性、概括性规定的是纲领性集体合同；在纲领性协议的基础上达成的，以具体的细节化的条款为内容的集体合同则为具体性集体合同。一般而言，产业性、行业性、联合性等宏观层次集体合同多采用纲领性合同，而企业级用人单位与所在工会签订的多为具体性合同。具体性集体合同与纲领性集体合同相辅相成，形成多层次集体合同模式。

（四）单层管理的集体合同与多层管理的集体合同

这是根据集体合同的管理体制进行的分类。单层管理的集体合同的管理体制是指设立官方或半官方的机构统一对集体合同的运行进行宏观管理。这种体制主要在西方国家采用，如在英国由劳资关系裁判所管理，在法国由中央集体协议委员会管理，在日本由劳动事务裁决委员会管理，这些国家对集体合同的单层管理体制在现代已形成了一套完整、有效的体系，在这种管理体制下的集体合同就是单层管理的集体合同。多层管理的集体合同的管理体制，主要指在我国目前由地方劳动行政部门、上级工会组织和企业主管部门联合管理集体合同，且以劳动行政部门的管理为主。在这种管理体制下的集体合同就是多层管理的集体合同。

（五）定期的集体合同、不定期的集体合同及以完成一定项目为期限的集体合同

这是根据合同期限的不同进行的分类。各国一般采用定期集体合同，并在立法中限制其最短期限（通常规定为 1 年）和最长期限（通常规定为 3～5 年）。也有些国家还采用不定期集体合同，立法中只规定其生效时间而不规定其终止时间，如法国、日本等。按照惯例，这种集体合同可以随时由当事人提前一定期限通知对方终止。还有少数国家采用以完成一定项目为期限的集体合同，如利比亚等。在实践中，当这种集体合同约定的工作（工程）未能在法定最长期限内完成时，一般将法定最长期限视为该集体合同的有效期限。[1] 我国《集体合同规定》规定，集体合同的期限为 1～3 年。可见我国只有定期集体合同。

第二节　集体合同的订立和效力

一、集体合同的订立

（一）集体合同的订立主体

集体合同的订立主体也称为集体合同签约人、缔约人，实际上就是集体合同的订约当事人，包括劳动者方签约人和用人单位方签约人。

1. 劳动者方签约人。劳动者方签约人一般情况下为工会，但是，在没有工会的情况下，由劳动者根据本国法律或条例正式选出或委任的代表为劳动者方签约人。就工会而言，由于各国的工会组织体系模式有所不同，劳动者方的签约当事人有所不同：采用一元化模式的国家，各级工会组织都具有集体合同签约当事人的资格；采用多元化模式的国家，因允许自由组织工会，不同的工会组织会产生竞争，所以，还有一个主体适格性判断程序。通常情况下，各级工会组织只有当其会员数额在一定范围内占劳动者总数的比例达到法定标准（一般不少于半数）时，才有资格成为集体合同的签约当事人。在此情况下，是否具备当事人资格须依法认定。

我国的工会体系属于一元化模式，不需要主体适格性判断程序，而是直接由法律规定。我国《集体合同规定》《工会法》等法律法规只赋予基层工会委员会以集体合同签约人资格，故原则上以基层工会为主。但在实践中，已有所突破，按不同条件，各级工会都有可能成为签约当事人。此外，如果用人单位未建立工会组织，则允许由职工（大会或代表大会投票过半数）推选的代表充当签约当

---

〔1〕 王全兴：《劳动法》，法律出版社 1997 年版，第 201 页。

事人。

2. 用人单位方签约人。从各国的立法看，用人单位方签约人既可以是用人单位（雇主）本身，也包括用人单位（雇主）的团体或组织。但无论何种团体或组织，其地位应与作为对方当事人的工会组织对等。依我国现行立法规定，与工会相对的集体合同当事人只限于用人单位。但在实践中，已有所突破，一些用人单位（雇主）的团体或组织有可能成为签约当事人。[1] 根据规定，具备企业法人资格、跨省市的大型企业或集团公司的法定代表人可以委托所属下一级企业或子公司的负责人与工会签订集体合同，但只能委托一级，不得层层委托。

（二）我国集体合同订立原则

根据我国《集体合同规定》第5条规定，进行集体协商，签订集体合同或专项集体合同，应当遵循下列原则：①合法性原则；②相互尊重，平等协商原则；③诚实守信，公平合作原则；④兼顾双方合法权益原则；⑤不得采取过激行为的原则。

（三）我国集体合同订立程序

集体合同必须以书面形式订立，属于要式合同，其订立程序非常严格。依照《劳动法》第33、34条，《劳动合同法》第51、54条和《集体合同规定》的规定，集体合同的签订必须经过以下步骤：

1. 确定协商代表。集体协商由双方推选代表进行。集体协商代表（以下统称协商代表）是指按照法定程序产生并有权代表本方利益进行集体协商的人员。

（1）对集体协商双方代表的一般规定。集体协商双方的代表人数应当对等，每方至少3人，并各确定1名首席代表。协商代表履行职责的期限由被代表方确定。用人单位协商代表与职工协商代表不得相互兼任。集体协商双方首席代表可以书面委托本单位以外的专业人员作为本方协商代表。委托人数不得超过本方代表的1/3。首席代表不得由非本单位人员代理。协商代表应当维护本单位正常的生产、工作秩序，不得采取威胁、收买、欺骗等行为。协商代表应当保守在集体协商过程中知悉的用人单位的商业秘密。企业内部的协商代表参加集体协商视为提供了正常劳动。

协商代表应履行下列职责：①参加集体协商；②接受本方人员质询，及时向本方人员公布协商情况并征求意见；③提供与集体协商有关的情况和资料；④代表本方参加集体协商争议的处理；⑤监督集体合同或专项集体合同的履行；⑥法律、法规和规章规定的其他职责。

（2）职工一方协商代表的产生。职工一方的协商代表由本单位工会选派。

---

[1] 参见本章"集体合同的分类"中的"单一层次集体合同与多层次集体合同"相关内容。

未建立工会的，由本单位职工民主推荐，并经本单位半数以上职工同意。职工一方的首席代表由本单位工会主席担任。工会主席可以书面委托其他协商代表代理首席代表。工会主席空缺的，首席代表由工会主要负责人担任。未建立工会的，职工一方的首席代表从协商代表中民主推举产生。工会可以更换职工一方协商代表；未建立工会的，经本单位半数以上职工同意可以更换职工一方协商代表。协商代表因更换、辞任或遇有不可抗力等情形造成空缺的，应在空缺之日起15日内按照规定产生新的代表。

对职工一方的协商代表的保护：职工一方协商代表在其履行协商代表职责期间劳动合同期满的，劳动合同期限自动延长至完成履行协商代表职责之时。除出现下列情形之一的，用人单位不得与其解除劳动合同：①严重违反劳动纪律或用人单位依法制定的规章制度的；②严重失职、营私舞弊，对用人单位利益造成重大损害的；③被依法追究刑事责任的。职工一方协商代表履行协商代表职责期间，用人单位无正当理由不得调整其工作岗位。职工一方协商代表因上述权利与用人单位发生争议的，可以向当地劳动争议仲裁委员会申请仲裁。

（3）用人单位一方协商代表的产生。用人单位一方的协商代表，由用人单位法定代表人指派。首席代表由单位法定代表人担任或由其书面委托的其他管理人员担任。用人单位法定代表人可以更换用人单位一方协商代表。协商代表因更换、辞任或遇有不可抗力等情形造成空缺的，应在空缺之日起15日内按照规定产生新的代表。

2. 集体协商，形成草案。集体协商是《集体合同规定》确认的用人单位与本单位职工签订集体合同或专项集体合同，以及确定相关事宜时应当采取的方式。集体协商主要采取协商会议形式。

（1）集体协商任何一方均可就签订集体合同或专项集体合同以及相关事宜，以书面形式向对方提出进行集体协商的要求。一方提出进行集体协商要求的，另一方应当在收到集体协商要求之日起20日内以书面形式给予回应，无正当理由不得拒绝进行集体协商。

（2）协商代表在协商前应进行下列准备工作：①熟悉与集体协商内容有关的法律、法规、规章和制度；②了解与集体协商内容有关的情况和资料，收集用人单位和职工对协商意向所持的意见；③拟订集体协商议题，集体协商议题可由提出协商一方起草，也可由双方指派代表共同起草；④确定集体协商的时间、地点等事项；⑤共同确定1名非协商代表担任集体协商记录员，记录员应保持中立、公正，并为集体协商双方保密。

（3）集体协商会议由双方首席代表轮流主持，并按下列程序进行：①宣布议程和会议纪律；②一方首席代表提出协商的具体内容和要求，另一方首席代表就对方的要求作出回应；③协商双方就商谈事项发表各自意见，开展充分讨论；④双方首席代表归纳意见。达成一致的，应当形成集体合同草案或专项集体合同草案，由双方首席代表签字。

（4）集体协商未达成一致意见或出现事先未预料的问题时，经双方协商，可以中止协商。中止期限及下次协商时间、地点、内容由双方商定。[1]

3. 通过草案。由于集体合同最终要对用人单位和全体职工发生约束力，所以经双方协商代表协商一致的集体合同草案或专项集体合同草案应当提交职工代表大会或者全体职工大会，就草案中的有关问题充分讨论、酝酿，提出修改意见，并就修改后的草案正式表决通过。职工代表大会或全体职工大会讨论集体合同草案时，应当有 2/3 以上职工代表或者职工出席，而且必须经过全体职工代表半数以上或者全体职工半数以上同意，该集体合同草案方可通过。讨论通过后的集体合同草案由集体协商双方首席代表正式签字。[2]

4. 集体合同的审查与生效。集体合同属于要式合同，法律不仅明确规定集体合同应采取书面形式，还专门设置了一个颇为严格的审查程序作为其生效条件。

（1）报送期限。集体合同草案或专项集体合同草案经职工代表大会或职工大会通过后，由集体协商双方首席代表签字。用人单位一方应当在签字后的 10 日内将集体合同文本一式三份报送劳动保障行政部门审查。劳动保障行政部门对报送的集体合同或专项集体合同应当办理登记手续。

（2）审查机关及管辖范围。县级以上劳动保障行政部门负责审查本行政区域内的集体合同或专项集体合同。集体合同或专项集体合同审查实行属地管辖，具体管辖范围由省级劳动保障行政部门规定。中央管辖的企业以及跨省、自治区、直辖市的用人单位的集体合同应当报送劳动保障部或劳动保障部指定的省级劳动保障行政部门。

（3）审查内容。劳动保障行政部门应当对报送的集体合同或专项集体合同的下列事项进行合法性审查：①集体协商双方的主体资格是否符合法律、法规和规章的规定；②集体协商程序是否违反法律、法规、规章规定；③集体合同或专项集体合同内容是否与国家规定相抵触。

（4）审查意见书与审查期限。劳动保障行政部门对报送的集体合同或专项集体合同应当办理登记手续；应当对报送的集体合同或专项集体合同的合法性进行审查；有异议的，应当自收到文本之日起 15 日内将《审查意见书》送达双方

---

[1] 但并没有规定中止的最长期限。1994 年《集体合同规定》规定中止期限最长不超过 60 天。

[2] 参见《劳动法》第 33 条及《集体合同规定》第 36、37 条规定。

协商代表。《审查意见书》应当载明以下内容：①集体合同或专项集体合同当事人双方的名称、地址；②劳动保障行政部门收到集体合同或专项集体合同的时间；③审查意见；④作出审查意见的时间。《审查意见书》应当加盖劳动保障行政部门印章。用人单位与本单位职工就劳动保障行政部门提出异议的事项经集体协商重新签订集体合同或专项集体合同的，用人单位一方应当按照上述规定将文本报送劳动保障行政部门审查。

5. 即行生效、公布履行。劳动保障行政部门自收到文本之日起 15 日内未提出异议的，集体合同或专项集体合同即行生效。生效的集体合同或专项集体合同，应当自其生效之日起由协商代表及时以适当的形式向本方全体人员公布，并积极履行各自义务，确保集体合同的顺利实现。

（四）集体协商争议的协调处理

由于集体协商双方各自的利益存在差异和对立，协商中的矛盾与冲突不可避免，因而协商不可能一帆风顺。如果在协商过程中发生争议，处理不当，就可能使协商陷入僵局，继而导致谈判破裂，甚至引发更为激烈的对抗事件，给社会安定带来消极影响。但由于集体协商争议是在双方"确权"的过程中发生的，不同于因履行集体合同发生的争议，不存在"违约""侵权"事实，因此不宜采用仲裁或诉讼的方式。《集体合同规定》第七章专门规定了"集体协商争议的协调处理"。因签订集体合同或专项集体合同发生的争议，按以下途径处理：

1. 当事人协商。由双方当事人自行协商解决有利于双方及时化解分歧，达成共识。

2. 劳动保障行政部门协调处理。

（1）提出申请和受理申请。集体协商过程中发生争议，双方当事人不能协商解决的，当事人一方或双方可以用书面的形式向劳动保障行政部门提出协调处理申请，后者应及时受理申请。必要时，劳动保障行政部门也可以在当事人未提出申请的情况下主动介入集体协商争议，进行协调处理。

（2）协调处理的管辖。集体协商争议处理实行属地管辖，具体管辖范围由省级劳动保障行政部门规定。中央管辖的企业以及跨省、自治区、直辖市用人单位因集体协商发生的争议，由劳动保障部指定的省级劳动保障行政部门组织同级工会和企业组织等三方面的人员协调处理，必要时，劳动保障部也可以组织有关方面协调处理。

（3）协调处理活动的具体环节。包括：①受理协调处理申请；②调查了解争议的情况；③研究与制定协调处理争议的方案；④制作《协调处理协议书》。

（4）《协调处理协议书》的内容和效力。《协调处理协议书》应当载明协调处理申请、争议的事实和协调结果。双方当事人就某些协商事项不能达成一致的，应将继续协商的有关事项予以载明。《协调处理协议书》由集体协商争议协调处理人员和争议双方首席代表签字盖章后生效。争议双方均应遵守生效后的《协调处理协议书》。

（5）协调处理的期限。协调处理集体协商争议，应当自受理协调处理申请之日起30日内结束协调处理工作。期满未结束的，可以适当延长协调期限，但延长期不得超过15日。

（6）协调处理的三方原则。劳动保障行政部门应当组织同级工会和企业组织等三方面的人员，共同协调处理集体协商争议。

二、集体合同的性质及效力

集体合同，"它是一个很有弹性的决策方法，比立法、司法和行政都要有弹性。不仅因为集体谈判可以在不同国家之间有很大差别，也就是说，它可以运用于各种形式的政治、经济制度，而且，对于任何一国家，它也可以满足各种产业和职业的需要"[1]。所以，不同国家对其在性质、效力、主体、内容、责任上的认识并不完全相同。其中的差别最主要集中在对集体合同性质的不同认识上，在此基础上，引出对集体合同的效力、主体、内容、责任的不同认识。因此，探讨集体合同的效力，首先要认识集体合同的性质。

（一）集体合同的性质

不同类型的市场经济国家对集体合同的性质认识并不完全相同。

1. 契约说。该说认为，集体合同是双方当事人之间通过集体协商程序订立的一种契约，集体合同规定的当事人之间的义务关系，具有一种债权合同的性质，对双方都有约束力，除了适用劳动法以外，还可以适用合同法的一般规定，因此，集体合同的履行，除法律有特别规定外，可适用债权的一般规定。

2. 法规说。该说认为，集体合同不仅仅具有债法上的效力，还具有法规的效力。这种法规的效力渊源在于国家的认可。集体合同对于劳动合同具有规范效力，集体合同订立后，在其有效期内，劳动合同关于劳动者利益的规定，可以高于但不得低于这些标准，若低于此标准就由集体合同的规定取而代之。无论劳动者是否为工会会员，也无论在订立合同当时是否为受集体合同约束的用人单位的职工，集体合同都同样对他们具有约束力。集体合同订立之后，用人单位雇用的新职工，在订立劳动合同时同样要受该集体合同的约束。

3. 君子协定说。这种观点主要是英国学者所持的观点以及司法实践。依英国权威劳工法学者的见解，英国现行由劳资双方所签订的集体合同，非属契约，

---

〔1〕　[国际劳工局] 约翰·P. 温德姆勒等：《工业化市场经济国家的集体谈判》，何平等译，中国劳动出版社1994年版，第8页。

它不仅不具有法规的效力，也不具有契约的效力。该说认为当事人之间缺乏创设法律关系之意，集体合同虽然在当事人之间也产生一定的"权利"与"义务"，但此种"权利"与"义务"不具有法律上的意义，仅具有"君子协定"的性质。集体合同的履行，不是依赖法律之制裁（legal sanction），其所依赖的只是社会制裁（social sanction）。[1]

按照"君子协定说"，集体合同不构成法律上必须履行的契约，不具有法律上的契约效力。但绝大多数国家采纳了"契约说""法规说"的观点，认为集体合同不仅具有合同的约束力，而且这种约束力高于劳动合同，我国正是如此。

（二）集体合同的效力

确认集体合同的效力，一般从其对人的效力、时间效力及空间效力层面进行全面的阐释。

1. 对人的效力。对人的效力是指集体合同对什么人有约束力。按有关规定，依法签订的集体合同对工会组织和用人单位或其团体、工会组织所代表的全体劳动者和用人单位团体所代表的各个用人单位具有法律约束力。国际劳工组织1951年第91号建议书《集体协议建议书》规定："集体协议的条文，除协议中另有规定的之外，应适用于协议所覆盖的企业雇用的各种层次的工人。"在集体合同已经成立的情况下，无论劳动者是不是工会会员，也无论在订立合同当时是否为受集体合同约束的用人单位的职工（包括对集体合同持反对意见的劳动者和用人单位、用人单位新招录的职工和新加入用人单位团体的用人单位）都要受该集体合同的约束。

2. 时间效力。时间效力是指集体合同何时生效、何时终止效力以及有无溯及力和余后效力的问题。其表现形式有三种类型：①当期效力，即集体合同在其存续期间内具有约束力。我国劳动立法对集体合同的生效与失效作了明确规定。《集体合同规定》第38条第1款明确规定："集体合同或专项集体合同期限一般为1~3年……"即我国的集体合同是有固定期限的，集体合同只在其存续期间有效。其生效时间，有的国家规定为集体合同经审查合格之日或依法推定审查合格之日，如我国《集体合同规定》第47条明确规定："劳动保障行政部门自收到文本之日起15日内未提出异议的，集体合同或专项集体合同即行生效。"有的国家则规定为双方在合同上签字盖章之日。其失效时间，一般为定期集体合同的期满、约定终止、法定终止或依法解除之日。②溯及效力，即对其生效前已签订的劳动合同是否产生约束力。有约束力的即为有溯及力，不产生约束力的为无溯及力。集体合同一般不具有溯及效力，但某些国家规定，当事人如有特别理由，

---

〔1〕　王泽鉴：《民法学说与判例研究》（第6册），中国政法大学出版社1997年版，第362~363页。

并经集体合同管理机关认可，允许集体合同有溯及效力。③余后效力，即集体合同终止后对依其订立并仍然生效的劳动合同继续产生约束力的状况。余后效力旨在避免现存的集体合同效力终止后新集体合同生效前的无规则状态。[1] 我国劳动立法对集体合同未涉及余后效力问题。但许多国家作了具体规定，例如，德国1969年《集体合同法》第4条第5项规定："集体合同期限届满以后，其法律规范仍然有效，直至它被另一协议代替为止。"俄罗斯1992年《集体合同和协议法》第14条也规定："……如合同有效期已满，则集体合同在双方尚未签署新合同或未修改和补充现行合同的情况下继续有效。"值得注意的是，由于溯及力和余后效力对劳动合同的约束力都发生在集体合同的效力期间之外，所以，溯及效力和余后效力都只限于一定条件，溯及效力与余后效力有冲突的，以对劳动者更有利的集体合同为准。我国立法应予以借鉴。

3. 空间的效力。空间的效力是指集体合同在什么地域、产业（职业）范围内发生效力。全国性或地方性集体合同分别对全国范围或某特定地域内的用人单位及其劳动者有效；产业（职业）的集体合同则对该产业覆盖范围内的用人单位及其劳动者有效；企业的集体合同只能对该企业范围内的用人单位及其劳动者有效。

第三节　集体合同的主要内容

集体合同的内容，是指集体合同中对双方当事人具体权利义务的规定，它是劳动者集体劳动权益的体现。西方国家集体合同的内容，最初主要规定工作时间、工资标准、劳动保护方面的事项，后来扩大到劳动者录用、调动及辞退的程序，技术培训，休息休假，辞退补助金、养老金及抚恤金的支付，保险，福利，以及劳动者组织的权利和劳动者参加企业管理办法等内容。根据1981年国际劳工组织关于集体谈判第154号国际公约的规定，集体协议的内容主要包括确定工作条件和就业条件、调整工人与雇主之间的关系、调整雇主或其组织同工人之间的关系。此外，还包括同上述内容有关的问题和适于谈判的经济问题，如劳动争议调解与仲裁程序、禁止罢工与怠工的范围、对违反劳动纪律的处理、解雇冗员的规定程序以及双方认为有必要的和感兴趣的问题。

世界各国关于集体合同内容的立法例，主要有三种：①列举式，即在集体合同立法中详细列举了其必要条款，如法国、美国等；②排除式，即在立法中对集体合同的内容作排除性规定，除此之外由当事人自由协商，如波兰；③自由式，

---

[1]　参见［德］W. 杜茨：《劳动法》，张国文译，法律出版社2005年版，第206页。

即对集体合同的内容立法不作规定，由双方当事人自由协商，如德国、日本、俄罗斯等。

我国集体合同的内容，根据《劳动法》第33条、《劳动合同法》第51条、《集体合同规定》第8条以及中华全国总工会制定的《工会参加平等协商和签订集体合同试行办法》，属于列举式立法例。集体协商双方可以就下列多项或某项内容进行集体协商，签订集体合同或专项集体合同：

1. 劳动报酬。这主要包括用人单位工资水平、工资分配制度、工资标准和工资分配形式；工资支付办法；加班、加点工资及津贴、补贴标准和奖金分配办法；工资调整办法；试用期及病、事假等期间的工资待遇；特殊情况下职工工资（生活费）支付办法；其他劳动报酬分配办法等。

2. 工作时间。这主要包括工时制度；加班加点办法；特殊工种的工作时间；劳动定额等。

3. 休息休假。这主要包括日休息时间、周休息日安排、年休假办法；不能实行标准工时职工的休息休假；其他假期等。

4. 劳动安全卫生。这主要包括劳动安全卫生责任制；劳动条件和安全技术措施；安全操作规程；劳保用品发放标准；定期健康检查和职业健康体检等。

5. 补充保险和福利。这主要包括补充保险的种类、范围；基本福利制度和福利设施；医疗期延长及其待遇；职工亲属福利制度等。

6. 女职工和未成年工的特殊保护。这主要包括女职工和未成年工禁忌从事的劳动；女职工的经期、孕期、产期和哺乳期的劳动保护；女职工、未成年工定期健康检查；未成年工的使用和登记制度等。

7. 职业技能培训。这主要包括职业技能培训项目规划及年度规划；职业技能培训费用的提取和使用；保障和改善职业技能培训的措施等。

8. 劳动合同管理。这主要包括劳动合同签订时间；确定劳动合同期限的条件；劳动合同变更、解除、续订的一般原则及无固定期限劳动合同的终止条件；试用期的条件和期限等。

9. 奖惩。这主要包括劳动纪律；考核奖惩制度；奖惩程序等。

10. 裁员。这主要包括裁员的方案；裁员的程序；裁员的实施办法和补偿标准等。

11. 集体合同期限。一般为1～3年。

12. 变更、解除集体合同的程序。

13. 履行集体合同发生争议时的协商处理办法。

14. 违反集体合同的责任。

15. 双方认为应当协商的其他内容。

集体合同的内容按功能可以分为两种类型：①标准性条款。标准性条款也称规范性条款，指劳动合同加以约束和规范的集体合同条款，包括劳动报酬、劳动定额、工作时间、休息休假、劳动安全卫生、补充保险和福利、女职工和未成年工的特殊保护、职业技能培训等方面。标准性条款是集体合同的核心内容，它制约着劳动合同中相关的内容，能对劳动合同中的劳动报酬、劳动条件等内容直接产生制约和规范作用，直接体现集体合同的规范效力。②程序性条款。程序性条款，即规定集体合同自身运行的程序规则的条款。包括集体合同的订立、履行、变更、解除、终止、续订，以及违反集体合同责任的承担、集体合同争议的处理程序，以及职工的录用、工资调整办法、奖惩程序、裁员程序等。程序性条款的目的在于保障集体合同所确立的权利、义务得以落实，是集体合同得以履行及维护集体合同主体双方合法权益不可缺少的保证。

第四节　集体合同的履行、变更、解除与终止

一、集体合同的履行

集体合同的履行，是指集体合同依法生效后，双方当事人按照合同约定全面履行合同义务的行为。集体合同的履行应当坚持实际履行、适当履行和协作履行的原则。

在集体合同履行过程中，应针对不同的合同条款采用不同的履行方法。对于其中的标准性条款，要求在合同有效期限内始终按照集体合同规定的各项标准签订和履行劳动合同，确保劳动者劳动权利的实现不低于集体合同中所规定的标准。对于约定不明确的内容，凡国家法律、法规有明确规定的按规定执行；无明确规定的，由双方当事人协商议定。对于履行集体合同发生的争议，双方可以协商解决；协商不成的，可以向劳动争议仲裁机构申请仲裁；对仲裁裁决不服的，可以向人民法院提起诉讼。

集体合同履行过程中，监督是非常必要的。企业工会、企业职代会及其职工代表、签约双方代表以及劳动行政部门、企业主管部门、地方和产业工会，都应当对集体合同的履行实行监督。尤其是用人单位和工会组织双方代表，应定期对合同的执行情况进行检查，并随时向职代会或劳动者群众通报情况，接受劳动者群众的监督。通过经常性的监督和检查，可以提高企业履行集体协议的责任感和全体劳动者履行集体合同规定义务的事业心，既能提高劳动者的劳动条件和物质文化生活条件，又能增强企业劳动者的凝聚力。全国总工会的《工会参加平等协商和签订集体合同试行办法》中对监督履行集体合同规定了下述要点：①企业工

会应当定期组织有关人员对集体合同的履行情况进行监督检查，发现问题后，及时与企业协商解决；②企业工会可以与企业协商建立集体合同履行的联合监督检查制度，定期或不定期对履行集体合同的情况进行监督检查；③工会小组和车间工会应当及时向企业工会报告本班组和车间履行集体合同的情况；④职代会有权对集体合同履行实行民主监督，企业工会应当定期向职代会或全体职工通报集体合同履行情况，组织职工代表对集体合同履行进行监督检查。

二、集体合同的变更与解除

集体合同的变更，是指集体合同生效以后，履行完毕之前，由于主观或客观情况发生变化，当事人依照法律规定的条件和程序，对原合同中的某些条款进行增减或修改。集体合同的解除，是指集体合同生效以后，履行完毕之前，由于主观或客观情况发生变化，当事人依照法律规定的条件和程序，提前终止合同的行为。

依据《集体合同规定》，集体合同变更与解除的条件为：①双方协商一致，即一方提出变更或解除合同的建议，经与对方当事人协商，并取得一致意见，即可变更或解除集体合同。但变更后的合同内容不得违背国家有关法律、法规的规定。②用人单位因被兼并、解散、破产等原因，致使集体合同或专项集体合同无法履行。③因不可抗力等原因致使集体合同或专项集体合同无法履行或部分无法履行。④集体合同或专项集体合同约定的变更或解除条件出现。⑤法律、法规、规章规定的其他情形。

集体合同变更或解除应当履行法定程序。变更或解除集体合同或专项集体合同适用集体协商程序。

三、集体合同的终止

集体合同的终止，是指由于某种法律事实的发生而导致集体合同所确立的法律关系的消灭。《集体合同规定》第38条第1款规定："集体合同或专项集体合同期限一般为1～3年，期满或双方约定的终止条件出现，即行终止。"

集体合同终止的原因：①合同期限届满。集体合同的期限为1～3年，具体期限从合同约定。如果合同中没有明确规定期限，一般应认为有效期为1年，有效期满，集体合同即行终止。②约定的终止条件出现。双方当事人在签订集体合同时，可以根据实际情况在合同中规定终止条件，如"当事人一方违约使集体合同的履行成为不必要""国家劳动制度进行重大改革"等，均可以作为集体合同终止的条件。

第五节　不当劳动行为

一、不当劳动行为的概念

不当劳动行为，是指集体劳动关系中的双方当事人以不正当的手段，妨碍或者限制了对方（少数情况下也可能是第三方）行使其合法权利的行为。不当劳动行为的主体，在大多数情况下是用人单位及其团体（主要是用人单位），但是少数情况下也可能是工会。不当劳动行为制度是为了规范用人单位及其团体（主要是用人单位）与工会之间的行为而制定的，其最终目的在于防止任何一方采取不公平行为而妨碍另外一方进行集体协商的努力。

关于不当劳动行为的立法，以美国和日本最有代表性和典型性。美国1935年《全国劳工关系法》，又称《华格纳法》，最早提出了不当劳动行为的概念。在美国，不当劳动行为立法适用于雇主和工会。日本在二战后也仿照美国的《华格纳法》，引进了不当劳动行为的概念。日本不当劳动行为立法的特点是其关于不当行为的立法只适用于雇主，而不适用于工会。国际劳工立法中，国际劳工组织的第98号公约第1~2条也规定不当劳动行为只适用于雇主，而不适用于工会。[1] 我国台湾地区的劳动三法，即工会法、团体协约法与劳资争议处理法均经历了最新修订，并于2011年5月1起正式施行。台湾劳动三法在立法过程中借鉴吸收了大量国际上最新的经验和理念，对与集体劳动关系密切相关的"劳工三权"即团结权、团体协商权及争议权，作了许多新的调整和规范。[2]

二、不当劳动行为的类型[3]

各国劳动法中对于不当劳动行为的规定不尽一致，美国和日本就是一例。本书同意不当劳动行为既适用于雇主，也适用于工会。

（一）雇主的不当劳动行为

1. 干涉工会活动。这是雇主经常使用的一种不当劳动行为，其手段多种多样。在美国，以下行为都属于不当劳动行为：与劳动者个人订立"黄犬契约"[4]，直接限制其加入工会的权利；对工会活动进行监视，甚至使用间谍；对

---

〔1〕　参见周长征：《劳动法原理》，科学出版社2004年版，第212~213页。

〔2〕　参见台湾地区"法务部"网站：http: //law. moj. gov. tw/Index. aspx.

〔3〕　参见周长征：《劳动法原理》，科学出版社2004年版，第212~222页；常凯：《劳权论——当代中国劳动关系的法律调整研究》，中国劳动社会保障出版社2004年版，第337~360页；台湾地区"法务部"网站：http: //law. moj. gov. tw/Index. aspx；我国台湾地区最早的劳工组织——劳工阵线的网站：https: //sites. google. com/a/labor. ngo. tw/labor/tlf.

〔4〕　意为卑鄙的契约，指雇主以劳动者不参加或退出工会为条件与劳动者订立的劳动合同。

参加工会活动的劳动者进行威胁，或者承诺一旦劳动者退出工会，将给予一定好处；对劳动者进行盘问，调查有关工会活动的情况；等等。在日本，《工会法》第7条规定，雇主虽然有言论自由，但是不得就工会内部的运作发言。雇主为对抗工会，虽能表明自己立场，并未违反此原则，但包含有报复、威吓、利益诱导等内容的，仍然构成干涉工会运作的不当劳动行为。[1]

2. 控制、操纵工会活动。即雇主组织"公司工会"或者以各种形式操纵工会。这种不当劳动行为的危害在于破坏工会的独立性，致使工会不再是工人利益的代表，各项活动都要以雇主的根本利益为依据。这种性质的工会，通常也被称为"老板工会"或者"黄色工会"。各国工会法一般都严格禁止劳动力使用者操纵工会的行为。雇主操纵工会的手段主要有两种：①控制工会干部的人选，让自己的亲信或关系较友好的人出任工会领导或重要工会职务。②控制工会的财源，给工会活动经费或财政补贴。第二种手段虽然有害于工会的独立性，但是在一定条件下也是对工会有利的，因此各国法律往往以但书的形式规定了一些例外情况。例如，日本《工会法》规定，雇主捐助的福利、卫生、救济等方面的基金，或者雇主提供给工会的办公场所等，都是被允许的。美国1935年《华格纳法》第8条第a款第2项规定，禁止由雇主组成或由雇主支配的公司工会。因此，美国的雇主不得协助创立工会组织，或者在某一工会组织寻求正式承认时，对其给予协助，否则，国家劳工关系委员会（NLRB）可以命令雇主撤回对该工会组织的承认，或者将该工会组织加以完全解散。[2]

3. 拒绝集体协商。根据美国1935年《华格纳法》，雇主不得拒绝与有代表权的工会进行集体协商。而且，该法要求雇主应当基于诚信原则与工会进行协商。日本《工会法》第6条也明确规定："雇主无正当理由不得拒绝同所雇用的劳动者代表进行集体协商。"

4. 歧视待遇。美国1935年《华格纳法》规定，雇主对于工会会员、职员不得有歧视行为，例如，将工会干部降职、调职、减少工资或者不给予升迁机会等。雇主不得因雇员加入工会，或者没有加入工会，而对其工作条件给予任何歧视差别待遇。然而，一工会组织在与雇主进行集体协商时，可以要求在集体合同中规定一项工会组织保障条款，要求雇员缴纳定期会费和正式入会费，以作为获得雇用的条件之一。如果某个雇员拒绝缴纳工会要求的款项，他可能因此而被解雇，除非他反对缴纳这些款项的原因是基于其宗教信仰。但是，美国目前有21

---

〔1〕　参见黄越钦：《劳动法新论》，中国政法大学出版社2003年版，第312页。

〔2〕　［美］William B. Gould Ⅳ：《美国劳工法入门》，焦兴铠译，台湾编译馆1996年版，第81页。转引自周长征：《劳动法原理》，科学出版社2004年版，第216页。

个州法律上禁止集体合同规定此类工会保障条款。[1] 在日本，根据《工会法》第 7 条的规定，雇主不得以劳工为工会会员、加入工会、拟组织工会或行使工会之正当行为为由而解雇该劳工或予以不利益待遇；不得以不加入工会或促使其加入工会为雇用条件，但工会如可代表特定工作场所所雇用之劳工过半数时，雇主得与该劳工缔结以加入该工会为雇用条件的劳动合同。歧视待遇的形式包括：①经济上的歧视待遇，包括解雇、停职、调动、减薪、降职、停止升迁等。如果雇主平调甚至提升工会干部的职务，虽然不影响其个人的利益，但却可能会对工会的活动造成重大影响的，也属于经济上的歧视行为。②精神上的歧视待遇，主要是指雇主在工作过程中给予工作原因之外的精神压力或负担。

（二）工会的不正当劳动行为

在 1935 年《华格纳法》通过以后，美国工会获得了巨大的发展。但是，美国国会认为工会在滥用其力量。为了禁止一些工会的"恶劣行为"，1947 年美国国会对《华格纳法》进行了修订，通过了《全国劳资关系法》，即《塔夫特—哈特利法》，增加了针对工会的不当劳动行为的规定。这项法案受到了工会的强烈抵制，在国会内部也引起了激烈争论，甚至该法曾经被杜鲁门总统否决。尽管如此，美国国会仍然认为有必要对工会的行为进行一定的限制，以平衡劳资关系，所以最后还是坚持通过了该法。道格拉斯·莱斯利指出："该法表明，联邦政策在继续支持雇员有权摆脱雇主控制的同时，由鼓励组织工会转变为保持一个更为中立的立场。"根据《塔夫特—哈特利法》，工会的不当劳动行为可能是针对雇主的行为，也可能是针对工人特别是非工会会员的行为。具体来说，工会的不当劳动行为包括以下几种：

1. 限制工人的行动或者加以强制。如果某个工会组织以暴力、骚动或者大规模罢工纠察活动，来妨碍工人或一般大众进出雇主产业及营业处所的行动自由，各州及地方政府可以针对工会的这种犯罪行为提起公诉。有些情况下，如有关敲诈勒索而使用暴力的情况，联邦政府本身也可以成为公诉人。

2. 给予歧视待遇。在美国，因为法律允许一个企业内存在多个工会，所以，这种情况大多是某一个工会鼓动雇主歧视某些属于另外一个敌对工会的会员而引起的。

3. 集体协商中的不诚信行为。在美国，有一些势力强大的工会，在集体协商中往往采取一种"要么全盘接受，要么全部放弃"的霸道态度，只是将起草好的集体合同放到谈判桌上，要求雇主签名。《塔夫特—哈特利法》就是为了纠

---

[1]　[美] William B. Gould Ⅳ：《美国劳工法入门》，焦兴铠译，台湾编译馆 1996 年版，第 82 页，转引自周长征：《劳动法原理》，科学出版社 2004 年版，第 217 页。

正这种现象而作此规定的。

4. 间接抵制行为。所谓间接抵制，是指工会针对与雇主有业务往来关系的其他企业所进行的抵制活动，通常伴随有罢工纠察行为。一般而言，自由开放之社会，通常都希望能同时保障劳工的团结权和无辜第三方的利益。[1]

三、我国修改后的《工会法》中不当劳动行为的规定

我国《劳动法》中目前并没有不当劳动行为的概念，但 2001 年修改后的《工会法》有涉及不当劳动行为的规定，从一定程度上引入了实质意义的"不当劳动行为"制度。

（一）对用人单位的不当劳动行为的规定

1. "干涉工会活动"的不当劳动行为。为了防止用人单位阻挠劳动者组建基层工会，《工会法》第 11 条规定："……上级工会可以派员帮助和指导企业职工组建工会，任何单位和个人不得阻挠。"通过上级工会的强有力的援助，来对抗来自用人单位的阻挠和破坏，这是我国规范不当劳动行为的一个创举。同时《工会法》还强化了相关的法律责任。该法第 50 条规定，如果用人单位阻挠职工依法参加和组织工会或者阻挠上级工会帮助、指导职工筹建工会的，由劳动行政部门责令其改正；拒不改正的，由劳动行政部门提请县级以上人民政府处理；以暴力、威胁等手段阻挠造成严重后果，构成犯罪的，依法追究刑事责任。第 51 条第 2 款规定："对依法履行职责的工会工作人员进行侮辱、诽谤或者进行人身伤害，构成犯罪的，依法追究刑事责任；尚未构成犯罪的，由公安机关依照治安管理处罚法的规定处罚。"

2. "控制、操纵工会活动"的不当劳动行为。在我国，特别是在非公有制企业中，用人单位控制干涉工会是一个普遍存在的问题。在一些已经建立工会的非公有制企业中，工会主席有相当部分是由企业行政负责人如副厂长、人事部长、行政处长，或用人单位负责人的亲戚、亲信乃至老板娘充任。为此，《工会法》第 9 条第 2 款特别规定："各级工会委员会由会员大会或者会员代表大会民主选举产生。企业主要负责人的近亲属不得作为本企业基层工会委员会成员的人选。"这是我国《工会法》防止用人单位操纵工会，维护工会独立性的一个新的进步。该规定将民主选举制度作为防止用人单位操纵工会的根本措施，可谓是抓住了问题的要害。这些规定，在一定程度上完善了我国的不当劳动行为制度。

3. "拒绝集体协商"的不当劳动行为。《工会法》第 20 条第 2 款规定："工会代表职工与企业以及实行企业化管理的事业单位进行平等协商，签订集体合

---

〔1〕 ［美］William B. Gould Ⅳ：《美国劳工法入门》，焦兴铠译，台湾编译馆 1996 年版，第 86 页，转引自周长征：《劳动法原理》，科学出版社 2004 年版，第 218 页。

同。……"这说明我国工会有权代表职工与用人单位进行集体协商，用人单位有义务与之进行协商。该法第53条第4项进一步规定，无正当理由拒绝进行平等协商的，由县级以上人民政府责令改正，依法处理。可见，用人单位如果拒绝协商，将会构成违反《工会法》的行为，这实质上也是把拒绝集体协商的行为视为不当劳动行为加以规定的。

4. "歧视待遇"的不当劳动行为。《工会法》规定，工会主席、副主席任期未满时，不得随意调动其工作。因工作需要调动时，应当征得本级工会委员会和上一级工会的同意。基层工会专职主席、副主席或者委员自任职之日起，其劳动合同期限自动延长，延长期限相当于其任职期间；非专职主席、副主席或者委员自任职之日起，其尚未履行的劳动合同期限短于任期的，劳动合同期限自动延长至任期期满。企业、事业单位、机关工会委员会的专职工作人员的工资、奖励、补贴，由所在单位支付。社会保险和其他福利待遇等，享受本单位职工同等待遇。基层工会的非专职委员占用生产或者工作时间参加会议或者从事工会工作，每月不超过3个工作日，其工资照发，其他待遇不受影响。如果用人单位违反上述法律规定，应当承担相应的法律责任。《工会法》第51条规定，用人单位对依法履行职责的工会工作人员无正当理由调动工作岗位，进行打击报复的，由劳动行政部门责令改正、恢复原工作；造成损失的，给予赔偿。第52条规定，如果用人单位因为职工参加工会活动而与之解除劳动合同，或者因为工会工作人员履行法定职责而被解除劳动合同的，劳动行政部门不仅可以责令用人单位恢复其工作，而且有权责令补发被解除劳动合同期间应得的报酬，或者责令给予本人年收入2倍的赔偿。

（二）对工会的不当劳动行为的规定

在《工会法》中，对于工会的不当劳动行为尚没有系统的规定，这主要是因为我国工会与政府有着密切的联系，在行为方面受到了较多的约束，因此不当劳动行为现象尚不突出。尽管如此，一些基层工会或者工会工作人员的行为已经违反了《工会法》的原则和宗旨，实质上已经构成了不当劳动行为，诸如在非公有制企业压制工人组织工会，在集体谈判中维护用人单位利益，接受用人单位的款项或贿赂成为用人单位的代理人或工贼等。针对这些现象，《工会法》第55条规定："工会工作人员违反本法规定，损害职工或者工会权益的，由同级工会或者上级工会责令改正，或者予以处分；情节严重的，依照《中国工会章程》予以罢免；造成损失的，应当承担赔偿责任；构成犯罪的，依法追究刑事责任。"这是我国平衡劳动双方当事人的利益，规范工会不当劳动行为的一种有益的探索。但是，第55条只适用于工会工作人员，而不适用于工会组织；只适用于损害职工或者工会权益的情形，而不适用于损害用人单位或者第三方权益的情形。

因此，关于我国的工会不当劳动行为，立法尚有待随着实践的发展进一步充实、完善。需要提及的是，台湾地区新修正的"工会法"整合和扩充了不当劳动行为禁止的范围，包括工会会员受到不利益待遇、黄犬条款的约定、雇主介入或控制工会等，并在新修正的团体协约法中亦增设了无正当理由拒绝协商之不当劳动行为的规定，最后在新修正劳资争议处理法中引进美、日等国的不当劳动行为的救济制度，并创设了裁决制度，使受不当劳动行为侵害之一方得申请迅速获得包括回复原职、向法院申请假扣押或假处分的行政救济，并对违反者处以高额的罚款，以吓阻不当劳动行为的发生。[1][2]

■思考题

1. 集体合同的概念与特征是什么？
2. 集体合同的生效条件有哪些？
3. 如何认识集体合同的性质和效力？
4. 集体合同有哪些主要条款？
5. 如何理解和确认不当劳动行为？

---

〔1〕 张鑫隆："新劳动三法对台湾工会的意义及未来的课题"，载《台湾劳工季刊》2010 年第 26 期。
〔2〕 参见周长征：《劳动法原理》，科学出版社 2004 年版，第 219 页；常凯："论不当劳动行为立法"，载《中国社会科学》2000 年第 5 期。

第九章 工作时间与休息时间制度

■ 学习目的和要求

　　通过本章的学习，应该在掌握工作时间的概念、特点，我国法律关于工作时间的基本规定，我国的法定节日休假制度以及加班加点制度具体规定的基础上，了解确定工作时间的依据、工作时间法律规范的功能、各国关于劳动时间的立法概况、休息时间的基本分类等知识点。

第一节 工作时间制度

一、工作时间概述

（一）工作时间的概念及其特点

　　工作时间，是指依国家法律规定，劳动者在一昼夜之内和一周之内用于完成本职工作的时间。法律规定的一昼夜之内工作时数的总和构成标准工作日制度；一周之内工作时数的总和构成标准工作周制度。

　　工作时间，是劳动者用来创造物质财富和精神财富的时间，是衡量每一个劳动者向社会所作贡献的大小和取得劳动报酬的重要依据。因此，任何一个国家都通过立法确定劳动者正常状态下工作时间的标准，并依据这个标准，确定劳动者的一系列基本权利和义务，如劳动者的休息权、劳动报酬权以及劳动者应当完成的工作任务等。工作时间，作为一个法律的范畴，除了包括劳动者实际完成本职工作所需要的标准时间之外，还包括基本实现劳动法的其他目的所需要的时间。这些时间包括：①生产或工作前从事必要的准备和工作结束时的整理时间；②因用人单位的原因造成的等待工作任务的时间；③参加与工作有直接联系并有法定义务性质的职业培训和教育时间；④连续性有害于健康的工作的间隙时间；⑤女职工哺乳的往返途中时间、孕期检查时间以及未成年人工作中适当的中间休息时间等；⑥法律规定的其他算作工作时间的事项。

　　从立法目的角度而言，工作时间有以下显著特点：

　　1. 既有标准工作日的规定，又有标准工作周的规定，同时也有其他标准工作时间的规定。工作时间制度立法目的具有双重性，即既保护劳动者的身体健康，又适应生产活动的客观要求和维护正常的生产秩序。就保护劳动者的身体健康而言，有关工作时间的法律规范必须考虑劳动者在一昼夜之内生理上能够承受的劳动限度。标准工作日制度的主要作用，就在于保证劳动者的劳动消耗和支出不超过生理上能够承受的限度，并保障劳动者休息权的实现。但是，如果仅仅规定标准工作日，势必产生两个不便：①使工作时间制度缺少灵活性。譬如，当我们拟将每天 8 小时工作时间缩短，但每天减少 1 小时又觉得缩短幅度过大时，只能以每天缩短多少分钟计算。这样就使本来很简单的问题变得复杂化，也使工时制度的改革缺乏灵活性。②无法适应特殊情况下生产经营活动的需要。当某用人单位不得不在两天之内加紧完成一项紧迫的生产任务时，单纯的标准工作日的法律规范就使得用人单位无法应付这种特殊的需要。为了克服仅仅规定标准工作日的不足与不便，在立法上同时采取了规定标准工作周的方式。标准工作周制度，既使工作时间制度具有灵活性和弹性，又能适应特殊情况下企业生产经营活动的特殊需要。

2. 无论是标准工作日，或是标准工作周的法律规定，都仅仅确立了用人单位对劳动者在工作时间上不得突破的上限标准，用人单位可根据自己生产经营的具体情况，确立低于标准工作日和标准工作周的工作时间制度。立法上的这种规定，一是基于社会主义市场经济条件下，企业或经济组织是一个完全独立的生产经营者，国家着重从宏观上加以调控；二是在劳动法的立法指导思想上，侧重于保护劳动者的合法权益。

3. 标准工作日和标准工作周制度，是工作时间制度的基础，法律允许实行的其他工时制度，都必须依据上述两项标准测定相关的定额和因素。如《劳动法》第 37 条规定的计件工作制，就必须依据标准工作日和标准工作周确定劳动定额和报酬标准。

（二）工作时间立法概况

1. 外国工作时间立法概况及其特点。工时立法是劳动立法历史中最古老和最基本的内容之一。1802 年英国颁布的被公认为现代劳动立法开端的《学徒健康与道德法》，就是一项以限制工作时间为基本内容的立法。该法规定纺织工厂童工每天工作不得超过 12 小时。继英国这项立法之后，西方一些发达资本主义国家相继颁布了有关"工厂立法"，并把限制工作时间作为其中的一项重要内容。随着人道主义思想在世界范围的广泛传播和工人阶级作为一股社会政治力量的增强，劳动者同雇方之间就工作时间的缩短而进行的斗争日趋尖锐和激烈。这种斗争直接影响着各国工作时间的立法。譬如，1877 年美国铁路工人就展开了争取 8 小时工作日的斗争，直到 1886 年 5 月 1 日，美国 1 万多家企业的 40 多万工人为争取 8 小时工作日举行全国性大罢工，才迫使资本家承认了 8 小时工作日的权利。为了巩固这次罢工取得的成果，共产国际于 1889 年 7 月 14 日在巴黎召开了国际代表大会，通过了把 5 月 1 日作为国际劳动节的决议。这一决议，后来被世界各国写入了本国的劳动法。无论从历史还是现状看，各国关于工作时间制度的立法都反映了以下特征：

（1）缩短工作时间已成为一种普遍和长期的趋势。第一次世界大战之前，各国规定的工作日标准一般为 10 小时，大战结束后缩短到 8 小时。20 世纪 70 年代，欧美等国已普遍实行 40 小时工作周，并且缩短工时的进程越来越快，如法国 1981 年将工作周缩短为 39 小时，1999 年又缩短为 35 小时，5 日工作周。在 20 世纪 60 年代以前，美国花了 20 年才完成这一过渡，而 20 世纪 60 年代以后，东欧一些国家只用了十多年时间。

（2）工作时间的缩短，不仅仅被看作是对劳动者休息权的一种保护，而且标志着一个国家经济发展的水平和社会进步的程度。由于工作时间的缩短同一个国家的文明程度和政治进步联系在一起，世界范围内形成了一种追求缩短工作时间的浪潮。这种建立在人类文明和社会进步基础之上的浪潮，必将长期推动着工作时间的逐渐缩短。

（3）普遍推行带薪年休假制度。年休假是各国劳动法规定劳动者休息权的重要内容。这项休假制度的产生，不仅反映劳动者休息权日益为各国所重视，而且通过年休假能激励劳动者长期在一个企业工作，从而稳定劳动关系。关于年休假的立法，各国不仅普遍采用，而且大多数国家都将年休假视为强制性休假，即职工不得放弃和雇主不得以支付额外工资代替休假。

（4）采用原则性和灵活性相结合的立法规定。各国关于工作时间的立法，基本上都采用了企业不得超过的法定工时标准，关于具体的工作时间制度，允许企业依法自行确定。目前，西方许多国家采用的弹性工作制和非全时工作制就是这种灵活性的具体表现，如瑞士实行的是 44 小时的工作周，但有些公司则将工作时间缩短到一周 30 小时，并且宣布工人若在一周的几天内工作满 30 小时，完成了一周的工作量，便获得 44 小时的定额工资。随着社会的发展和技术的进步，特别是计算机的普及和信息网络的形成，很多工作不需要劳动者走出家门就可以完成，这就使工作时间的立法不得不在其灵活性方面适应现代化生产的要求。

2. 我国工作时间立法概况。我国工时制度立法晚于西方发达工业化国家。19 世纪中叶，产业工人在我国出现后，工作日通常为 12～14 小时。国民党统治时期虽然规定有"成年工人每日实际工作时间以 8 小时为原则"的条文，但实际上并未实现。中国共产党成立之后，非常重视工作时间立法。例如，1922 年中国劳动组合书记部拟定的《劳动法案大纲》即提出每日工作不得超过 8 小时，夜班不超过 6 小时。新中国成立前夕的《共同纲领》规定："公私企业目前一般应实行 8 小时至 10 小时的工作制。"1952 年国民经济恢复工作刚刚结束，政务院在《关于劳动就业问题的决定》中规定："为保障职工健康，提高劳动生产率，并扩大就业面，应有计划地有步骤地坚决贯彻 8 小时至 10 小时工作制，一切较大的公私营工矿交通运输企业均应尽可能实行 8 小时工作制……一切公私企业的加班加点，均应受严格的限制。"1956 年 6 月 8 日国务院发布了《关于建筑业实行八小时、小礼拜工作制度的规定》，指出，目前建筑业工时制度混乱不统一，有 8 小时、8 小时半、9 小时的，甚至有 10 小时的。由于工时过长，影响着职工的身体健康以及文化、技术水平的学习提高，因而决定：从今年的 7 月 1 日起，建筑业一律实行 8 小时小礼拜工作制度。1960 年 12 月 21 日《中共中央关于在城市坚持 8 小时工作的通知》明确提出实行 8 小时工作制。20 世纪 70 年代以后，我国对高山、井下、化工、冶金、纺织等行业或工程的工时进行了改革。目前，纺织业已实行"四班三运转"制度，煤矿井下实行四班 6 小时，化工行业根据 1981 年化工部和国家劳动总局颁布的《关于在化工有毒有害作业工人中改革工时制度的意见》，对有毒有害作业工人依生产的特点和条件分别实行"三工一休"制度（工作 3 天，休息 1 天）和 6 小时、7 小时工作制。随着我国经济体制改革的深化和经济的迅速发展，1994 年 2 月 3 日国务院公布了《国务院关于职工工作时间的规定》，1994 年 2 月 8 日劳动部、人事部发布了《〈国务院关于职工工作时间的规定〉的实施办法》，确定了每天不超过 8 小时和每周不超过 44 小时的工作时间制度。这项缩短工作时间的立法，在 1994 年 7 月 5 日通过的《劳动法》中，从劳动基本法的地位给予了明确规定。1995 年 3 月 25 日，国务院修改了 1994 年 2 月 3 日公布的《国务院关于职工工作时间的规定》，将每周 44 小时工作制缩短为 40 小时。为了与这些规定相配套，劳动部公布了《关于企业实行不定时工作制和综合计算工时工作制的审批办法》，并与《劳动法》同时实施。2007 年 6 月 29 日通过的《劳动合同法》也通过劳动合同必备条款这一形式确保劳动者的劳动时间。

3. 有关工作时间的国际公约。随着社会的进步和人类的发展，国际劳工立法对各国劳动立法的影响日益加大。目前，国际劳工组织有关工作时间的公约已达十多项，概括起来，主要包括两个方面的内容：

（1）规定 8 小时工作日。包括：1919 年通过的第 1 号《工业工作时间每日限为 8 小时及每周限为 48 小时公约》和 1930 年的第 30 号《商业及办事处所工作时间的规定公约》，目前，已有 70 多个国家批准了这两项公约，我国已批准了第 1 号公约。

（2）规定短于 8 小时的工作日。包括：①1931 年通过的《限制煤矿工作时间公约》及 1935 年修正该公约的第 46 号公约。该公约规定煤矿井下每天工作时间为 7 小时 45 分钟。②1934 年通过的第 43 号《自动化平板玻璃工厂工作时间的规定公约》和 1935 年通过的第 49 号《减少玻璃瓶厂工作时间公约》。两个公约规定每日工作时间不超过 8 小时，每周工作时间不超过 42 小时。③1935 年通过的第 47 号《每周工作时间减至 40 小时公约》。该公约 1947 年生效，目前批准的国家还不多。④1936 年通过的第 51 号《减少公共工程工作时间公约》和 1937 年通过的第 61 号《减少纺织工业工作时间公约》，规定公共工程和纺织工业，除例外规定者外，平均周工作时间减至 40 小时。

二、工作时间法律规范的作用

关于工作时间的法律规范，我们不能仅仅将其作为用人单位和劳动者在劳动时间上的一个标准，而应从工作时间规范的基本理论角度考察它的基本功能，使之充分发挥规范的更深层次的作用。工作时间规范的特别作用，主要表现在以下几个方面：

（一）利用工作时间制度，协调劳动报酬分配关系

工作时间，是劳动者取得劳动报酬的重要依据。在工作时间内，劳动者所创造的财富可分为两部分：一部分直接为自己创造必要的产品；另一部分为社会提供剩余产品。因此，劳动报酬直接来源于劳动者在工作时间内为自己完成的产品的数量，间接来源于劳动者为自身劳动的必要的劳动时间。工作时间与劳动报酬这一必然联系和互助性，给我国现行工资制度的改革提供了下述启示：当各行各业的工资制度和工资标准存在严重的平均主义倾向，而直接改革这种不合理的工资制度又显得非常困难或阻力太大而无法实现时，如果通过工作时间制度的改革，间接实现工资合理化改革目标，其阻力可能会变得小得多。譬如，当我们根据生产力发展水平拟缩短工作时间时，可同时考虑劳动报酬是否合理，是否可以借助工作时间的改革，改变不合理的劳动报酬的现状。发挥工作时间这方面的作用，只需要我们缩短现行工资标准较低的行业或工作岗位的工作时间，而不必同时降低工资标准，即可实现对原来的不合理的劳动的改革。工作时间法律制度的这一功能，对于市场经济条件下，国家对工资实行宏观调控，协调行业之间的工资差别，具有特别重要的意义。

（二）促进企业的现代化管理

企业的现代化管理以人、物、时间为基本要素。工作时间构成了正常劳动秩序的基本前提，它对企业现代化管理的具体作用表现在：①通过合理的工作时间法律规范，企业可以制定保证其正常生产经营秩序的内部考勤制度和岗位责任制；②法定的工作时间，是衡量劳动生产率的基本单位，运用工作时间的法律规定，企业可以制订以不断提高劳动生产率为目标的生产经营计划；③稳定的工作

时间制度，使企业建立科学、合理的生产班组制度成为可能；④工作时间制度，也是确定劳动者权利义务，处理劳动争议的界限。

（三）保障劳动者休息权利的实现

休息权是劳动者的一项基本人权，保障劳动者享有休息权是劳动立法的目标之一。通过工作时间的立法，不仅使劳动者的休息权有了具体的尺度，而且也是一个国家政治进步的标志。我国劳动法通过工作时间法律规范，缩短工作时间，限制加班加点，其基本目的就在于保护劳动者身体健康，实现劳动者的休息权。

（四）调节劳动力市场的供需矛盾，促进社会就业

工作时间除了在规范用人单位和劳动者个人方面发挥作用之外，国家还可以通过制定工作时间标准调节劳动力供需之间的矛盾。当失业的劳动者大量增加，给社会和政府造成强大压力，而影响工作时间的其他因素不变时，国家通过缩短工作时间的立法，可以为失业劳动者提供更多的劳动岗位，缓解就业的矛盾。这种工作时间同社会就业之间的关系，反映了工作时间立法对劳动力市场配置的宏观调控作用和功能。

三、确定工作时间的依据

由于工作时间法律规范的基本功能是多方面的，因此，在确定具体的工作时间标准时，就必然要考虑相应因素，以求该项制度具有科学性和合理性。从国家立法角度而言，关于工作时间的立法，主要应考虑以下因素：

（一）生产力发展水平和劳动生产率的高低

社会的正常运转，涉及各项公共事务，这些公共事务需要相应的费用加以维持，而所有费用的唯一来源是劳动者的劳动。劳动者的劳动时间，实际上包括两个部分，即为自己劳动的部分和为社会劳动的部分。前者通过工资报酬实现，后者通过企业利润税收实现。这两方面的费用是维护劳动者生存和社会正常运转的基本费用，是不可减少的。在这种情形下，社会生产力水平和劳动生产率提高，创造上述两项费用的时间就会减少，缩短劳动时间的立法改革条件也就成熟。反之，则只能通过延长劳动时间获得上述两项费用。因此，一个国家工作时间的长短，首先取决于该社会生产力发展水平和劳动生产率的状况。

（二）劳动者在生理上能够承受的限度

工作时间立法的目的之一，是保护劳动者的身体健康。劳动法通过对工作时间的规范，保障用人单位工作时间不超过劳动者在生理上能够承受的限度，促进社会的稳定发展。劳动者对于工作时间的生理承受能力，主要表现在两个方面：

1. 劳动者在工作时间总量上的承受能力，即劳动者在一个时期内生理上能够承受的能力。这种承受能力的限度，决定了工作时间的立法必然确定在一个相对时期内的工作时间总量。工作周标准时间的制定，首先考虑的是劳动者在这方

面的承受能力，以保证社会劳动力长期不断的供应。

2. 短时期内劳动者在生理上能够承受的能力。劳动者在这方面的生理承受能力，决定了工作时间的立法必须同时规范劳动者在每一个昼夜内的工作时间，由此，便形成了现存劳动法的标准工作日制度和限制加班加点制度。就保护劳动者身体健康而言，忽视上述两方面的任何一个方面，都会导致工作时间立法保护劳动者目标的无法实现。

（三）人口因素

一个国家制定工作时间规范时，不能不考虑本国的人口状况。一个人口众多、劳动力充足的国家，在劳动生产率不变的情况下，延长劳动时间，就意味着有更多的人失业，而缩短劳动时间，就能给失业者提供新的工作岗位。因此，在确定工作时间标准时，首先必须研究人口、劳动力对其产生的影响和影响程度，然后才能确定与这一因素相适应的工作时间标准。

（四）劳动者在心理上能够承受的限度

尽管工作时间的确定与劳动者的心理不存在直接的联系，然而它却对工作时间的确定有着实质性的影响。在这一因素对工作时间发生影响的过程中，下述两个方面起着重要作用：

1. 与工作时间相关的休息权已成为劳动者的一项基本人权，这种权利思想在全世界范围的渗透，使工作时间的多少成为一个国家劳动者人权享有程度的重要标志之一，因此，各国不得不为了政治目的而努力缩短工作时间。

2. 虽然现阶段各国工作时间的立法，仍远远未达到劳动者生理上能够承受的限度，但由于劳动者在心理上对工作时间承受能力越来越低，于是便形成了劳动者对国家缩短劳动时间的巨大的压力，促使国家不得不时常考虑劳动者群体的这一要求。

此外，国际劳工组织立法与人权发展水平、一个国家的文化传统、社会观念、生产的性质与特点、风俗习惯以及家务劳动的社会程度等，也对工作时间的确定产生着一定的影响。

四、我国现行工作时间立法的基本内容

关于工作时间的立法，是我国劳动法的重要内容之一。为此，不仅《劳动法》在第四章作了专章规定，而且国务院还于1994年2月3日发布了《关于职工工作时间的规定》。1994年2月8日，劳动部、人事部发布《〈国务院关于职工工作时间的规定〉的实施办法》。这些立法，不仅将我国工时标准从长期以来实行的每周48小时缩短为不超过40小时，而且从不同法律规范层次形成和完善了我国工作时间法律体系。

（一）标准工时

标准工时制度，也称为标准工作制度，是由立法确定一昼夜中工作时间长度、一周中工作日天数，并要求各用人单位和一般职工普遍实行的基本工时制度。标准工时制是标准和基础，是其他特殊工时制度的计算依据和参照标准。标准工时制中的标准并不是一成不变的，随着社会的发展，标准也在不断地发展和提高。根据《国务院关于职工工作时间的规定》，我国目前实行的是每日工作 8 小时、每周工作 40 小时的标准工时制。任何单位和个人都不得擅自延长职工的工作时间。

《劳动法》第 36 条和《国务院关于职工工作时间的规定》确定了我国的标准工时制有两项基本内容：①劳动者每日工作时间不超过 8 小时，每周工作时间不超过 40 小时。需要强调的是：两项标准同时具有实质性限定意义，即每日既不得超过 8 小时，每周又不得超过 40 小时，两个标准中的任何一项不符合法律规定，即构成对劳动者休息权的侵害。②每周至少休息 1 日，即劳动者按照日历时间每周至少有一个连续 24 小时的休息时间。

（二）计件工时制

计件工时制也称为计件工作制，是以工人完成一定数量的合格产品或一定的作业量来确定劳动报酬的一种劳动形式。从某种意义上说，计件工作的劳动者实行的是一种特殊类型的不定时工作制。《劳动法》第 37 条规定："对实行计件工作的劳动者，用人单位应当根据本法第 36 条规定的工时制度合理确定其劳动定额和计件报酬标准。"这一规定，虽然最后归结于劳动报酬，但实质上仍然是一种工作时间制度。这种工作时间制度有两个方面的基本内容：①用人单位必须依据标准工作制度规定的时间标准，重新按 40 小时工作周确定劳动定额和计件报酬，并不得再继续适用原来按 48 小时工作周确定的劳动定额和计件报酬。②劳动者的工作时间可以灵活，但平均每工作周时间不得超过 40 小时。如《国务院关于职工工作时间的规定》第 5 条规定："因工作性质或者生产特点的限制，不能实行每日工作 8 小时、每周工作 40 小时标准工时制度的，按照国家有关规定，可以实行其他工作和休息办法。"

（三）缩短工时制

缩短工时制，也称为缩短工作制。它是规定劳动者每个工作日的工作时间少于标准工作日长度或每周工作天数少于标准工作天数的工作时间制度，即每日工作时间少于 8 小时，每周工作时间少于 40 小时。《国务院关于职工工作时间的规定》第 4 条规定："在特殊条件下从事劳动和有特殊情况，需要适当缩短工作时间的，按照国家有关规定执行。"因此，实行缩短工时制，应当遵循以下三方面的规则：

1. 缩短工时制只限于在特殊条件下从事劳动或有特殊情况的职工。具体包括哪些行业或岗位的职工，只能由国务院或者国务院劳动人事行政主管部门规定，其他任何部门的规定均无效。就现阶段而言，主要包括：①每个工作日时间少于 8 小时的，如从事矿山井下、高山、严重有害有毒、特别繁重和过度紧张的体力劳动等工作的职工。近年来，纺织业实行"四班三运转"的工时办法，化工业每天缩短为 6 小时或 7 小时，煤矿井下实行四班 6 小时工时制，建筑、冶炼、地质勘探、森林采伐、装卸搬运等均为繁重体力劳动，依本行业特点都实行不同程度的特殊条件下的缩短工作日。②夜班工作时间减少 1 小时。夜班工作一般是指实行三班制的企业、单位，当日晚上 10 点至次日早晨 6 点的时间。夜班工作改变了人们的正常生活规律，增加了神经系统的负荷，工作起来比较辛苦，为此规定从事夜班工作的时间比白班减少 1 小时，发给夜班津贴。还有些连续生产不容间断的工作必须安排夜班，如钢铁冶炼、发电等夜班工作时间可与白班相同，但要给夜班劳动者增发夜班津贴。国家还规定对于未成年工禁止安排夜班工作。对怀孕 7 个月以上及哺乳未满 1 周岁婴儿的女职工，用人单位不得延长劳动时间或者安排夜班劳动，并应当在劳动时间内安排一定的休息时间。怀孕女职工在劳动时间内进行产前检查，所需时间计入劳动时间。③用人单位应当在每天的劳动时间内为哺乳期女职工安排 1 小时哺乳时间；女职工生育多胞胎的，每多哺乳 1 个婴儿每天增加 1 小时哺乳时间。④对未满 18 岁的未成年人也实行少于 8 小时工作日，以保障其健康成长。

2. 严格审批手续。即使属于国家规定可以实行缩短工作时间的行业或岗位，也必须依法履行审批手续。根据《〈国务院关于职工工作时间的规定〉的实施办法》第 5 条的规定，缩短工时制的审批按下述两种情况进行：①属于中央直属企事业单位的职工，应经主管部门审核上报后，由国务院劳动人事部门批准；②属于地方企事业单位的职工，应经当地主管部门审核上报，由当地劳动、人事部门批准。

3. 凡是已经由国务院或国务院劳动人事行政部门确定为实施缩短工时制的行业、企业或岗位，必须在依法办理审批手续后强制推行缩短工时制。这种特殊条件或特殊情况下强制实行缩短工时制，是与我国的《劳动法》完全符合的，其理由在于：①我国缩短工时制的设立，主要是基于不同条件和不同情况下劳动者的劳动消耗存在的差别，并且当这种差别不能通过劳动报酬或社会重视程度予以充分体现时，立法才采用不等同的工作时间制度来消除这种差别。②《劳动法》基于市场经济的要求，在标准工时制中，采取了只限定工作时间上限而不限定工作时间下限的立法办法。这一规定，实际上就允许任何一个企业的任何一个岗位实行低于标准工时的工作时间制度。在这种立法指导思想下，基于特殊条件或特殊情况采用的缩短工时制，只应采取强制方式实施。

（四）其他工时制

其他工时制，是指除标准工时制、计件工时制和缩短工时制之外的工作时间制度。《劳动法》第 39 条规定："企业因生产特点不能实行本法第 36 条、第 38 条规定的，经劳动行政部门批准，可以实行其他工作和休息办法。"立法作这种规定，主要是考虑了生产经营活动本身的复杂性和典型性。有些生产经营活动既不适合标准工时制，也不适合计件工时制和缩短工时制，并且立法又不可能以完全列举的方式加以规范。因此，采取其他工时制这种弹性规定来加以规范，是完全符合现实要求的。同时，为了避免其他工时制适用中的混乱甚至借这种工时制侵害劳动者休息权现象的发生，立法在程序上规定了必须经国务院劳动、人事等有关部门批准。为了使《劳动法》规定的其他工时制的适用规范化，劳动部颁发了《关于企业实行不定时工作制和综合计算工时工作制的审批办法》（1995 年 1 月 1 日实施），对现行其他工时制的种类和适用范围作了具体规定。

1. 不定时工作制。指因工作性质和工作职责的限制，劳动者的工作时间不能受固定时数限制的工时制度。标准工时制、缩短工时制、综合计算工时制都是一种定时工作制，依据工作时间来计算劳动量，不定时工作制是一种直接确定职工劳动量的工作制度。对于实行不定时工作制的职工，用人单位应按《劳动法》的规定，参照标准工时制核定工作量并采用弹性工作时间等适当方式，确保职工的休息休假权利和生产、工作任务的完成。根据《关于企业实行不定时工作制和综合计算工时工作制的审批办法》的规定，企业对符合下列条件之一的劳动者，可以实行不定时工作制：①企业中的高级管理人员、外勤人员、推销人员、部分值班人员和其他因工作无法按标准工作时间衡量的劳动者；②企业中的长途运输人员、出租汽车司机和铁路、港口、仓库的部分装卸人员以及因工作性质特殊，需要机动工作的人员；③其他因生产特点、工作特殊需要或职责范围的关系，适合实行不定时工时制的劳动者。

2. 综合计算工时工作制。即分别以周、月、季、年等为周期综合计算工作时间，但其平均日工作时间和平均周工作时间应与法定标准工作时间基本相同的工时制度。它通常适用于从事受自然条件和技术条件影响或限制的季节性或特殊性的工种。根据《关于企业实行不定时工作制和综合计算工时工作制的审批办法》的规定，下列几种职工可以实行综合计算工时工作制：①交通、铁路、邮电、水运、航空、渔业等行业中因工作性质特殊需要连续作业的职工；②地质及资源勘探、建筑、制盐、制糖、旅游等受季节和自然条件限制的行业的部分职工；③其他适合实行综合计算工时工作制的职工。

凡实行上述两种其他工时制的企业，应在保障职工身体健康并充分听取职工意见的基础上，采取集中工作、集中休息、轮流调休、弹性工作时间等适当方式，确保职工的休息休假权利和生产、工作任务的完成。

3. 非全日制工作时间。这是与我国近年来发展较快的小时工这种新的用工方式相适应的一种工作时间。2003 年 5 月 30 日劳动和社会保障部发布了《关于非全日制用工若干问题的意见》，将非全日制用工界定为"以小时计酬，劳动者在同一用人单位平均每日工作时间不超过 5 小时，累计每周工作时间不超过 30 小时的用工形式"。《劳动合同法》对此规定有所变化，该法第 68 条规定："非全日制用工，是指以小时计酬为主，劳动者在同一用人单位一般平均每日工作时间不超过 4 小时，每周工作时间累计不超过 24 小时的用工形式。"

非全日制用工与全日制用工的区别主要在于：①非全日制用工的工作时间少于全日制用工；②全日制用工为一般用工形式，非全日制用工为特殊用工形式；③非全日制用工的劳动关系具有临时性，全日制用工的劳动关系多具有稳定性；④全日制用工一般是一重劳动关系，非全日制可以存在双重或多重劳动关系；⑤对非全日制用工需要制定和适用特别法（如以小时计酬为主）。

非全日制用工形式突破了传统的全日制用工模式，也打破了传统的以标准工作时间建构的工时制度，适应了用人单位灵活用工和劳动者自主择业的需要，同时也成为我国工时制度领域的新形式。

4. 弹性工作时间。起源于 20 世纪 50 年代的联邦德国，是要求员工每周工作一定的时数，但在限定范围内可以自由地变更工作时间的一种时间安排方案。其特点为：把一个工作日分为核心时间和弹性时间两部分。在核心时间内，所有职工必须同时按岗上班，其余的弹性时间则由劳动者自由选定上岗工作，只要补足每天规定的标准工作时数即可。近年来，我国有些企业经过劳动行政部门的批准，试行弹性工作制。

第二节　休息时间制度

一、休息时间的概念

休息时间是劳动者按法律规定不必从事生产和工作，而由自己自行支配的时间。它既包括工时制度规定时间之外的时间，也包括节假日和年休假时间。

休息时间是劳动者休息权的基本内容。休息权是我国宪法以及劳动法律法规赋予劳动者的一项基本的权利。具体内容是指：①劳动者依法享有一定期间内休息时间总量的权利，即《劳动法》规定的劳动者每日至少享有 16 小时的休息时间的权利；②劳动者在特定时间休息的权利，即劳动者有权在法定节日、单位确定的公休日内休息，用人单位不得任意调换；③劳动者享有相对连续性休息时间的权利，即《劳动法》第 38 条规定的"用人单位应当保证劳动者每周至少休息1 日"；④劳动者依法享有的其他休息或休假的权利，如工间休息、年休假、婚丧假、探亲假等特定休息或休假。

二、休息时间的种类

我国休息时间的种类，是依据生产经营特点、民族传统习惯、劳动者的基本活动的需要等因素，由立法加以规定的。归纳起来主要有以下几种：

（一）工作日内的间歇休息时间

工作日内的间歇休息时间，是劳动者用膳和工间休息，恢复体力和脑力的时间。由于生理规律的限制，任何劳动，劳动者经过一定时间的体力和脑力支出都会感到疲劳，如果不及时加以休息和恢复，必然会损害劳动者的身体健康，降低劳动生产率和影响正常的生产。为确保劳动者的休息权和身体健康，保证劳动生产率持续提高，立法必须强调劳动者工作日内的间歇休息时间。依据劳动者生理规律和习惯，劳动者应在工作 4 小时后有 1 次间歇休息时间。间歇休息时间的具体长度由企业根据生产经营特点而定，但最短不得少于半小时。

（二）工作日之间的休息时间

为了确保劳动者休息权的全面实现，防止在短期内超劳动强度和劳动时间工作，《劳动法》规定了工作日之间的休息时间。这种规定具体表现为劳动者每日工作时间不得超过 8 小时。换言之，每个工作日之间的休息时间不得少于 16 小时。实行轮班制的企业，其班次必须平均轮换，并且不得使劳动者连续工作两个工作日。

（三）工作周之间的休息日

中华人民共和国境内的国家机关、社会团体、企业事业单位以及其他组织的职工，每日工作 8 小时，每周工作 40 小时。国家机关、事业单位实行统一的工作时间，星期六和星期日为周休息日。企业和不能实行统一工作时间的事业单位，可以根据实际情况灵活安排周休息日。但劳动者在一个工作周内，至少应当有一整日以上的休息时间。

（四）法定节日休假时间

为了满足劳动者对特定节日或事件纪念的庆祝需要，《劳动法》以及国务院2013 年 12 月 11 日修订的《全国年节及纪念日放假办法》作了较系统的规定，具体内容有：

1. 属于全体公民放假的节日，包括：①新年，1 月 1 日，放假 1 天；②春节，农历除夕、正月初一、初二，放假 3 天；③清明节，农历清明当日，放假 1天；④劳动节，5 月 1 日，放假 1 天；⑤端午节，农历端午当日，放假 1 天；⑥中秋节，农历中秋当日，放假 1 天；⑦国庆节，10 月 1 日、2 日、3 日，放假

3 天。

上述节假日，如果适逢周休息日的，应当在工作日补假。

2. 属于部分公民放假的节日及纪念日，包括：①妇女节，3 月 8 日，妇女放假半天；②青年节，5 月 4 日，14 周岁以上的青年放假半天；③儿童节，6 月 1 日，不满 14 周岁的少年儿童放假 1 天；④中国人民解放军建军纪念日，8 月 1 日，现役军人放假半天。

上述节假日，如果适逢周休息日的，则不补假。

少数民族习惯的节日，由各少数民族聚居地区的地方人民政府，按照各该民族习惯，规定放假日期。

除上述节日及纪念日外的其他纪念节日，如教师节、护士节、植树节等，均不放假。

（五）探亲假

探亲假，是指与父母或配偶分居两地的职工，在一定期限内所享受的一定期限的带薪假期。根据《国务院关于职工探亲待遇的规定》和《财政部关于职工探亲路费的规定》，职工探亲假及其待遇主要包括以下具体内容：

1. 享受探亲假的条件。凡工作满 1 年的固定职工，与配偶不住在一起，又不能在工休假日团聚的，可以享受规定的探望配偶的待遇；与父母都不住在一起，又不能在公休日团聚的，可以享受规定的探望父母的待遇。但职工与父亲或母亲一方能够在公休假日团聚的，不能享受规定探亲待遇。

2. 探亲假期。探亲假期，是指职工与配偶、父母团聚的时间。具体规定包括：①职工探望配偶，每年给予一方探亲假一次，假期为 30 天。②未婚职工探望父母，原则上每年给假一次，假期为 20 天。如果因工作需要，本单位当年不能给予假期，或者职工自愿两年探亲一次的，可以两年给假一次，假期为 45 天。③已婚职工探望父母，每 4 年给假一次，假期为 20 天。④凡实行休假制度的职工，如学校的教职工，应在休假期间探亲；如果休假期较短，可由本单位适当安排，补足其探亲假的天数。

上述假期之外，应另按实际需要给予路程假，假期中的公休假日和法定节日不再扣除和另行补假。

3. 探亲假期间待遇。职工在探亲假期间待遇包括以下两项：

（1）工资待遇。职工在规定的探亲假期和路程假期内，按照本人的标准工资发给工资。

（2）探亲路费的报销。职工探望配偶和未婚职工探望父母的往返路费，由所在单位负担。已婚职工探望父母的往返路费，在本人月标准工资 30% 以内的，由本人自理，超过部分由所在单位负担，具体车船费标准和报销项目包括：①乘坐火车的，不分职级，一律报硬席座位费。年满 50 周岁以上并连续乘车 48 小时以上的，可报硬席卧铺费。②乘轮船的，报四等舱位（或比该舱高一级舱位）费。③乘长途公共汽车及其他民用交通工具的，凭据按实报销。④探亲途中的市内交通费，按起止站的直线公共电车、汽车、轮渡费凭据报销。⑤职工探亲不得报销飞机票。因故乘坐飞机的，按直线车船报销。⑥途中转车、转船等，每转一次，可凭据报销一天的普通床位住宿费。汽车夜间停驶或遇到意外交通事故等待恢复需住宿的，可凭据报销住宿费。

由于《关于职工探亲待遇的规定》颁布的时间是在 20 世纪 80 年代初，所体现的计划经济体制色彩很浓。与现在的实际情况有相当差距，应当对其进行修正。

（六）年休假

年休假是国家根据劳动者工作年限给予的一定期间的带薪连续休假。2007年 12 月 14 日，国务院颁布了《职工带薪年休假条例》，确立了我国带薪年休假的现行制度，具体包括主体范围、条件与假期、效力与待遇、保障与救济。2008年 9 月 18 日人力资源和社会保障部的《企业职工带薪年休假实施办法》又进一步作了实施规定。年休假包括以下内容：

1. 年休假是一种带薪假。职工在年休假期间享受与正常工作期间相同的工资收入。

2. 年休假的享受条件。机关、团体、企业、事业单位、民办非企业单位、有雇工的个体工商户等单位的职工连续工作 1 年以上的，可享受年休假。但职工有下列情形之一的，不享受当年的年休假：①职工依法享受寒暑假，其休假天数多于年休假天数的；②职工请事假累计 20 天以上且单位按照规定不扣工资的；③累计工作满 1 年不满 10 年的职工，请病假累计 2 个月以上的；④累计工作满10 年不满 20 年的职工，请病假累计 3 个月以上的；⑤累计工作满 20 年以上的职工，请病假累计 4 个月以上的。

3. 年休假的假期。职工累计工作已满 1 年不满 10 年的，年休假 5 天；已满10 年不满 20 年的，年休假 10 天；已满 20 年的，年休假 15 天。国家法定休假日、休息日不计入年休假的假期。

4. 休假规则。由单位根据生产经营具体情况，并考虑职工本人意愿，统筹安排。年休假在 1 个年度内可以集中安排，也可以分段安排，一般不跨年度安排。单位因生产、工作特点确有必要跨年度安排职工年休假的，可以跨 1 个年度安排。单位确因工作需要不能安排职工休年休假的，经职工本人同意，可以不安排职工休年休假。对职工应休未休的年休假天数，单位应当按照该职工日工资收入的 300% 支付年休假工资报酬。

（七）其他休假

职工本人结婚或直系亲属（父母、配偶、子女）死亡时由本单位领导批准，可享受 1~3 天的婚、丧假。职工在外地的直系亲属死亡时需要职工本人前去料理丧事的，可以根据路程远近，给予路程假。在批准的婚、丧假和路程假期间，职工工资照发。

《女职工劳动保护特别规定》规定：我国女职工生育享受 98 天产假，其中产前可以休假 15 天；难产的，增加产假 15 天；生育多胞胎的，每多生育 1 个婴儿，增加产假 15 天。同时为保障流产女职工的权益，该法参照《劳动部关于女职工生育待遇若干问题的通知》中关于流产假的档次划分，明确了流产产假，规定：怀孕未满 4 个月流产的，享受 15 天产假；怀孕满 4 个月流产的，享受 42 天（6 周）产假。

第三节　加班加点制度

一、加班加点的概念

职工在法定节日和公休日进行工作，称作加班；超过日标准工作时间进行工作，称为加点。从国家对劳动者休息权利的保护角度出发，有关工作时间和休息休假的立法就应立足于取消加班加点；但从劳动法促进生产的立法目的以及生产经营存在有预料不到的突发事件或紧急任务等客观事实而言，加班加点又在所难免。为解决这一矛盾，立法才通过加班加点的法律制度来加以规范，使劳动法在这两方面的目的都得以实现。

作为社会主义国家，我国历来很重视对加班加点予以限制。早在 1959 年 6 月劳动部就发布了《对企业单位工人、职员加班加点、事假、病假和停工期间工资待遇的意见》；1978 年国家劳动总局发出《关于企业职工加班工资支付问题的通知》和《关于企业职工加班工资支付问题的补充通知》；1982 年 4 月国务院发布《关于严格制止企业滥发加班加点工资的通知》。为了使加班加点法律制度进一步完善，《劳动法》第四章和《国务院关于职工工作时间的规定》及其实施办法作了更为全面和统一的规定。

二、加班加点的一般规定

（一）延长工作时间适用人员的限制

《劳动法》《女职工劳动保护特别规定》以及《未成年人保护法》规定，禁止安排未成年工、怀孕 7 个月以上的女工和哺乳未满周岁婴儿的女工参加加班加点。以上人员不但不参加加班加点，相反还应缩短工作时间。

（二）延长工作时间条件、程序的限制

《劳动法》第41条规定："用人单位由于生产经营需要，经与工会和劳动者协商后可以延长工作时间……"即用人单位延长工作时间不是随意的，必须符合一定的条件、程序：一是由于生产经营需要。但《劳动法》未明确规定"生产经营需要"的具体情形。实践中，有必要由集体合同约定，或者由用人单位与工会共同确定"生产经营需要"的具体范围。二是必须与工会协商。用人单位认为需要延长工作时间的，必须把延长工作时间的理由、人数、时间长短等向工会说明，征得工会的同意。三是必须与劳动者协商。只有在劳动者同意的情况下才可以进行，用人单位不得强迫劳动者延长工作时间。用人单位未与工会和劳动者协商，强迫劳动者延长工作时间的，依法承担法律责任。

（三）延长工作时间长度上的限制

《劳动法》第41条还规定，用人单位延长工作时间，一般每日不得超过1小时；因特殊原因需要延长工作时间的，在保障劳动者身体健康的条件下延长工作时间每日不得超过3小时，但每月不得超过36小时。否则依法承担法律责任。

（四）延长工作时间报酬上的限制

我国法律法规还通过要求用人单位必须支付劳动者较高的延长工作时间的劳动报酬来限制用人单位延长工作时间。

根据《劳动法》第44条及1994年12月6日劳动部颁布的《工资支付暂行规定》第13条的规定，用人单位应按下列标准支付延长工作时间的报酬：

1. 用人单位依法安排劳动者在日法定标准工作时间以外延长工作时间的，按照不低于劳动合同规定的劳动者本人小时工资标准的150%支付劳动者工资；

2. 用人单位依法安排劳动者在休息日工作，而又不能安排补休的，按照不低于劳动合同规定的劳动者本人小时工资标准的200%支付劳动者工资；

3. 用人单位依法安排劳动者在法定休假日工作的，按照不低于劳动合同规定的劳动者本人日或小时工资标准的300%支付劳动者工资。

实行计件工资的劳动者，在完成计件定额任务后，由用人单位安排延长工作时间的，应根据上述规定的原则，分别按不低于其本人法定工作时间计件单价的150%、200%、300%支付其工资。

实行综合计算工时工作制的，综合计算周期内的总实际工作时间不应超过总法定标准工作时间，超过部分视为延长工作时间并按规定支付不低于工资150%的劳动报酬。其中，法定休假日安排职工工作的，要支付不低于职工工资300%的劳动报酬。

三、加班加点的特别规定

加班加点的特别规定，是指延长工作时间不受一般规定限制的加班加点制度，即用人单位无需同劳动者和工会协商便可以安排加班加点，并且加班加点的时间也不受每日不超过 1 小时或 3 小时，每月合计不超过 36 小时的限制。

由于加班加点的特别规定不受三方协商原则和延长时间的限制，因此，只有在法律规定的特殊情况下才能适用。根据《劳动法》第 42 条的规定，有下列情形之一的，可以适用加班加点的特殊规定：①发生自然灾害、事故或者因其他原因，威胁劳动者生命健康和财产安全，需要紧急处理的。②生产设备、交通运输线路、公共设施发生故障，影响生产和公众利益，必须及时抢修的。③法律、行政法规规定的其他情形。主要包括：在法定节假日和公休假日内工作不能间断的；必须连续生产、运输或者营业的；必须利用法定节日或公休假日的停工期间进行设备检修、保养的；为了完成国防紧急任务，或者完成上级在国家计划外安排的其他紧急生产任务，以及商业、供销企业在旺季完成收购、运输、加工农副产品紧急任务的。

■思考题

1. 我国规定了哪些非标准工作时间制度？分别适用于哪些劳动者？
2. 各国关于工作时间立法的原因及发展趋势是什么？
3. 我国法律对劳动者休息制度是如何规定的？
4. 对我国目前的工作时间和休息时间制度，学术界存在哪些争议？
5. 我国用人单位安排劳动者加班加点应遵循哪些特别规定？

第十章 工资制度

■ 学习目的和要求

　　通过本章的学习，应该在掌握工资分配原则、最低工资的特征和确定标准、我国津贴制度、加班加点情况下工资支付标准等知识点的基础上，了解世界各国最低工资立法的产生和发展、最低工资的确定程序和适用范围以及我国关于工资保障制度的基本立法框架等知识点。

第一节　工资概述

一、工资的概念及其实质

　　工资，是用人单位按照法定和约定的标准，以货币形式向劳动者支付的劳动报酬。就其实质而言，工资是按照劳动计算的劳动者的必要劳动的转化形态，是以劳动为计算尺度的个人消费品的分配。当然，为了社会的进步和发展，任何一个时期的劳动者创造的社会产品，在进行个人消费品分配之前，必须作如下扣除：①补偿消耗掉的生产资料部分；②扩大再生产的追加部分；③预防不幸事故、自然灾害等的后备基金和保险基金；④同生产没有直接联系的一般管理费用；⑤满足社会共同需要部分，如设立学校等；⑥为丧失劳动能力的人设立的基金。上述扣除的剩余部分，才能作为劳动报酬分配给劳动者个人。

　　由于工资是劳动报酬的货币形式，因此，它反映了以下基本属性：①用人单位与劳动者之间的关系，即只有在劳动者与用人单位之间劳动法律关系存续期间，才存在工资支付问题。同样，一旦证实劳动者与用人单位已经有工资支付事实的存在，便能确认相互之间事实上的劳动法律关系的存在。这一属性及其基本原理，实践中可用以解决劳动合同是否已经成立的劳动争议的处理。②凡是以劳动为计算尺度支付的货币，均属于工资法律制度的范畴，如奖金、津贴等。③以劳动作为计算尺度的工资标准，不可能也不应该由国家直接加以规定。既然工资以劳动者实际提供的劳动量为标准确定，国家事先直接规定劳动者具体工资额的体制，是不可能客观反映工资实质的。这一属性，使企业享有工资自主权的立法有了客观的基础。工资是劳动者给付劳动后所得到的对等给付，劳动对价为其法律属性。根据1990年经国务院批准颁行的国家统计局《关于工资总额组成的规定》，工资总额由下列6个部分组成：计时工资，计件工资，奖金，津贴和补贴，加班加点工资，特殊情况下支付的工资。劳动者的下列收入一般不属于工资：①社会保险福利待遇，如养老金、丧葬补助金、独生子女补贴等；②劳动保护方面的费用，如劳保服、解毒剂、清凉饮料费用等；③代偿性费用，如差旅费、午餐补助、调动工作的旅费等；④未体现劳动对价性的其他收入，如根据国务院发布的有关规定颁发的发明创造奖、自然科学奖、科学技术进步奖等。

二、工资分配原则

工资分配原则，是由立法确认的贯穿于整个工资制度的基本准则，是实现工资制度立法目的的核心组成部分。当一个国家绝大多数人的生活都依赖于工资的时候，确定工资分配原则，便成为立法者认真而慎重考虑的问题。

确立科学而恰当的工资分配原则，应首先依据立法目的。我国《劳动法》立法的目的是促进经济发展和社会进步。这一立法目的，是党的十四大确立的效率优先、兼顾公平方针在《劳动法》中的具体体现。为实现《劳动法》这两方面的立法目的，我国工资分配原则的确定，必须符合两项基本要求：①运用工资这一物质利益杠杆，在全社会构建一种促使劳动者向社会多做贡献的激励机制，最终促进经济的发展。②合理协调各种利益关系，使工资的分配不致造成其他不合理的社会现象，以实现促进社会进步的目的。正是基于这种基本要求，《劳动法》第46条确立了我国工资分配的以下两项基本原则：

（一）按劳分配原则

按劳分配，即以劳动者提供的劳动数量和质量为标准确立个人工资额。《劳动法》第46条第1款规定："工资分配应当遵循按劳分配原则，实行同工同酬。"按劳分配，作为我国工资分配的一项重要原则，有其存在的客观条件和基础，这种条件或基础具体可概括为：

1. 按劳分配原则存在的社会发展阶段，只能是商品经济和生产力水平还不够高度发达的阶段。如果社会产品极为丰富，能够满足人们的各种自我消费需要，也就不存在以什么为标准分配消费品的问题了。

2. 按劳分配原则，只有在生产资料公有制的前提下，才能真正实现。只有生产资料属于公有，劳动者在分配权利上才能人人平等，即平等地依据提供的劳动数量和质量领取应得的消费品。如果生产资料为私人所有，则不可能以劳动为尺度取得消费品。尽管作为生产资料的私人所有者，最终也必须依据劳动者的劳动数量和质量付给劳动者报酬，但这不是一个特定国家的劳动报酬分配制度，而是单个资本家对企业进行商品化经营和管理的活动。

3. 按劳分配原则直接服务于《劳动法》促进经济发展的立法目的。"劳动是财富之母"，任何社会的经济发展均源于劳动者的劳动。按劳分配原则，以劳动者的产品数量和质量作为计算工资的尺度，这就在劳动者中形成了一种激励机制：为了获得较多的工资收入而努力向社会创造更多的合格产品。同时，由于以合格产品数量作为尺度的按劳分配原则，承认劳动者劳动能力、技能、熟练程度、知识水平等差异在工资分配中的差别，因而也就同时促进了生产的发展和技术的进步。

我国工资分配中的按劳分配原则，强调以劳动的数量和质量作为取得工资的唯一标准，实行工资中的人人平等、同工同酬、多劳多得、少劳少得、不劳动者不得食的基本分配规则，并不能因民族、男女、年龄、宗教、信仰等的不同而在工资方面形成差别。

（二）宏观调控原则

工资分配的宏观调控原则，是国家通过立法确认的以社会公正和社会进步为目标，对工资总额和工资分配中的不合理因素或现象实行国家干预的法律调控原则。《劳动法》第46条第2款规定："工资水平在经济发展的基础上逐步提高。国家对工资总量实行宏观调控。"实际上，这一规定并非建立工资分配宏观调控原则的主要依据。如果我们将《劳动法》促进社会进步的立法目的和工资制度，特别是最低工资保障制度结合起来分析研究，便不难得出结论，在我国工资分配中确认宏观调控原则，不仅十分必要，而且调控的内容也不仅限于工资总量。

工资分配中的宏观调控原则，直接服务于促进社会进步的劳动立法目的。该项原则存在的客观基础包括：

1. 市场经济条件下的我国工资立法确认用人单位享有完全的工资分配自主权。在我国现代企业制度改革尚未完成，企业内部的自我约束和自我发展机制尚未建立和发生作用时，国家必须在宏观上加强对工资总量的宏观控制，使工资水平在经济发展的水平上逐步提高，保证生产和消费等重大比例关系的正常、合理，促进我国国民经济健康的发展。

2. 在我国以公有制为基础的市场经济条件下，按劳分配原则是工资分配的核心原则，我国劳动法的基本工资制度就是依据这一原则建立的。但是，由于按劳分配原则承认劳动者在劳动能力、个人素质、劳动熟练程度和劳动技术等方面的差别，并力求将上述差别在劳动报酬上给予充分反映——奉行多劳多得的分配原则，其结果必然拉大个人间消费品分配的差距，出现个别劳动者的收入不足以满足自身基本生活需要，以及贫富悬殊和两极分化现象。这种结果，是与《劳动法》促进社会进步的立法目的不相符合的，因此，国家有必要在宏观上对此给予适当干预，力求缩小和消除这种现象。由此可见，工资分配中的宏观调控原则，是以按劳分配原则为核心建立的我国工资分配机制的补救机制。这种补救机制，既保证了按劳分配原则正效应的充分发挥，又弥补了按劳分配原则自身的某些不足。

3. 在以生产资料公有制为主体的社会制度中，国家有责任保证劳动者获得最基本的生活需要，使劳动者实现物质帮助权。国家所肩负的这一责任，通过工资的按劳分配原则是难以完全实现的，因此，只能在按劳分配的原则之外设立一项分配原则，这项原则，就是工资分配中的宏观调控原则。

4. 由于我国多种经济成分和多种经济形式的存在，必然有与之相适应的以按劳分配为主体的多种分配形式，如利息、股份分红、风险补偿、雇工收入、资产增值等。这些分配形式，虽然只是作为按劳分配的补充，但它关系分配的社会公平和社会进步问题。因此，国家必须通过宏观调控原则，加以适度调控，促进这些分配在社会主义市场经济中的健康存在和发展。

工资分配的宏观调控原则，以促进社会进步为目的，并通过下述途径贯彻实施：

1. 建立正常的工资增长机制，增强工资收入透明度，并使工资增长水平不超过经济效益和劳动生产率增长水平。

2. 实行工资总量宏观调控，使消费基金的增长与生产基金的增长相协调，消费与生产比例关系趋于合理。

3. 通过工资分配立法，保障劳动者获得基本生活需要，如建立最低工资保障制度、带薪休假制度、停工工资制度等。

4. 通过行政手段干预分配和再分配过程。一方面，国家以自己掌握的财力，对贫者实施经济扶持；另一方面，对富者实行间接控制，如征收个人收入所得税和调节税等。

5. 建立与工资分配相关的其他制度，克服按劳分配和用人单位行使工资自主权中可能产生的不合理、不公平现象，如津贴制度、加班加点工资制度、特殊情况下的工资支付制度等。

三、我国工资制度的产生和发展

新中国成立以来，国家的工资制度大致经历了以下几个阶段：

(一) 新中国成立初期工资制度初建阶段

新中国成立初期，多种分配制度并存，除了部分干部实行供给制外，主要采用了以下几种工资制度：①企业工人实行8级工资制，按产业划分为5类，执行5种工资标准；②机关、事业单位工作人员实行24级工资制；③行政管理人员实行31级工资制；④接管的官僚资本企业职工和一般公教人员，仍实行原来的工资制度。这些工资制度，主要由《共同纲领》和《工资条例》等立法加以规定。

（二）第一次工资改革阶段

1952~1955年，我国进行了全国第一次工资改革，逐步将供给制改为工资制。其具体内容主要包括：①在全国范围内建立一个统一的工资计算单位及工资金额，并力求反映各地区实际物价差别；②根据按劳分配原则，建立了新的工人和职员的工资等级制度，同时取消了机关工作人员的供给制；③改革了旧的计件工资制，推行按工资标准和劳动定额确定计件单位的新的计件工资制，同时实行了超产奖、质量奖、节约奖、安全奖等单项奖励制度；④在全民所有制企业建立了经常性职工工资升级制度。这次工资改革，主要通过《国务院关于国家机关工作人员全部实行工资制和改行货币工资制的命令》等工资立法加以实现。

（三）第二次工资改革阶段

1956~1957年的第二次工资改革，以进一步贯彻按劳分配为目标，在全国建立了统一的社会主义工资制度。主要内容包括：①取消了以实物为基础的工资计算单位，实行了直接以货币规定工资标准的制度；②在全国范围内，进一步调整产业、部门、地区及各类人员之间的工资关系；③进一步改革了工人和干部的等级工资制；④改革了公私合营企业的工资制度，使之与同一地区性质相同、规模相近的国营企业大体一致。这次工资改革主要由《国务院关于工资改革的决定》加以调整。

（四）第三次工资改革阶段

党的十一届三中全会以后，我国进行了第三次工资改革。这次工资改革，主要目标是纠正工资制度中"左"的倾向，确认以社会主义按劳分配原则为主体的多种分配形式并存的劳动报酬分配制度。主要内容包括：①为消除物价上涨对工资的影响，国家连续几次大幅度地调整职工工资和部分地区的工资差别，增加了各项补贴；②在下放工资和奖金权利的条件下，加强了国家对工资的宏观调控，调整了积累和消费的比例关系；③使工资改革与经济体制改革相协调，实行职工收入同企业经济效益挂钩，普遍推行各种经济责任制。这一阶段工资制度的改革，主要通过《国务院关于实行奖励和计件工资制度的通知》《工资基金管理制度试行办法》《国营企业奖金税暂行规定》《国营企业工资调节税暂行规定》等几项工资立法实现。

（五）社会主义市场经济条件下的工资制度

随着我国社会主义市场经济的确立，我国的工资制度也进入了全面改革的新阶段。这一阶段的工资改革与前几次的工资改革有着本质的区别：以往几次工资改革，由于不涉及经济体制的巨大变化，工资制度也不可能进行全面的合理化的改革，而推行市场经济之后，原先建立于计划经济体制基础之上的工资制度，已不可能通过"修补"来满足市场经济的要求。因此，这一阶段的工资改革，是在抛弃原有的工资制度模式的基础上，重新按照市场经济的要求进行设计的。依据这一指导思想和思路，一个以市场经济为基础的工资制度框架已基本形成。这一新的工资制度有以下特点：

1. 在工资立法调整的主体范围方面，将原来统一由劳动法调整的社会全体劳动者划分为两大类：国家机关、事业单位工作人员和企业、个体经济组织的劳动者。这种分类和处理，不仅反映了各类人员工作性质与报酬之间的特点，而且使现行的工资制度更具有规范性，同时也符合同国际接轨的基本要求。

2. 取消了原来由国家直接规定企业职工个人工资标准的工资等级制度，并将确定企业工资水平和职工个人工资标准的权力完全交由企业行使。如《劳动法》第47条规定："用人单位根据本单位的生产经营特点和经济效益，依法自主确定本单位的工资分配方式和工资水平。"

3. 在将工资自主权完全还给用人单位的同时，国家通过立法加强对工资分配的宏观调控，使工资制度既符合市场经济的要求，促进经济的发展，又反映了社会公正，促进了社会进步，如工资总量宏观调控制度、最低工资保障制度、津贴制度、加班工资制度、带薪假工资制度、工资支付保障制度等，都是国家对工资分配实行宏观调控制度的具体内容。

根据2003年10月14日《中共中央关于完善社会主义市场经济体制若干问题的决定》，今后我国将继续推进收入分配制度改革，完善按劳分配为主体、多种分配方式并存的分配制度，坚持效率优先、兼顾公平，各种生产要素按贡献参与分配；整顿和规范分配秩序，加大收入分配调节力度，重视解决部分社会成员收入差距过分扩大问题；以共同富裕为目标，扩大中等收入者比重，提高低收入者收入水平，调节过高收入，取缔非法收入；加强对垄断行业收入分配的监管；健全个人收入监测办法，强化个人所得税征管。

目前，我国现行工资法律法规，主要有：①国家统计局《关于工资总额组成的规定》（国家统计局1990年第1号令）。②国家统计局《〈关于工资总额组成的规定〉若干具体范围的解释》（统制字〔1990〕1号）。③《劳动法》。④《工资支付暂行规定》（劳部发〔1994〕489号）。⑤《对〈工资支付暂行规定〉有关问题的补充规定》（劳部发〔1995〕226号）。⑥《关于贯彻执行〈中华人民共和国劳动法〉若干问题的意见》（劳部发〔1995〕309号）。⑦《劳动合同法》及《劳动合同法实施条例》。⑧《中华人民共和国个人所得税法实施条例》（2011年修订）（国务院令第600号）。⑨《最高人民法院关于审理拒不支付劳动报酬刑事案件适用法律若干问题的解释》（法释〔2013〕3号）、《最高人民法院关于审理劳动争议案件适用法律若干问题的解释（三）》（法释〔2010〕12号）等。此外还有一些有关工资的地方性法规、规章、工资条例正在加紧制定中。

第二节　最低工资制度

一、最低工资的定义及其特点

最低工资，是指劳动者在法定工作时间内提供了正常劳动的条件下，由所在用人单位依据地方人民政府规定的标准支付的保障劳动者个人及其家庭成员基本生活需要的最低劳动报酬。最低工资制度是以保障职工基本生活需要而建立的法律制度，它依据社会公正原则或公平原则制定，与按劳分配原则相辅相成，各自独立，并行不悖。最低工资有以下法律特征：

1. 最低工资保障范围，不仅包括劳动者本人的基本生活需要，也包括劳动者赡养的家庭成员的生活需要。

2. 最低工资数额由最低工资率确定。最低工资率是指单位时间的最低工资数额。单位时间，在我国一般以月为标准。2015 年，上海月最低工资标准为 2020 元，深圳市最低工资标准已调高至 2030 元，海南最低，仅 1270 元。最低工资率的单位时间也可以日、小时为标准，并且月、日、小时相互之间可以转换。2015 年，小时工资方面，上海、广东、天津、北京均超过了 18 元，最高的是北京，达到 18.7 元，最低的为海南，仅 11.2 元。[1]

3. 最低工资只确定了劳动者的最低工资标准，它要求所有的用人单位在向本单位劳动者支付工资或通过劳动合同约定工资数额时，均不得低于最低工资率确定的工资标准，否则，约定无效，并按最低工资标准执行。

4. 最低工资标准，只有劳动者在法定工作时间内提供了正常劳动的情况下才能适用。劳动者在病假、事假期间内等，都不能认定为提供正常劳动。

二、最低工资立法的产生和发展

最低工资立法是劳动者与雇主长期斗争的结果。早在 19 世纪末，新西兰就颁布了最低工资法，到 1919 年底，英、美、法、加拿大、挪威、瑞士、阿根廷等国家先后颁布了有关最低工资的法律。到目前为止，几乎所有的西方发达国家以及一些发展中国家，都颁布了最低工资法。现代的最低工资立法，除了保障劳动者及其家人的基本生活需要之外，还具有促进社会进步和经济发展的目的。这种立法目的，直接反映了国家对用人单位工资分配的干预，是国家对劳资关系"自由原则"加以限制的必然结果。如日本《最低工资法》第 1 条规定，《最低工资法》可以"保证低工资工人的最低工资额，谋求改善劳动条件，安定工人

---

〔1〕"18 省区上调 2015 最低工资标准　黑龙江已两年未调整"，载中国经济网，http://district.ce.cn/zg/201508/15/t20150815_ 6229432. shtml，2015 年 8 月 15 日。

生活，提高劳动力素质，确保企业公正的竞争，同时有助于经济发展……"与此同时，国际劳工组织已经通过了两个以普通产业为对象的最低工资公约。即1928年通过的第26号公约《制定最低工资确定办法的公约》和1970年通过的第131号公约《特别参照发展中国家情况确定最低工资公约》。我国已于1984年5月承认了第26号公约。

我国最低工资的立法历史是：早在1948年8月，中共中央在就工资问题给东北局的指示中就指出，最低工资应保证维持连同本人在内的两个人的生活费。同年，在哈尔滨召开的第六次全国劳动大会通过的《关于中国职工运动当前任务的决定》中也规定："必须保障任何普通职工的最低生活水准，即职工最低工资，连本人在内，要能维持两个人的生活。"1949年9月的《共同纲领》更进一步明确规定，人民政府应按照各地各行业情况规定最低工资。尽管新中国成立初期非常重视最低工资立法，但是，由于1952年和1956年的工资改革，在全国建立了统一的等级工资制度，加之用工制度单一，几乎所有的职工都是按统一的工资等级和工资标准领取工资，因而使最低工资立法完全失去了存在的意义。但是，随着社会主义市场经济的推行，企业或经济组织拥有了工资分配的自主权。在这种情况下，用人单位受经济利益的驱动，很有可能滥用工资自主权，而使劳动者取得的实际工资收入无法维持其最基本的生活需要，因此，必须加强工资分配的宏观调控立法。为此，劳动部于1993年11月24日颁布了《企业最低工资规定》。《劳动法》颁布后，第一次从基本法的角度明确规定了实行最低工资保障制度。为使我国的最低工资保障法律制度进一步完善和配套，在《劳动法》正式生效实施之前，劳动部又发出了《关于实施最低工资保障制度的通知》，与《劳动法》同时开始实施。2003年2月5日，劳动和社会保障部发布《最低工资规定》，于2004年3月1日起实施，各地也纷纷建立最低工资保障制度。近年来，党和政府不断强调"完善最低工资标准调整机制"，我国各地方最低工资的规范性文件也不断完善。我国最低工资制度逐渐走向制度化、标准化、科学化。

三、最低工资标准的确定

（一）确定最低工资标准的原则

依据什么原则确定最低工资标准，不仅直接影响最低工资标准的高低，而且也涉及确定的最低工资标准是否科学、合理。根据最低工资的立法目的和指导思想，确定最低工资标准的原则可概括为五项：

1. 非效益原则。所谓非效益原则，就是不论企业的效益如何，只要企业还存在，职工只要履行劳动义务，企业就必须支付最低工资。在市场经济条件下，企业效益必然是波动的。有的企业效益可能很好，有的企业可能会暂时亏损，甚至会处于濒临破产的境地，但只要还没有破产，职工从事了正常劳动，企业都必须支付职工最低工资。

2. 非歧视性原则。所谓非歧视性原则，指的是不论劳动者的年龄、性别、民族、文化程度、信仰，在所有的企业、所有的地区都应享受最低工资制度的保护，而不得歧视。

3. 限制剥削原则。它是指实行最低工资保障制度，对私营企业、外资企业、个人租赁企业等各类非公企业，应起到适当限制其对职工剥削的作用。

4. 反非公平原则。它是指在劳动者竞争就业时，企业不能因其竞争地位软弱，而支付给低于最低工资标准的工资。

5. 工会平等参与原则。在最低工资制度的建立、调整、实施过程中，有关方面都必须与工会组织平等地、充分地协商。

最低工资标准的确定和调整应考虑一定的因素，具体包括：工人的需要、国家经济实力和雇主的支付能力、同类人员工资总体水平、集体协商确定的工资水平、提供服务的价值等，但不可能在最低工资确定中把这些因素全部考虑进去，实施中往往只考虑以下几个重要的因素：

1. 工人及其家庭的需要。确定最低工资时必须考虑工人维持家庭基本生活的需要，但应与一定的经济条件相联系。这类因素具体包括：生活费用、提供服务的价值、同类农业工人通过集体协商确定的工资水平、其他行业相似技能工人的工资水平等。最低工资应随生活费用及经济条件的变化而不断调整。

2. 经济因素。包括经济发展需要、生产力水平、就业率和通货膨胀等。最低工资的确定一定要考虑到社会总体经济水平及经济状况，包括失业人数、农业人口、农村收入与城镇收入的差距等。

3. 最低工资的调整频度。最低工资调整的目的是维持并不断提高工人工资购买力。

（二）最低工资标准的构成

最低工资标准，通常应当包含以下三个部分：

1. 维持劳动者本人最低生活的费用，即对劳动者从事一般劳动时所消耗的体力和脑力给予补偿的生活资料的费用。这一费用是最低工资标准中最基本的部分，它与基本生活费的性质及确定依据完全相同。因此，立法将这两项费用的建立形成一个统一的制度和标准，二者通用。当然，确定劳动者本人最低生活费用时，不能依据个别劳动者的需要测定，而应依据特定地区劳动者的平均最低标准加以确定。根据《劳动法》第48条的规定，劳动者本人最低生活费用的具体标准，目前由省级人民政府统一确定。

2. 劳动者平均赡养人口的最低生活费。这部分费用，不仅是保证社会生产正常进行在后备劳动力方面的必要开支，也是社会主义道德赋予职工义不容辞的责任。我国于解放初期规定的"连同本人在内，要维持两个人的生活"的标准，就非常明确地包含了这部分费用。这部分费用的计算，重点在于确定所在地区劳动者平均赡养的人数。根据《最低工资规定》，劳动者平均赡养的人口，应参考政府统计部门提供的当地人口及其就业状况确定。

3. 劳动者为满足一般社会劳动要求而不断提高劳动标准和专业知识水平所支出的必要费用。现代化的生产几乎要求所有的劳动者都必须具备一定的劳动技能和专业知识。我国最低工资保障制度，除了保障劳动者享有最基本的物质帮助权之外，更重要的还在于基于社会未来利益和社会整体利益，保证有源源不断的高素质的劳动力的供应。目前，我国劳动力的培养费用仍然由家庭承担相应责任，最低工资中就不能不相应地包括这一部分费用。我国劳动法对最低工资的规定，实际上已经涉及这部分费用。如《劳动法》第 49 条规定的确定和调整最低工资标准应综合考虑的因素中，除了最基本部分，即劳动者本人和平均赡养人口的费用外，还规定了应参考社会平均工资水平、劳动生产率、就业状况、地区之间经济发展水平的差异等。由这些其他因素决定的最低工资的数额，实际上担负着用以提高劳动者技能和专业水平所需要的费用的职能。《最低工资规定》第 6 条第 1、2 款规定，确定和调整月最低工资标准，应参考当地就业者及其赡养人口的最低生活费用、城镇居民消费价格指数、职工个人缴纳的社会保险费和住房公积金、职工平均工资、经济发展水平、就业状况等因素。确定和调整小时最低工资标准，应在颁布的月最低工资标准的基础上，考虑单位应缴纳的基本养老保险费和基本医疗保险费因素，同时还应适当考虑非全日制劳动者在工作稳定性、劳动条件和劳动强度、福利等方面与全日制就业人员之间的差异。

（三）最低工资的确定程序

根据《最低工资规定》，国务院劳动行政主管部门对全国最低工资制度实行统一管理，省级人民政府劳动行政主管部门对本行政区域最低工资制度实行统一管理。最低工资率的确定，实行三方民主协商原则，即在国务院劳动行政主管部门指导下，由省级人民政府劳动行政主管部门会同同级工会、企业家协会研究确定，具体程序主要包括：

1. 收集材料，拟定方案。由劳动行政主管部门组织工会和企业家协会共同向当地工商业联合会、财政、民政、统计等有关部门进行咨询，收集各种资料和基础数据，并在此基础上制定最低工资率方案，同时准备与最低工资方案相关的各种文件和上报材料。

2. 上报备案。由省级人民政府劳动行政主管部门将确定的最低工资率及其依据、详细说明和最低工资率的适用范围（包括区域、行业和人员），报国务院劳动行政主管部门备案。

3. 变更与回复。国务院劳动行政主管部门在收到省级人民政府劳动行政主管部门的备案报告后，应召集全国总工会、全国企业家协会共同研究。如确认报送的最低工资率和适用范围不妥，有权提出变更意见，并在 14 天之内以书面形式给予回复。

4. 批准与发布。省级劳动行政主管部门在 14 天内未收到变更意见，或者收到变更意见并依据变更意见对最低工资率和适用范围修订后，应将最低工资方案报省级人民政府批准。最低工资率和适用范围经批准后，应当在批准后 7 日内在当地政府公报上和至少一种全地区性报纸上发布。用人单位应在最低工资标准发布后 10 日内向本单位全体劳动者公示。

5. 调整。最低工资率发布实施之后，如确定最低工资率的各项因素发生变化，或本地区职工生活费用价格指数累计变动较大时，应当适当调整，最低工资每两年至少调整一次。调整的权限、方式、程序、公布的办法按照确定时的规定进行。

（四）最低工资的适用范围

最低工资的适用范围，包括最低工资适用的劳动者范围、时间范围和劳动种类范围。

1. 最低工资适用的劳动者范围，即哪些劳动者应当受到最低工资制度的保障。根据《最低工资规定》第 2 条的规定，凡在中华人民共和国境内的企业、民办非企业单位、有雇工的个体工商户和与之形成劳动关系的劳动者，以及国家机关、事业单位、社会团体和与之建立劳动关系的劳动者，均应适用最低工资标准。《劳动合同法》扩大了最低工资适用范围。[1]

依据法律法规，被排除在最低工资适用范围之外的劳动者主要有：①国家公务人员和参照公务员法管理的事业单位的职工。这些人员以政府为雇主，工资是由国家直接规定并支付的，工资水平远高于维护其基本生活的水平，因此，不存在最低工资保障的需要。②某些公益团体（如宗教机构、慈善机构）的职员。这类机构的职员从事公益事业往往不以获取报酬为目的，也不适用最低工资保护。③农民，我国农村目前主要实行以家庭为单位的联产承包责任制，农业劳动多以家庭的组织形式进行，通常不存在工资发放问题，因此，既不属于《劳动法》调整的范围，更不应纳入最低工资保障的对象范围。④军人，由于依法具有服兵役义务的性质，也不适用最低工资保障制度。⑤学徒工、假期临时就业的学生。学徒工在学徒期间无法提供正常劳动，勤工俭学的学生主要任务是学习，一般无供养责任，因此，也无需给予最低工资保障。⑥残疾人。各国对残疾人劳动

---

[1]　参见第一章中的"我国劳动法调整劳动关系的范围"部分。

者是否纳入最低工资保障范围的规定不同，但一般认为其劳动能力低下，如实行最低工资保障，就有可能使用人单位在同等条件下倾向于雇用身体和精神正常者，从而增加其就业的难度。但从我国劳动立法的规定来看，只要残疾人劳动者和我国劳动法适用范围内的用工主体建立了劳动关系，就应当适用最低工资保护。这对于保障残疾人本人及其赡养人口的最低生活需要具有比其他正常劳动者更重要的意义。

2. 最低工资的时间适用范围。是指劳动者在哪些时间内从事劳动才享受最低工资保障。根据《最低工资规定》，劳动者享受最低工资保障的时间范围应当是法定的劳动时间之内。按照这一标准，劳动者在工作时间有迟到、早退、旷工、事假等情形的，不适用最低工资标准。

离岗培训期间的劳动者，如果经企业或用人方同意或者受派遣培训学习，应当享有最低工资保障权。理由是：①在劳动法律关系中，对职工进行专业技能和业务培训，是用人单位的一项基本义务。学成之后，也必然有助于促进用人单位的技术进步和经济效益的提高。②长期以来，无论是我国的国有企业还是国家机关，都实行职工带薪学习制度，对于人们已经习惯和实际接受了的培训制度，除非在性质上发生重大变化，以不改变为宜。企业在派遣劳动者学习时，可以与劳动者签订学成后必须为企业服务一定年限的协议，倘若违反协议，应负违约责任，以维护企业的合法权益。

3. 最低工资的劳动种类的适用范围。是指劳动者在法定劳动时间内提供哪些种类的劳动有权享受最低工资保障。根据世界各国通行惯例和我国《最低工资规定》，劳动者只有在法定劳动时间内提供了正常劳动的，才有权享受最低工资保障。同时，劳动者依法参加国家和社会活动的，视为提供了正常劳动，适用最低工资保障规定。

（五）最低工资的计算与支付

最低工资率一经确定公布，在适用区域和范围内，用人单位必须按照不低于最低工资率的标准，以货币形式向劳动者支付工资。但下列各项费用或收入，不得作为最低工资的组成部分：①加班加点工资。加班加点工资属于劳动者在法定工作时间之外提供超额劳动的报酬，因此，不能将这部分收入计算在劳动者的最低工资组成部分之内。②中班、夜班、高温、低温、井下、有毒有害等特殊工作环境、条件下的津贴。这部分费用，是对劳动者在特殊条件下的额外的劳动消耗给予的补偿或鼓励，因此，不能计算在最低工资之内。③国家法律、法规规定的社会保险、福利待遇。保险和福利待遇，不属于工资的性质和范畴，当然也不应作为最低工资的组成部分。

根据《劳动法》第48条第2款和《最低工资规定》的规定，在劳动者提供了正常劳动的情况下，用人单位支付给劳动者的工资在剔除上述各项后不得低于当地最低工资标准。实行计件工资或提成工资等工资形式的用人单位，在科学合理的劳动定额的基础上，其支付劳动者的工资不得低于相应的最低工资标准。违反前述规定的，由劳动保障行政部门责令其限期补发劳动者工资，并可责令其按所欠工资的1~5倍支付劳动者赔偿金。

第三节　津贴和特殊情况下的工资支付

一、津贴制度

（一）津贴的性质及其作用

津贴，是对在特殊情况下工作的职工所付出的额外劳动消耗和生活费用进行合理补偿的附加劳动报酬和物质鼓励，是劳动报酬的一种补充形式。津贴的具体作用主要表现在两个方面：①补偿作用，即对劳动者因特殊劳动的额外劳动消耗给予补偿。如野外作业、井下作业、高空作业等，劳动者的劳动消耗比正常条件下的工作要大得多，对这种额外劳动消耗应当通过津贴制度予以弥补。②调节作用，即在协调劳动力合理的社会布局方面的作用。有些岗位的工作，从劳动消耗的程度方面讲，并不存在超常量消耗的问题，如环卫工人。但由于社会上对这一行业存在着错误观念和偏见，因而难以吸引和稳定这类工作岗位的劳动者。国家设立这类津贴，就是要通过物质利益来给予劳动者心理和精神上的安慰，以达到社会劳动力合理布局的目的。

（二）津贴制度的基本内容

我国现行的津贴制度的基本内容，可依据其发放目的，分为以下几类：①为补偿职工额外劳动消耗而设立的津贴。这类津贴包括：地质勘探野外津贴、井下津贴、高空作业津贴、林区津贴、艰苦气象台站津贴、夜班津贴、海岛津贴、水电施工津贴、船员津贴等。②为保障职工身体健康而设立的津贴，如对从事高温、粉尘、高压、有毒有害气体、接触放射性物质和从事潜水作业等工作发放的高温津贴和保健津贴。③为保障职工实际工资收入和补偿职工生活费用的额外支出而设立的津贴，如地区生活费津贴、流动施工津贴等。④为维护社会所需要的工作的正常进行而设立的津贴，如环卫工人、物质回收工人所享有的津贴等。

二、特殊情况下的工资

特殊情况下的工资，是指依照法律、法规规定或约定，在特殊时间内或者特殊工作情况下支付给劳动者的工资。我国现行的特殊情况下的工资，主要有以下几种：

（一）加班加点工资

根据《劳动法》第44条规定，有下列情形之一的，用人单位应当按照下列标准支付高于正常工作时间的工资报酬：①安排劳动者延长工作时间的，即在日标准工作时间之外加点，按照不低于劳动合同规定的劳动者本人小时工资标准的150%支付劳动者工资；②依法在休息日安排劳动者工作而又不能补休的，按照不低于劳动合同规定的劳动者本人日或小时工资标准的200%支付劳动者工资；③用人单位依法安排劳动者在法定休假日工作的，按照不低于劳动合同规定的劳动者本人日或小时工资标准的300%支付劳动者工资。

对于其他工作时间的加班加点工资问题，应分别按以下原则执行：①实行计件工资的劳动者，在完成计件定额任务后，由用人单位安排延长工作时间的，应按照标准工作时间制度加班工资发放的原则，分别按照不低于其本人法定工作时间计件单价的150%、200%、300%支付工资。②实行综合工时制的劳动者，其综合计算的工作时间超过法定标准工作时间的部分，应视为延长工作时间，并按劳动者本人日或小时标准的150%支付加班工资。③实行不定时工时制的劳动者，不执行加班工资规定。

《劳动法》确立的加班工资制度充分反映了市场经济的要求。它的指导思想是以劳动者的权利为核心，并通过协商方式确定加班工资，切实贯彻了严格限制加班加点的立法原则。

（二）休假期间工资

劳动者的休假期间包括法定休假、年休假、婚丧假和事假。根据《劳动法》第45条和第51条的规定，法定休假、年休假和婚丧假都属于带薪休假，休假期间，用人单位应当支付工资。劳动者请事假，一般不发给工资，但学徒工请事假的，生活费照发。劳动者旷工的，停发工资，并按规定给予相应的处罚。

（三）停发工资

根据《工资支付暂行规定》，非因劳动者的原因造成单位停工、停产在一个工资支付周期内的，用人单位应按劳动合同规定的标准付给劳动者工资。超过一个工资支付周期的，若劳动者提供了正常劳动，则付给劳动者的劳动报酬，不得低于当地的最低工资标准；若劳动者没有提供正常劳动，应按国家有关规定办理。

（四）履行国家或社会义务期间的工资

根据《劳动法》和《工资支付暂行规定》，劳动者在工作时间内，履行下列国家或社会义务时，由用人单位照发工资：①依法行使选举权或被选举权；②当选代表出席乡（镇）、区以上政府、党派、工会、青年团、妇女联合会等组织召开的会议；③出任人民法庭证明人；④出席劳动模范、先进工作者大会；⑤《工会法》规定的不脱产工会基层委员会委员因工会活动占用的生产或工作时间；⑥其他依法参加的社会活动。

（五）学习和培训期间工资

经过用人单位推荐或批准，劳动者临时脱产或半脱产到有关学校参加学习期间，工资照发；经本单位同意脱产参加函授学习的，在规定的脱产面授学习期间，工资照发；经本单位同意脱产参加成人教育学习的，学习期间工资照发。

（六）女职工在孕期内定期检查身体，是生理上的客观需要，依法应当算做劳动时间

用人单位不得将怀孕女职工孕期检查身体按事假扣发工资。用人单位不得在女职工怀孕期、产期、哺乳期降低其基本工资，或者解除劳动合同。

第四节　工资保障制度

工资是《宪法》规定的我国劳动者各项经济权利中最基本的一项权利，是职工及其家庭成员生活的主要来源。因此，党和国家历来非常重视，并采取一系列保护措施，保障职工的工资不断增加和生活水平不断提高。我国工资保障法律制度的基本内容可概括为三个方面，即保障劳动者工资水平的立法、保障工资按规定支付的立法和严禁非法扣除劳动者工资的立法。

一、保障劳动者工资水平的立法

为了保障劳动者的工资水平不致下降，并在现有基础上不断提高，我国的劳动立法主要从以下两个方面作出规定：①保障劳动者实际工资不因为物价因素的影响而下降。对此，一方面国家通过各项经济措施稳定物价，防止物价过多地上涨；另一方面，国家通过发放临时性物价补贴或其他补助，使劳动者工资水平不断提高。②建立最低工资保障制度，使劳动者的工资水平能满足劳动者及其家人的最低基本生活需要。

二、保障工资按规定支付的立法

劳动者的工资是满足劳动者及其家人的基本生存需要的生活费用，因此，用人单位必须按规定及时支付给劳动者。对于无故拖欠劳动者工资，拒不支付劳动者延长劳动时间工资，低于当地最低工资标准支付劳动者工资，破产清算时不按规定顺序首先支付劳动者工资，以及停工时不按规定支付停工工资等，劳动行政部门有权责令其支付劳动者工资和给予经济补偿，并可责令其支付赔偿金。经济补偿和赔偿金的具体标准，按国家有关规定执行。

三、严禁非法扣除劳动者工资的立法

劳动者的工资，应当以货币形式按月支付给劳动者本人。劳动者本人因故不

能领取工资时，可由其亲属或者他委托的人代领。任何单位，凡不具有法律规定的扣发劳动者工资情形的，均无权扣除劳动者的工资。非法扣除劳动者工资的，劳动者可以向劳动行政部门提出申诉，由劳动行政部门责令用人单位按规定支付工资和给予经济补偿，并责令其支付赔偿金；也可以依法向劳动争议仲裁机关申请仲裁。法律规定的允许扣除劳动者工资的情形，具体包括：①根据《工资支付暂行规定》第15条的规定，用人单位代扣代缴的个人所得税，以及应由劳动者个人负担的各项社会保险费用。②根据《工资支付暂行规定》第16条的规定，因劳动者本人原因给用人单位造成经济损失的，用人单位可按法律规定或劳动合同的约定，要求其赔偿经济损失。赔偿的数额，由企业根据具体情况确定，从劳动者本人的工资中扣除，但每月扣除的部分不得超过劳动者当月工资的20%。若扣除后的剩余工资部分低于当地月最低工资标准的，则按最低工资标准支付。③依据人民法院已经生效的判决、裁定或其他法律文件，以及仲裁机关已经生效的仲裁文件，从应负法律责任的劳动者工资中扣除其应当承担的抚养费、赡养费、损害赔偿金或者其他款项。但每月扣除后，应保证该劳动者的基本生活需要。④根据劳动监察法规规定，由于企业行政领导人员违反劳动保护法规，给国家或劳动者造成损失的，劳动监察机关或监察人员有权根据其所犯错的性质和情节，对责任者本人处以不超过本月标准工资的20%的罚款，并从其工资中扣除。⑤法律、法规规定可以从劳动者工资中扣除的其他费用。

四、"拒不支付劳动报酬罪"的立法

（一）《刑法修正案（八）》的规定

2011年5月1日起施行的《刑法修正案（八）》第41条（作为《刑法》第276条之一内容）增设了"拒不支付劳动报酬罪"，规定："以转移财产、逃匿等方法逃避支付劳动者的劳动报酬或者有能力支付而不支付劳动者的劳动报酬，数额较大，经政府有关部门责令支付仍不支付的，处3年以下有期徒刑或者拘役，并处或者单处罚金；造成严重后果的，处3年以上7年以下有期徒刑，并处罚金。单位犯前款罪的，对单位判处罚金，并对其直接负责的主管人员和其他直接责任人员，依照前款的规定处罚。有前两款行为，尚未造成严重后果，在提起公诉前支付劳动者的劳动报酬，并依法承担相应赔偿责任的，可以减轻或者免除处罚。"加大了对恶意欠薪行为的打击力度。

（二）《关于审理拒不支付劳动报酬刑事案件适用法律若干问题的解释》的规定

2013年1月16日，最高人民法院发布了《关于审理拒不支付劳动报酬刑事案件适用法律若干问题的解释》，该解释针对拒不支付劳动报酬罪所涉及的术语界定、定罪量刑标准、单位犯罪等问题，进一步明确了相关刑事案件的法律适用

标准，对于切实维护劳动者合法权益和社会公平正义，促进社会和谐具有重要意义。该解释共9条，主要包括：明确了"劳动者的劳动报酬"的具体含义；明确了"以转移财产、逃匿等方法逃避支付劳动者的劳动报酬"的认定标准；明确了"经政府有关部门责令支付仍不支付"的认定标准，特别对行为人逃匿情形下"经政府有关部门责令支付"的内涵作了规定，以便于司法实务操作；明确了拒不支付劳动报酬罪的定罪量刑标准，对"数额较大""造成严重后果"的认定标准作了解释；明确了拒不支付劳动报酬罪的从宽处罚情形，以最大限度地发挥刑法的威慑和教育功能，充分维护劳动者权益；明确了拒不支付劳动报酬罪的主体范围、单位犯罪等问题。

■思考题

1. 劳动者劳动所得中哪些属于工资？哪些不属于工资？为什么？
2. 工资分配时应当遵循哪些基本原则？它们相互之间的关系是什么？
3. 对最低工资制度，学术界存在哪些争议？你作何评价？
4. 最低工资制度的适用范围是什么？哪些劳动者不适用？
5. 按我国现行法律应如何计算加班加点工资？请举例说明。
6. 如何确保劳动者及时、全额地获得工资？

第十一章　劳动安全卫生制度

■ 学习目的和要求

　　通过本章的学习，应当在掌握劳动安全卫生制度的概念和特征、我国劳动安全卫生制度的基本方针、我国劳动安全卫生制度体系的基本框架的基础上，了解世界各国关于劳动安全卫生制度的立法概况、劳动安全责任制、安全卫生设施"三同时"制度、劳动卫生制度和劳动安全制度的内容、伤亡事故报告程序等知识点。

第一节　劳动安全卫生制度概述

一、劳动安全卫生制度的概念和特征

劳动安全卫生制度，是出于保护劳动者的生命安全和身体健康目的而设立的劳动保护法律制度。保护劳动者的各项合法权利，是任何一个国家劳动法的根本任务和重要立法目的。在劳动者的各项权利中，生命安全和身体健康权是最基本的权利，基于对这项基本权利的保护而建立的劳动安全卫生法律制度，具有以下特征：

1. 劳动安全卫生制度的实施具有强制性。由于劳动安全卫生制度以劳动者的人身为保护对象，这一制度建立的基础是劳动者的生命权和健康权，因此，这项制度的实施便具有强制性，它排除了通过任何协商形式变更或排除这一制度内容的可能性，同时也不允许劳动者本人基于任何动机放弃这项权利。在用人单位与劳动者签订的劳动合同中，有关免除用人单位保护责任的条款和劳动者放弃保护权利的条款一律无效。

2. 劳动安全卫生制度以劳动过程为其保护范围。由于劳动保护权的主体是劳动法律关系中的劳动者，因此，所有的安全卫生制度的基本规范都只限于劳动过程之中。这一特点，决定了安全卫生制度必须针对劳动过程的特点和劳动过程所涉及的物理因素、化学因素以及自然因素等，制定相应的规范和措施。同时，也只有在劳动过程中采取的各种改善劳动条件、保护劳动者生命安全和身体健康

的措施，才属于劳动安全卫生制度的范围。安全技术规程主要就是在这种基础上形成的。

3. 劳动安全卫生制度以改善劳动条件和劳动环境为主要途径，通过清除劳动过程中不安全和不卫生的因素，实现对劳动者生命安全和身体健康的保护。这一特征，决定了生产卫生规程必然成为劳动安全卫生制度内容的主要组成部分。

二、劳动安全卫生制度的立法基础

通过立法对劳动者生命安全和身体健康给予保护，既有基于自然环境而衍生的客观基础，也有人类社会的思想基础。就前者而言，由于人力不可预测的自然灾害、恶劣的自然环境、人类科学进步导致的机械的、化学的、物理的等因素的危害，客观上极大地威胁和损害着劳动者的生命安全和身体健康。就后者而言，当人类的思想运动将劳动者的生命、健康权上升到最基本人权的高度时，必然会促使国家通过立法建立保护劳动者生命安全和身体健康的制度。

在我国，劳动安全卫生制度建立的基础还在于：

1. 社会主义国家生产的目的，在于满足人们日益增长的物质文化生活需求。劳动者的身体健康和生命安全是人的第一基本需要。既然劳动过程客观上存在着危害劳动者生命安全和身体健康的因素，那么，基于国家生产的基本目标，就必须对劳动者实施保护措施。当这种保护活动不可能由用工方完全自觉地进行时，就只能由国家通过立法强制用工方落实这些保护措施。

2. 我国劳动法主要调整用人单位与劳动者之间形成的劳动关系。在调整过程中，重点在于协调二者利益方面的差别。在用人单位与劳动者之间存在的诸方面利益差别中，用人单位对盈利的追求与劳动者保护自身生命安全和身体健康的需求之间的矛盾尤为尖锐。用人单位为了谋取最大的盈利而采取的任何措施，都可能同时损害着劳动者的生命或健康，如延长劳动时间、加大劳动强度、为减少支出而扣减劳动保护用品以及不肯投资改善劳动环境和条件等。对这些矛盾的协调和解决，只能由国家通过建立劳动安全卫生制度来加以调整。

3. 随着市场经济体制的建立，我国的劳动法无论是在立法指导思想方面，还是在立法体系上，都有了较大的变化。尽管现行《劳动法》为适应市场经济这一要求，将一些以前由国家直接调控的劳动关系改为间接调控；原来作为劳动法最基本内容的制度，现在只作原则性规定，而具体权利的行使则下放给用人单位，如工资、劳动纪律等。但是，劳动安全卫生制度恰恰相反，它不仅越来越成为我国劳动法的重要组成部分，而且对于这项劳动法律制度的建立，立法采取了直接调控的方式，包括重要环境和特殊岗位的具体规程都由法律直接规定。

4. 我国劳动法的立法目的，还在于维护正常的生产经营秩序，促进社会经济的迅速发展。正常的生产秩序以人、物、环境三要素的协调为基本前提，因此，只有通过建立劳动安全卫生制度，协调三要素之间的相互联系，才能保证生产经营活动的正常进行，从而促进社会经济的发展。一个事故发生频繁、劳动者生命安全和身体健康得不到有效保证的生产环境，是不可能有正常的生产秩序的。

三、劳动安全卫生制度的基本方针

劳动安全卫生制度的基本方针，是建立该项法律制度的指导思想，它直接关系到所建立的制度是否能达到预期的目的以及对目的的实现程度。因此，确立的劳动安全卫生制度方针是否科学和是否符合实际，实际上就决定了劳动安全卫生制度是否科学、有效。

在总结长期的安全卫生工作经验的基础上，我国立法确立了劳动安全制度的基本方针是"安全第一、预防为主、综合治理"。我国职业卫生制度的方针是"预防为主，防治结合"。

"安全第一、预防为主、综合治理"的基本方针，是我国长期以来劳动保护工作经验的科学总结和概括。早在1952年，毛泽东同志就指出"在实施增产节约的同时，必须注意职工的安全、健康和必不可少的福利事业；如果只注意前一方面，忘记或稍加忽视后一方面，那是错误的"。这一指示完整地概括了安全与生产的辩证统一关系，为我国劳动安全卫生工作指明了方向。1983年国务院批转劳动人事部、国家经委、全国总工会《关于加强安全生产和劳动安全监察工作的报告的通知》指出，在"安全第一、预防为主"的思想指导下搞好安全生产。《安全生产法》明确规定：安全生产工作应当以人为本，坚持安全发展，坚持安全第一、预防为主、综合治理的方针。这一方针，充分反映了我国劳动安全卫生工作的基本要求，概括了我国劳动安全卫生制度的目标和重点。实行这一方针，一方面能够有效地防止劳动过程中伤亡事故的发生，避免有毒有害物质对劳动者身体健康的损害，进一步调动劳动者的生产积极性。另一方面，能够促使用人单位不断改善劳动条件和劳动环境，运用科技手段提高劳动生产率和经济效益。在劳动过程中，安全生产是劳动安全卫生制度建立的基本目标，而预防为主是消除劳动过程中的不安全、不卫生因素的主要措施和根本途径，二者相辅相成，缺一不可。

四、劳动安全卫生制度中各方的权利与义务

在劳动安全卫生制度中，主要涉及三方当事人，即政府及其有关部门、用人单位和劳动者及其工会组织。由于我国在立法的形式上采用劳动安全保护与职业病防范分别立法，即现行两部最重要的法律——《职业病防治法》和《安全生产法》。《安全生产法》是针对劳动安全保护与防范的立法，《职业病防治法》是针对劳动卫生与防范职业病的立法，两部法律各有其立法体系，衔接并不是非常

紧密。下面仅以《安全生产法》为例阐述。

（一）政府及其有关部门的职责

根据国际劳工公约、《劳动法》、《安全生产法》，政府及其有关部门的职责主要是：

1. 国务院和县级以上地方各级人民政府应当根据国民经济和社会发展规划制定安全生产规划，并组织实施。安全生产规划应当与城乡规划相衔接。国务院和县级以上地方各级人民政府应当加强对安全生产工作的领导，支持、督促各有关部门依法履行安全生产监督管理职责，建立健全安全生产工作协调机制，及时协调、解决安全生产监督管理中存在的重大问题。乡、镇人民政府以及街道办事处、开发区管理机构等地方人民政府的派出机关应当按照职责，加强对本行政区域内生产经营单位安全生产状况的监督检查，协助上级人民政府有关部门依法履行安全生产监督管理职责。

2. 国务院安全生产监督管理部门依照《安全生产法》对全国安全生产工作实施综合监督管理；县级以上地方各级人民政府安全生产监督管理部门依照《安全生产法》对本行政区域内安全生产工作实施综合监督管理。国务院有关部门依照《安全生产法》和其他有关法律、行政法规的规定，在各自的职责范围内对有关行业、领域的安全生产工作实施监督管理；县级以上地方各级人民政府有关部门依照《安全生产法》和其他有关法律、法规的规定，在各自的职责范围内对有关行业、领域的安全生产工作实施监督管理。

3. 国务院有关部门应当按照保障安全生产的要求，依法及时制定有关的国家标准或者行业标准，并根据科技进步和经济发展适时修订。

4. 各级人民政府及其有关部门应当采取多种形式，加强对有关安全生产的法律、法规和安全生产知识的宣传，增强全社会的安全生产意识。

5. 组织开展劳动安全卫生方面的科研工作，国家鼓励和支持安全生产科学技术研究和安全生产先进技术的推广应用，提高安全生产水平。

（二）用人单位的义务

《安全生产法》总则中规定了生产经营单位的安全生产保障义务：生产经营单位必须遵守《安全生产法》和其他有关安全生产的法律、法规，加强安全生产管理，建立、健全安全生产责任制和安全生产规章制度，改善安全生产条件，推进安全生产标准化建设，提高安全生产水平，确保安全生产；生产经营单位的主要负责人对本单位的安全生产工作全面负责。

《安全生产法》在第二章专章进一步强化了生产经营单位的安全生产的义务，主要有：

1. 生产经营单位应当具备《安全生产法》和有关法律、行政法规和国家标准或者行业标准规定的安全生产条件。不具备安全生产条件的，不得从事生产经营活动。

2. 明确委托规定的机构提供安全生产技术、管理服务的，保证安全生产的责任仍然由本单位负责。

3. 明确生产经营单位的主要负责人对本单位安全生产工作负有的七项职责。

4. 明确生产经营单位的安全生产责任制的内容，规定生产经营单位应当建立相应的机制，加强对安全生产责任制落实情况的监督考核。

5. 强制性提取安全费用。生产经营单位应当具备的安全生产条件所必需的资金投入，由生产经营单位的决策机构、主要负责人或者个人经营的投资人予以保证，并对由于安全生产所必需的资金投入不足导致的后果承担责任。

6. 矿山、金属冶炼、建筑施工、道路运输单位和危险物品的生产、经营、储存单位，应当设置安全生产管理机构或者配备专职安全生产管理人员。

7. 明确生产经营单位的安全生产管理机构以及安全生产管理人员履行的七项职责。

8. 生产经营单位新建、改建、扩建工程项目（以下统称建设项目）的安全设施，必须与主体工程同时设计、同时施工、同时投入生产和使用。安全设施投资应当纳入建设项目概算。

9. 推行注册安全工程师制度。危险物品的生产、储存单位以及矿山、金属冶炼单位应当有注册安全工程师从事安全生产管理工作。鼓励其他生产经营单位聘用注册安全工程师从事安全生产管理工作。

10. 建立职工安全教育和培训档案。生产经营单位应当建立安全生产教育和培训档案，如实记录安全生产教育和培训的时间、内容、参加人员以及考核结果等情况。

11. 劳务派遣用工、实习学生的安全管理责任。生产经营单位使用被派遣劳动者的，应当将被派遣劳动者纳入本单位从业人员统一管理，对被派遣劳动者进行岗位安全操作规程和安全操作技能的教育和培训。劳务派遣单位应当对被派遣劳动者进行必要的安全生产教育和培训。生产经营单位接收中等职业学校、高等学校学生实习的，应当对实习学生进行相应的安全生产教育和培训，提供必要的劳动防护用品。学校应当协助生产经营单位对实习学生进行安全生产教育和培训。

12. 建立健全生产安全事故隐患排查和重大事故隐患治理的督办制度。生产经营单位应当建立健全生产安全事故隐患排查治理制度，采取技术管理措施，及时发现并消除事故隐患。事故隐患排查治理情况应当如实记录，并向从业人员通报。县级以上地方各级人民政府负有安全生产监督管理职责的部门应当建立健全重大事故隐患治理督办制度，督促生产经营单位消除重大事故隐患。

13. 推进安全生产责任保险制度。生产经营单位必须依法参加工伤保险，为从业人员缴纳保险费。国家鼓励生产经营单位投保安全生产责任保险，等等。

（三）劳动者及其工会的权利与义务

1. 劳动者的权利与义务。根据相关法律法规，劳动过程中劳动者依法享有和承担的职业安全卫生权利主要有以下几个方面：

（1）知情权。劳动者有权了解其作业场所和工作岗位存在的危险因素、防范措施及事故应急措施。

（2）建议权。劳动者有权对用人单位的安全生产工作提出建议。

（3）拒绝权。劳动者有权拒绝违章指挥和强令冒险作业。生产经营单位不得因劳动者拒绝违章指挥、强令冒险作业而降低其工资、福利等待遇或者解除与其订立的劳动合同。

（4）紧急情况下的停止作业权、撤离权。发现直接危及人身安全的紧急情况时，劳动者有权停止作业或者在采取可能的应急措施后撤离作业场所。生产经营单位不得因从业人员在上述紧急情况下停止作业或者采取紧急撤离措施而降低其工资、福利等待遇或者解除与其订立的劳动合同。

（5）批评、检举、控告权。劳动者有权对本单位安全生产工作中存在的问题提出批评、检举、控告。生产经营单位不得因劳动者对本单位安全生产工作提出批评、检举、控告而降低其工资、福利等待遇或者解除与其订立的劳动合同。

（6）工伤保险权。生产经营单位与从业人员订立的劳动合同，应当载明有关保障从业人员劳动安全、防止职业危害的事项，以及依法为从业人员办理工伤保险的事项。生产经营单位不得以任何形式与从业人员订立协议，免除或者减轻其对从业人员因生产安全事故伤亡依法应承担的责任。

（7）获得民事赔偿权。因生产安全事故受到损害的劳动者，除依法享有工伤保险外，依照有关民事法律尚有获得赔偿的权利的，有权向本单位提出赔偿要求。

劳动者在职业安全卫生制度中的基本义务包括：

（1）在作业过程中，应当严格遵守本单位的安全生产规章制度和操作规程，服从管理，正确佩戴和使用劳动防护用品。

（2）劳动者应当接受安全生产教育和培训，掌握本职工作所需的安全生产知识，提高安全生产技能，增强事故预防和应急处理能力。

（3）劳动者发现事故隐患或者其他不安全因素，应当立即向现场安全生产管理人员或者本单位负责人报告；接到报告的人员应当及时予以处理。

2. 工会的权利与义务。生产经营单位的工会依法组织职工参加本单位安全生产工作的民主管理和民主监督，维护职工在安全生产方面的合法权益。生产经营单位制定或者修改有关安全生产的规章制度，应当听取工会的意见。工会有权对建设项目的安全设施与主体工程同时设计、同时施工、同时投入生产和使用进行监督，提出意见。工会对生产经营单位违反安全生产法律、法规，侵犯从业人员合法权益的行为，有权要求纠正；发现生产经营单位违章指挥、强令冒险作业或者发现事故隐患的，有权提出解决的建议，生产经营单位应当及时研究答复；发现危及从业人员生命安全的情况时，工会有权向生产经营单位建议组织从业人员撤离危险场所，生产经营单位必须立即作出处理。工会有权依法参加事故调查，向有关部门提出处理意见，并要求追究有关人员的责任。工会作为劳动者利益的代表，对职业安全卫生事宜，一方面负有代表劳动者与用人单位签订劳动合同、集体协商的义务；另一方面，一旦发生纠纷，工会负有帮助劳动者维权的义务。

另外，《安全生产法》还新增规定：有关协会组织依照法律、行政法规和章程，为生产经营单位提供安全生产方面的信息、培训等服务，发挥自律作用，促进生产经营单位加强安全生产管理。依法设立的为安全生产提供技术、管理服务的机构，依照法律、行政法规和执业准则，接受生产经营单位的委托为其安全生产工作提供技术、管理服务。

五、劳动安全卫生制度的立法概况

（一）外国及国际劳工立法概况

当人类普遍认识到保护劳动者的生命安全和身体健康与国家经济发展和社会进步直接相关时，各国的劳动法律体系中就开始有了劳动安全与卫生制度的内容。

最早的劳动安全卫生的立法，应追溯到 1802 年英国的《学徒健康与道德法》。该法的诞生，标志着资本主义国家对劳资关系采取的"自由放任"的不干预政策的结束。19 世纪末期，由于机器在生产中的广泛应用，工人伤亡事故不断发生，工人的健康受到严重威胁，肺结核和其他职业病也频繁发生。在这种情况下，各国相继采取法律措施来改善工人的劳动条件。如英国从 1864 年起在《工厂法》中增加了粉刷墙壁及其他几项清洁措施，以及增加通风和加强对危险机器的防范措施。在法、德等国的《工厂法》里，规定了工厂应有安全和卫生设备，防止发生伤亡事故和职业病。1888 年美国马萨诸塞州首先规定了伤亡事故报告制度。随着经济的发展和社会的进步，各国迅速加强了劳动安全卫生方面的专门立法，如 1937 年，英国在《工厂法》中设工厂安全与卫生专章。法国、德国、意大利、比利时等国都先后颁布了《矿山安全法》或《煤矿安全法》。在美国，第二次世界大战以前，劳动安全与卫生方面的立法权都属于各州。第二次世界大战期间，联邦设立了一个国家安全委员会，其于 1970 年公布了《职业安全卫生法》；而其早在 20 世纪 40 年代初就颁布了第一部联邦煤矿安全法规，1969 年通过了新的《联邦煤矿安全卫生法》，1977 年对此法进行了重大修订，增加了金属和非金属矿山安全法规内容，重新颁发了新的《联邦矿山安全与卫生法》。在日本，继 1947 年公布了《工人赔偿法》之后，又相继通过了《矿山安全法》《劳动灾难防止团体法》以及《劳动安全卫生法》等法律。

在各国不断加强劳动安全与卫生的立法的同时，有关的国际劳工立法也日益加强并在深度和广度上极大地影响着各国的劳动安全卫生部门立法。据不完全统计，这方面的国际劳工立法主要有：1921 年《在油漆中使用白铅公约》和《受雇用于海上工作的儿童及未成年人的强制体格检查公约》；1925 年通过的《工人事故赔偿公约》、《工人职业病赔偿公约》（1933 年修改）、《本国与外国工人关于事故赔偿的同等待遇公约》和《夜间工作公约（面包房）》；1930 年《防止码头工人事故公约》（1932 年修改）；1937 年《建筑业的安全规定公约》；1946 年《未成年人在工业部门就业体格检查公约》；1960 年《辐射防护公约》；1969《（商业和办事处所）卫生公约》；1967 年《准许工人搬运的最大重量的公约》；1970《防止事故（海员）公约》；1971 年《防苯中毒危害公约》；1974 年《预防和控制由致癌物质和致癌剂造成职业危害公约》；1977 年《工作环境（空气污染、噪声和振动）公约》；1979 年《（码头作业）职业安全和卫生公约》；1981 年《职业安全和卫生及工作环境公约》；1985 年《职业卫生设施公约》；1987 年《（海员）健康保护和医疗公约》；1988 年《建筑业安全和卫生公约》；1991 年《（旅店和餐馆）工作条件公约》；1993 年《预防重大工业事故公约》；1995 年《矿山安全和卫生公约》；2001 年《农业中的安全和卫生公约》等[1] 这些国际性公约，从一个侧面反映了劳动安全与卫生制度在劳动法律体系中的重要性及地位。

（二）我国劳动安全卫生立法概况

新中国成立以后，国家一直非常重视劳动安全与卫生的立法。1950 年国务院颁布的《中华人民共和国工会法》中，就有保护工人健康的专门规定。1956 年国务院发布了《工厂安全卫生规程》《建筑安装工程安全技术规程》和《工人职员伤亡事故报告规程》三大规程；1963 年国务院发布或批准了《关于加强企业生产中安全工作的几项规定》《防止矽尘危害工作管理办法》；1982 年国务院发布了《锅炉压力容器安全监察暂行条例》；1984 年国务院发布了《关于加强防

---

[1]　以上公约的资料来源是国际劳工组织官方网站：http://www.ilo.org/ilolex/chinese/docs/convdisp1.htm.

尘防毒工作的决定》；1991 年国务院发布了《企业职工伤亡事故报告和处理规定》；1992 年颁布了《中华人民共和国矿山安全法》。此外，还有劳动部及其他有关部委公布的大量劳动安全卫生规章和安全卫生标准。在此基础上，1994 年颁布《中华人民共和国劳动法》，2001 年颁布《中华人民共和国职业病防治法》，2002 年颁布《中华人民共和国安全生产法》。近年来，国家对职业安全卫生问题日益重视，不断制定和修改相关立法。如：2016 年 7 月 2 日，第十二届全国人大常委会第二十一次会议通过了新修订的《中华人民共和国职业病防治法》。2012 年 4 月 28 日，国务院公布《女职工劳动保护特别规定》（以下简称《规定》）。2012 年 6 月 29 日，国家安全生产监督管理总局、卫生部、人力资源和社会保障部和全国总工会颁布《防暑降温措施管理办法》。2014 年 8 月 31 日，第十二届全国人民代表大会常务委员会第十次会议通过《全国人民代表大会常务委员会关于修改〈中华人民共和国安全生产法〉的决定》，自 2014 年 12 月 1 日起施行等。所有这些共同构成了我国劳动安全卫生制度的基本立法，它们不仅形成了我国统一的劳动安全卫生制度，而且与国务院发布的劳动安全卫生法规和各部委制定的大量劳动安全卫生的规章、标准，共同构成了我国完备的劳动安全卫生法律制度体系。

第二节　劳动安全卫生制度基本规定

劳动安全卫生（又可称为职业安全卫生）制度的基本规定，是指劳动生产的各部门、各领域都必须遵循的基本规范。劳动安全卫生，涉及一个非常广泛的领域，它既包括工厂、矿山、交通、建筑等工业行业，也包括安全技术与劳动卫生等方面的内容。然而无论在哪一个领域或哪一方面的内容，都有其在劳动安全与卫生制度中的共性。将这些共性通过归纳和概括形成基本规范，作为劳动安全卫生制度的基本内容，就使劳动安全与卫生制度在体系上更为科学合理。

一、劳动安全卫生责任制

（一）安全生产责任制

从 20 世纪 50 年代起，我国颁布了大量的劳动安全卫生方面的法规和规章，自 1963 年国务院颁布的《关于加强企业生产中安全工作的几项规定》首先提出安全生产责任制以来，国务院及有关部委发布了诸多有关安全生产责任制的法规、规章，至 2001 年的《职业病防治法》（2016 年修订）、2002 年的《安全生产法》（2014 年修订），我国的安全生产责任制已基本上臻于成熟和完备。

1. 国家直接对安全生产责任制的规定。国家对安全生产责任制的规定，主要是通过法律、国务院行政法规及有关部委的规章实现的。具体内容包括：①规定各级人民政府及其职能部门以及行业主管部门在安全生产中的责任。这类责任，主要是监督、检查以及事故报告处理方面的责任，如保障和监督安全技术措施的落实；定期向人大常委会报告情况及重要防治措施；组织对重大伤亡事故的调查和处理等。例如，《安全生产法》第8条第2款规定："国务院和县级以上地方各级人民政府应当加强对安全生产工作的领导，支持、督促各有关部门依法履行安全生产监督管理职责，建立健全安全生产工作协调机制，及时协调、解决安全生产监督管理中存在的重大问题。"《安全生产法》第9条第1、2款规定："国务院安全生产监督管理部门依照本法，对全国安全生产工作实施综合监督管理；县级以上地方各级人民政府安全生产监督管理部门依照本法，对本行政区域内安全生产工作实施综合监督管理。国务院有关部门依照本法和其他有关法律、行政法规的规定，在各自的职责范围内对有关行业、领域的安全生产工作实施监督管理；县级以上地方各级人民政府有关部门依照本法和其他有关法律、法规的规定，在各自的职责范围内对有关行业、领域的安全生产工作实施监督管理。"②规定用人单位在安全生产方面的责任。用人单位在安全生产中具有纽带性的地位和作用，因此，国家非常强调用人单位在安全生产中应负的责任。例如，《安全生产法》第4条规定："生产经营单位必须遵守本法和其他有关安全生产的法律、法规，加强安全生产管理，建立、健全安全生产责任制和安全生产规章制度，改善安全生产条件，推进安全生产标准化建设，提高安全生产水平，确保安全生产。"《矿山安全法》第20条第1款规定："矿山企业必须建立、健全安全生产责任制。"同时，该法在法律责任一章中规定了矿山企业违反安全规定的，可给予责令停产整顿、吊销采矿许可证和营业执照或罚款的处罚等。③规定了领导人员在安全生产中的责任。包括在安全生产责任制建立方面的责任、违章指挥生产的责任、安全生产管理失误以及失职产生的责任等。如《安全生产法》第5条规定："生产经营单位的主要负责人对本单位的安全生产工作全面负责。"并对主要负责人对本单位安全生产工作负有的具体职责和违反职责所承担的法律责任作出了非常详尽的规定。④规定了在特殊工作岗位工作的劳动者的责任和安全检查人员应负的责任，如特种作业人员操作规程及违章操作的责任、安全检查人员的责任等。《安全生产法》第21条第1款规定："矿山、金属冶炼、建筑施工、道路运输单位和危险物品的生产、经营、储存单位，应当设置安全生产管理机构或者配备专职安全生产管理人员。"

2. 用工单位的安全生产责任制。安全生产责任制，除国务院及有关部委规章直接规定外，用人单位根据国家规定，结合本单位实际建立内部安全生产责任制，是非常重要的一环。对此，《劳动法》《矿山安全法》及有关法律、法规都作了专门规定，要求用人单位必须建立内部安全生产责任制。用人单位内部安全生产责任制，在制定依据上，应当以国家法律和行政法规确定的基本原则，以及国家颁布的安全标准为准；在制定目的上，应以安全生产为基本要求；在反映本单位特点上，要具有可操作性和实用性；在适用范围和内容上，应包括本单位的每一个职工和每一个具体岗位。

（二）劳动卫生责任制度

根据《职业病防治法》的规定，用人单位必须依法参加工伤保险，应当建立、健全职业病防治责任制，加强对职业病防治的管理，提高职业病防治水平，对本单位产生的职业病危害承担责任。用人单位的主要负责人对本单位的职业病防治工作全面负责。用人单位应当采取的职业病防治管理措施主要是：①设置或者指定职业卫生管理机构或者组织，配备专职或者兼职的职业卫生管理人员，负责本单位的职业病防治工作；②制定职业病防治计划和实施方案；③建立、健全职业卫生管理制度和操作规程；④建立、健全职业卫生档案和劳动者健康监护档案；⑤建立、健全工作场所职业病危害因素监测及评价制度；⑥建立、健全职业病危害事故应急救援预案。

二、劳动安全卫生教育和培训制度

（一）劳动安全教育和培训制度

任何一项安全措施或安全卫生规范，最终都要通过用人单位及职工的行为来实现。因此，任何一种有效的劳动安全卫生制度都不能不将安全教育和培训作为其基本内容。在许多国家，提高公众对职业安全与卫生的认识，是劳动行政管理系统和用工方的最基本的职责。他们通过舆论，提供职业安全与卫生方面的信息、评论和意见；通过公共教育和职业培训，以及利用报刊、电影、电视、墙报、展览会、博物馆等方式，提高公众对劳动安全与卫生的观念和认识；通过"职业安全周"、"安全月"、安全竞赛以及宣传典型案例等活动，树立全社会的安全卫生意识。

我国也一贯十分重视安全卫生教育，几乎每一项有关安全卫生法规的颁布，劳动行政管理部门都要组织广泛的宣传教育活动。例如，《安全生产法》颁布以后，国家安全生产监督管理局、中华人民共和国司法部、全国普及法律常识办公室联合发出通知，要求全国各地认真做好《安全生产法》的学习宣传工作。从内容方面讲，安全教育包括：政治思想、劳动纪律观念、职业道德、劳动安全与卫生基础知识、劳动安全与卫生法规、劳动安全卫生规范和规程等。从教育方式上讲，包括对新上岗的工人实行入厂教育、车间教育、班组教育的所谓三级安全教育；对特殊工作岗位人员的专业安全技术培训教育；对管理员和安全检查人员的安全卫生知识、专业基础知识及其责任的教育；对新工艺、新机器、新原料等的使用，实行安全卫生性能方面的教育；对一般职工进行岗位责任制和操作规范的教育；等等。

1. 各级人民政府及其有关部门应当开展劳动安全教育和培训工作。《安全生产法》第11条规定：各级人民政府及其有关部门应当采取多种形式，加强对有关安全生产的法律、法规和安全生产知识的宣传，增强全社会的安全生产意识。

2. 用人单位及其负责人、劳动者有接受劳动安全教育培训的义务。《劳动法》第52条规定，用人单位必须对劳动者进行安全卫生教育。《安全生产法》第24～27条也对此作出了明确规定，例如：生产经营单位的主要负责人和安全生产管理人员必须具备与本单位所从事的生产经营活动相应的安全生产知识和管理能力；危险物品的生产、经营、储存单位以及矿山、金属冶炼、建筑施工、道路运输单位的主要负责人和安全生产管理人员，应当由主管的负有安全生产监督管理职责的部门对其安全生产知识和管理能力考核合格；危险物品的生产、储存单位以及矿山、金属冶炼单位应当有注册安全工程师从事安全生产管理工作；鼓励其他生产经营单位聘用注册安全工程师从事安全生产管理工作；生产经营单位应当对从业人员进行安全生产教育和培训，保证从业人员具备必要的安全生产知识，熟悉有关的安全生产规章制度和安全操作规程，掌握本岗位的安全操作技能。未经安全生产教育和培训合格的从业人员，不得上岗作业。生产经营单位应当对从业人员进行安全生产教育和培训，保证从业人员具备必要的安全生产知识，熟悉有关的安全生产规章制度和安全操作规程，掌握本岗位的安全操作技能，了解事故应急处理措施，知悉自身在安全生产方面的权利和义务。生产经营单位使用被派遣劳动者的，应当将被派遣劳动者纳入本单位从业人员统一管理，对被派遣劳动者进行岗位安全操作规程和安全操作技能的教育和培训。劳务派遣单位应当对被派遣劳动者进行必要的安全生产教育和培训。生产经营单位接收中等职业学校、高等学校学生实习的，应当对实习学生进行相应的安全生产教育和培训，提供必要的劳动防护用品。学校应当协助生产经营单位对实习学生进行安全生产教育和培训。生产经营单位应当建立安全生产教育和培训档案，如实记录安全生产教育和培训的时间、内容、参加人员以及考核结果等情况；生产经营单位采用新工艺、新技术、新材料或者使用新设备，必须了解、掌握其安全技术特性，采取有效的安全防护措施，并对从业人员进行专门的安全生产教育和培训；生产经营单位的特种作业人员必须按照国家有关规定经专门的安全作业培训，取得相应资格，方可上岗作业。

（二）劳动卫生教育培训制度

根据《职业病防治法》第34条规定，用人单位必须依法建立、健全职业卫生教育培训制度。一方面，用人单位的主要负责人和职业卫生管理人员应当接受职业卫生培训，遵守职业病防治法律、法规，依法组织本单位的职业病防治工作。用人单位应当对劳动者进行上岗前的职业卫生培训和在岗期间的定期职业卫生培训，普及职业卫生知识，督促劳动者遵守职业病防治法律、法规、规章和操作规程，指导劳动者正确使用职业病防护设备和个人使用的职业病防护用品；另一方面，劳动者应当学习和掌握相关的职业卫生知识，增强职业病防范意识，遵守职业病防治法律、法规、规章和操作规程，正确使用、维护职业病防护设备和个人使用的职业病防护用品，发现职业病危害事故隐患应当及时报告。劳动者不履行上述义务的，用人单位应当对其进行教育。

三、劳动安全卫生标准制度

劳动安全卫生标准制度，是国家劳动行政部门依照法定程序制定和公布的执行劳动安全卫生法规时参照或依据的各项指标或规程。安全卫生标准制度，是劳动安全卫生的一项基础性制度，也是市场经济条件下劳动纪律体系不可缺少的组成部分。通过制定和执行统一的安全卫生标准，不仅使劳动安全卫生制度有坚实的科学基础和依据，而且能使劳动法对劳动者的保护同国际劳工立法接轨。对此，我国《劳动法》第 5 条规定，国家采取各种措施，制定劳动标准；第 52 条规定，用人单位必须严格执行国家劳动安全卫生规程和标准。我国的劳动安全卫生制度，相当一部分内容都是由劳动安全卫生标准构成的，离开了安全卫生标准，劳动安全卫生制度就难以成立和实施。我国 1992 年颁布了《劳动部标准化工作管理办法》，2010 年颁布了《人力资源和社会保障标准体系》（人社部发〔2010〕53 号），2012 年又编制《人力资源和社会保障标准化规划（2011～2015年）》，《规划》主要阐明了"十二五"时期人力资源和社会保障标准化工作的指导思想、基本原则、总体目标、主要任务、保障措施等，指导未来五年人力资源和社会保障标准化工作顺利开展，其中安全卫生标准化是重要内容。

四、劳动安全卫生认证制度

劳动安全卫生认证制度，是指在生产经营过程进行之前，依法对参与生产经营活动的主体能力、资格以及其他安全卫生因素进行审查、评价并确认资格或条件的制度。劳动安全卫生认证制度是一项预防事故、防止职业伤害的重要制度。也是我国以预防为主的劳动安全卫生制度指导思想的具体反映。

我国现行的劳动安全卫生认证，主要包括对企业资格的认证、对有关人员资格的认证和对特殊产品的认证。

（一）劳动安全认证制度

1. 对企业安全生产资格的认证。目前，我国对企业安全生产条件和资格的认证制度，主要有以下几种：① 矿山企业、建筑企业和危险化学品、烟花爆竹、民用爆破器材生产企业的安全生产许可证制度。《安全生产许可证条例》第 2 条明确规定：国家对矿山企业、建筑施工企业和危险化学品、烟花爆竹、民用爆炸物品生产企业（以下统称企业）实行安全生产许可制度。企业未取得安全生产许可证的，不得从事生产活动。第3条明确规定：国务院安全生产监督管理部门负责中央管理的非煤矿矿山企业和危险化学品、烟花爆竹生产企业安全生产许可证的颁发和管理。省、自治区、直辖市人民政府安全生产监督管理部门负责前款规定以外的非煤矿矿山企业和危险化学品、烟花爆竹生产企业安全生产许可证的颁发和管理，并接受国务院安全生产监督管理部门的指导和监督。国家煤矿安全监察机构负责中央管理的煤矿企业安全生产许可证的颁发和管理。在省、自治区、直辖市设立的煤矿安全监察机构负责前款规定以外的其他煤矿企业安全生产许可证的颁发和管理，并接受国家煤矿安全监察机构的指导和监督。第4条规定，省、自治区、直辖市人民政府建设主管部门负责建筑施工企业安全生产许可证的颁发和管理，并接受国务院建设主管部门的指导和监督。②特种设备生产经营单位的安全许可制度。特种设备是指对人身和财产安全有较大危险性的锅炉、压力容器（含气瓶）、压力管道、电梯、起重机械、客运索道、大型游乐设施、场（厂）内专用机动车辆，以及法律、行政法规规定的其他特种设备（军事装备、核设施、航空航天器、铁路机车、海上设施和船舶以及矿山井下使用的特种设备、民用机场专用设备除外）。特种设备的目录由国务院负责特种设备安全监督管理的部门制订，报国务院批准后执行。根据《特种设备安全法》《特种设备安全监察条例》的规定，特种设备的生产（包括设计、制造、安装、改造、修理）、经营、使用、检验、检测和特种设备安全的监督管理，应当依法实行许可证制度。国务院特种设备安全监督管理部门负责全国特种设备的安全监察工作，县以上地方负责特种设备安全监督管理的部门对本行政区域内特种设备实施安全监察。

2. 安全生产中介机构资格认证。《安全生产法》第13条第1款规定：依法设立的为安全生产提供技术、管理服务的机构，依照法律、行政法规和执业准则，接受生产经营单位的委托为其安全生产工作提供技术、管理服务。

3. 对特殊岗位或特种作业人员的资格认证。

（1）对特殊岗位人员的安全资格认证。为了规范安全生产管理，提高从业人员的安全生产意识，促进安全生产，我国实行对特殊岗位人员的资格认证制度。首先，特殊岗位人员的范围包括生产经营单位的主要负责人、安全生产管理人员和其他相关人员。其次，特殊岗位人员一律实行资格认证制度。例如：《生产经营单位安全培训规定》第4条规定：生产经营单位应当进行安全培训的从业人员包括主要负责人、安全生产管理人员、特种作业人员和其他从业人员。……生产经营单位从业人员应当接受安全培训，熟悉有关安全生产规章制度和安全操作规程，具备必要的安全生产知识，掌握本岗位的安全操作技能，了解事故应急处理措施，知悉自身在安全生产方面的权利和义务。未经安全培训合格的从业人员，不得上岗作业。最后，对特殊岗位人员的安全资格认证工作由特定机构依法进行。例如：国家安全生产监督管理局（国家煤矿安全监察局）依法组织、指导、监督全国生产经营单位主要负责人和安全生产管理人员的安全生产培训、考核及安全资格认证工作；指导并监督检查生产经营单位其他从业人员安全生产教育培训工作。

（2）对特种作业人员的安全资格认证。我国《劳动法》第55条明确规定：从事特种作业的劳动者必须经过专门培训并取得特种作业资格。为了规范特种作业人员的安全技术培训考核工作，提高特种作业人员的安全技术水平，防止和减少伤亡事故，《特种作业人员安全技术培训考核管理规定》规范了特种作业人员的安全技术培训、考核与发证等工作。

4. 对特殊设备和产品的安全认证。为了加强对具有特殊性危害的设备或产品的安全质量管理，我国专门建立了对这类设备或产品的安全认证制度。凡规定必须经过安全质量认证的设备或产品，都必须依法进行认证，取得合格证；否则，禁止生产、销售和使用。如《安全生产法》第34条规定："生产经营单位使用的危险物品的容器、运输工具，以及涉及人身安全、危险性较大的海洋石油开采特种设备和矿山井下特种设备，必须按照国家有关规定，由专业生产单位生产，并经具有专业资质的检测、检验机构检测、检验合格，取得安全使用证或者安全标志，方可投入使用。检测、检验机构对检测、检验结果负责。"

（二）劳动卫生认证制度

劳动卫生认证制度，是指对从事职业病健康检查、诊断、鉴定、服务的从业人员的资格，以及与劳动卫生相关的物质技术要素的质量进行严格审查并对其中符合要求者正式认可的强制性认证制度。根据《职业病防治法》、《职业卫生技术服务机构监督管理暂行办法》（2015年国家安全监管总局令第80号）、《职业卫生技术服务机构检测工作规范》（安监总厅安健〔2016〕9号）的规定，其具体内容包括：

1. 职业卫生服务机构资质认证。职业病危害预评价、职业病危害控制效果评价由依法设立的取得国务院安全生产监督管理部门或者设区的市级以上地方人民政府安全生产监督管理部门按照职责分工给予资质认可的职业卫生技术服务机构进行。

2. 职业健康检查医疗卫生机构资质认证。对从事接触职业病危害的作业的劳动者，用人单位应当按照国务院安全生产监督管理部门、卫生行政部门的规定组织上岗前、在岗期间和离岗时的职业健康检查，职业健康检查应当由省级以上人民政府卫生行政部门批准的医疗卫生机构承担。

3. 职业病诊断医疗卫生机构资质认证。医疗卫生机构承担职业病诊断，应当经省、自治区、直辖市人民政府卫生行政部门批准。省、自治区、直辖市人民政府卫生行政部门应当向社会公布本行政区域内承担职业病诊断的医疗卫生机构的名单。承担职业病诊断的医疗卫生机构应当具备下列条件：①持有《医疗机构执业许可证》；②具有与开展职业病诊断相适应的医疗卫生技术人员；③具有与开展职业病诊断相适应的仪器、设备；④具有健全的职业病诊断质量管理制度。

4. 职业病鉴定委员会人员的资格认定。职业病诊断鉴定委员会由相关专业的专家组成。省、自治区、直辖市人民政府卫生行政部门应当设立相关的专家库，需要对职业病争议作出诊断鉴定时，由当事人或者当事人委托有关卫生行政部门从专家库中以随机抽取的方式确定参加诊断鉴定委员会的专家。职业病诊断鉴定委员会组成人员应当遵守职业道德，客观、公正地进行诊断鉴定，并承担相应的责任。

5. 对与职业卫生联系特别紧密的物质技术要素的质量认证。例如，对职业卫生防护用品的质量认证，对职业卫生设备、工程、技术等的质量认证。

五、劳动安全卫生设施"三同时"制度

劳动安全卫生设施"三同时"制度，是指立法规定的，在我国境内的一切生产性建设项目的安全卫生设施，都必须与主体工程同时设计、同时施工、同时投入生产和使用的制度。安全卫生设施"三同时"制度（以下称"三同时"制度），是我国安全卫生工作的长期经验的总结与升华。

（一）劳动安全设施"三同时"制度

在立法上，除了我国《劳动法》第53条提出了原则性的要求之外，《安全生产法》第28条等都对"三同时"制度作出了规定。尤其是《建设项目安全设施"三同时"监督管理办法》更是进一步作了详细规定：①国家安全生产监督管理总局对全国建设项目安全设施"三同时"实施综合监督管理，并在国务院规定的职责范围内承担国务院及其有关主管部门审批、核准或者备案的建设项目安全设施"三同时"的监督管理；县级以上地方各级安全生产监督管理部门对本行政区域内的建设项目安全设施"三同时"实施综合监督管理，并在本级人民政府规定的职责范围内承担本级人民政府及其有关主管部门审批、核准或者备案的建设项目安全设施"三同时"的监督管理。跨两个及两个以上行政区域的建设项目安全设施"三同时"由其共同的上一级人民政府安全生产监督管理部门实施监督管理。上一级人民政府安全生产监督管理部门根据工作需要，可以将其负责监督管理的建设项目安全设施"三同时"工作委托下一级人民政府安全生产监督管理部门实施监督管理。②建设项目安全预评价。对一些具有较高危险的建设项目，在进行可行性研究时，生产经营单位应当按照国家规定，进行安全预评价。并委托具有相应资质的安全评价机构进行预评价并编制安全预评价的报告。③建设项目安全设施设计审查。生产经营单位在建设项目初步设计时应当委托有相应资质的初步设计单位对建设项目安全设施同时进行设计编制安全设施设计。编制安全设施设计必须符合法律法规要求。④建设项目安全设施施工和竣工验收。建设项目安全设施的施工应当由取得相应资质的施工单位进行。并与建设项目主体工程同时施工。施工单位应当接受工程监理单位的监理。竣工验收应当符合法律法规要求。安全设施竣工验收合格后，方可投入生产和使用。⑤法律责任。违反建设项目安全设施"三同时"制度的，生产经营单位、承担建设安全项目安全评价机构以及安全生产监督管理部门及其工作人员应承担相应的法律责任。

（二）劳动卫生设施"三同时"制度

在立法上，除了我国《劳动法》第53条提出了原则性的要求之外，《职业病防治法》第18条对"三同时"制度作了明确规定："建设项目的职业病防护设施所需费用应当纳入建设项目工程预算，并与主体工程同时设计，同时施工，同时投入生产和使用。……医疗机构放射性职业病危害严重的建设项目的防护设施设计，应当经卫生行政部门审查同意后，方可施工。建设项目在竣工验收前，建设单位应当进行职业病危害控制效果评价。医疗机构可能产生放射性职业病危害的建设项目竣工验收时，其放射性职业病防护设施经卫生行政部门验收合格后，方可投入和使用……安全生产监督管理部门应当加强对建设单位组织的验收活动和验收结果的监督核查。"

六、劳动安全卫生检查与监察制度

劳动安全卫生的检查与监察，是劳动安全卫生法律制度中的一个非常重要的环节。通过对劳动安全卫生的检查与监察，保证其他制度的作用得以发挥。同时，劳动安全卫生制度的检查与监察相互之间又密切配合，既通过检查制度贯彻了"预防为主"的指导思想，又通过监察对违纪行为和违法事件予以处理，实现了教育与处罚相结合的目的。

（一）劳动安全卫生检查制度

劳动安全卫生检查制度，是指国家有关行政部门以及企业本身对企业执行劳动安全卫生法规情况所进行的定期或不定期的检查制度。通过检查，可督促企业和职工增强安全卫生意识，发现和消除劳动过程中不安全和不卫生的因素，防患于未然。劳动安全卫生检查包括企业本身对生产中的安全与卫生的经常性检查和劳动部门、产业主管部门组织的定期或不定期的检查。检查的内容一般包括：①安全卫生措施的计划和完成情况；②各种安全技术、工业卫生规程的执行情况；③各项安全卫生设施的运行、检修情况；④各种机械设备、厂房建筑和安全设备的技术情况；⑤个人防护用品的保管和使用情况等。

（二）劳动安全卫生监察制度

劳动安全卫生监察制度，是指国家劳动行政部门和其他有关部门对劳动安全卫生进行检查监督，并对违法行为进行制止和处罚的制度。对此，不仅《劳动法》和《安全生产法》作了专章规定，而且在现行的劳动安全卫生行政法规和规章中，都分别就不同性质和情况，规定了劳动监察处罚机关及其监察处罚的违法行为。

七、其他重要劳动安全卫生制度

（一）生产安全事故报告、应急救援和调查处理制度

参见下一节内容。

（二）产生职业病危害的用人单位的特殊准入制度

产生职业病危害的用人单位的设立除应当符合法律、行政法规规定的设立条件外，其工作场所还应当符合下列职业卫生要求：①职业病危害因素的强度或者浓度符合国家职业卫生标准；②有与职业病危害防护相适应的设施；③生产布局合理，符合有害与无害作业分开的原则；④有配套的更衣间、洗浴间、孕妇休息间等卫生设施；⑤设备、工具、用具等设施符合保护劳动者生理、心理健康的要求；⑥法律、行政法规和国务院卫生行政部门、安全生产监督管理部门关于保护劳动者健康的其他要求。

（三）职业病危害项目申报制度

根据《职业病防治法》的规定，国家建立职业病危害项目申报制度。职业病危害因素分类目录由国务院卫生行政部门会同国务院安全生产监督管理部门制定、调整并公布。职业病危害项目申报的具体办法由国务院安全生产监督管理部门制定。2012年4月27日，国家安全生产监督管理总局发布了《职业病危害项目申报办法》，对职业病危害项目申报制度做了具体规定。

（四）职业病危害预评价制度

职业病危害预评价制度，是指在建设项目前期，应用职业病评价的原理和方法，对新建、扩建、改建建设项目和技术改造、技术引进项目（以下统称建设项目）可能产生职业病危害的，建设单位在可行性论证阶段向安全生产监督管理部门提交职业病危害预评价报告的制度。安全生产监督管理部门应当自收到职业病危害预评价报告之日起30日内，作出审核决定并书面通知建设单位。未提交预评价报告或者预评价报告未经安全生产监督管理部门审核同意的，有关部门不得批准该建设项目。职业病危害预评价报告应当对建设项目可能产生的职业病危害因素及其对工作场所和劳动者健康的影响作出评价，确定危害类别和职业病防护措施。建设项目职业病危害分类管理办法由国务院安全生产监督管理部门制定。

（五）放射、高毒等作业的特殊管理制度

《职业病防治法》第 19 条规定："国家对从事放射性、高毒、高危粉尘等作业实行特殊管理。具体管理办法由国务院制定。"2002 年 4 月 30 日，国务院第 57 次常务会议通过了《使用有毒物品作业场所劳动保护条例》，对使用有毒物品作业场所的管理进行了详细规定，有利于保证作业场所安全使用有毒物品，预防、控制和消除职业中毒危害，保护劳动者的生命安全、身心健康及其相关权益。

第三节 劳动安全卫生技术规定

一、劳动安全技术规定的概念和特点

劳动安全卫生技术规定，是指国家为保障劳动者人身安全和健康，减少和消除劳动过程中不安全因素而制定的关于劳动场所安全条件、生产设备使用、操作规则和程序规定的总称。由于这些规定大多数以规程的形式公布，因而又称为劳动安全卫生技术规程。

劳动安全卫生技术规定具有如下法律特征：

1. 劳动安全卫生技术规定以保护劳动者人身安全和健康为目的。在我国《宪法》《劳动法》《安全生产法》《职业病防治法》等确立的劳动者的各项权利中，劳动者的生命权和健康权是首要的权利，任何时期的劳动立法都将此作为重点进行保护。然而，由于劳动过程中客观上存在着各种不安全因素并且时刻都在威胁着劳动者的生命安全和健康，因此，以消除劳动过程中不安全因素为途径的劳动安全卫生技术规定便由此而产生。通过劳动安全卫生技术规定，可督促企业不断改善劳动条件，严格科学管理，使劳动者能够按照科学和安全的方法进行操作，以防止和最大限度地减少事故的发生，实现保护劳动者生命和健康的目的。

2. 劳动安全卫生技术规定以设备，工艺流程和操作方法，防止粉尘、噪声、热害、有毒有害物质等为基本内容。通过对劳动场所和生产设备，工艺流程，操作方法，防止粉尘、噪声、热害、有毒有害物质等的安全技术要求和标准的研究，制定出各种劳动安全卫生技术规范，消除和减少来自客观方面和主观方面的不安全因素，从而保证劳动者的生命安全和健康。

3. 劳动安全卫生技术规定是上升为法律的技术规范。任何劳动，都有一套与之相适应的劳动方法和规则，特别是机器在生产过程中的运用，使操作方法和经验技术日趋完善和丰富。但是，当这些劳动方法和操作规则与以保护劳动者人身安全和健康为目的的劳动安全卫生法律规范相联系的时候，它们始终只能是指导劳动过程正常运行的单纯的技术规则，或者是劳动方法的经验总结。一旦国家

认识到这些技术规范与社会经济发展和保护劳动者人身安全和健康有最直接的联系，并将这些单纯的技术规范通过立法赋予其强制性约束力时，劳动安全卫生技术规范就在性质上成为法律规范。我国的劳动安全卫生技术规定，就是各种安全卫生技术规范在法律上的具体表现。因此，劳动安全卫生技术规定具有突出的技术性特点。

二、劳动安全卫生技术规定的基本作用和法律意义

（一）劳动安全卫生技术规定的基本作用

在人类的生产劳动过程中，最初单纯的劳动技术规范来源于依据劳动效果对劳动方法的经验总结。在工业中运用机器的技术操作规范，其最初目的也在于实现雇主所要求的对机器性能的掌握和使用。在这种情形下，国家还不可能将此上升为法律，然而，当下述两个条件具备时，通过立法对安全卫生技术进行规范便成为必然：①机械事故和劳动环境的恶劣导致劳动者大量伤亡以致影响社会的进步和发展；②劳动行为科学的研究成果已充分证明，科学管理的劳动行为和操作规范不仅能有效地防止事故的发生，而且能极大地促进经济的发展。国家通过立法，规定新建安全设施，以及在设备安装、使用、维修和机械操作，防止粉尘、噪声、热害、有毒有害物质等方面，建立一套符合安全要求的技术规范和规程，运用法律强制力保证实施，这样，就在劳动过程的各个方面和各个环节形成了一种最有助于防止事故发生，保障劳动者人身安全和健康的制度机制。这种制度机制运作的结果，使保护劳动者人身安全和健康及提高生产率实现了高度的融合。

（二）劳动安全卫生技术规定的法律意义

劳动安全卫生技术规定除了从科学角度正确指引用人单位和劳动者的行为之外，其法律意义还在于：一旦发生安全卫生责任事故，劳动安全卫生技术规定便成为划分和承担法律责任的最基本的依据。如果事故的发生是用人单位未按安全卫生技术规程提供安全卫生条件造成的，其责任无疑归于用人单位。同时，劳动者是否按照安全卫生技术规定进行操作和劳动，不仅是确定劳动者是否应承担责任的依据，还涉及劳动者在事故中造成伤亡和职业病时的工伤待遇的问题。

三、劳动安全卫生技术规定的基本内容

（一）劳动安全技术规定的基本内容

根据《安全生产法》《矿山安全法》等的有关规定，我国现行劳动安全技术规定主要包括工厂劳动安全技术规定、矿山企业劳动安全技术规定和建筑安装工程安全技术规定等。其主要内容有：

1. 工厂劳动安全技术规定。工厂的生产活动，涉及来自各方的不安全因素的危害，也是机器设备最集中的场所，因此必须保证工厂安全。围绕工厂的活动，我国颁布了一系列有关的劳动安全技术规程，主要内容包括：

（1）涉及工厂工作场所或环境的安全技术规范。这类规定，通过规定工厂区域内和工作场所安全标志、设施、各种机械位置以及光线、通道等方面的安全标准和指标，保证劳动者有一个安全的工作场所或工作环境。《安全生产法》第32条规定："生产经营单位应当在有较大危险因素的生产经营场所和有关设施、设备上，设置明显的安全警示标志。"第39条规定："生产、经营、储存、使用危险物品的车间、商店、仓库不得与员工宿舍在同一座建筑物内，并应当与员工宿舍保持安全距离。生产经营场所和员工宿舍应当设有符合紧急疏散要求、标志明显、保持畅通的出口。禁止锁闭、封堵生产经营场所或者员工宿舍的出口。"

（2）机械设备安全技术方面的规范。这些技术规范主要通过规定机械各危险部位的防护装置、压力机械安全装置、危险部位的安全指示装置的标准和要求，以及机械安全操作的规程，保证机械安全设置使用和操作。

（3）电器设备方面的安全技术规定。包括电器设备质量安全，设备的安装、操作，线路的架设，定期的检修等方面的安全技术规范。

（4）锅炉压力容器方面的安全技术规定，具体内容包括压力容器的制造、运输、安装、使用、保养、维修等方面的安全技术规范。《特种设备安全监察条例》对此作出了一般性规定：①压力容器的设计单位应当经国务院特种设备安全监督管理部门许可，方可从事压力容器的设计活动。②锅炉使用单位应当按照安全技术规范的要求进行锅炉水（介）质处理，并接受特种设备检验检测机构实施的水（介）质处理定期检验。从事锅炉清洗的单位，应当按照安全技术规范的要求进行锅炉清洗，并接受特种设备检验检测机构实施的锅炉清洗过程监督检验。③压力容器使用单位应当对作业人员进行特种设备安全、节能教育和培训，保证作业人员具备必要的特种设备安全、节能知识。④压力容器的监督检验、定期检验、型式试验和无损检测应当由经核准的特种设备检验检测机构进行。检验检测工作应当符合安全技术规范的要求。⑤起重机械安全技术规定，内容包括起重机械设备安全技术规范、操作行为规范、安全标记和操作信号规范等。

2. 矿山企业劳动安全技术规定。矿山企业是安全事故发生率较高的劳动场所，为此，我国已形成了以《矿山安全法》为基础的一整套系统的矿山企业劳动安全的技术法律规范。这些安全技术规范的具体内容主要包括：①矿山设计与建设的安全技术规范。包括矿井的通风系统和供风量、风质、风速；露天矿的边坡角度和台阶的宽度；供电系统；提升运输系统；防水、排水系统和防火、灭火系统；防瓦斯系统和防尘系统；以及有关矿山安全的其他项目。②矿山开采方面的安全技术规范。包括矿山开采基本安全条件、地下开采矿山的安全条件、露天开采矿山的安全条件、乡镇矿山开采的安全条件等。③矿山设备仪器方面的安全技术规范。包括矿用产品的国家安全标准或行业安全标准；矿山企业设备安全管理规程；矿山设备安全检查与维修规程等。④作业场所方面的安全技术规范。包括保护地面建筑物及井筒的矿（岩）柱标准；地面建筑物需设安全矿柱的规定；地面建筑物下开采的安全规定；井下境界和巷道矿（岩）柱标准；对于井下境界和巷道矿柱的保护规定等。

3. 建筑安装工程劳动安全技术规定。建筑安装工程具有高空作业、露天作业、流动性大、劳动强度大和劳动条件差等特点。为了保障建筑工人的安全和健康，防止各类伤亡事故的发生，国家颁布了《安全生产法》《建筑法》《建设工程质量管理条例》和《建设工程安全生产管理条例》等一系列的建筑安装工程安全技术准则，要求各施工单位严格执行。其中，《建设工程安全生产管理条例》第四章专章对施工的一般要求做了明确规定，它要求：

（1）施工单位应当设立安全生产管理机构，配备专职安全生产管理人员。专职安全生产管理人员负责对安全生产进行现场监督检查。

（2）垂直运输机械作业人员、安装拆卸工、爆破作业人员、起重信号工、登高架设作业人员等特种作业人员，必须按照国家有关规定经过专门的安全作业培训，并取得特种作业操作资格证书后，方可上岗作业。

（3）施工单位应当在施工现场入口处、施工起重机械、临时用电设施、脚手架、出入通道口、楼梯口、电梯井口、孔洞口、桥梁口、隧道口、基坑边沿、爆破物及有害危险气体和液体存放处等危险部位，设置明显的安全警示标志。安全警示标志必须符合国家标准。

（4）施工单位应当将施工现场的办公、生活区与作业区分开设置，并保持安全距离；办公、生活区的选址应当符合安全性要求。职工的膳食、饮水、休息场所等应当符合卫生标准。施工单位不得在尚未竣工的建筑物内设置员工集体宿舍。

（5）施工单位应当在施工现场建立消防安全责任制度，确定消防安全责任人，制定用火、用电、使用易燃易爆材料等各项消防安全管理制度和操作规程，设置消防通道、消防水源，配备消防设施和灭火器材，并在施工现场入口处设置明显标志。

（6）施工单位应当向作业人员提供安全防护用具和安全防护服装，并书面告知危险岗位的操作规程和违章操作的危害。

（二）劳动卫生技术规定的基本内容

1. 防止粉尘危害的规定。粉尘是工业生产中对劳动者健康影响非常严重的有害物质，为此，国家制定了一系列有关防止粉尘危害的法规，例如《尘肺病防治条例》第7条规定："凡有粉尘作业的企业、事业单位应采取综合防尘措施和无尘或低尘的新技术、新工艺、新设备，使作业场所粉尘浓度不超过国家卫生标准。"这些规定的主要内容包括：①劳动场所中的各种生产性粉尘在空气中的含量不得超过规定标准；②粉尘作业或扬尘点，必须采取密闭除尘等措施或实行湿式作业；③严禁在没有防尘措施的情况下进行干式生产或干式凿岩；④对接触矽尘的工人应发给防尘口罩、防尘工作服和保健食品；⑤应对从事粉尘作业的劳动者进行定期健康状况体检；⑥对尘肺病患者应按规定给予治疗、疗养或调换工作等。

2. 防止有毒有害物质中毒的规定。为防止劳动者因从事有毒有害物质的劳动而发生职业性中毒，我国颁布了有关防止职业中毒的法律规范，例如《使用有毒物品作业场所劳动保护条例》第12条规定："使用有毒物品作业场所应当设置黄色区域警示线、警示标识和中文警示说明。警示说明应当载明产生职业中毒危害的种类、后果、预防以及应急救治措施等内容。高毒作业场所应当设置红色区域警示线、警示标识和中文警示说明，并设置通讯报警设备。"这些规定的主要内容包括：①规定有毒有害作业的范围为接触铅、汞、锰、铬、砷、氯、氟、氰、硫、磷、有机溶剂等工种；②放散有毒有害物质的生产过程和设备，应尽可能实行机械化、自动化并加强密闭，避免劳动者在操作过程中同有害物质直接接触；③对有毒有害的废气、废渣、废液，应进行综合利用和净化处理；④对从事有毒有害工作的劳动者，应按规定给予防护用品；⑤有毒有害物质的工作场所，应按规定设置防护救护设施或用具；⑥对个别有毒有害工作岗位，劳动者应依规定定期轮换；⑦对遭受职业性毒害或患职业病的劳动者，应及时给予治疗、疗养和调换工作；⑧对防护用品应定期检修、调换和做好消毒工作。

3. 防止噪声和强光刺激的规定。劳动过程中的噪声和强光，对劳动者听觉和视觉会产生不良影响。为减少和消除作业环境对劳动者的不良影响，我国颁布了许多有关防止噪声和强光刺激的规定，例如，2008年10月1日起实施的《工业企业厂界环境噪声排放标准》。这些规定的主要内容包括：①发生强烈噪音的生产应当尽量在设有消声设备的单独工作房中进行；②对在有噪声、强光、辐射热和溅火花、碎片、创屑的场所操作的劳动者应提供和要求戴护耳器、防护镜、面具和帽盔等；③工作地点的局部照明亮度应符合操作技术规范和劳动卫生规范的要求等。

4. 防暑、降温和防冻取暖的规定。为了保护劳动者的身体健康，防止劳动场所过度高温或低温对劳动者健康的影响，根据2012年6月29日的《防暑降温措施管理办法》的规定：①室内工作地点的温度经常高于35℃、低于5℃的时候，应当采取降温取暖措施；②采取技术措施、疏散热源，合理布置热源，使用隔热材料、循环水冷却等方式降低高温；③采取保健措施，实行入暑前健康检查，组织巡回医疗和防治观察，供应符合卫生要求的饮料；④按规定提供防暑、防冻劳动保护用品等。

5. 通风照明方面的规定。根据《矿山安全法》《矿山安全法实施条例》和《煤矿安全规程》等规定，工作场所通风及照明方面规定的主要内容包括：①矿井必须有完整合理的通风系统，在未形成设计规定要求的通风系统前，不准投入生产；②通风设施应当达到规定的标准，如井下必须采取机械通风，风流、风质必须符合规定标准；③通风系统的运转、使用管理必须有专人负责；④工作场所和通道的光线应当充足，局部照明的光度应当符合操作要求，人工照明设施应保持清洁完好，启闭装置应经常保持灵活等。

6. 个人防护用品和保健方面的规定。为了保护劳动者的安全与健康，合理发放和使用个人防护用品，《矿山安全法》《煤炭法》《安全生产法》都规定了用人单位应当为劳动者发放个人防护用品，较全面和系统地规定了保健制度的范围、原则、标准和具体发放办法。

7. 职业病防治及处理规定。职业病是指劳动者在生产劳动及其他职业活动中，接触职业性有害因素引起的疾病。为了防止职业危害和预防职业病，我国先后制定了一系列关于职业病防治及处理的规定，如《职业病防治法》《国家职业卫生标准管理办法》《职业健康检查管理办法》《职业病诊断与鉴定管理办法》《职业病分类和目录》等。这些规定的主要内容包括：①规定了我国职业病的具体范围。根据国家规定的《职业病名单》，将职业病范围确定为 10 类 132 种。各地区、部门需要增补的职业病，应报经卫生部审批。②职业病的确定应按卫生部 2013 年 2 月 19 日颁发的《职业病诊断与鉴定管理方法》及有关规定执行。凡被确定为职业病的，应由诊断机构发给《职业病鉴定书》。③规定了职业病应当享受的待遇，包括医疗待遇、疗养待遇、调整工作岗位、进行健康检查、治疗期间工资和营养补贴、伤残及其抚恤等。

第四节　生产安全事故报告、应急救援与调查处理制度

一、生产安全事故报告、应急救援与调查处理制度的概念和意义

生产安全事故报告、应急救援与调查处理制度，是指国家制定的发生生产安全事故时，对事故进行报告、应急救援、调查和处理的各项程序和具体规定。生产安全事故报告、应急救援与调查处理制度的法律意义，主要表现在三个方面：

1. 通过对事故责任的追究和处理，使劳动安全卫生法律制度的目的得以充分实现。对于劳动中的安全和卫生，除了通过技术规范和卫生规范等贯彻预防为主的方针之外，还必须对已经发生的伤亡事故的责任者追究其应有的法律责任，

以此来提高广大职工的安全生产责任感和企业安全卫生的管理水平。要依法追究责任，就必须按法定程序和规定对事故进行报告、调查。

2. 企业通过执行伤亡事故报告处理制度，可以总结和吸取安全生产的经验教训，以利于改善劳动条件，并对完善其内部安全生产卫生责任制起促进作用。

3. 劳动行政部门通过伤亡事故的报告、调查、应急救援和处理，能及时了解和研究职工伤亡事故发生的情况、原因和规律，以便采取有效措施，完善劳动安全卫生法规，有效地防止事故的发生。

二、生产安全事故的种类

生产安全事故，是指职工在劳动过程中发生的人身伤害、急性中毒事故，包括职工在本岗位劳动，或虽不在本岗位劳动，但由于企业的设备或设施不安全、劳动条件或作业环境不良、管理不善，以及企业领导指派到企业外从事本企业活动，所发生的人员伤亡或者直接经济损失。根据自 2007 年 6 月 1 日起施行的《生产安全事故报告和调查处理条例》，生产经营活动中发生的造成人身伤亡或者直接经济损失的生产安全事故的报告和调查处理，适用本条例；环境污染事故、核设施事故、国防科研生产事故的报告和调查处理不适用本条例。

根据《生产安全事故报告和调查处理条例》，伤亡事故分为四种：特别重大事故，是指造成 30 人以上死亡，或者 100 人以上重伤（包括急性工业中毒），或者 1 亿元以上直接经济损失的事故；重大事故，是指造成 10 人以上 30 人以下死亡，或者 50 人以上 100 人以下重伤，或者 5000 万元以上 1 亿元以下直接经济损失的事故；较大事故，是指造成 3 人以上 10 人以下死亡，或者 10 人以上 50 人以下重伤，或者 1000 万元以上 5000 万元以下直接经济损失的事故；一般事故，是指造成 3 人以下死亡，或者 10 人以下重伤，或者 1000 万元以下直接经济损失的事故。

三、生产安全事故的报告、应急救援和调查

（一）事故报告

1. 事故报告程序。事故发生后，事故现场有关人员应当立即向本单位负责人报告；单位负责人接到报告后，应当于 1 小时内向事故发生地县级以上人民政府安全生产监督管理部门和负有安全生产监督管理职责的有关部门报告。情况紧急时，事故现场有关人员可以直接向事故发生地县级以上人民政府安全生产监督管理部门和负有安全生产监督管理职责的有关部门报告。安全生产监督管理部门和负有安全生产监督管理职责的有关部门接到事故报告后，应当依照相关规定上报事故情况，并通知公安机关、劳动保障行政部门、工会和人民检察院。安全生产监督管理部门和负有安全生产监督管理职责的有关部门依照相关规定上报事故情况，应当同时报告本级人民政府。国务院安全生产监督管理部门和负有安全生产监督管理职责的有关部门以及省级人民政府接到发生特别重大事故、重大事故的报告后，应当立即报告国务院。必要时，安全生产监督管理部门和负有安全生产监督管理职责的有关部门可以越级上报事故情况。安全生产监督管理部门和负有安全生产监督管理职责的有关部门逐级上报事故情况，每级上报的时间不得超过2小时。安全生产监督管理部门和负有安全生产监督管理职责的有关部门应当建立值班制度，并向社会公布值班电话，受理事故报告和举报。

2. 报告事故内容。事故发生单位概况；事故发生的时间、地点以及事故现场情况；事故的简要经过；事故已经造成或者可能造成的伤亡人数（包括下落不明的人数）和初步估计的直接经济损失；已经采取的措施；其他应当报告的情况。事故报告后出现新情况的，应当及时补报。自事故发生之日起30日内，事故造成的伤亡人数发生变化的，应当及时补报。道路交通事故、火灾事故自发生之日起7日内，事故造成的伤亡人数发生变化的，应当及时补报。

（二）事故应急救援

1. 生产安全事故应急能力建设。国家加强生产安全事故应急能力建设，在重点行业、领域建立应急救援基地和应急救援队伍，鼓励生产经营单位和其他社会力量建立应急救援队伍，配备相应的应急救援装备和物资，提高应急救援的专业化水平。国务院安全生产监督管理部门建立全国统一的生产安全事故应急救援信息系统，国务院有关部门建立健全相关行业、领域的生产安全事故应急救援信息系统。县级以上地方各级人民政府应当组织有关部门制定本行政区域内生产安全事故应急救援预案，建立应急救援体系。生产经营单位应当制定本单位生产安全事故应急救援预案，与所在地县级以上地方人民政府组织制定的生产安全事故应急救援预案相衔接，并定期组织演练。危险物品的生产、经营、储存单位以及矿山、金属冶炼、城市轨道交通运营、建筑施工单位应当建立应急救援组织；生产经营规模较小的，可以不建立应急救援组织，但应当指定兼职的应急救援人员。危险物品的生产、经营、储存、运输单位以及矿山、金属冶炼、城市轨道交通运营、建筑施工单位应当配备必要的应急救援器材、设备和物资，并进行经常性维护、保养，保证正常运转。

2. 事故应急救援。事故发生单位负责人接到事故报告后，应当立即启动事故相应应急预案，或者采取有效措施，组织抢救，防止事故扩大，减少人员伤亡和财产损失。事故发生地有关地方人民政府、安全生产监督管理部门和负有安全生产监督管理职责的有关部门接到事故报告后，其负责人应当立即赶赴事故现场，组织事故救援。事故发生后，有关单位和人员应当妥善保护事故现场以及相关证据，任何单位和个人不得破坏事故现场、毁灭相关证据。因抢救人员、防止事故扩大以及疏通交通等原因，需要移动事故现场物件的，应当做出标志，绘制现场简图并做出书面记录，妥善保存现场重要痕迹、物证。事故发生地公安机关根据事故的情况，对涉嫌犯罪的，应当依法立案侦查，采取强制措施和侦查措施。犯罪嫌疑人逃匿的，公安机关应当迅速追捕归案。

（三）事故调查

1. 调查分级。特别重大事故由国务院或者国务院授权有关部门组织事故调查组进行调查。重大事故、较大事故、一般事故分别由事故发生地省级人民政府、设区的市级人民政府、县级人民政府负责调查。省级人民政府、设区的市级人民政府、县级人民政府可以直接组织事故调查组进行调查，也可以授权或者委托有关部门组织事故调查组进行调查。未造成人员伤亡的一般事故，县级人民政府也可以委托事故发生单位组织事故调查组进行调查。上级人民政府认为必要时，可以调查由下级人民政府负责调查的事故。自事故发生之日起30日内（道路交通事故、火灾事故自发生之日起7日内），因事故伤亡人数变化导致事故等级发生变化，依照规定应当由上级人民政府负责调查的，上级人民政府可以另行组织事故调查组进行调查。特别重大事故以下等级事故，事故发生地与事故发生单位不在同一个县级以上行政区域的，由事故发生地人民政府负责调查，事故发生单位所在地人民政府应当派人参加。

2. 事故调查组。事故调查组的组成应当遵循精简、效能的原则。根据事故的具体情况，事故调查组由有关人民政府、安全生产监督管理部门、负有安全生产监督管理职责的有关部门、监察机关、公安机关以及工会派人组成，并应当邀请人民检察院派人参加。事故调查组可以聘请有关专家参与调查。事故调查组成人员应当具有事故调查所需要的知识和专长，并与所调查的事故没有直接利害关系。

事故调查组组长由负责事故调查的人民政府指定。事故调查组组长主持事故调查组的工作。事故调查组履行下列职责：查明事故发生的经过、原因、人员伤亡情况及直接经济损失；认定事故的性质和事故责任；提出对事故责任者的处理建议；总结事故教训，提出防范和整改措施；提交事故调查报告。

3. 调查。事故调查组有权向有关单位和个人了解与事故有关的情况，并要求其提供相关文件、资料，有关单位和个人不得拒绝。事故发生单位的负责人和有关人员在事故调查期间不得擅离职守，并应当随时接受事故调查组的询问，如实提供有关情况。事故调查中发现涉嫌犯罪的，事故调查组应当及时将有关材料或者其复印件移交司法机关处理。

事故调查中需要进行技术鉴定的，事故调查组应当委托具有国家规定资质的单位进行技术鉴定。必要时，事故调查组可以直接组织专家进行技术鉴定。技术鉴定所需时间不计入事故调查期限。

事故调查组成员在事故调查工作中应当诚信公正、恪尽职守，遵守事故调查组的纪律，保守事故调查的秘密。未经事故调查组组长允许，事故调查组成员不得擅自发布有关事故的信息。事故调查组应当自事故发生之日起 60 日内提交事故调查报告；特殊情况下，经负责事故调查的人民政府批准，提交事故调查报告的期限可以适当延长，但延长的期限最长不超过 60 日。

4. 事故调查报告内容。主要包括：事故发生单位概况；事故发生经过和事故救援情况；事故造成的人员伤亡和直接经济损失；事故发生的原因和事故性质；事故责任的认定以及对事故责任者的处理建议；事故防范和整改措施。事故调查报告应当附具有关证据材料。事故调查组成员应当在事故调查报告上签名。

5. 事故调查完成。事故调查报告报送负责事故调查的人民政府后，事故调查工作即告结束。事故调查的有关资料应当归档保存。

四、生产安全事故的处理

（一）处理时间

重大事故、较大事故、一般事故，负责事故调查的人民政府应当自收到事故调查报告之日起 15 日内做出批复；特别重大事故，30 日内做出批复，特殊情况下，批复时间可以适当延长，但延长的时间最长不超过 30 日。

（二）追究责任[1]

有关机关应当按照人民政府的批复，依照法律、行政法规规定的权限和程序，对事故发生单位和有关人员进行行政处罚，对负有事故责任的国家工作人员进行处分。事故发生单位应当按照负责事故调查的人民政府的批复，对本单位负有事故责任的人员进行处理。负有事故责任的人员涉嫌犯罪的，依法追究刑事责任。

（三）防范和整改

事故发生单位应当认真吸取事故教训，落实防范和整改措施，防止事故再次发生。防范和整改措施的落实情况应当接受工会和职工的监督。安全生产监督管理部门和负有安全生产监督管理职责的有关部门应当对事故发生单位落实防范和整改措施的情况进行监督检查。

（四）处理公布

事故处理的情况由负责事故调查的人民政府或者其授权的有关部门、机构向社会公布，依法应当保密的除外。

---

〔1〕 2015 年修订后的《生产安全事故罚款处罚规定（试行）》进一步强化了生产安全事故报告和调查处理制度中涉及的法律责任。

■思考题

1. 简述我国劳动安全卫生制度的基本框架。
2. 劳动安全卫生法律关系中各方当事人有哪些权利与义务？
3. 简述我国目前关于职业病防治及处理的法律规定。
4. 我国目前安全生产事故频发、劳动者职业健康经常受到侵害的原因是什么？如何从法律层面解决该问题？

第十二章 女职工和未成年工特殊保护

■ **学习目的和要求**

通过本章的学习，应当在掌握法律关于女职工和未成年工特殊保护的规定的特征，法律关于女职工特殊保护的具体内容，最低年龄制度的内涵以及对未成年工特殊保护的具体内容等知识点的基础上，了解女职工和未成年工特殊保护的法律意义、世界各国关于女职工和未成年工特殊保护的立法概况、相关国际公约的概况、女职工权益受到侵害后的特殊处理等知识点。

第一节 女职工和未成年工特殊保护概述

一、女职工和未成年工特殊保护的法律意义

实现社会公正和法律权利方面的人人平等，是我国劳动法追求的最终社会目标。这一目标同女职工和未成年工的特殊性相结合，便产生了国家对女职工和未成年工特殊保护的法律制度，这一法律制度具有以下特点：

1. 女职工和未成年工特殊保护制度是国家为实现社会目标而实行的一种带有宏观调控性质的法律制度。它基于社会公平而产生，并为促进社会进步发挥作用。因此，女职工和未成年工特殊保护法律制度中的一些基本规则和标准，不是依据短期内或者一个小范围内经济上的利益标准制定的，而是从社会的长远利益以及整体利益着眼来确定的。如对妇女产假期间发给工资，哺乳时间算作工作时间等规定，都不是依据特定劳动者付出的劳动量来计算和支付劳动报酬的。

2. 女职工和未成年工特殊保护制度建立的基础是女职工和未成年工生理上的特殊性，因此，为消除生理差异而制定的女职工和未成年工特殊保护制度具有高度的法律强制性。这一法律特征，决定了用人单位在与劳动者签订劳动合同时，双方都不能就国家关于对女职工和未成年工进行特殊保护的规定进行约定。凡是不符合国家立法规定的对女职工和未成年工特殊保护的条款，不论其是否经该女职工或未成年工同意，一律无效。

3. 对女职工和未成年工特殊保护的保障水平，以劳动者之间的实际平等和有利于促进社会发展为原则。就前者而言，主要表现为女职工和未成年工因生理差异导致各种权利丧失的补救；后者主要表现为了下一代人口的质量和发育中的未成年人的质量而实施的必要的保护措施。依据这一原则确定的女职工和未成年工特殊保护制度，其内容主要包括：①女职工劳动权和报酬权的保护；②禁止从事有损生理机能的劳动；③特殊生理变化过程中的保护；④最低就业年龄规定；⑤限制未成年工从事的劳动；⑥劳动过程中对未成年工成长和发育的保护等。

对女职工和未成年工实行特殊法律保护，其重要意义在于：①体现了社会的进步和发展，昭示了社会的法制化的进程。社会进步与发展，以社会公平、人的权利得以充分实现为重要标志。女职工和未成年工特殊保护法律制度，正是基于这一社会目标而建立并为实现这一目标而发挥作用的。②为促进我国生产力的发展奠定基础。无论是对女职工的特殊保护，还是对未成年工的特殊保护，都有利于提高人口的质量。而人口的质量和劳动者的基本素质的提高，又成为提高劳动生产率的基本条件。③对女职工和未成年工的特殊保护，关系到中华民族的兴旺和发达。一个民族的兴旺发达，首先取决于该民族人口的兴旺发达。女职工担负着孕育下一代的特殊的社会使命，对其给予健康、安全以及生活等方面的特殊保护，必然有利于促进中华民族的兴旺发达。而未成年工将是社会主义事业的脊梁，对其进行特殊保护，有利于提高其素质，并最终促进整个社会的全面发展。

二、女职工和未成年工特殊保护的立法概况

（一）外国及国际劳动立法概况

女职工和未成年工特殊保护的立法基础和立法意义，早已为各国立法一致承认。一般国家的劳动法都作了专门规定，有些国家还就此问题专门制定了法律、法规。如英国、法国、德国、瑞士等国，第一次世界大战前将女工工作日缩短为10小时，战后再缩短为8小时；对女工的产假也逐渐予以延长。为了消除性别歧视，英国于1970年公布了《男女同工同酬法》和《禁止性别歧视和种族歧视法》；美国于1964年将《公平劳动标准法》扩大适用于750万妇女雇员，同年又公布了《民权法》；1971年意大利颁布了关于女工劳动保护的法律，其中包括禁止因结婚而解雇女工等规定；日本于1972年颁布《女工福利法》，并在1976年的《劳动基准法》中，规定了"女工和未成年工"专章。目前，各国都将女职工和未成年工特殊保护作为劳动法的一项基本内容。

与此同时，国际劳工组织也加强了这方面的立法。在女职工特殊保护立法方面主要有：①生育保护方面的立法，如1919年第3号公约《妇女产前产后就业公约》，1952年第103号公约《生育保护公约》（修订本）、第95号建议书《保

护生育建议书》和 2000 年第 183 号《保护生育公约》（修订本）；②夜间工作方面的立法，如 1919 年第 4 号公约《妇女夜间工作公约》（1934 年修正）、1948 年第 89 号公约《受雇用于工业的妇女夜间工作公约》；③妇女受雇于有害健康或危险职业方面的立法，如 1935 年第 45 号公约《妇女受雇于各种矿场井下工作公约》、1967 年第 127 号《工人搬运的最大负重量公约》等；④同工同酬方面的立法，如 1951 年第 100 号公约《男女工人同工同酬公约》等；⑤关于女工特殊方面的标准，如 1962 年第 116 号建议书《减少工作时间建议书》、1930 年第 29 号公约《强迫或强制劳动公约》等。

关于未成年工保护方面的立法主要有：①准许就业最低年龄的立法，如 1919年第 5 号公约《确定儿童受雇用于工业工作的最低年龄公约》、1932 年第 33 号公约《儿童受雇用于非工业工作的年龄公约》、1936 年第 58 号公约《确定准许儿童在海上工作的最低年龄公约》、1937 年第 59 号公约《确定儿童受雇用于工业工作的最低年龄公约》（修订本）、1937 年第 60 号公约《儿童受雇用于非工业工作的最低年龄公约》、1973 年第 138 号公约《准予就业最低年龄公约》等；②未成年工夜间工作方面的立法，如 1919 年第 6 号公约《受雇用于工业的未成年工人夜间工作公约》（1948 年修正）、1946 年第 79 号公约《对于非工业职业中儿童与未成年人夜间工作的限制公约》等；③体格检查方面的立法，如 1921年第 16 号公约《受雇用于海上工作的儿童及未成年人的强制体格检查公约》、1946 年第 78 号公约《未成年人在非工业部门就业体格检查公约》等；④在一般适用的公约中对童工和未成年工的特殊保护的规定，如 1936 年第 52 号《带薪休假公约》规定未成年工和学徒的假期应适当延长。

（二）我国的立法概况

我国一贯重视对女职工和未成年工的劳动保护。我国《宪法》明确规定："中华人民共和国妇女在政治的、经济的、文化的、社会的和家庭的生活等各方面享有同男子平等的权利"；"实行男女同工同酬"。1956 年，劳动部起草了《女工保护条例（草案）》；1986 年卫生部、劳动部、人事部、全国总工会、全国妇联联合发布《女职工保健工作暂行规定（试行草案）》；国务院 1988 年发布《女职工劳动保护规定》；1991 年颁布《未成年人保护法》；1992 年颁布《妇女权益保障法》；1994 年颁布《未成年工特殊劳动保护规定》；2002 年重新颁布《禁止使用童工规定》；2012 年颁布《女职工劳动保护特别规定》；等等。此外，对于女职工、未成年工特殊劳动保护方面的国际公约，我国加大了批准力度，先后批准了 8 个国际公约，具体包括：1984 年 5 月 30 日决定承认的《确定准许儿童在海上工作的最低年龄公约》《确定准许使用未成年人为扒炭工或司炉工的最低年龄公约》《受雇于海上工作的儿童及未成年人的强制体格检查公约》《妇女受雇用于各种矿场井下工作公约》《确定准许使用儿童于工业工作的最低年龄公约》；
1990 年 9 月 7 日批准的 1951 年《男女工人同工同酬公约》；1998 年 12 月 29 日
批准的《准予就业最低年龄公约》；2002 年 6 月 29 日批准的《禁止和立即行动
消除最恶劣形式的童工劳动公约》等。总之，《劳动法》及相关法律法规的公布
和施行，使我国对女职工和未成年工的法律保护，形成了从宪法、基本法到专门
法规和规章整套科学和完备的法律体系。

第二节 女职工特殊劳动保护

一、女职工劳动权的保护

由于历史和社会的原因，妇女在就业方面常常难以实现与男子同等的权利。
对此，各国都通过立法，强制推行在就业方面的男女平等，如 1970 年英国颁布
的《禁止性别歧视和种族歧视法》，系统地规定了禁止对妇女的歧视。1978 年的
《就业保障法》，对妇女就业的权利也作了规定。菲律宾 1970 年的《劳工法》明
文规定，任何雇主就有关就业之条件，不得歧视妇女。国际劳工组织在保护妇女
就业权平等方面也作了不懈的努力。1965 年国际劳工大会通过第 123 号建议书
《雇用负担家务的妇女建议书》规定，各国主管机关应遵奉一项政策，使有家务
负担并在外工作的妇女能享受工作的权利而不受歧视。1981 年又通过了第 165 号
建议书《有家务负担的男女工人享有同等机会和同等待遇公约》，要求各批准国
应把此事当作国家政策的一项目标，使有家务负担的男女工人能不受歧视地行使
其就业权利。

我国立法对妇女劳动者劳动权的保护，主要表现在以下两个方面：

（一）以就业为核心的保护

我国《劳动法》第 13 条明确规定："妇女享有与男子平等的就业权利。在
录用职工时，除国家规定的不适合妇女的工种或者岗位外，不得以性别为由拒绝
录用妇女或者提高对妇女的录用标准。"对此，《就业促进法》《妇女权益保障
法》也作了类似的规定。这一规定，从以下两个方面对妇女的劳动权给予有效的
保护：

1. 妇女在就业方面的权利，同男子完全平等，禁止就业方面有任何形式的
性别歧视。从立法技术角度而言，就业方面的男女平等是一个基本原则，依据这
项原则性规定，凡是法律具体规定不能完全列举的，在性质上属于对妇女歧视的
有关就业的政策和具体招工行为，都是非法的。《就业促进法》规定，"国家保
障妇女享有与男子平等的劳动权利"。

2. 扩大不得拒绝录用妇女劳动者的范围。在以前有关妇女劳动者就业权保

护的规定中，通常表述为：凡是有适合妇女从事的工作，用人单位不得拒绝录用。这种表述，常常因本身的不确定性使妇女的就业权仍无法得以真正实现。因为对是否适合妇女的工作，没有一个客观标准和一个认定的权威机关，实践中，通常都由用人单位自行解释，结果导致妇女就业权的实际被侵害。《劳动法》规定，"除国家规定的不适合妇女的工种或者岗位外，不得以性别为由拒绝录用"。《就业促进法》规定，"用人单位招用人员，除国家规定的不适合妇女的工种或者岗位外，不得以性别为由拒绝录用妇女或者提高对妇女的录用标准。用人单位录用女职工，不得在劳动合同中规定限制女职工结婚、生育的内容"，从而使这一保护措施更加明确具体。即凡是国家明确规定女职工不能从事的工作之外的工作或岗位，用人单位一律不得拒绝录用。国家明确规定女职工不能从事的工作，主要是 2012 年作为《女职工劳动保护特别规定》附录的《女职工禁忌从事的劳动范围》所列的工作。

（二）以不被非法辞退为核心的劳动权的保护

《劳动法》规定的女职工的劳动权，是一项实质性的权利，它不仅要求在就业时同男子享有完全平等的权利，而且也包括依法形成劳动关系的女职工，不得被非法解除劳动关系的内容。为了保障女职工的这项权利，《劳动法》《劳动合同法》及有关现行法律、法规主要从以下几方面作了具体规定：①除试用期内发现不符合录用条件和女职工因违纪而依法终止或解除劳动合同之外，用人单位一律不得以女职工性别、结婚为由，辞退女职工；《劳动法》第 29 条规定，女职工在孕期、产期、哺乳期内，用人单位不得以非过失性或经济性辞退方式解除劳动合同。而《妇女权益保障法》第 27 条第 1 款规定："任何单位不得因结婚、怀孕、产假、哺乳等情形，降低女职工的工资，辞退女职工，单方解除劳动（聘用）合同或者服务协议。……"《劳动合同法》第 42 条规定，女职工在孕期、产期、哺乳期的，用人单位不得以提前 30 天通知或支付 1 个月工资后与其解除劳动合同（无过失性辞退），也不得进行经济性裁员。即三期女职工不存在过失的情况下，用人单位不得与其解除劳动合同。②女职工在孕期、产期和哺乳期内，劳动合同期限届满的，用人单位不能以合同到期为由终止劳动合同，劳动合同应当续延至相应的情形消失时终止。③在执行其他依法允许辞退或解除劳动合同的规定时，必须坚持男女平等原则，禁止擅自扩大女职工辞退和解除合同的范围。

二、禁止安排妇女劳动者从事有损生理机能的工作

女性的生理特殊性及其担负的社会责任，决定了妇女劳动者同男性劳动者之间在劳动上存在生理差别。为消除这种生理差别，切实实现男女平等，《劳动法》第 59 条规定："禁止安排女职工从事矿山井下、国家规定的第四级体力劳动强度的劳动和其他禁忌从事的劳动。"对此，《妇女权益保障法》第 26 条第 1 款也规定："……不得安排不适合妇女从事的工作和劳动。"作为《女职工劳动保护特别规定》附录的《女职工禁忌从事的劳动范围》对不适合妇女从事的工作和劳动作了具体规定。

三、经济权益的保护

同工同酬是男女平等原则在经济上的具体体现，也是按劳分配原则的基本要求。因此，无论国际劳工立法还是各国立法，都承认和强调这一原则。例如，1919 年《国际劳工组织章程》指出："男子与女子应对同值的工作领取同等的报酬。"1951 年国际劳工组织通过第 100 号公约《男女工人同工同酬公约》。公约规定，批准本公约的会员国应与现行决定报酬率办法相适合的各种方法将男女工人同工同酬的原则推行于全体工人，并在与此项决定报酬率办法相一致的条件下，保证此一原则的实施。男女同工同酬是指不因性别而有差别规定的报酬率。我国作为《男女工人同工同酬公约》的成员国，在《劳动法》第 46 条就作了与《公约》要求相一致的规定："工资分配应当遵循按劳分配原则，实行同工同酬"。同时《妇女权益保障法》第 24 条也规定："实行男女同工同酬。"为了进一步保护女职工同经济利益相关的其他权益，《妇女权益保障法》第 25 条又规定："在晋职、晋级、评定专业技术职务等方面，应当坚持男女平等的原则，不得歧视妇女。"在住房分配、享受各种福利待遇方面，也必须坚持男女平等原则。《就业促进法》规定："国家保障妇女享有与男子平等的劳动权利。"

四、女职工生理变化过程中的保护

女职工的生理特点决定了女职工有经期、孕期、产期和哺乳期的生理变化，为了保障女职工在这"四期"中的身体健康，《劳动法》专门对女职工的"四期"保护作了规定。

（一）女职工的经期保护

女性生理的特殊性决定了女职工在月经期间，精力、体力和身体的抵抗力都有所下降，为保障女职工这一特殊期间的身体健康，《劳动法》及有关的法律、法规，对女职工的经期保护作了较为系统和具体的规定。对女职工经期的法律保护主要是通过明确规定女职工经期禁忌从事的劳动范围体现的。《劳动法》第 60 条规定："不得安排女职工在经期从事高处、低温、冷水作业和国家规定的第三级体力劳动强度的劳动。"对此，《女职工禁忌从事的劳动范围》第 2 条作了更为详细的规定：①冷水作业分级标准中规定的第二级、第三级、第四级冷水作业；②低温作业分级标准中规定的第二级、第三级、第四级低温作业；③体力劳动强度分级标准中规定的第三级、第四级体力劳动强度的作业；④高处作业分级标准中规定的第三级、第四级高处作业。

（二）女职工的孕期保护

女职工在孕期肩负着人类发展和延续的社会责任，因此，各国立法都特别强调对女职工孕期的特殊劳动保护。对于女职工孕期特殊保护的具体项目和内容，主要依据劳动生理学和劳动卫生学提供的标准以及对孕期女职工的保护目标来确定。根据《劳动法》第61条和有关法律、法规的规定，我国对女职工的孕期保护，主要有以下内容：

1. 不得安排禁忌从事的劳动。根据《女职工禁忌从事的劳动范围》，女职工在怀孕期间，用人单位不得安排从事下列劳动：①作业场所空气中铅及其化合物、汞及其化合物、苯、镉、铍、砷、氰化物、氮氧化物、一氧化碳、二硫化碳、氯、己内酰胺、氯丁二烯、氯乙烯、环氧乙烷、苯胺、甲醛等有毒物质浓度超过国家职业卫生标准的作业；②从事抗癌药物、己烯雌酚生产，接触麻醉剂气体等的作业；③非密封源放射性物质的操作，核事故与放射事故的应急处置；④高处作业分级标准中规定的高处作业；⑤冷水作业分级标准中规定的冷水作业；⑥低温作业分级标准中规定的低温作业；⑦高温作业分级标准中规定的第三级、第四级的作业；⑧噪声作业分级标准中规定的第三级、第四级的作业；⑨体力劳动强度分级标准中规定的第三级、第四级体力劳动强度的作业；⑩在密闭空间、高压室作业或者潜水作业，伴有强烈振动的作业，或者需要频繁弯腰、攀高、下蹲的作业。

2. 禁止夜间劳动和休息权的保护。根据女职工孕期生理变化和承受能力的限度，《劳动法》规定："对怀孕7个月以上的女职工，不得安排其延长工作时间和夜班劳动。"《女职工劳动保护特别规定》第6条规定："女职工在孕期不能适应原劳动的，用人单位应当根据医疗机构的证明，予以减轻劳动量或者安排其他能够适应的劳动。对怀孕7个月以上的女职工，用人单位不得延长劳动时间或者安排夜班劳动，并应当在劳动时间内安排一定的休息时间。怀孕女职工在劳动时间内进行产前检查，所需时间计入劳动时间。"我国立法对女职工的这种特殊保护，既考虑到对女职工孕期保障目标的切实实现，又充分考虑到我国经济和生产状况的现实可能性。因此，保护的期限主要是怀孕7个月（含7个月）以上的女职工。对于这一期限内的怀孕女职工，用人单位不仅不能在正常工作时间之外延长工作时间，而且立法还要求在正常的劳动时间之内，应当给女职工安排一定的休息时间。虽然立法在作这一规定时，主要从用人单位的保护责任角度出发，并在另一方面表现为女职工的权利，但是绝不能因此认为只要女职工本人愿意，延长劳动时间和安排夜间劳动便具有合法性。因为：①延长劳动时间的一般性规定，本身就采用了三方协商原则，劳动者本人不同意，用人单位即无权安排延长其劳动时间。这种规定并不属于特殊保护的范围。既然对怀孕7个月以上的女职工实行特殊保护，当然不是依据三方协商原则，而是立法的强制性规定。②对女职工的特殊保护的理论基础和保护目标，决定了女职工自身无权放弃法律出于社会利益而赋予她的权利，即这种权利的行使带有法律上的强制性。至于何谓"夜间劳动"，是指在当日22时至次日6时期间内从事劳动或工作。这里还应当特别注意，《劳动法》及《女职工劳动保护特别规定》明确规定不得安排女职工从事夜班劳动。这实际上排除了在任何情况下和以任何原因安排其从事夜班劳动的合法性。

（三）女职工的产期保护

女职工的产假，就其立法目的和意义而言，主要可概括为三项：①保障女职工身体康复；②保障婴儿健康成长并受到正常的抚育；③反映着社会进步的程度与水平。因此，各国都将女职工的产假作为一项强制性休假法律制度。国际劳工组织早在1919年曾通过第3号公约《妇女产前产后就业公约》；1952年第103号公约《保护生育公约》对此又作了修正。这两个国际性公约均规定产假至少应为12个星期，第103号公约还进一步规定了产后的强制休假期间不得少于6个星期。与此同时，两个公约均规定，妇女在产假期间，禁止雇主给予该妇女解雇预先通知；在产假期间合同期满的，也不允许给予此类通知。

我国劳动法对女职工的产期保护，主要是有关产假的规定，至于产假期间工资及生育的其他待遇等，都属于生育保险的范畴，对此，后面社会保险一章将涉及。关于女职工产假，《劳动法》第62条规定："女职工生育享受不少于90天的产假。"《女职工劳动保护特别规定》规定："女职工生育享受98天产假，其中产前可以休假15天；难产的，增加产假15天；生育多胞胎的，每多生育1个婴儿，增加产假15天。女职工怀孕未满4个月流产的，享受15天产假；怀孕满4个月流产的，享受42天产假。"

五、女职工的哺乳期保护

为保护下一代健康成长和满足女职工对婴儿哺乳的时间需要，各国立法都有关于女职工哺乳期的保护。国际劳工组织第3号公约也规定：女职工哺乳产儿时，应有权为此而中断工作，中断时间应算作工作时间，并相应地给予报酬。每天可为此而中断工作时间两次。这些规定都是根据女职工的特殊性给予的特殊保障措施。

我国劳动法对女职工哺乳期的保护，通过不同层次的立法作了详细而系统的规定。概括起来，主要有以下几个方面的内容：

（一）哺乳期限的界定

根据《劳动法》第63条和《女职工劳动保护特别规定》第9条的规定，哺乳期，是指哺乳未满1周岁婴儿的期间。对这一期限进行统一和明确界定，不仅使有关女职工的哺乳期法律保护有了时间范围的标准和基础，而且也达到了立法目的对哺乳期保护的具体要求。

（二）哺乳期的具体保护措施和内容

据《劳动法》第63条和《女职工劳动保护特别规定》的规定，女职工哺乳期保护的具体内容包括：

1. 不得安排其从事哺乳期禁忌从事的劳动。

（1）孕期禁忌从事的劳动范围的第1项、第3项、第9项。即：①作业场所空气中铅及其化合物、汞及其化合物、苯、镉、铍、砷、氰化物、氮氧化物、一氧化碳、二硫化碳、氯、己内酰胺、氯丁二烯、氯乙烯、环氧乙烷、苯胺、甲醛等有毒物质浓度超过国家职业卫生标准的作业；②非密封源放射性物质的操作，核事故与放射事故的应急处置；③体力劳动强度分级标准中规定的第三级、第四级体力劳动强度的作业。

（2）作业场所空气中锰、氟、溴、甲醇、有机磷化合物、有机氯化合物等有毒物质浓度超过国家职业卫生标准的作业。

2. 用人单位应当在每天的劳动时间内为哺乳期女职工安排1小时哺乳时间；女职工生育多胞胎的，每多哺乳1个婴儿每天增加1小时哺乳时间。

3. 哺乳期内，不得安排女职工延长工作时间和从事夜班劳动。

4. 女职工比较多的用人单位应当根据女职工的需要，建立女职工卫生室、孕妇休息室、哺乳室等设施，妥善解决女职工在生理卫生、哺乳方面的困难。

六、禁止职场性骚扰

随着经济的发展，社会生活逐渐多元化和复杂化，女性进入工作职场的机会增多，职场性骚扰问题日益显现，已经成为女职工劳动保护中遇到的主要问题之一。《女职工劳动保护特别规定》第11条规定："在劳动场所，用人单位应当预防和制止对女职工的性骚扰。"

七、女职工权益被侵害时的保护

我国《劳动法》对女职工的特殊保护，不仅反映在系统和严格的法律保护内容方面，而且还表现在有关女职工的合法权益受到侵害时的保护方法和途径的特殊规定上。

《妇女权益保障法》第52条规定，妇女的合法权益受到侵害的，有权要求有关部门依法处理，或者依法向仲裁机构申请仲裁，或者向人民法院起诉。对有经济困难需要法律援助或者司法救助的妇女，当地法律援助机构或者人民法院应当给予帮助，依法为其提供法律援助或者司法救助。第53条规定，妇女的合法权益受到侵害的，可以向妇女组织投诉，妇女组织应当维护被侵害妇女的合法权益，有权要求并协助有关部门或者单位查处。有关部门或者单位应当依法查处，并予以答复。第 54 条规定，妇女组织对于受害妇女进行诉讼需要帮助的，应当给予支持。妇女联合会或者相关妇女组织对侵害特定妇女群体利益的行为，可以通过大众传播媒介揭露、批评，并有权要求有关部门依法查处。《女职工劳动保护特别规定》第 12 条规定，县级以上人民政府人力资源社会保障行政部门、安全生产监督管理部门按照各自职责负责对用人单位遵守本规定的情况进行监督检查。工会、妇女组织依法对用人单位遵守本规定的情况进行监督。第 13 条规定，用人单位违反本规定第 6 条第 2 款、第 7 条、第 9 条第 1 款规定的，由县级以上人民政府人力资源社会保障行政部门责令限期改正，按照受侵害女职工每人 1000 元以上 5000 元以下的标准计算，处以罚款。用人单位违反本规定附录第 1 条、第 2 条规定的，由县级以上人民政府安全生产监督管理部门责令限期改正，按照受侵害女职工每人 1000 元以上 5000 元以下的标准计算，处以罚款。用人单位违反本规定附录第 3 条、第 4 条规定的，由县级以上人民政府安全生产监督管理部门责令限期治理，处 5 万元以上 30 万元以下的罚款；情节严重的，责令停止有关作业，或者提请有关人民政府按照国务院规定的权限责令关闭。第 14 条规定，用人单位违反本规定，侵害女职工合法权益的，女职工可以依法投诉、举报、申诉，依法向劳动人事争议调解仲裁机构申请调解仲裁，对仲裁裁决不服的，依法向人民法院提起诉讼。第 15 条规定，用人单位违反本规定，侵害女职工合法权益，造成女职工损害的，依法给予赔偿；用人单位及其直接负责的主管人员和其他直接责任人员构成犯罪的，依法追究刑事责任。

《劳动法》第 105 条规定："违反本法规定侵害劳动者合法权益，其他法律、行政法规已规定处罚的，依照该法律、行政法规的规定处罚。"这一规定，便将其他有关法律、行政法规对女职工的保护的特殊规定，纳入了同《劳动法》相协调的范畴。

第三节　未成年工特殊劳动保护

一、最低就业年龄规定

对未成年工进行特殊法律保护，是各国劳动法的共同任务。而确定最低就业年龄，则是未成年工特殊保护法律制度的基础。通过最低就业年龄的规定，可界定对未成年工特殊保护的具体范围和保护水平。各国人口的发育状况和社会对其保护水平等因素的差别，决定了各国对未成年人最低年龄的规定有所不同。如德国、瑞士等国为 14 岁，日本为 15 岁，巴林、卢旺达、菲律宾等许多发展中国家为 14 岁，朝鲜、英国以及美国的大多数州都为 16 岁。

由于最低就业年龄规定涉及对儿童的身体健康的保护以及对未成年工特殊保

护的法定界限，因此，国际劳工组织从 1919 年成立时起，就将此作为自己的重要任务之一，并在组织章程的序言中提出了保护儿童。1919 年第 5 号公约《确定儿童受雇用于工业工作的最低年龄公约》就是确定准予就业最低年龄的第一个国际公约。该《公约》第 2 条规定："凡儿童在 14 岁以下者，不得受雇用或工作于任何公营或私营工业或其任何分部。"这以后，国际劳工组织又先后通过了 9 个关于确定最低就业年龄的公约。1973 年国际劳工组织又将包括第 5 号公约在内的 10 个公约合并成为一个单一的公约，即第 138 号公约《准予就业最低年龄公约》，并以第 146 号建议书《准予就业最低年龄建议书》作为对公约的补充。这些公约，最早只适用于工业，以后又逐步适用于其他所有的职业。在最低就业年龄方面，最早是 14 岁，以后提高到 15 岁；对于特别艰苦的工作，还规定了更高的就业年龄标准。如 1921 年的第 15 号公约《确定准许使用未成年人为扒炭工或司炉工的最低年龄公约》和 1959 年的第 112 号公约《准予渔工就业最低年龄公约》，分别规定海船上的扒炭工、司炉工和渔工的最低雇用年龄为 18 岁。第 138 号公约第 3 条规定，对于任何就其性质或环境有可能危害未成年人健康、安全或道德的职业或工作，其准予就业的最低年龄不应低于 18 岁。

我国劳动法为加强对未成年人的特殊劳动保护，不仅将最低就业年龄确定为 16 周岁，而且将"保证有效废除童工，并逐步把准许就业的最低年龄提高到与未成年人体力、智力最充分发展相适应的水平"[1] 作为我国的一项社会公共政策，并通过一系列的劳动立法，将这项公共政策加以贯彻实施。如 1992 年 2 月 16 日国务院发布《九十年代中国儿童发展规划纲要》，1991 年 9 月 4 日颁布《中华人民共和国未成年人保护法》，1992 年 5 月 13 日劳动部、财政部发布《使用童工罚款标准的规定》，2002 年国务院重新颁布《禁止使用童工规定》。1994 年 7 月 5 日公布的《劳动法》关于未成年工特殊保护的规定，是我国劳动基本法对未成年工劳动保护的专门规定。为了与《劳动法》的规定相配套，劳动部 1994 年 12 月 9 日发布《未成年工特殊保护规定》。这些规定，确立了我国对未成年工劳动保护的基本原则和基本内容，并对其他关于未成年工的特殊劳动保护，具有指导意义。

二、未成年工特殊劳动保护的内容

由于就业年龄最低下限的规定，必须考虑经济发展水平、个人生活需要以及义务教育等因素，因此，这一标准无法完全解决未成年人整个生长发育过程中的保护。对于已经进入最低就业年龄但仍处于生长发育期间的劳动者，立法称为未

---

〔1〕 1949 年第 82 号公约《非本部领土社会政策公约》、1962 年第 117 号公约《社会政策基本目标和标准公约》、1973 年第 138 号公约《准予就业最低年龄公约》均要求会员国将此作为一项国家政策。

成年工，给予特殊的劳动保护。这既是人类进步的基本要求，也是整个未成年人保护法律体系逻辑结构的必然结果。对于未成年工的年龄阶段的界定，各国立法的规定不尽一致。我国劳动法界定为年满 16 周岁未满 18 周岁。关于未成年工特殊劳动保护规定的具体内容，通常包括以下几个方面：

（一）缩短工作时间的规定

在标准工作时间基础上缩短未成年工的劳动时间，是各国对未成年工特殊劳动保护的基本内容之一。如 1972 年罗马尼亚《劳动法》规定，14～16 岁的青年人一天工作 6 小时，不得扣减报酬。到 18 岁为止的青年人，年休假应为 18 个至 24 个工作日。巴林《劳工法（私营部分）》规定，少年实际雇用时间一天不得超过 6 小时。我国劳动法虽然尚无缩短未成年工劳动时间的强制性规定。但在相关的法规、规章中，要求用人单位为未成年工安排适当的工间休息时间，并不得安排其加班加点和从事夜班劳动。如《江苏省劳动保护条例》第 23 条规定，对未满 18 周岁的未成年职工，企业事业单位不得安排其从事矿山井下、有毒有害、国家规定的第四级体力劳动强度的劳动和其他禁忌从事的劳动；不得安排其加班。

（二）禁忌劳动范围的规定

为保护未成年工的健康成长，国际劳工立法和各国都有关于禁止未成年工从事的劳动范围。如 1973 年《准予就业最低年龄公约》第 3 条规定，对于任何就其性质或环境有可能危害未成年人健康、安全或道德的职业或工作，其准予就业的最低年龄不得低于 18 岁。对此，我国劳动法作了具体的规定。《劳动法》第 64 条规定："不得安排未成年工从事矿山井下、有毒有害、国家规定的第四级体力劳动强度的劳动和其他禁忌从事的劳动。"

根据《未成年工特殊保护规定》，用人单位不得安排未成年工从事以下范围的劳动：①《生产性粉尘作业危害程度分级》国家标准中第一级以上的接尘作业；②《有毒作业分级》国家标准中第一级以上的有毒作业；③《高处作业分级》国家标准中第二级以上的高处作业；④《冷水作业分级》国家标准中第二级以上的冷水作业；⑤《高温作业分级》国家标准中第三级以上的高温作业；⑥《低温作业分级》国家标准中第三级以上的低温作业；⑦《体力劳动强度分级》国家标准中第四级体力劳动强度的作业；⑧矿山井下及矿山地面采石作业；⑨森林业中的伐木、流放及守林作业；⑩工作场所接触放射性物质的作业；⑪有易燃易爆、化学性烧伤和热烧伤等危险性大的作业；⑫地质勘探和资源勘探的野外作业；⑬潜水、涵洞、涵道作业和海拔 3000 米以上的高原作业（不包括世居高原者）；⑭连续负重每小时 6 次以上并每次超过 20 公斤，间断负重每次超过 25 公斤的作业；⑮使用凿岩机、捣固机、气镐、气铲、铆钉机、电锤的作业；⑯工作中需要长时间保持低头、弯腰、上举、下蹲等强迫体位和动作频率每分钟大于50次的流水线作业；⑰锅炉司炉。

未成年工患有某种疾病或具有某些生理缺陷（非残疾型）时，用人单位不得安排其从事以下范围的劳动：①《高处作业分级》国家标准中第一级以上的高处作业；②《低温作业分级》国家标准中第二级以上的低温作业；③《高温作业分级》国家标准中第二级以上的高温作业；④《体力劳动强度分级》国家标准中第三级以上体力劳动强度的作业；⑤接触铅、苯、汞、甲醛、二硫化碳等易引起过敏反应的作业。

（三）强制体检规定

对未成年工的特殊劳动保护及其保护水平，以不损害未成年工身体健康和不影响其正常生长发育为标准。因此，对未成年工实行定期体检以便确认其是否适宜从事该项劳动，便成为未成年工特殊保护的必不可少的内容。对此，1921年第16号公约《受雇用于海上工作的儿童及未成年人的强制体格检查公约》，1946年第77号公约《未成年人在工业部门就业体格检查公约》、第78号公约《未成年人在非工业部门就业体格检查公约》，以及1965年第124号公约《未成年人从事矿山井下作业体格检查公约》等，均规定了对未成年劳动者实行定期强制性体格检查制度。通常情况下，强制体检的年龄限定在18岁以下，但第124号公约规定的矿山井下的职业，凡不满21岁的劳动者，都必须进行体格检查和定期复查。

我国《劳动法》第65条规定："用人单位应当对未成年工定期进行健康检查。"根据这一规定，《未成年工特殊保护规定》又作了具体的规定。这些规定，不仅确定了我国未成年工强制性体检法律制度的基本原则，而且从劳动法基本原理角度界定了以下几方面的具体内容：

1. 用人单位必须对未成年工定期进行身体检查，不得以任何理由，或者通过劳动合同约定取消这种检查。根据《未成年工特殊保护规定》第6条规定，用人单位应当按下列要求对未成年工定期进行健康检查：①安排工作岗位之前；②工作满1年；③年满18周岁，距前一次的体检时间已超过半年。

2. 对未成年工的定期健康检查是用人单位的一项基本义务。因此，用人单位不仅应对检查事宜进行全面的安排，包括医院的联系、条件的落实等，而且健康检查所涉及的所有的费用支出，都应由用人单位承担。承担检查费用是用人单位履行这项义务的主要内容。对此，国际劳工组织第77号公约第5条就有明确的规定："体格检查不得由儿童或未成年人或其父母负担任何费用。"

3. 未成年工在规定的健康检查期间，应算作工作时间，用人单位不得克扣其工资。

4. 体格检查发现未成年工不适宜从事原工作的，用人单位应当为未成年工调换适宜的工作岗位；如果未成年工身体健康受到损害的，用人单位应当为其治疗。《未成年工特殊保护规定》第 8 条规定："用人单位应根据未成年工的健康检查结果安排其从事适合的劳动，对不能胜任原劳动岗位的，应根据医务部门的证明，予以减轻劳动量或安排其他劳动。"

（四）未成年工的使用和特殊保护实行登记制度

用人单位招收使用未成年工，除符合一般用工要求外，还须向所在地的县级以上劳动行政部门办理登记。劳动行政部门根据《未成年工健康检查表》《未成年工登记表》，核发《未成年工登记证》。未成年工须持《未成年工登记证》上岗。《未成年工登记证》由国务院劳动行政部门统一印制。

■思考题

1. 近代各国为什么纷纷对女职工和未成年工进行特殊保护？
2. 对女职工和未成年工进行特殊保护是否会影响他们就业？为什么？
3. 试比较我国、国际劳工组织关于女职工特殊保护的相关规定。
4. 简述我国法律关于未成年工特殊保护的主要内容。

第十三章　社会保险制度

■ 学习目的和要求

　　通过本章的学习，要了解社会保险的概念及特征，并明确社会保险与商业保险的异同；重点掌握我国养老保险、失业保险及工伤保险的主要内容；了解医疗保险和生育保险的相关知识。

第一节　社会保险制度概述

一、社会保险的概念、性质和特征

（一）社会保险的概念

社会保险，是指社会成员在面临年老、疾病、工伤、失业、生育以及其他社会风险时，为保障其基本生活需要，由国家立法强制建立社会保险基金，帮助社会成员克服困难的一种物质帮助制度。

社会保险作为保险的一种类型，是基于一定的社会风险而存在的。社会风险是指社会成员在因为遭到意外事故（如疾病、伤残、失业等），从而失去生活来源，以至于处于生存失去保障的境地。为了保障因遭受社会风险而陷于困境的社会成员的生活需要，促进经济社会的有序发展，避免社会的动荡不安，国家通过立法强制实施社会成员社会保险制度。

社会保险作为物质帮助的一种形式，既是国家对社会成员应负的职责，也是宪法赋予公民的一项基本权利。社会保险通过立法所表现出来的是人类理性的体现，是对人权中的首要权利——生存权的法律保障。

（二）社会保险的性质

社会保险是国家通过立法建立的一种社会保障制度。这种制度的目的在于当社会成员面临社会风险时，能够从社会（国家）获得一定的物质帮助。从理论上说，社会保险是社会对社会成员在特殊情况下分配个人消费品的一种形式。这种分配是国家通过立法，采取强制手段，在国民收入中提取一种专门的消费基金，用于解决面临社会风险的社会成员的基本生活需要。

国家建立社会保险制度，举办社会保险事业，是国家对社会成员履行的社会责任，同时也是社会成员应当享受的基本权利。为此，《社会保险法》第 2 条规定：“国家建立基本养老保险、基本医疗保险、工伤保险、失业保险、生育保险等社会保险制度，保障公民在年老、疾病、工伤、失业、生育等情况下依法从国家和社会获得物质帮助的权利。”

（三）社会保险的特征

社会保险具有下述基本特征：

1. 基本保障性。社会保险是当社会成员遇到社会风险之后，仍能获得基本生活的保障。这是实施社会保险的根本目的。

2. 国家强制性。社会保险通过国家立法强制实施，立法规定范围内的所有社会成员必须参加社会保险并且按照法律规定的费率交费。在待遇水平等内容上，一般不许投保人和被保人自由选择。

3. 社会性。首先，社会保险的对象是社会成员；其次，社会保险是国家和社会对社会成员应负的职责，是一种政府主导的保险制度，由国家立法确认并实施，社会保险金的筹集、发放、调剂、管理等方面皆由政府组织实施；最后，社会保险作为一种社会政策，具有保障社会安定的职能。

4. 互助互济性。社会保险依据社会共担风险的原则，保险费用一般由国家、用人单位、个人负担，建立社会保险基金，通过统一调剂、互助互济等办法，支付保险金和提供服务，实行收入的再分配。

5. 非营利性。社会保险的待遇根据基本生活的需要确定，国家和社会负担一部分资金，并由政府指定的非营利性机构管理。

从上述社会保险的特征可知，政府社会保险机构主管的社会事业与商业性保险公司主办的人身性保险业务有着原则性的区别。其主要表现为以下几点：

1. 属性不同。社会保险是国家的一种社会保障制度，是国家的一种社会政策，也是国家对社会成员承担的一种社会责任，具有物质帮助性和非营利性质。而人身保险，是保险公司运用经济补偿手段经营的一种险种，是国家经济活动的一个方面，它由专门的经济实体即保险公司进行经营，具有以营利为目的的性质。

2. 实施手段不同。社会保险依法执行，带有强制性。商业保险则不同，它纯属商业活动，严格实行自愿的原则。

3. 费用负担不同。社会保险费一般由政府、用人单位和被保人共同负担，政府对保险基金负支持的责任，社会保险基金不足时由财政拨款。而人身保险的费用一般由被保人全部负担。

4. 权利与义务的关系不同。社会保险实行的是互助互济的社会统筹原则，由社会保险经办机构依照国家法律，将所统筹的社会保险基金统一管理和使用，强调劳动者及社会成员之间的互相帮助等。而人身保险，则建立在商业契约关系之上，以"多投多保、少投少保、不投不保"的等价交换关系为原则。

5. 其他。例如，待遇标准不同、待遇支付可靠程度不同、管理体制不同，等等。

社会保险与商业保险存在上述区别，因而就法律而言，二者不属于同一个立法范畴。

二、社会保险的基本原则

社会保险的性质决定了社会保险的基本原则，主要有：

（一）社会保险水平应当与经济社会发展水平相适应

社会保险的水平取决于经济社会的发展水平，要在保障基本社会保险水平和经济发展的基础上，再逐步提高社会保险水平。另外，基于经济发展的不平衡性，要求要有多类型、多层次的社会保险。我国《劳动法》第71条规定："社会保险水平应当与社会经济发展水平和社会承受能力相适应。"《社会保险法》第3条规定："社会保险制度坚持广覆盖、保基本、多层次、可持续的方针，社会保险水平应当与经济社会发展水平相适应。"

（二）风险分担、互助合作、所得再分配原则

这一原则也称社会互济原则。社会保险所需的费用由国家、用人单位和劳动者以及其他社会成员共同承担，共担风险。社会保险机构依照国家法律，将所统筹的社会保险基金统一管理和使用，采取单位之间、地区之间、劳动者之间互助互济的办法，当社会成员遇到社会风险时，实现其再分配的权利。

（三）先尽义务，后享受权利的原则

权利与义务相对应，是社会保险制度赖以存在的前提条件。用人单位和被保险人应当先缴纳社会保险费。只有先尽缴费之义务，才能享有受领给付的权利。

（四）统一立法，强制实行的原则

社会保险是通过国家立法建立起来的社会保障制度，具有强制性。就投保而言，用人单位和劳动者以及其他社会成员不论是否愿意都必须参加保险，没有选择的自由。

（五）社会保险基金统一筹集的原则

社会保险是全体社会成员的共同事业，集合多数社会成员的力量组成较大的社会保险基金，然后才能根据分散风险的原则，将发生在少数社会成员的风险转由社会成员负担。统筹的范围越大，保险费率就越低，保险的社会程度就会越高。

三、社会保险的结构

依据市场经济条件下公平和效率兼顾的要求,社会保险的各种项目都应当具有一定的结构,以使各个险种既有平等保障社会成员基本生活的组成部分,又有体现社会保险水平差别的组成部分。因此,我国于 1991 年 6 月制定的《国务院关于企业职工养老保险制度改革的决定》,首次在立法中确立了国家基本养老保险、企业补充养老保险和个人储蓄养老保险相结合的养老保险结构。《劳动法》第 75 条规定:"国家鼓励用人单位根据本单位实际情况为劳动者建立补充保险。国家提倡劳动者个人进行储蓄性保险。"《社会保险法》第 2 条也规定,国家建立基本养老保险、基本医疗保险、工伤保险、失业保险、生育保险等社会保险制度。

（一）国家基本保险

基本社会保险由国家统一立法,强制实施。在社会保险结构中,它是基本的组成部分。这是根据支付费用的实际需要与社会成员的承受能力,按照"以支定收、略有结余,留有部分积累"的原则,费用由国家、用人单位和劳动者以及其他社会成员合理分担,并实行社会统筹。其特点是"广覆盖、保基本、可持续",适用于各类社会成员,体现社会成员平等的社会保险权利。

（二）用人单位补充保险

用人单位补充保险是用人单位在国家法定基本社会保险的基础上,根据自己的经济实力,为提高社会保险的水平,自主地为劳动者建立起来的,旨在使本单位劳动者在已有基本生活保障的基础上进一步获得物质帮助的一种补充保险制度。用人单位的补充保险具有半强制性,即该保险是在国家宏观调控指导下,用人单位根据有关法律、法规及内部决策建立的。补充保险基金不实行用人单位之间、劳动者之间的相互调剂,而是采取完全积累的方式,设立劳动者个人账户,所有款项及利息归个人所有。

（三）劳动者个人储蓄保险

劳动者个人储蓄保险,是劳动者个人根据自己收入的情况,自愿以储蓄的形式为自己建立的社会保险。劳动者个人储蓄保险一般实行个人自愿的原则,定期不定期地向社会保险机构或其他机构投保,享受保险机构按规定支付的待遇。

随着我国社会主义市场经济体制的建立、完善和发展,逐步建立基本上以国家基本保险为主、用人单位补充保险及劳动者个人储蓄保险为补充的社会保险结构,是我国社会保险制度改革的方向和社会保险立法的基本思路。这是由我国的国情决定的,也是由社会主义市场经济内在的规律性决定的。

四、社会保险的立法概况

社会保险是社会化大生产的必然产物,它的出现,标志着社会的文明和进步。它是劳动者应当享有的一项基本权利，是整个社会对劳动者的劳动的尊重。当今，世界各国都十分重视社会保险的立法。

（一）西方发达国家的社会保险立法

19世纪末期，社会化大工业生产推动了人类文明进程，这就为社会保险制度的建立奠定了一定的物质基础。1845年颁布的《普鲁士工业法》中，首设强制劳工加入疾病共济社的法律规定。随后，"铁血首相"俾斯麦在工人运动不断高涨的情况下，被迫强制实行社会保险制度。1883年颁布了《劳工疾病保险法》（这是世界上第一部社会保险法律），1884年颁布了《劳工伤害保险法》，1889年颁布了《残疾、老年和死亡保险法》。这三部法律在1911年合并，另增《孤儿寡妇保险法》，成为著名的社会保险法典（史称《帝国保险法》）。

德国首创社会保险制度以后，其他西方国家也积极开展社会保险方面的立法。第二次世界大战以前，西方国家普遍进行了社会保险立法，而且社会保险的范围逐渐扩大，社会保险制度日益完善。第二次世界大战以后，西方国家又积极推行福利政策，从而扩大了社会保险的项目和实施范围。1948年，英国宣布建立"福利国家"，德国、荷兰、比利时、卢森堡、意大利、瑞典、挪威等国也不甘落后，紧跟效仿。在第二次世界大战之后，一些发达国家以"福利国家"为目标，不断扩大本国社会保险的项目、内容和实施范围，甚至还建立了不以缴费为基础的养老或者医疗制度。目前各资本主义国家已普遍实行了社会保险制度。

（二）中国的社会保险立法

我国的社会保险立法起步较晚。1949年中华人民共和国成立至今，社会保险立法大致经过三大阶段：

1. 1949～1966年，是我国社会保险立法初创阶段。1951年2月，我国就颁布了《劳动保险条例》，在全国范围内逐步建立起了以全民所有制单位职工为主要对象的社会保险制度。1953年1月，修订了《劳动保险条例》。同时，劳动部颁布了《劳动保险条例实施细则草案》。在这一阶段，初步形成了养老、工伤、疾病、生育等保险项目。

2. 1966～1976年，我国的社会保险制度经历了长达10年的停滞，社会保险立法毫无建树。

3. 1976年之后，1978年党的十一届三中全会确立了改革开放的方针政策，社会保险体制的改革及社会保险立法重新启动。特别是20世纪90年代初，全面开展了企业劳动、工资、社会保险制度综合配套改革。其中社会保险制度的改革，以改革养老保险制度和建立、完善失业保险制度为突破口，并带动工伤、医疗保险制度改革，取得了重大进展。这一阶段，关于社会保险的立法主要有：1991年《关于企业职工养老保险制度改革的决定》，1994年《企业职工生育保险试行办法》，将"社会保险与福利"专列一章的 1994 年《劳动法》，1996 年《企业职工工伤保险试行办法》，1997 年《国务院关于建立统一的企业职工基本养老保险制度的决定》，1999 年《失业保险条例》，2003 年《工伤保险条例》，2004 年《企业年金试行办法》，2004 年《劳动和社会保障部办公厅关于推进混合所有制企业和非公有制经济组织从业人员参加医疗保险的意见》，2005 年《国务院关于完善企业职工基本养老保险制度的决定》，2006 年《关于解决农民工问题的若干意见》，2007 年《国务院关于开展城镇居民基本医疗保险试点的指导意见》，2007 年《劳动和社会保障部、民政部、审计署关于做好农村社会养老保险和被征地农民社会保障工作有关问题的通知》等。经过四次审议之后，第十一届全国人民代表大会常务委员会第十七次会议 2010 年 10 月 28 日通过了《社会保险法》，这是最高国家立法机关首次就社保制度进行立法。2011 年 7 月 1 日起施行《实施〈中华人民共和国社会保险法〉若干规定》，国务院决定从 2011 年 7 月 1 日起开展城镇居民社会养老保险试点，并印发了《国务院关于开展城镇居民社会养老保险试点的指导意见》。2014 年 2 月 21 日国务院发布《关于建立统一的城乡居民基本养老保险制度的意见》，2014 年 2 月 24 日人力资源和社会保障部、财政部发布《城乡养老保险制度衔接暂行办法》，2015 年 1 月 3 日国务院发布自 2014 年 10 月 1 日起实施的《关于机关事业单位工作人员养老保险制度改革的决定》。2015 年 7 月 28 日国务院办公厅印发《关于全面实施城乡居民大病保险的意见》（国办发〔2015〕57 号），2016 年 4 月 14 日《人力资源社会保障部、财政部关于阶段性降低社会保险费率的通知》等，[1] 通过这些社会保险立法，我国已经形成了较为完善的养老、医疗、工伤、失业和生育五大社会保险的新格局。

---

[1] 《社会保险法》体现的四大亮点为：①覆盖全民。《社会保险法》规定的 5 项社会保险制度中，养老和医疗保险覆盖各类劳动者和全体居民，工伤、失业、生育保险覆盖全体职业人群，以法律形式确立了广覆盖的社会保险体系。②统筹城乡。《社会保险法》确定的适用范围，适应我国统筹城乡发展的要求，将新农保制度纳入了基本养老保险的调整范围，并预留了逐步建立和完善城镇居民社会养老保险制度的发展空间；新型农村合作医疗制度也被纳入了基本医疗保险的调整范围，授权国务院规定管理办法；规定进城务工的农村居民与其他职工一样依照《社会保险法》参加社会保险；还明确了被征地农民的社会保险问题。③突出维权。《社会保险法》在各项制度设计上，始终以保障参保人的合法权益、打造服务型政府为出发点。这方面的亮点很多，特别是解决缴费不足 15 年人员的养老待遇问题、跨地区就业人员的社保关系转移接续问题、医疗费用即时结算问题、异地就医医疗费用结算问题、工伤待遇垫付问题等，都体现了以人为本的理念。④规范管理。《社会保险法》规定了政府在社会保险行政管理和资金保障方面的责任，明确了社会保险费实行统一征收的方向，提高了社会保险费征收的强制性，确定了由人大监督、行政监督、社会监督共同构成的社会保险监督体系，明确了基本养老保险基金逐步实行全国统筹，其他社会保险基金逐步实行省级统筹的方向，等等。（参见"胡晓义谈《社会保险法》最大亮点：使群众共享改革成果"，载新华网，http：//news. xinhua. net. com/politics/2010－11/23/c_ 12807612. htm，2010 年 11 月 23 日。）

第二节　养老保险制度

养老保险制度是指法定范围内的老年人失去劳动能力而退出劳动岗位后，定期领取一定数额生活费用以保障晚年生活的一种社会保险制度。养老保险是世界各国普遍实行的一种社会保障制度，它也是我国社会保障制度的重要组成部分，是社会保险五大险种中最重要的险种之一。我国现行养老保险制度主要包括基本养老保险制度、企业补充养老保险制度、职工个人储蓄养老保险制度。

一、基本养老保险制度

基本养老保险是由国家统一建立并强制实施的为公民提供退休后基本生活保障的一种养老保险制度。

（一）基本养老保险覆盖范围

2005 年《国务院关于完善企业职工基本养老保险制度的决定》进一步扩大了基本养老保险的覆盖范围："城镇各类企业职工、个体工商户和灵活就业人员都要参加企业职工基本养老保险。当前及今后一个时期，要以非公有制企业、城镇个体工商户和灵活就业人员参保工作为重点"。2010 年 10 月 28 日通过的《社会保险法》把基本养老保险的范围已经扩大到包括劳动者、城镇居民、农民、在中国境内就业的外国人在内的全体自然人。2014 年 2 月 21 日，国务院发布《关于建立统一的城乡居民基本养老保险制度的意见》，首次在福利问题上消除了城乡差别。2014 年 2 月 24 日人力资源和社会保障部、财政部发布《城乡养老保险制度衔接暂行办法》。2015 年 1 月 3 日国务院发布《关于机关事业单位工作人员养老保险制度改革的决定》，自 2014 年 10 月 1 日起实施，自此，养老保险改革"破冰"，"双轨制"成为历史。我国各个地方也迅速跟进落实，例如，2015 年 9 月 25 日，福建省政府正式印发《贯彻落实〈国务院关于机关事业单位工作人员养老保险制度改革的决定〉实施办法》的通知，明确福建省将改革现行机关事业单位工作人员退休保障制度，逐步建立独立于机关事业单位之外、资金来源多渠道、保障方式多层次、管理服务社会化的养老保险体系。[1] 2016 年 4 月 7 日，江苏省人力资源社会保障厅和江苏省财政厅公布了《江苏省省级机关事业单位工作人员养老保险制度改革实施办法》，等等。

（二）基本养老保险的筹资模式

1. 职工。职工应当参加基本养老保险，由用人单位和职工共同缴纳基本养老保险费。基本养老保险实行社会统筹与个人账户相结合。基本养老保险基金由

---

〔1〕 "闽事业单位养老保险改革方案出台 建立职业年金"，载《福州晚报》2015 年 9 月 25 日。

用人单位和个人缴费以及政府补贴等组成。用人单位应当按照国家规定的本单位职工工资总额的比例缴纳基本养老保险费，记入基本养老保险统筹基金。职工应当按照国家规定的本人工资的比例缴纳基本养老保险费，记入个人账户。依现行法规政策，我国企业缴纳基本养老保险费的比例（或称"费率"），一般不得超过企业工资总额的20%，具体比例由省、自治区、直辖市人民政府确定。少数省、自治区、直辖市因离退休人员较多、养老保险负担过重，确需超过企业工资总额20%的，应报劳动部门、财政部门审批。2016年4月13日，国务院总理李克强主持召开国务院常务会议，决定从2016年5月1日起两年内，企业职工基本养老保险单位缴费比例超过20%的省份，将缴费比例降至20%；单位缴费比例为20%且2015年底基金累计结余可支付月数超过9个月的省份，可以阶段性降低至19%。这是我国占工资比重28%的养老保险费率首次下调。机关事业单位缴纳基本养老保险费的比例为本单位工资总额的20%，个人缴纳基本养老保险费的比例，为本人缴费工资的8%，由单位代扣。按本人缴费工资8%的数额建立基本养老保险个人账户，全部由个人缴费形成。个人工资超过当地上年度在岗职工平均工资300%以上的部分，不计入个人缴费工资基数；低于当地上年度在岗职工平均工资60%的，按当地在岗职工平均工资的60%计算个人缴费工资基数。[1]

2. 无雇工的个体工商户、未在用人单位参加基本养老保险的非全日制从业人员以及其他灵活就业人员，可以参加基本养老保险，应当由个人按照国家规定缴纳基本养老保险费，分别记入基本养老保险统筹基金和个人账户。依现行法规政策，城镇个体工商户和灵活就业人员参加基本养老保险的缴费基数为当地上年度在岗职工平均工资，缴费比例为20%，其中8%记入个人账户，退休后按企业职工基本养老金计发办法计发基本养老金。

3. 城乡居民。《国务院关于建立统一的城乡居民基本养老保险制度的意见》规定：城乡居民养老保险基金由个人缴费、集体补助、政府补贴构成。

（1）个人缴费。参加城乡居民养老保险的人员应当按规定缴纳养老保险费。缴费标准目前设为每年100元、200元、300元、400元、500元、600元、700

---

〔1〕　对于个人缴费工资，1995年《国务院关于深化企业职工养老保险制度改革的通知》的附件作了明确的规定：职工个人以上一年度月平均工资作为个人缴纳养老保险费的工资基数。月平均工资应按国家统计局规定列入工资总额统计的项目计算，其中包括工资、奖金、津贴、补贴等收入。月平均工资超过当地职工平均工资200%或300%以上的部分，不计个人缴费基数；低于当地职工平均工资60%的按60%缴费。对职工个人缴费工资规定最高限额，这是国际上一般的做法，也是根据基本养老保险只保障基本生活的原则确定的。2014年国务院《关于机关事业单位工作人员养老保险制度改革的决定》也作了同样规定。

元、800 元、900 元、1000 元、1500 元、2000 元 12 个档次，省（区、市）人民政府可以根据实际情况增设缴费档次，最高缴费档次标准原则上不超过当地灵活就业人员参加职工基本养老保险的年缴费额，并报人力资源和社会保障部备案。人力资源和社会保障部会同财政部依据城乡居民收入增长等情况适时调整缴费档次标准。参保人自主选择档次缴费，多缴多得。

（2）集体补助。有条件的村集体经济组织应当对参保人缴费给予补助，补助标准由村民委员会召开村民会议民主确定，鼓励有条件的社区将集体补助纳入社区公益事业资金筹集范围。鼓励其他社会经济组织、公益慈善组织、个人为参保人缴费提供资助。补助、资助金额不超过当地设定的最高缴费档次标准。

（3）政府补贴。政府对符合领取城乡居民养老保险待遇条件的参保人全额支付基础养老金，其中，中央财政对中西部地区按中央确定的基础养老金标准给予全额补助，对东部地区给予 50% 的补助。地方人民政府应当对参保人缴费给予补贴，对选择最低档次标准缴费的，补贴标准不低于每人每年 30 元；对选择较高档次标准缴费的，适当增加补贴金额；对选择 500 元及以上档次标准缴费的，补贴标准不低于每人每年 60 元，具体标准和办法由省（区、市）人民政府确定。对重度残疾人等缴费困难群体，地方人民政府为其代缴部分或全部最低标准的养老保险费。

4. 政府在社会保险筹资中的责任。《社会保险法》规定，县级以上人民政府对社会保险事业给予必要的经费支持，在社会保险基金出现支付不足时给予补贴；国有企业、事业单位职工参加基本养老保险前，视同缴费年限期间应当缴纳的基本养老保险费由政府承担；在新型农村社会养老保险制度中，政府对参保人员给予补贴；基本养老保险基金出现支付不足时，政府给予补贴；国家设立全国社会保障基金，由中央财政预算拨款以及国务院批准的其他方式筹集的资金构成，用于社会保障支出的补充、调剂。

（三）基本养老保险的给付待遇

《社会保险法》第 16 条、第 17 条规定：①参加基本养老保险的个人，达到法定退休年龄时累计缴费满 15 年的，按月领取基本养老金。基本养老金由统筹养老金（现行制度中称为基础养老金）和个人账户养老金组成，基本养老金根据个人累计缴费年限、缴费工资、当地职工平均工资、个人账户金额、城镇人口平均预期寿命等因素确定。缴费不足 15 年的人员可以缴费至满 15 年，按月领取基本养老金；也可以转入新型农村社会养老保险或者城镇居民社会养老保险，按照国务院规定享受相应的养老保险待遇。②参加基本养老保险的个人，因病或者非因工死亡的，其遗属可以领取丧葬补助金和抚恤金；在未达到法定退休年龄时因病或者非因工致残完全丧失劳动能力的，可以领取病残津贴。所需资金从基本养老保险基金中支付。

2011 年 7 月 1 日起施行的《实施〈中华人民共和国社会保险法〉若干规定》第 6 条规定：职工基本养老保险个人账户不得提前支取。个人在达到法定的领取基本养老金条件前离境定居的，其个人账户予以保留，达到法定领取条件时，按照国家规定享受相应的养老保险待遇。其中，丧失中华人民共和国国籍的，可以在其离境时或者离境后书面申请终止职工基本养老保险关系。社会保险经办机构收到申请后，应当书面告知其保留个人账户的权利以及终止职工基本养老保险关系的后果，经本人书面确认后，终止其职工基本养老保险关系，并将个人账户储存额一次性支付给本人。参加职工基本养老保险的个人死亡后，其个人账户中的余额可以全部依法继承。

2014 年 2 月 21 日，《国务院关于建立统一的城乡居民基本养老保险制度的意见》第 6～7 条规定：参加城乡居民养老保险的个人，年满 60 周岁、累计缴费满 15 年，且未领取国家规定的基本养老保障待遇的，可以按月领取城乡居民养老保险待遇。城乡居民养老保险待遇由基础养老金和个人账户养老金构成，支付终身。①基础养老金。中央确定基础养老金最低标准，建立基础养老金最低标准正常调整机制，根据经济发展和物价变动等情况，适时调整全国基础养老金最低标准。地方人民政府可以根据实际情况适当提高基础养老金标准；对长期缴费的，可适当加发基础养老金，提高和加发部分的资金由地方人民政府支出，具体办法由省（区、市）人民政府规定，并报人力资源和社会保障部备案。②个人账户养老金。个人账户养老金的月计发标准，目前为个人账户全部储存额除以139（与现行职工基本养老保险个人账户养老金计发系数相同）。参保人死亡，个人账户资金余额可以依法继承。

2014 年 2 月 21 日，人力资源和社会保障部、财政部发布《城乡养老保险制度衔接暂行办法》第 3～8 条规定：参加城镇职工养老保险和城乡居民养老保险人员，达到城镇职工养老保险法定退休年龄后，城镇职工养老保险缴费年限满15 年（含延长缴费至 15 年）的，可以申请从城乡居民养老保险转入城镇职工养老保险，按照城镇职工养老保险办法计发相应待遇；城镇职工养老保险缴费年限不足 15 年的，可以申请从城镇职工养老保险转入城乡居民养老保险，待达到城乡居民养老保险规定的领取条件时，按照城乡居民养老保险办法计发相应待遇。参保人员需办理城镇职工养老保险和城乡居民养老保险制度衔接手续的，先按城镇职工养老保险有关规定确定待遇领取地，并将城镇职工养老保险的养老保险关系归集至待遇领取地，再办理制度衔接手续。

参保人员申请办理制度衔接手续时，从城乡居民养老保险转入城镇职工养老保险的，在城镇职工养老保险待遇领取地提出申请办理；从城镇职工养老保险转入城乡居民养老保险的，在转入城乡居民养老保险待遇领取地提出申请办理。参保人员从城乡居民养老保险转入城镇职工养老保险的，城乡居民养老保险个人账户全部储存额并入城镇职工养老保险个人账户，城乡居民养老保险缴费年限不合并计算或折算为城镇职工养老保险缴费年限。参保人员从城镇职工养老保险转入城乡居民养老保险的，城镇职工养老保险个人账户全部储存额并入城乡居民养老保险个人账户，参加城镇职工养老保险的缴费年限合并计算为城乡居民养老保险的缴费年限。参保人员若在同一年度内同时参加城镇职工养老保险和城乡居民养老保险的，其重复缴费时段（按月计算，下同）只计算城镇职工养老保险缴费年限，并将城乡居民养老保险重复缴费时段相应个人缴费和集体补助退还本人。参保人员不得同时领取城镇职工养老保险和城乡居民养老保险待遇。对于同时领取城镇职工养老保险和城乡居民养老保险待遇的，终止并解除城乡居民养老保险关系，除政府补贴外的个人账户余额退还本人，已领取的城乡居民养老保险基础养老金应予以退还；本人不予退还的，由社会保险经办机构负责从城乡居民养老保险个人账户余额或者城镇职工养老保险基本养老金中抵扣。

（四）基本养老保险待遇的调整机制

《社会保险法》第 18 条规定，国家建立基本养老金正常调整机制。根据职工平均工资增长、物价上涨情况，适时提高基本养老保险待遇水平。国务院《关于建立统一的城乡居民基本养老保险制度的意见》第 6 条规定：建立基础养老金最低标准正常调整机制，根据经济发展和物价变动等情况，适时调整全国基础养老金最低标准。地方人民政府可以根据实际情况适当提高基础养老金标准；对长期缴费的，可适当加发基础养老金，提高和加发部分的资金由地方人民政府支出，具体办法由省（区、市）人民政府规定，并报人力资源和社会保障部备案。

（五）基本养老保险关系的转移

个人跨统筹地区就业的，其基本养老保险关系随本人转移，缴费年限累计计算。个人达到法定退休年龄时，基本养老金分段计算、统一支付。具体办法由国务院规定。《城乡养老保险制度衔接暂行办法》规定，参加城镇职工养老保险和城乡居民养老保险人员，达到城镇职工养老保险法定退休年龄后，城镇职工养老保险缴费年限满 15 年（含延长缴费至 15 年）的，可以申请从城乡居民养老保险转入城镇职工养老保险，按照城镇职工养老保险办法计发相应待遇；城镇职工养老保险缴费年限不足 15 年的，可以申请从城镇职工养老保险转入城乡居民养老保险，待达到城乡居民养老保险规定的领取条件时，按照城乡居民养老保险办法计发相应待遇。

二、企业补充养老保险制度

企业补充养老保险制度，也称企业年金制度。企业年金是指企业及其职工在依法参加基本养老保险的基础上，自愿建立的补充养老保险基金。2004 年，劳动和社会保障部颁布了《企业年金试行办法》[1]。从 2004 年 5 月 1 日起，参加企业年金缴费的企业职工，退休后在依法领取基本养老保险之外，还能一次性或定期领取到一笔属于补充养老保险金性质的收入。2005 年《国务院关于完善企业职工基本养老保险制度的决定》也确立了进一步发展企业年金的基本方略，鼓励具备条件的企业为职工建立企业年金。企业年金基金实行完全积累，采取市场化的方式进行管理和运营。重新修订的《企业年金基金管理办法》经 2015 年 4 月 27 日人力资源和社会保障部第 62 次部务会审议通过，中国银行业监督管理委员会、中国证券监督管理委员会、中国保险监督管理委员会审议通过，自公布之日起施行。劳动和社会保障部、中国银行业监督管理委员会、中国证券监督管理委员会、中国保险监督管理委员会于 2004 年 2 月 23 日发布的《企业年金基金管理试行办法》同时废止。这些法规要求切实做好企业年金基金监管工作，实现规范运作，切实维护企业和职工的利益。

（一）企业年金适用的条件和方案

建立企业年金的企业应当具备以下条件：①依法参加基本养老保险并履行缴费义务；②具有相应的经济负担能力；③已建立集体协商机制。

建立企业年金，应当由企业与工会或职代会通过集体协商确定，并制定企业年金方案。企业年金方案应当包括以下内容：①参加人员范围；②资金筹集方式；③职工企业年金个人账户管理方式；④基金管理方式；⑤计发办法和支付方式；⑥支付企业年金待遇的条件；⑦组织管理和监督方式；⑧中止缴费的条件；⑨双方约定的其他事项。企业年金方案应当报送所在地区县级以上地方人民政府劳动保障行政部门，劳动保障部门自收到该方案文本之日起 15 日内未提出异议的，企业年金方案即行生效。

（二）企业年金的组成和缴费标准

企业年金由下列各项组成：①企业缴费；②职工个人缴费；③企业年金、基金投资运营收益。

企业缴费每年不得超过本企业上年度职工工资总额的 1/12。企业和职工个人缴费合计一般不超过本企业上年度职工工资总额的 1/6。

（三）企业年金的领取

职工达到法定退休年龄的，可以从本人企业年金个人账户中一次性或定期领取企业年金，职工未达到国家规定的退休年龄的，不得从个人账户中提前提取资

---

[1] 国务院办公厅 2015 年 3 月 27 日颁布了《机关事业单位职业年金办法》，机关事业单位职业年金实施工作才刚刚展开。

金。出境定居人员的企业年金个人账户资金，可根据本人要求一次性支付给本人。

职工变动工作单位时，企业年金个人账户资金可以随同转移。职工升学、参军、失业期间或新就业单位没有实行企业年金制度的，其企业年金个人账户可由原管理机构继续管理。职工或退休人员死亡后，其企业年金个人账户余额由其指定的受益人或法定继承人一次性领取。

（四）企业年金管理

建立企业年金的企业应确定企业年金受托人（以下简称"受托人"）来管理企业年金。受托人可以是企业成立的企业年金理事会，也可以是符合国家规定的法人受托机构。

企业年金理事会由企业和职工代表组成，也可以聘请企业以外的专业人员参加，其中职工代表应不少于1/3。其除管理本企业的企业年金事务之外，不得从事其他任何形式的营业性活动。

受托人可以委托具有资格的企业年金账户管理机构作为账户管理人，负责管理企业年金账户；可以委托具有资格的投资运营机构作为投资管理人，负责企业年金的投资运营。受托人应选择具有资格的商业银行或专业托管机构作为托管人，负责托管企业年金。

企业年金必须与受托人、账户管理人、投资管理人和托管人的自有资产或其他资产分开管理，不得挪作他用。

三、职工个人养老储蓄保险制度

职工个人养老储蓄保险，是职工个人根据自己收入的情况，自愿以储蓄的形式为自己建立的养老社会保险。我国《劳动法》第75条第2款规定："国家提倡劳动者个人进行储蓄性保险。"这是第三层次的养老保险。由社会保险机构经办的职工个人储蓄性养老保险，由社会保险主管部门制定具体办法。职工缴纳的个人储蓄性养老保险费，记入由社会保险机构为其在银行开设的养老保险个人账户，并按不低于或高于同期城乡居民储蓄存款利率计息，所得利息记入个人账户，本息一并归劳动者个人所有，职工达到法定退休年龄经批准退休后，其个人账户储蓄性养老保险金可一次总付或分次支付给本人。劳动者跨地区流动，个人账户的储蓄性养老保险金随之转移。劳动者未到退休年龄而死亡的，记入个人账户的储蓄性养老保险金应由其法定继承人继承。

第三节　失业保险制度

一、失业保险的概念

失业保险，是指劳动者因失业而暂时失去劳动报酬时，由政府给予物质帮助的社会保险制度。理解此概念应注意以下几个问题：①失业保险中的"失业"，仅指非自愿失业，即劳动者愿意接受现行的工资水平和工作条件但仍然处于失业的状态，不包括自愿失业。②失业保险的物质帮助包括生活救济和再就业服务两个方面。③失业保险一方面保障劳动者在失业期间的基本生活来源，另一方面又要促使其尽快就业。

失业保险在社会保险中是实行比较晚的险种，有关失业保险的立法直至 20世纪初才出现。1905 年法国率先颁布《失业保险法》，建立了非强制性失业保险制度。失业保险发展到今天，已为世界各国普遍实行。

我国的失业保险制度建立较晚，20 世纪 50 年代建立的劳动保险制度中并不包括失业保险。我国的失业保险制度是在劳动制度改革过程中建立起来的。1986年 7 月，国务院发布的《国营企业职工实行待业保险暂行规定》，第一次将我国的社会保险险种扩充到失（待）业保险。该规则对失（待）业救济的对象、基金来源、基金开支项目、发放办法等作了规定。1993 年 4 月，国务院制定了《国有企业职工待业保险规定》。1995 年 1 月 1 日实施的《劳动法》把失业保险的范围扩大到我国境内的所有企业。[1]《劳动法》第一次用"失业"代替了以往的"待业"，并将失业保险作为社会保险中的一个险种，从而使我国的社会保险制度内容日趋完善。1999 年 1 月 22 日国务院发布了《失业保险条例》，将这一保险制度的覆盖范围扩大到所有企业、事业单位。根据这一条例，劳动和社会保障部 2000 年 10 月 26 日颁布了《失业保险金申领发放办法》；2006 年 1 月 11 日发布了《劳动和社会保障部、财政部关于适当扩大失业保险基金支出范围试点有关问题的通知》等。2010 年 10 月 28 日发布的《社会保险法》又对失业保险作了具体规定。2015 年 2 月 25 日，国务院确定失业险费率降至 2%。2016 年 4 月 13日，失业保险总费率再阶段性降至 1% ~ 1.5%，其中个人费率不超过 0.5%。进一步完善了我国的失业保险制度。

---

〔1〕　目前统一的失业保险制度已扩大到社会团体专职人员、民办非企业单位的职工和城镇个体工商户的雇工，但对国家机关的失业保险制度尚无具体的法律规定。例如《公务员法》仅规定"国家建立公务员保险制度，保障公务员在退休、患病、工伤、生育、失业等情况下获得帮助和补偿"和"被辞退的公务员，可以领取辞退费或者根据国家有关规定享受失业保险"。

二、享受失业保险待遇的条件

享受失业保险待遇，必须具备一定的条件，在已建立失业保险制度的国家，对此作了严格的规定。

（一）一般失业保险待遇的享受条件

1. 失业者原是职工且达到一定工龄。这就要求失业者必须已就业，并且继续工作一定期限后失去劳动岗位。到达就业年龄但从未就业者不包括在内。

2. 失业者须是非自愿失业。也就是说，失业是由客观原因导致劳动者暂时中断就业，失去生活来源，而非出于劳动者的主观意愿。

3. 失业者在就业期间曾履行缴费义务满 1 年的。根据权利和义务对等原则，失业者享受失业保险待遇，须在失业前按规定履行了一定的缴费义务。

4. 失业者领取失业救济金期限未满。失业者领取失业救济金均有最长期限的限制，期限届满后不再发给失业救济金。即使失业者确实难以维持基本生活所需，也只能从社会救济中解决。

5. 失业者仍具有被介绍就业的条件。失业保险的目的，一是保障失业者的基本生活；二是帮助其重新就业。故要求失业者须具备再介绍就业的条件。

（二）我国享受失业保险待遇的条件

职工应当参加失业保险，由用人单位和职工按照国家规定共同缴纳失业保险费。符合下列条件的，从失业保险基金中领取失业保险金：①失业前用人单位和本人已经缴纳失业保险费满 1 年的；②非因本人意愿中断就业的；③已经进行失业登记，并有求职要求的。

由于失业保险的作用在于保障劳动者的基本生活和促进劳动者再就业，因而劳动者状况发生变化就不得继续享受失业待遇。有关法规对失业保险金的领取作了限制性规定，失业职工有下列情况之一的，失业保险机构停止发给救济金及其他费用：①重新就业的；②应征服兵役的；③移居境外的；④享受基本养老保险待遇的；⑤无正当理由，拒不接受当地人民政府指定部门或者机构介绍的适当工作或者提供的培训的。

三、失业保险的待遇及领取

1. 失业保险金的标准，由省、自治区、直辖市人民政府确定，不得低于城市居民最低生活保障标准。失业人员失业前用人单位和本人累计缴费满 1 年不足 5 年的，领取失业保险金的期限最长为 12 个月；累计缴费满 5 年不足 10 年的，领取失业保险金的期限最长为 18 个月；累计缴费 10 年以上的，领取失业保险金的期限最长为 24 个月。重新就业后，再次失业的，缴费时间重新计算，领取失业保险金的期限与前次失业应当领取而尚未领取的失业保险金的期限合并计算，最长不超过 24 个月。

2. 失业人员在领取失业保险金期间，参加职工基本医疗保险，享受基本医疗保险待遇。失业人员应当缴纳的基本医疗保险费从失业保险基金中支付，个人不缴纳基本医疗保险费。

3. 失业人员在领取失业保险金期间死亡的，参照当地对在职职工死亡的规定，向其遗属发给一次性丧葬补助金和抚恤金。所需资金从失业保险基金中支付。个人死亡同时符合领取基本养老保险丧葬补助金、工伤保险丧葬补助金和失业保险丧葬补助金条件的，其遗属只能选择领取其中的一项。

4. 失业保险金领取程序。用人单位应当及时为失业人员出具终止或者解除劳动关系的证明，并将失业人员的名单自终止或者解除劳动关系之日起 15 日内告知社会保险经办机构。失业人员应当持本单位为其出具的终止或者解除劳动关系的证明，及时到指定的公共就业服务机构办理失业登记。失业人员凭失业登记证明和个人身份证明，到社会保险经办机构办理领取失业保险金的手续。失业保险金领取期限自办理失业登记之日起计算。

另外，职工跨统筹地区就业的，其失业保险关系随本人转移，缴费年限累积计算。

四、失业人员接受职业介绍、职业培训

依据《实施〈中华人民共和国社会保险法〉若干规定》第 15 条规定，失业人员在领取失业保险金期间，应当积极求职，接受职业介绍和职业培训。失业人员接受职业介绍、职业培训的补贴由失业保险基金按照规定支付。

第四节　工伤保险制度

一、工伤保险概述

工伤保险是指劳动者在生产工作中因意外事故或职业病致伤、致病 、致残、死亡时依法所享有的社会保险。

工伤保险具有下述特征：①工伤保险适用范围最广，它适用任何用工形式的职工，不论其劳动合同期限长短。②工伤保险的设立与其他险种的设立不同。工伤保险是基于对工伤职工的赔偿责任而设立的一种社会保险；其他社会保险则基于对职工生活困难的帮助和补偿责任而设立。③工伤保险中赔偿责任实行无过错责任原则，即劳动者只要在劳动过程中受到工伤，无论劳动者有无过错，也无需劳动者主张和举证，用人单位都应承担一切责任，使劳动者享受工伤保险待遇。④工伤保险不同于养老保险等险种，劳动者不缴纳保险费，全部费用由用人单位负担。⑤工伤保险待遇相对优厚，标准较高，但因工伤事故的不同而有差别。

我国工伤保险制度源于中华人民共和国成立初期。1996 年 8 月劳动部曾发布

《企业职工工伤保险试行办法》，这是我国工伤保险方面最早的专门法律规范。国务院 2003 年 4 月发布《中华人民共和国工伤保险条例》（2004 年 1 月 1 日实施）。此后，国家劳动和社会保障部等有关部门陆续出台了《工伤认定办法》《因工死亡职工供养亲属范围规定》《非法用工单位伤亡人员一次性赔偿办法》《关于劳动能力鉴定有关问题的通知》《关于工伤保险费率问题的通知》等配套文件，为《工伤保险条例》的实施做好了准备。

依据 2010 年 10 月 28 日全国人大常委会通过的《社会保险法》，2010 年 12 月 20 日国务院修订了《工伤保险条例》，该条例于 2011 年 1 月 1 日起施行，成为《社会保险法》的重要配套法规。2010 年 12 月 31 日，人力资源和社会保障部又修订发布了《工伤认定办法》；2013 年 4 月 25 日人力资源和社会保障部公布了《关于执行〈工伤保险条例〉若干问题的意见》；2014 年 6 月 18 日，最高人民法院公布了《最高人民法院关于审理工伤保险行政案件若干问题的规定》，对工伤认定做出了进一步细化。2015 年 10 月 1 日，《人力资源社会保障部、财政部关于调整工伤保险费率政策的通知》实施。2016 年 3 月 28 日，人力资源和社会保障部公布了《关于执行〈工伤保险条例〉若干问题的意见（二）》等。至此，我国已形成较为完善的工伤保险法律体系。

二、工伤赔偿责任的归责原则

关于工伤赔偿责任的归责原则，随着社会发展，人们的认识也发生了根本的转变，其归责原则在立法表现形式上也正趋于科学化和合理化。

（一）过错责任原则

工伤赔偿责任最初在理论和实践上一般坚持过错责任原则，其主要理论为：①危险自任说；②同伴责任说；③过失附带说；④危险推定说。这四种学说的实质都是将工伤赔偿责任的归责原则定为过错原则，即认为劳动者在遇到工伤事故后，要求雇主赔偿，必须提供一定的证据，否则就可认定劳动者的工伤事故是由自己的过错所致，因而须由劳动者自己负责。由于雇主无过错，因而可以不承担工伤赔偿责任。将过错原则用于工伤事故争议的处理，从根本上说有利于雇主一方，而不利于劳动者一方。有些理应由雇主承担的赔偿责任往往因过错原则的作祟而搁浅，致使劳动者的合法权益得不到保障。

1871 年问世的《德国赔偿法》和 1880 年问世的《英国雇主责任法》，开始要求雇主对工伤应负赔偿责任。但是同时又规定劳动者（受伤害者）负有举证之义务。否则，雇主不承担赔偿责任。在此种情况下劳动者同样难以得到应有的赔偿。

（二）无过错责任原则

1884 年颁布的《德国劳工伤害保险法》和 1897 年颁布的《英国劳工赔偿法

令》，确立了工伤保险的无过错责任原则。以后各国的工伤保险立法，都依据这一原则确定用人单位在工伤事故中的赔偿责任。

所谓无过错责任原则，是指用人单位的工伤赔偿责任，不以有过错作为其承担责任的前提，即使受伤害者本人对工伤事故的发生有过失，用人单位也应负赔偿责任。这一原则在立法中的确定，为保护劳动者的合法权益提供了法律依据。

将工伤事故责任的归责原则确定为无过错责任原则，其主要依据是：

1. 劳动法中所指的劳动是同现代企业制度同时产生的，而这种劳动，对用人单位而言，多具有功利色彩，是以营利为目的的，而不具有任何伦理意义。那么，用人单位为了自己的营利，给他人造成的一切伤害（包括工伤事故），理应承担赔偿责任。

2. 用人单位在使用劳动力时，仅是取得劳动者的劳动力使用权，并未获得劳动者的劳动力的所有权，劳动力的所有权永归劳动者所有。劳动合同中的工资，是用人单位对劳动者劳动力的使用权的使用应支付的费用，并不是劳动者劳动力的所有权的价格。因此，在劳动过程中，对劳动者身体造成伤害，可能使劳动者丧失或部分丧失劳动力，而劳动力的丧失，意味着劳动者的劳动力所有权的灭失。所以，工伤事故事实的出现，实质是用人单位对劳动者劳动力的所有权的一种侵权行为，既然是一种侵权行为，那么，用人单位对劳动者（受伤害者）理应负责。

3. 劳动者为谋生而进行劳动，用人单位为追求利益而使劳动者为其劳动，但是一定的利益总是伴随着一定的风险而存在的，而这些风险时刻会导致劳动伤害，因此，劳动者工伤事故的原因来自用人单位在追求利益的同时带来的巨大危险，所以，劳动者的伤害责任应归属用人单位。而用人单位的赔偿责任就不应以过错为其条件。

4. 若按过错责任论，劳动者要求用人单位对其身体伤害的赔偿，必须负举证责任，但在实际劳动过程中，由于劳动本身的复杂性，要求劳动者举证确实有一定困难，这既有劳动者举证能力的限制，又有科学技术监测水平的限制，因此，在很多情况下，举证是不可能的。何况有些灾害，是由于科学技术的运用给劳动者带来的，若要举证，更不是劳动者力所能及的。

因此，无过错责任原则认为工伤事故的出现，是用人单位对劳动者的侵权，理应承担赔偿责任。

三、工伤和职业病的认定

（一）工伤的概念和范围

工伤，也称为职业伤害，是指劳动者在生产、劳动过程中，因工作、执行职务行为或从事与生产劳动有关的活动，发生意外事故而受到的伤、残、亡或患职业病。

1. 典型性工伤的情形。职工[1]有下列情形之一的，应当认定为工伤：①在工作时间和工作场所内，因工作原因受到事故伤害的；②工作时间前后在工作场所内，从事与工作有关的预备性或者收尾性工作受到事故伤害的；③在工作时间和工作场所内，因履行工作职责受到暴力等意外伤害的；④患职业病的；⑤因工外出期间，由于工作原因受到伤害或者发生事故下落不明的；⑥在上下班途中，受到非本人主要责任的交通事故或者城市轨道交通、客运轮渡、火车事故伤害的；⑦法律、行政法规规定应当认定为工伤的其他情形。

2. 视同工伤的情形。具体包括三种情形：①在工作时间和工作岗位，突发疾病死亡或者在48小时之内经抢救无效死亡的；②在抢险救灾等维护国家利益、公共利益活动中受到伤害的；③职工原在军队服役，因战、因公负伤致残，已取得革命伤残军人证，到用人单位后旧伤复发的。

3. 不得认定为工伤或者视同工伤的情形。主要包括以下几种：①故意犯罪；②醉酒或者吸毒；③自残或者自杀。依据《实施〈中华人民共和国社会保险法〉若干规定》第10条规定，社会保险法第37条第2项中的醉酒标准，按照《车辆驾驶人员血液、呼气酒精含量阈值与检验》（GB19522－2004）执行。公安机关交通管理部门、医疗机构等有关单位依法出具的检测结论、诊断证明等材料，可以作为认定醉酒的依据。

工伤与非工伤的区分界限，在生活实践中通常有以下几种：①时间界限。工伤一般只限于工作时间之内所发生的急性伤害。②空间界限。工伤一般只限于生产、工作区域内所发生的急性伤害。③职务（业务）界限。工伤一般只限于执行职务（业务）所发生的急性伤害。④主观过错界限。工伤是发生在劳动者有过失或无过错的主观心理状态下的伤害。⑤法定特殊界限。在工伤范围的一般界限之外，立法上明确规定为工伤的，应属于工伤的特殊情况。

以上几种工伤界限区分的标准，在司法实践中，可以单独使用，也可以合并使用。目的在于准确地鉴定工伤，使劳动者及时得到赔偿。

（二）职业病的概念和范围

所谓职业病，是指职工在生产、工作过程中和其他职业性活动中，因接触职业危害因素所导致的疾病。由于职业病的产生是基于劳动（职业）的危险性和劳动安全卫生条件不符合标准所致，所以，它同工伤一样，用人单位应对职业病

---

〔1〕 2010年《工伤保险条例》扩大了工伤保险的适用范围，规定除现行规定的企业和有雇工的个体工商户以外，事业单位、社会团体，以及民办非企业单位、基金会、律师事务所、会计师事务所等组织应当依照规定参加工伤保险。这一规定进一步扩大了工伤保险制度覆盖的职工，有利于发挥社会保险的大数法则优势，有利于保障职工的工伤保险权益。

患者承担赔偿责任。正因为如此，各国都把职业病作为工伤保险的保险事故。

职业病作为一种慢性伤害，在实践中比工伤更难认定，它必须借助现代医疗技术的检测而确定。所以职业病范围，在各国均由有关法规直接规定。只有列入法律法规或法定部门所规定职业病名单的疾病，才是法律上承认的职业疾病。在《职业病防治法》颁布之后，卫生部、劳动和社会保障部就根据新的情况修订颁布了新的《职业病目录》，将职业病的范围由原来的 9 类 99 种扩大为 10 类 132 种。

（三）工伤的认定

工伤的认定必须依法定程序进行。《工伤保险条例》第 17～20 条、《工伤认定办法》规定了工伤认定的程序。职工发生事故伤害或者按照职业病防治法规定被诊断、鉴定为职业病的，所在单位应当自事故伤害发生之日或者被诊断、鉴定为职业病之日起 30 日内，向统筹地区劳动保障行政部门提出工伤认定申请。遇有特殊情况，经报劳动保障行政部门同意，申请时限可以适当延长。用人单位未按上述规定提出工伤认定申请的，工伤职工或者其直系亲属、工会组织在事故伤害发生之日或者被诊断、鉴定为职业病之日起 1 年内，可以直接向用人单位所在地统筹地区劳动保障行政部门提出工伤认定申请。[1]

提出工伤认定申请应当填写《工伤认定申请表》，并提交相关材料。工伤认定申请人提交的申请材料符合要求，属于社会保险行政部门管辖范围且在受理时限内的，社会保险行政部门应当受理。社会保险行政部门应当自受理工伤认定申请之日起 60 日内作出工伤认定决定，出具《认定工伤决定书》或者《不予认定工伤决定书》。

为进一步规范工伤认定程序，《工伤认定办法》规定了工伤认定申请、受理、调查核实和认定的具体程序和要求。

（四）劳动能力的鉴定

职工发生工伤，经治疗伤情相对稳定后存在残疾，影响劳动能力的，应当进行劳动能力鉴定。劳动能力鉴定是指劳动功能障碍程度和生活自理障碍程度的等级鉴定。

1. 劳动功能障碍和生活自理障碍的等级认定。劳动功能障碍分为十个等级：最重的为一级，最轻的为十级。生活自理障碍分为三个等级：生活完全不能自理、生活大部分不能自理和生活部分不能自理。劳动能力鉴定标准由国务院社会

---

〔1〕 2014 年 9 月起施行的《最高人民法院关于审理工伤保险行政案件若干问题的规定》第 7 条第 1 款规定：由于不属于职工或者其近亲属自身原因超过工伤认定申请期限的，被耽误的时间不计算在工伤认定申请期限内。

保险行政部门会同国务院卫生行政部门等部门制定。

2. 劳动能力鉴定委员会的组成。省、自治区、直辖市劳动能力鉴定委员会和设区的市级劳动能力鉴定委员会分别由省、自治区、直辖市和设区的市级劳动保障行政部门、人事行政部门、卫生行政部门、工会组织、经办机构代表以及用人单位代表组成。

3. 鉴定程序。劳动能力鉴定由用人单位、工伤职工或者其近亲属向设区的市级劳动能力鉴定委员会提出申请，并提供工伤认定决定和职工工伤医疗的有关资料。设区的市级劳动能力鉴定委员会收到劳动能力鉴定申请后，应当从其建立的医疗卫生专家库中随机抽取 3 名或者 5 名相关专家组成专家组，由专家组提出鉴定意见。设区的市级劳动能力鉴定委员会根据专家组的鉴定意见作出工伤职工劳动能力鉴定结论；必要时，可以委托具备资格的医疗机构协助进行有关的诊断。设区的市级劳动能力鉴定委员会应当自收到劳动能力鉴定申请之日起 60 日内作出劳动能力鉴定结论，必要时，作出劳动能力鉴定结论的期限可以延长 30日。劳动能力鉴定结论应当及时送达申请鉴定的单位和个人。申请鉴定的单位或者个人对设区的市级劳动能力鉴定委员会作出的鉴定结论不服的，可以在收到该鉴定结论之日起 15 日内向省、自治区、直辖市劳动能力鉴定委员会提出再次鉴定申请。省、自治区、直辖市劳动能力鉴定委员会作出的劳动能力鉴定结论为最终结论。劳动能力鉴定工作应当客观、公正。劳动能力鉴定委员会组成人员或者参加鉴定的专家与当事人有利害关系的，应当回避。自劳动能力鉴定结论作出之日起 1 年后，工伤职工或者其近亲属、所在单位或者经办机构认为伤残情况发生变化的，可以申请劳动能力复查鉴定。劳动能力鉴定委员会再次鉴定和复查鉴定的期限为 60 日，必要时，可以延长 30 日。

四、工伤保险基金

（一）构成

工伤保险基金由用人单位缴纳的工伤保险费、工伤保险基金的利息和依法纳入工伤保险基金的其他资金构成。其中主要是工伤保险费。

1. 工伤保险费缴费义务人及缴费额。用人单位应当按时缴纳工伤保险费。[1]职工个人不缴纳工伤保险费。用人单位缴纳工伤保险费的数额为本单位职工工资总额乘以单位缴费费率之积。对难以按照工资总额缴纳工伤保险费的行业，其缴纳工伤保险费的具体方式，由国务院社会保险行政部门规定。

---

[1] 依据《实施〈中华人民共和国社会保险法〉若干规定》第 9 条规定，职工（包括非全日制从业人员）在两个或者两个以上用人单位同时就业的，各用人单位应当分别为职工缴纳工伤保险费。职工发生工伤，由职工受到伤害时工作的单位依法承担工伤保险责任。

2. 工伤保险费率。工伤保险费根据以支定收、收支平衡的原则，确定费率。国家根据不同行业的工伤风险程度确定行业的差别费率，并根据工伤保险费使用、工伤发生率等情况在每个行业内确定若干费率档次。行业差别费率及行业内费率档次由国务院社会保险行政部门制定，报国务院批准后公布施行。统筹地区经办机构根据用人单位工伤保险费使用、工伤发生率等情况，适用所属行业内相应的费率档次确定单位缴费费率。国务院社会保险行政部门应当定期了解全国各统筹地区工伤保险基金收支情况，及时提出调整行业差别费率及行业内费率档次的方案，报国务院批准后公布施行。

根据《人力资源社会保障部、财政部关于调整工伤保险费率政策的通知》，我国的工伤保险费率实行行业差别费率与浮动费率相结合的制度。按照"总体降低、细化分类、健全机制"的原则，从行业工伤风险类别划分、行业差别费率及其档次确定、单位费率的确定与浮动、费率报备制度四个方面明确了费率调整有关规定，意义深远。[1] 2015 年 6 月 24 日，国务院总理李克强主持召开国务院常务会议，决定从 2015 年 10 月 1 日起，将工伤保险平均费率由 1% 降至 0.75%，并根据行业风险程度细化基准费率档次，根据工伤发生率对单位（企业）适当上浮或下浮费率。

（二）工伤保险基金统筹

工伤保险基金逐步实行省级统筹。例如，《江苏省实施〈工伤保险条例〉办法》已于 2015 年 4 月 1 日经省人民政府第 54 次常务会议讨论通过并予以发布，自 2015 年 6 月 1 日起施行。其中第 9 条规定："工伤保险基金逐步实行省级统筹。"跨地区、生产流动性较大的行业，可以采取相对集中的方式异地参加统筹地区的工伤保险。具体办法由国务院社会保险行政部门会同有关行业的主管部门制定。

（三）工伤保险基金的支出

工伤保险基金存入社会保障基金财政专户，用于规定的工伤保险待遇，劳动能力鉴定，工伤预防的宣传、培训等费用，以及法律、法规规定的用于工伤保险的其他费用的支付。工伤预防费用的提取比例、使用和管理的具体办法，由国务院社会保险行政部门会同国务院财政、卫生行政、安全生产监督管理等部门规定。任何单位或者个人不得将工伤保险基金用于投资运营、兴建或者改建办公场所、发放奖金，或者挪作其他用途。工伤保险基金应当留有一定比例的储备金，用于统筹地区重大事故的工伤保险待遇支付；储备金不足以支付的，由统筹地区的人民政府垫付。储备金占基金总额的具体比例和储备金的使用办法，由省、自

---

〔1〕 汪泽英："调整工伤保险费率意义深远"，载《中国劳动保障报》2015 年 8 月 7 日。

治区、直辖市人民政府规定。

五、工伤保险待遇

依照规定，我国工伤保险待遇主要包括：工伤医疗待遇，工伤致残待遇和工亡待遇。

（一）工伤医疗待遇

职工治疗工伤应当在签订服务协议的医疗机构就医，情况紧急时可以先到就近的医疗机构急救。治疗工伤所需费用符合工伤保险诊疗项目目录、工伤保险药品目录、工伤保险住院服务标准的，由工伤保险基金支付。工伤保险诊疗项目目录、工伤保险药品目录、工伤保险住院服务标准，由国务院社会保险行政部门会同国务院卫生行政部门、食品药品监督管理部门等部门规定。职工住院治疗工伤的伙食补助费，以及经医疗机构出具证明，报经办机构同意，工伤职工到统筹地区以外就医所需的交通、食宿费用，由工伤保险基金支付，基金支付的具体标准由统筹地区人民政府规定。工伤职工治疗非工伤引发的疾病，不享受工伤医疗待遇，按照基本医疗保险办法处理。工伤职工到签订服务协议的医疗机构进行工伤康复的费用，符合规定的，由工伤保险基金支付。社会保险行政部门作出认定为工伤的决定后发生行政复议、行政诉讼的，行政复议和行政诉讼期间不停止支付工伤职工治疗工伤的医疗费用。工伤职工因日常生活或者就业需要，经劳动能力鉴定委员会确认，可以安装假肢、矫形器、假眼、假牙和配置轮椅等辅助器具，所需费用按照国家规定的标准由工伤保险基金支付。职工因工作遭受事故伤害或者患职业病需要暂停工作接受工伤医疗的，在停工留薪期内，原工资福利待遇不变，由所在单位按月支付。停工留薪期一般不超过12个月。伤情严重或者情况特殊，经设区的市级劳动能力鉴定委员会确认，可以适当延长，但延长不得超过12个月。工伤职工评定伤残等级后，停发原待遇，按照有关规定享受伤残待遇。工伤职工在停工留薪期满后仍需治疗的，继续享受工伤医疗待遇。生活不能自理的工伤职工在停工留薪期需要护理的，由所在单位负责。

（二）工伤致残待遇

1. 生活自理障碍待遇标准。工伤职工已经评定伤残等级并经劳动能力鉴定委员会确认需要生活护理的，从工伤保险基金中按月支付生活护理费。生活护理费按照生活完全不能自理、生活大部分不能自理或者生活部分不能自理三个不同等级支付，其标准分别为统筹地区上年度职工月平均工资的50%、40%或者30%。

2. 劳动功能障碍待遇标准。

（1）职工因工致残被鉴定为一级至四级伤残的，保留劳动关系，退出工作岗位，享受以下待遇：①伤残补助金。按照职工伤残等级由工伤保险基金支付一次性伤残补助金，标准是：一级伤残为 27 个月的本人工资，二级伤残为 25 个月的本人工资，三级伤残为 23 个月的本人工资，四级伤残为 21 个月的本人工资。②伤残津贴。由工伤保险基金按月支付，标准为：一级伤残为本人工资的 90%，二级伤残为本人工资的 85%，三级伤残为本人工资的 80%，四级伤残为本人工资的 75%。伤残津贴实际金额低于当地最低工资标准的，由工伤保险基金补足差额。③退休待遇。工伤职工达到退休年龄并办理退休手续后，停发伤残津贴，按照国家有关规定享受基本养老保险待遇。基本养老保险待遇低于伤残津贴的，由工伤保险基金补足差额。④医疗保险待遇。职工因工致残被鉴定为一级至四级伤残的，由用人单位和职工个人以伤残津贴为基数，缴纳基本医疗保险费。

（2）职工因工致残被鉴定为五级、六级的，享受以下待遇：①伤残补助金。五级伤残为 18 个月的本人工资，六级伤残为 16 个月的本人工资。②伤残津贴。被鉴定为五级、六级伤残的职工保留与用人单位的劳动关系，由用人单位安排适当工作。难以安排工作的，由用人单位按月发给伤残津贴，标准为：五级伤残为本人工资的 70%，六级伤残为本人工资的 60%，并由用人单位按照规定为其缴纳应缴纳的各项社会保险费。伤残津贴实际金额低于当地最低工资标准的，由用人单位补足差额。③工伤医疗补助金和伤残就业补助金。经工伤职工本人提出，该职工可以与用人单位解除或者终止劳动关系，由工伤保险基金支付一次性工伤医疗补助金，由用人单位支付一次性伤残就业补助金。一次性工伤医疗补助金和一次性伤残就业补助金的具体标准由省、自治区、直辖市人民政府规定。④其他待遇。用人单位必须按照规定为伤残职工缴纳应缴纳的各项社会保险费。

（3）职工因工致残被鉴定为七级至十级伤残的，享受以下待遇：①伤残补助金。按照职工伤残等级从工伤保险基金支付一次性伤残补助金，标准为：七级伤残为 13 个月的本人工资，八级伤残为 11 个月的本人工资，九级伤残为 9 个月的本人工资，十级伤残为 7 个月的本人工资。②其他待遇。劳动、聘用合同期满终止，或者职工本人提出解除劳动、聘用合同的，由工伤保险基金支付一次性工伤医疗补助金，由用人单位支付一次性伤残就业补助金。一次性工伤医疗补助金和一次性伤残就业补助金的具体标准由省、自治区、直辖市人民政府规定。

（三）工亡待遇

职工因工伤死亡，其直系亲属可以从工伤保险基金中领取丧葬费补助金、供养亲属抚恤金和一次性工亡补助金。具体待遇是：

1. 丧葬补助金。为 6 个月的统筹地区上年度职工月平均工资。

2. 供养亲属抚恤金。所谓供养亲属，是指由因工死亡职工生前提供主要生活来源或者无劳动能力的亲属。其范围包括该职工的配偶、子女、父母、祖父母、外祖父母、孙子女、外孙子女、兄弟姐妹。属于供养亲属范围的人员，依靠因工死亡职工生前提供主要生活来源，并符合下列条件之一的，可按规定申请供养亲属抚恤金：①完全丧失劳动能力的；②工亡职工配偶男年满60周岁、女年满55周岁的；③工亡职工父母男年满60周岁、女年满55周岁的；④工亡职工子女未满18周岁的；⑤工亡职工父母均已死亡，其祖父、外祖父年满60周岁，祖母、外祖母年满55周岁的；⑥工亡职工子女已经死亡或完全丧失劳动能力，其孙子女、外孙子女未满18周岁的；⑦工亡职工父母均已死亡或完全丧失劳动能力，其兄弟姐妹未满18周岁的。供养亲属抚恤金按照职工本人工资的一定比例发给由因工死亡职工生前提供主要生活来源、无劳动能力的亲属。标准为：配偶每月40%，其他亲属每人每月30%，孤寡老人或者孤儿每人每月在上述标准的基础上增加10%。核定的各供养亲属的抚恤金之和不应高于因工死亡职工生前的工资。供养亲属的具体范围由国务院社会保险行政部门规定。[1]

3. 一次性工亡补助金。一次性工亡补助金标准为上一年度全国城镇居民人均可支配收入的20倍。上一年度全国城镇居民人均可支配收入以国家统计局公布的数据为准。例如，国家统计局公布2015年全国城镇居民人均可支配收入为31 195元，2016年一次性工亡补助金为62.39万元。

4. 工亡待遇的特殊情形。伤残职工在停工留薪期内因工伤导致死亡的，其近亲属享受工亡待遇。一级至四级伤残职工在停工留薪期满后死亡的，其近亲属可以享受丧葬补助金、供养亲属抚恤金待遇（不能享受一次性工亡补助金）。

（四）工伤费用的承担

1. 工伤保险基金承担。因工伤发生的下列费用，按照国家规定从工伤保险基金中支付：①治疗工伤的医疗费用和康复费用；②住院伙食补助费；③经医疗机构出具证明，报经办机构同意，工伤职工到统筹地区以外就医的交通食宿费；④安装配置伤残辅助器具所需费用；⑤生活不能自理的，经劳动能力鉴定委员会确认的生活护理费；⑥一次性伤残补助金、一至四级伤残职工按月领取的伤残津贴；⑦终止或者解除劳动合同时，应当享受的一次性医疗补助金；⑧因工死亡的，其遗属领取的丧葬补助金、供养亲属抚恤金和一次性工亡补助金；⑨劳动能力鉴定费。

2. 用人单位承担。因工伤发生的下列费用，按照国家规定由用人单位支付：①治疗工伤期间的工资福利；②生活不能自理的工伤职工在停工留薪期所需要的护理费用；③五级、六级伤残职工按月领取的伤残津贴；④终止或者解除劳动合同时，应当享受的一次性伤残就业补助金。

---

〔1〕　伤残津贴、供养亲属抚恤金、生活护理费由统筹地区社会保险行政部门根据职工平均工资和生活费用变化等情况适时调整。调整办法由省、自治区、直辖市人民政府规定。

（五）工伤保险待遇支付的一些特殊情形

1. 工伤职工符合领取基本养老金条件的，停发伤残津贴，享受基本养老保险待遇。基本养老保险待遇低于伤残津贴的，从工伤保险基金中补足差额。

2. 职工所在用人单位未依法缴纳工伤保险费，发生工伤事故的，由用人单位支付工伤保险待遇。用人单位不支付的，从工伤保险基金中先行支付，由用人单位偿还。用人单位不偿还的，社会保险经办机构可以依照《社会保险法》第63条的规定追偿。[1]

3. 由于第三人的原因造成工伤，第三人不支付工伤医疗费用或者无法确定第三人的，由工伤保险基金先行支付。工伤保险基金先行支付后，有权向第三人追偿。《最高人民法院关于审理工伤保险行政案件若干问题的规定》第8条明确：①职工因第三人的原因受到伤害，社会保险行政部门以职工或者其近亲属已经对第三人提起民事诉讼或者获得民事赔偿为由，作出不予受理工伤认定申请或者不予认定工伤决定的，人民法院不予支持。②职工因第三人的原因受到伤害，社会保险行政部门已经作出工伤认定，职工或者其近亲属未对第三人提起民事诉讼或者尚未获得民事赔偿，起诉要求社会保险经办机构支付工伤保险待遇的，人民法院应予支持。③职工因第三人的原因导致工伤，社会保险经办机构以职工或者其近亲属已经对第三人提起民事诉讼为由，拒绝支付工伤保险待遇的，人民法院不予支持，但第三人已经支付的医疗费用除外。[2]

4. 工伤职工有下列情形之一的，停止享受工伤保险待遇：①丧失享受待遇条件的；②拒不接受劳动能力鉴定的；③拒绝治疗的。

5. 工伤职工工伤复发，经确认需要治疗的，可以继续享受工伤医疗期间待遇和生活自理障碍护理待遇等。

6. 职工因工外出期间发生事故或者在抢险救灾中下落不明的，从事故发生当月起3个月内照发工资，从第4个月起停发工资，由工伤保险基金向其供养亲属按月支付供养亲属抚恤金。生活有困难的，可以预支一次性工亡补助金的50%。职工被人民法院宣告死亡的，按照因工死亡的规定处理。

---

〔1〕 这是《社会保险法》第41条的规定，与《工伤保险条例》第62条的规定有所不同。《工伤保险条例》第62条规定："用人单位依照本条例规定应当参加工伤保险而未参加的，由社会保险行政部门责令限期参加，补缴应当缴纳的工伤保险费，并自欠缴之日起，按日加收万分之五的滞纳金；逾期仍不缴纳的，处欠缴数额1倍以上3倍以下的罚款。依照本条例规定应当参加工伤保险而未参加工伤保险的用人单位职工发生工伤的，由该用人单位按照本条例规定的工伤保险待遇项目和标准支付费用。用人单位参加工伤保险并补缴应当缴纳的工伤保险费、滞纳金后，由工伤保险基金和用人单位依照本条例的规定支付新发生的费用。"

〔2〕 "《最高人民法院关于审理工伤保险行政案件若干问题的规定》的理解（3）"，载中国人才网，http://www.cnrencai.com/shebao/gongshang/76453_3.html，2014年8月21日。

7. 用人单位分立、合并、转让的，承继单位应当承担原用人单位的工伤保险责任；原用人单位已经参加工伤保险的，承继单位应当到当地经办机构办理工伤保险变更登记。用人单位实行承包经营的，工伤保险责任由职工劳动关系所在单位承担。职工被借调期间受到工伤事故伤害的，由原用人单位承担工伤保险责任，但原用人单位与借调单位可以约定补偿办法。企业破产的，在破产清算时依法拨付应当由单位支付的工伤保险待遇费用。

8. 职工被派遣出境工作，依据前往国家或者地区的法律应当参加当地工伤保险的，参加当地工伤保险，其国内工伤保险关系中止；不能参加当地工伤保险的，其国内工伤保险关系不中止。

9. 职工再次发生工伤，根据规定应当享受伤残津贴的，按照新认定的伤残等级享受伤残津贴待遇。

第五节 医疗和生育保险制度

一、医疗保险

医疗保险在有些国家又称疾病保险、疾病津贴等，是指公民由于患病或非因工负伤后，由社会提供医疗服务或经济补偿的社会保险制度。它也是我国社会保障制度的重要组成部分，是社会保险五大险种中最重要的险种之一。

从世界范围看，1883 年德国颁布了《劳工疾病保险法》，这是世界上第一部社会保险法。我国早在 20 世纪 50 年代就开始建立医疗保险制度。依据 1951 年《中华人民共和国劳动保险条例》，医疗保险的主要形式为：对城镇中的企业单位实行劳保医疗；对国家机关、事业单位实行公费医疗；在农村实行合作医疗。医疗费用基本上由国家、企业或集体经济组织承担。我国的公费医疗、劳保医疗、农村合作医疗曾对保护人民身体健康，促进经济发展，维护社会稳定发挥了重要作用。但随着改革开放的实行，原有的医疗保险制度存在的缺陷和矛盾日益突出，不能适应市场经济的要求，例如：医疗保险覆盖面较窄，社会化程度低，抗风险能力不强；医疗费用完全由国家和企业包揽，导致国家财政和企业难以承受医疗费用的大量增加；医疗费用的管理缺乏有效科学的手段，造成大量浪费；农村医疗保险制度出现严重倒退；等等。针对这些问题，我国从 20 世纪 80 年代开始对医疗保险制度进行了一系列的改革。1998 年 12 月国务院发布了《关于建立城镇职工基本医疗保险制度的决定》，确立了医疗制度改革的方向和目标，决定从 1999 年开始进行全面的医疗保险制度改革。根据该决定，城镇所有用人单位及其职工都要参加基本医疗保险，基本医疗保险费由用人单位和职工双方共同负担；基本医疗保险基金实行社会统筹和个人账户相结合的制度。此外，劳动和社会保障部及有关部委就医疗改革的具体问题制定了一系列配套规章。1999 年以来的相关法律、法规和规章主要包括《关于加强城镇职工基本医疗保险费用结算管理的意见》（1999 年）、《关于城镇职工基本医疗保险诊疗项目管理的意见》（1999 年）、《城镇职工基本医疗保险用药范围管理暂行办法》（1999 年）、《城镇职工基本医疗保险定点零售药店管理暂行办法》（1999 年）、《劳动和社会保障部、国家计委、财政部、卫生部、国家中医药管理局关于确定城镇职工基本医疗保险医疗服务设施范围和支付标准的意见》（1999 年）、《城镇职工基本医疗保险业务管理规定》（2000 年）、《劳动和社会保障部关于印发国家基本医疗保险药品目录的通知》（2000 年）、《关于加强城镇职工基本医疗保险个人账户管理的通知》（2002 年）、《中共中央、国务院关于进一步加强农村卫生工作的决定》（2002 年）、《关于建立新型农村合作医疗制度的意见》（2003 年）、《劳动和社会保障部办公厅关于城镇灵活就业人员参加基本医疗保险的指导意见》（2003 年）、《劳动和社会保障部办公厅关于推进混合所有制企业和非公有制经济组织从业人员参加医疗保险的意见》（2004 年）、《国务院关于解决农民工问题的若干意见》（2006 年）、《劳动和社会保障部办公厅关于开展农民工参加医疗保险专项扩面行动的通知》（2006 年）、《国务院关于开展城镇居民基本医疗保险试点的指导意见》（2007 年）、《中共中央、国务院关于深化医药卫生体制改革的意见》（2009 年）、《社会保险法》（2010 年）、《“十二五”期间深化医药卫生体制改革规划暨实施方案》（2012 年）、《国务院办公厅关于全面实施城乡居民大病保险的意见》（2015 年）、《国务院关于整合城乡居民基本医疗保险制度的意见》（2016 年）等，这些制度共同组成了我国医疗保险的法律制度体系：基本医疗保险制度、企业补充医疗保险制度、职工个人储蓄医疗保险制度。

（一）基本医疗保险制度

基本医疗保险是由国家统一建立并强制实施的为公民提供基本医疗保障的一种医疗保险制度。

1. 基本医疗保险覆盖范围。《社会保险法》把基本医疗保险的范围已经扩大到包括劳动者、城镇居民、农民、在中国境内就业的外国人在内的全体自然人。

2. 基本医疗保险的筹资模式。

（1）职工。职工应当参加职工基本医疗保险，由用人单位和职工按照国家规定共同缴纳基本医疗保险费。我国现行医疗保险费由用人单位和职工共同缴纳；用人单位缴费率控制在职工工资总额的 6% 左右，职工缴费率一般为本人工资收入的 2%；随着经济的发展，缴费率可作相应调整。基本医疗保险基金由统筹基金和个人账户构成。职工个人缴纳的基本医疗保险费，全部计入个人账户。用人单位缴纳的基本医疗保险费分为两部分：一部分用于建立统筹基金，一部分划入个人账户。划入个人账户的比例一般为用人单位缴费的 30% 左右，具体比例由统筹地区根据个人账户的支付范围和职工年龄等因素确定，用人单位缴费的其余部分用于建立统筹基金。个人账户的本金和利息归个人所有，可以结转使用和继承。

（2）无雇工的个体工商户、未在用人单位参加基本医疗保险的非全日制从业人员以及其他灵活就业人员，可以参加职工基本医疗保险，由个人按照国家规定缴纳基本医疗保险费。

（3）城乡居民。《国务院关于整合城乡居民基本医疗保险制度的意见》规定：坚持多渠道筹资，继续实行个人缴费与政府补助相结合为主的筹资方式，鼓励集体、单位或其他社会经济组织给予扶持或资助。各地要统筹考虑城乡居民医保与大病保险保障需求，按照基金收支平衡的原则，合理确定城乡统一的筹资标准。完善筹资动态调整机制。在精算平衡的基础上，逐步建立与经济社会发展水平、各方承受能力相适应的稳定筹资机制。逐步建立个人缴费标准与城乡居民人均可支配收入相衔接的机制。合理划分政府与个人的筹资责任，在提高政府补助标准的同时，适当提高个人缴费比重。

（4）政府在社会保险筹资中的责任。《社会保险法》规定，县级以上人民政府对社会保险事业给予必要的经费支持，在社会保险基金出现支付不足时给予补贴；在城镇居民基本医疗保险制度中，政府对参保人员给予补贴；国家设立全国社会保障基金，由中央财政预算拨款以及国务院批准的其他方式筹集的资金构成，用于社会保障支出的补充、调剂。

3. 基本医疗保险的给付待遇。职工基本医疗保险、新型农村合作医疗保险和城镇居民基本医疗保险的待遇标准按照国家规定执行。这里以职工基本医疗保险待遇为例，统筹基金[1]和个人账户要划定各自的支付范围，分别核算，不得互相挤占。要确定统筹基金的起付标准和最高支付限额，起付标准原则上控制在当地职工年平均工资的 10% 左右，最高支付限额原则上控制在当地职工年平均工资的 4 倍左右。起付标准以下的医疗费用，从个人账户中支付或由个人自付。

----

[1] 目前，关于全国职工医疗保险，90% 左右的地市实现了市级统筹，与基本养老保险相比，统筹层次低是职工基本医疗保险的特点，从各地出台的累计缴费政策来看，一般设定 20～30 年不等的累计缴费年限。一位业内专家告诉《每日经济新闻》记者，很多地方早就在延长医保缴费年限，只是此前社会对养老保险关注得较多，对医疗保险相对忽视而已。2016 年 1 月 1 日起施行的《内蒙古自治区城镇基本医疗保险条例》规定，职工医保缴费年限统一设定为 25 年，而此前内蒙古自治区各统筹地区的最低缴费年限不统一，最长为 25 年，最短为 10 年。在 2014 年，广州市也已实施新规，将 2014 年后首次参加职工社会医疗保险的人员，最低缴费年限调整为 15 年，之前已参加职工社会医疗保险的人员，最低缴费年限仍按原规定的 10 年执行。（李彪："财政部拟推退休职工医保缴费 专家称规范缴费年限更具操作性"，载《每日经济新闻》2016 年 1 月 4 日。）

起付标准以上、最高支付限额以下的医疗费用，主要从统筹基金中支付，个人也要负担一定比例。超过最高支付限额的医疗费用，可以通过大病统筹[1]、商业医疗保险等途径解决。统筹基金的具体起付标准、最高支付限额以及在起付标准以上和最高支付限额以下医疗费用的个人负担比例，由统筹地区根据"以收定支、收支平衡"的原则确定。

《社会保险法》第27~30条规定：参加职工基本医疗保险的个人，达到法定退休年龄时累计缴费达到国家规定年限的，退休后不再缴纳基本医疗保险费，按照国家规定享受基本医疗保险待遇；未达到国家规定年限的，可以缴费至国家规定年限。符合基本医疗保险药品目录、诊疗项目、医疗服务设施标准以及急诊、抢救的医疗费用，按照国家规定从基本医疗保险基金中支付。参保人员医疗费用中应当由基本医疗保险基金支付的部分，由社会保险经办机构与医疗机构、药品经营单位直接结算。社会保险行政部门和卫生行政部门应当建立异地就医医疗费用结算制度，方便参保人员享受基本医疗保险待遇。并明确下列医疗费用不纳入基本医疗保险基金支付范围：①应当从工伤保险基金中支付的；②应当由第三人负担的；③应当由公共卫生负担的；④在境外就医的。医疗费用依法应当由第三人负担，第三人不支付或者无法确定第三人的，由基本医疗保险基金先行支付。基本医疗保险基金先行支付后，有权向第三人追偿。

2015年7月28日，国务院办公厅印发《关于全面实施城乡居民大病保险的意见》（以下简称《意见》），部署加快推进城乡居民大病保险制度[2]建设，筑牢全民基本医疗保障网底，让更多的人民群众受益。《意见》提出，2015年年底前，大病保险覆盖所有城乡居民基本医保参保人群，大病患者看病就医负担有效减轻；到2017年，建立起比较完善的大病保险制度，与医疗救助等制度紧密衔接，共同发挥托底保障功能，有效防止发生家庭灾难性医疗支出，城乡居民医疗保障的公平性得到显著提升。[3] 加强基本医保、大病保险、医疗救助、疾病应急救助、商业健康保险及慈善救助等制度间的互补联动，有助于形成保障合力，

---

[1] 大病统筹是我国医疗保险的一种模式，是基本医疗保险的补充形式。目的是解决基本医疗保险最高支付限额以上的医疗费用负担。我国正在大力推进大病统筹发展进程及着力提高保障水平。

[2] 按照现行政策，大病保险仅在居民医保中推行，城镇职工医保实行的是大额医疗费用补助。现在，一些地方正在积极研究建立职工大病保险制度。例如，2015年8月，海南省人社厅相关负责人表示："现在我们正在积极研究建立职工大病保险制度。在现有职工大额医疗补助政策基础上，通过完善筹资机制，建立全省统一的职工大病保险制度，减轻职工的大病医疗费用负担。"（参见"人社部：年内全面实施大病保险大病保险需人均筹资约30元"，载《商报》2015年8月31日。）

[3] "国务院：年底前大病保险覆盖所有城乡居民基本医保参保人群"，载中国网，www.china.com.cn/shehui/2015-08/02/comtent_ 36205435. htm，2015年8月2日。

关键是要尽快建立信息共享机制，切实做好制度之间的"无缝衔接"。[1]

2016年1月3日，国务院印发《关于整合城乡居民基本医疗保险制度的意见》，要求整合城镇居民基本医疗保险和新型农村合作医疗保险两项制度，建立统一的城乡居民基本医疗保险制度。从政策入手整合城乡居民医保制度，重点是要整合其筹资和待遇保障政策。在研究比对原有两项制度差异并总结各地实践经验的基础上，提出了"六统一"的政策整合要求：一要统一覆盖范围。城乡居民医保覆盖除城镇就业人口以外的其他城乡居民。允许参加职工医保有困难的农民工和灵活就业人员选择参加城乡居民医保。二要统一筹资政策。坚持多渠道筹资，合理确定城乡统一的筹资标准，完善筹资动态调整机制，改善筹资分担结构。城镇居民医保和新农合个人缴费标准差距较大地区可采取差别缴费的办法逐步过渡。逐步建立个人缴费标准与城乡居民人均可支配收入相衔接的机制。三要统一保障待遇。逐步统一保障范围和支付标准，政策范围内住院费用支付比例保持在75%左右，逐步提高门诊保障水平。妥善处理整合前后特殊保障政策的衔接，逐步缩小政策范围内支付比例与实际支付比例间的差距。四要统一医保目录。各省根据国家有关规定，遵循临床必需、安全有效、价格合理、技术适宜、基金可承受的原则，在现有城镇居民医保和新农合目录的基础上，适当考虑参保人员需求变化，制定统一的医保药品和医疗服务项目目录。五要统一定点管理。统一定点机构管理办法，强化定点服务协议管理，健全考评机制，实行动态准入退出。对社会办医采取一视同仁的政策。六要统一基金管理。执行统一的基金财务制度、会计制度和基金预决算管理制度，强化内控管理、外部监督制度，推进付费总额控制，健全基金运行风险预警机制，合理控制基金结余，防范基金风险，提高使用效率。[2]

4. 医疗服务。社会保险经办机构根据管理服务的需要，可以与医疗机构、药品经营单位签订服务协议，规范医疗服务行为。医疗机构应当为参保人员提供合理、必要的医疗服务。依据《实施〈中华人民共和国社会保险法〉若干规定》第8条规定，参保人员在协议医疗机构发生的医疗费用，符合基本医疗保险药品目录、诊疗项目、医疗服务设施标准的，按照国家规定从基本医疗保险基金中

---

〔1〕　胡浩、王思北、高皓亮："'双保险'能否让居民就医更'有底气'？——专家解读全面实施城乡居民大病保险的意见"，载新华网，http://news.xinhuanet.com/local/2015-08/02/c_111616800.htm，2015年8月2日。还可参见"李克强部署'大病医保'：谁受益？资金何来？如何实施？"，载中国政府网，http://www.gov.cn/zhengce/2015-07/26/content_2902796.htm，2015年7月27日；"大病保险年内覆盖城乡参保人"，载《人民日报》2015年7月24日。

〔2〕　中华人民共和国国家卫生和计划生育委员会："解读《关于整合城乡居民基本医疗保险制度的意见》"，载中华人民共和国国家卫生和计划生育委员会网站，http://www.nhfpc.gov.cn/tigs/s7847/201601/b5acdfc387a94ac3a287d475cde4fb22.shtml，2016年1月12日。

支付。

5. 基本医疗保险关系的转移。个人跨统筹地区就业的，其基本医疗保险关系随本人转移，缴费年限累计计算。

（二）补充医疗保险

补充医疗保险是基本医疗保险的一种有益的补充，用人单位可在按规定参加当地基本医疗保险的基础上，建立补充医疗保险，用于对城镇职工基本医疗保险制度支付以外由职工个人负担的医药费用进行适当补助，减轻参保职工的医药费负担。

1998 年《国务院关于建立城镇职工基本医疗保险制度的决定》规定，为了不降低一些行业（如邮电、银行、保险公司等）职工现有的医疗保障水平，在参加基本医疗保险的基础上，作为过渡措施，允许建立企业补充医疗保险。2002 年财政部、劳动和社会保障部颁布了《关于企业补充医疗保险有关问题的通知》，进一步规范了企业补充医疗保险。该《通知》规定：企业补充医疗保险费在工资总额 4% 以内的部分，企业可直接从成本中列支，不再经同级财政部门审批。企业补充医疗保险办法应与当地基本医疗保险制度相衔接。企业补充医疗保险资金由企业或行业集中使用和管理，单独建账，单独管理，用于本企业个人负担较重职工和退休人员的医药费补助，不得划入基本医疗保险个人账户，也不得另行建立个人账户或变相用于职工其他方面的开支。财政部门和劳动保障部门要加强对企业补充医疗保险资金管理的监督和财务监管，防止挪用资金等违规行为发生。个别地区根据自己的情况也出台了一些地方性规章，以规范本地的补充医疗保险活动。

（三）职工个人储蓄医疗保险

关于职工个人储蓄医疗保险，我国目前还没有全国统一的政策。

二、生育保险

生育保险，是指妇女劳动者因怀孕、分娩而暂时中断劳动时，从国家和社会获得物质帮助的一种社会保险制度。享受生育保险待遇的是女职工。建立生育保险的目的，在于保证生育状态劳动妇女的身体健康，减轻其因繁衍后代而产生的经济困难，同时也在于保证劳动力再生产延续。

生育保险有下述含义：①生育保险实行"产前和产后都应享受"的原则。主要因为妇女怀孕后，在临产分娩前的一段时间内，不能工作也不宜工作；在分娩后需要恢复身体，所以，妇女的产假包括产前和产后两个阶段的假期。②生育保险适用达到法定结婚年龄的已婚妇女，并且还必须符合和服从国家计划生育的规定。否则，均不能享受生育保险待遇。

我国在 1994 年颁布的《劳动法》中就已明确规定为女职工建立生育保险制

度。1994 年 12 月，为配合《劳动法》的贯彻实施，劳动部颁布了《企业职工生育保险试行办法》，对生育保险的内容作出了具体的规定。2010 年 10 月 28 日发布的《社会保险法》又对生育保险作了新规定，2012 年 4 月 28 日《女职工劳动保护特别规定》公布施行，对生育保险作了进一步规定。2016 年 4 月 14 日，人力资源和社会保障部、财政部发布《关于阶段性降低社会保险费率的通知》，明确生育保险和基本医疗保险将来要合并，等到国务院制定出台规定后一起实施。[1]

（一）统筹范围

生育保险按属地原则组织。生育保险费用实行社会统筹，我国一般是省级统筹。

（二）生育保险基金

生育保险根据"以支定收，收支基本平衡"的原则筹集资金，由企业按照其工资总额的一定比例向社会保险经办机构缴纳生育保险费，建立生育保险基金。生育保险费的提取比例由当地人民政府根据计划内生育人数和生育津贴、生育医疗费等项费用确定，并可根据费用支出情况适时调整，但最高不得超过工资总额的 1%。[2] 企业缴纳的生育保险费作为期间费用处理，列入企业管理费用。职工个人不缴纳生育保险费。

（三）生育保险待遇

用人单位已经缴纳生育保险费的，其职工享受生育保险待遇；职工未就业配偶按照国家规定享受生育医疗费用待遇。所需资金从生育保险基金中支付。生育保险待遇包括生育医疗费用和生育津贴[3]。

生育医疗费用包括下列各项：生育的医疗费用；计划生育的医疗费用；法律、法规规定的其他项目费用。

职工有下列情形之一的，可以按照国家规定享受生育津贴：女职工生育享受

---

〔1〕 这是中央部委首次明确具体的合并项目。

〔2〕 2015 年 6 月 24 日，国务院总理李克强主持召开国务院常务会议，决定从 2015 年 10 月 1 日起，将生育保险费率从不超过 1% 降低到不超过 0.5%。

〔3〕 《女职工劳动保护特别规定》第 8 条规定，女职工产假期间的生育津贴，对已经参加生育保险的，按照用人单位上年度职工月平均工资的标准由生育保险基金支付；对未参加生育保险的，按照女职工产假前工资的标准由用人单位支付。女职工生育或者流产的医疗费用，按照生育保险规定的项目和标准，对已经参加生育保险的，由生育保险基金支付；对未参加生育保险的，由用人单位支付。

产假；享受计划生育手术休假[1]；法律、法规规定的其他情形。生育津贴按照职工所在用人单位上年度职工月平均工资计发。

■思考题

1. 简述社会保险的概念及特征。
2. 试述社会保险与商业保险的区别。
3. 简述社会保险的结构。
4. 什么是养老保险？我国新的养老保险制度包括哪些内容？
5. 工伤保险的概念是什么？如何认定工伤？工伤保险待遇有哪几种？
6. 享受失业保险待遇的条件有哪些？

---

〔1〕《广东省企业职工假期待遇死亡抚恤待遇暂行规定》第 6 条（粤劳薪〔1997〕115 号）和《广东省人口与计划生育条例》（2015 年 12 月 30 日广东省第十二届人民代表大会常务委员会第七次会议第四次修订，自 2016 年 1 月 1 日起施行）第 31 条规定：符合法律、法规规定生育子女的夫妻，女方享受 30 日的奖励假，男方享受 15 日的陪产假。在规定假期内照发工资，不影响福利待遇和全勤评奖。

第十四章　劳动争议处理制度

■ 学习目的和要求

　　学习本章应掌握劳动争议的概念和劳动争议的分类，尤其注意权利争议与利益争议、个别争议与集体争议；在了解处理劳动争议原则和劳动争议处理机构的基础之上，重点掌握我国劳动争议处理的范围及处理程序，明确劳动争议仲裁的特点和对这一程序的具体要求；掌握集体劳动争议的处理原则。

第一节　劳动争议处理概述

一、劳动争议的概念

　　所谓劳动争议，又称为劳动纠纷，指劳动关系双方当事人之间因劳动权利和劳动义务而发生的纠纷。为了准确理解劳动争议的概念，应注意以下几个问题：

　　1. 劳动争议的产生是建立在劳动法律关系的基础之上的，即劳动争议的前提，必须是双方当事人之间存在一定的劳动关系。若无劳动关系，就不存在劳动争议。

　　2. 劳动争议的双方当事人，通常情况下，一方是劳动者，另一方是用人单位。但是，由于劳动合同往往涉及第三人的物质利益，如有时候劳动争议的劳动者一方当事人因患病、伤残或死亡，可由其近亲属替代成为劳动争议的一方主体。劳动争议的另一方当事人，仅指用人单位行政方，它不包括用人单位的党团组织、工会组织及车间、班组。

　　3. 劳动争议的内容通常是相互间的劳动权利和义务。权利和义务的内涵有着丰富的内容，这里的权利和义务仅限定在劳动领域方面，即与特定的劳动生产活动有着密切的联系。

　　4. 劳动争议的实质是劳动领域的经济利益的冲突。一切劳动争议，从其法律形式上讲，是权利和义务的争议，如开除、除名等。但从其实质上讲，都是为了一定的利益而产生的争议。例如，"开除"，从法律形式上讲，劳动关系解除，劳动者就失去劳动的权利；从实质上讲，劳动关系解除，则意味着劳动者经济来源的丧失，生活失去保障。所以，劳动争议的实质，无论用人单位和劳动者哪一方，都是为了一定的经济利益。

二、劳动争议产生的原因

追求经济效益、讲求公平是市场经济发展的客观要求，不同的经济主体在谋求各自经济利益过程中，难免产生不公平现象。作为劳动法律关系的当事人——用人单位和劳动者，在追求物质利益时而产生的行为，就有可能出现合法行为和违法行为，致使对方的权益受到侵害，劳动争议由此而产生。分析劳动争议产生的原因，主要表现在以下几个方面：

1. 物质利益分配的不平衡性和差异性。追求物质利益是人类的本性。尽管我国的劳动争议是在根本利益一致的基础上产生的，但是，由于我国尚处于社会主义初级阶段，生产力还不发达等，在很长的历史时期内，不可避免地存在着根本利益一致而具体利益不一致的状况。因此，每个劳动者视劳动为谋生的手段。同时，由于每一个劳动者受体力、技能等自身状况和客观因素的制约，导致物质利益分配的不平衡性和差异性，这是产生劳动争议的物质基础。

2. 随着我国各项制度改革的深入，在经济和社会取得发展与进步的同时，社会上还存在的各种腐败现象也有所滋生蔓延，各种旧思想、旧习惯仍然存在，这是产生劳动争议的社会基础。

3. 劳动法律关系的双方当事人，一方是劳动者本人，另一方是用人单位行政方，二者的一切行为都是通过单个的自然人来实施的。由于每个人的学历、经历、生长环境不同，致使人们的认识水平、思维方法都带有局限性，这是产生劳动争议的思想基础。

4. 进入社会主义市场经济后，我国初步形成以公有制为主体的多种经济成分并存的经济结构，从而也必然形成各种性质的劳动关系并存，这不仅使管理工作复杂化，也为以后劳动争议的产生埋下了伏笔。

5. 劳动关系的层次化，一方面反映了社会化大生产的发展和市场经济本身的要求，另一方面也表明劳动关系主体的一方——劳动者个人置身于多层次的劳动关系中，与之发生的劳动关系越多，劳动争议的概率就越大。

6. 由于我国长期实行计划经济，使劳动者认识不到自身的价值所在，服从成为每个劳动者的"本能"；社会主义市场经济的确立，使人们逐渐认识到自身的价值。随着改革的深入，特别是《劳动法》的颁布，这种认识日益明确化，即人格的独立，劳动力属于自己。这样一来，以前认为合理的，现在就变得不合理了；属于自己的东西，就该理直气壮地争取。劳动者价值观念的变化，既是社会进步的表现，同时也会导致劳动争议的产生。

7. 劳动关系的法制化，是人类社会追求的理想境界。从我国 1994 年颁布《劳动法》以来，陆续出台了许多配套法律法规，劳动关系的法制化也处于不断的发展和完善之中，因此，产生劳动争议势所必然。

以上原因，有的属于主观方面的原因，有的属于客观方面的原因，归结起来，在目前社会主义市场经济条件下，用人单位和劳动者总是以物质利益为中心驱使自己的行为，而物质利益是劳动争议产生的最根本的原因。

三、劳动争议的种类

依据不同的标准，对劳动争议可以进行以下分类：

（一）权利争议和利益争议

按照争议标的的不同，可以把劳动争议分为权利争议和利益争议。权利争议是指由于执行劳动法律法规和劳动合同、集体合同所规定的劳动权利和义务而发生的争议。劳动法律关系双方当事人对于劳动法律法规和劳动合同、集体合同所规定的劳动权利和义务，只要依法行使就不会发生争议，但是如果一方当事人不按照规定行使权利或履行义务，或者当事人双方对如何行使权利或履行义务有分歧的话，就会发生争议。利益争议是指由于确定劳动权利和义务而引发的争议。在这类争议中，双方当事人之间的权利和义务还未确定，而对于具体权利和义务的确定双方当事人有着不同的主张，因而引发争议。利益争议一般发生在集体合同的订立或变更的过程当中，表现为集体谈判陷入僵局或谈判失败。它不像权利争议可通过调解、仲裁和诉讼的程序解决，而是通过双方当事人协商解决。

（二）个别争议和集体争议

按照参与争议的人数，可把劳动争议划分为个别争议和集体争议。个别争议又可称为个人争议，指单个劳动者和用人单位之间基于劳动合同而发生的争议。个别争议是关于个别劳动关系的争议，争议的内容往往只涉及劳动者个人的利益，参与争议的也是劳动者本人。集体争议在国外的劳动立法中是指多个集体雇员（工会）与雇主或其团体之间因集体合同的订立或履行而发生的争议。在我国的立法与实践中，集体争议一般为多个劳动者（10 人以上）基于同样的理由与用人单位之间的争议，也可称为多人争议。而对于工会和用人单位或其团体之间由于集体合同的订立或履行发生的争议，我们称之为集体合同争议。

（三）涉外劳动争议和国内劳动争议

按照当事人国籍的不同，劳动争议可分为国内劳动争议和涉外劳动争议。国内劳动争议是指具有中国国籍的劳动者与用人单位之间发生的争议；涉外劳动争议是指劳动关系当事人双方或一方具有外国国籍或无国籍的劳动争议。

四、劳动争议的受案范围

劳动法律关系内容的广泛性决定着劳动争议范围的大小。凡是有劳动法律关系存在的地方，都有争议存在的可能。目前，我国涉及劳动争议受案范围的法律法规主要有以下几个方面：

1.《劳动争议调解仲裁法》第2条规定，劳动争议处理机构的受案范围包括以下几个方面：①因确认劳动关系发生的争议；②因订立、履行、变更、解除和终止劳动合同发生的争议；③因除名、辞退和辞职、离职发生的争议；④因工作时间、休息休假、社会保险、福利、培训以及劳动保护发生的争议；⑤因劳动报酬、工伤医疗费、经济补偿或者赔偿金等发生的争议；⑥法律、法规规定的其他劳动争议。同时，第52条规定，事业单位实行聘用制的工作人员与本单位发生劳动争议的，依照本法执行；法律、行政法规或者国务院另有规定的，依照其规定。

2.《劳动法》第84条规定："因签订集体合同发生争议，当事人协商解决不成的，当地人民政府劳动行政部门可以组织有关各方协调处理。因履行集体合同发生争议，当事人协商解决不成的，可以向劳动争议仲裁委员会申请仲裁；对仲裁裁决不服的，可以自收到仲裁裁决书之日起15日内向人民法院提起诉讼。"

3.《劳动合同法》第56条规定："用人单位违反集体合同，侵犯职工劳动权益的，工会可以依法要求用人单位承担责任；因履行集体合同发生争议，经协商解决不成的，工会可以依法申请仲裁、提起诉讼。"

4.《集体合同规定》第55条规定："因履行集体合同发生的争议，当事人协商解决不成的，可以依法向劳动争议仲裁委员会申请仲裁。"

5. 司法解释的规定。

（1）《最高人民法院关于审理劳动争议案件适用法律若干问题的解释》（法释［2001］14号）第1条将法院劳动争议的受案范围界定为：①劳动者与用人单位在履行劳动合同过程中发生的纠纷；②劳动者与用人单位之间没有订立书面劳动合同，但已形成劳动关系后发生的纠纷；③劳动者退休后，与尚未参加社会保险统筹的原用人单位因追索养老金、医疗费、工伤保险待遇和其他社会保险费而发生的纠纷。

（2）《最高人民法院关于人民法院审理事业单位人事争议案件若干问题的规定》（法释［2003］13号）第3条规定：人事争议是指事业单位与其工作人员之间因辞职、辞退及履行聘用合同所发生的争议。同时第1条又规定这类争议适用《劳动法》的规定处理。

（3）《最高人民法院关于审理劳动争议案件适用法律若干问题的解释（二）》（法释［2006］6号）又增加了人民法院劳动争议的受案范围：①用人单位和劳动者因劳动关系是否已经解除或者终止，以及应否支付解除或终止劳动关系经济补偿金产生的争议；②劳动者与用人单位解除或者终止劳动关系后，请求用人单位返还其收取的劳动合同定金、保证金、抵押金、抵押物产生的争议，或者办理劳动者的人事档案、社会保险关系等移转手续产生的争议；③劳动者因为工伤、职业病，请求用人单位依法承担给予工伤保险待遇的争议。

（4）《最高人民法院关于审理劳动争议案件适用法律若干问题的解释（三）》（法释〔2010〕12号）根据我国现行的法律法规及民事审判实践，再一次扩大了人民法院受理劳动争议的受案范围：①劳动者以用人单位未为其办理社会保险手续，且社会保险经办机构不能补办导致其无法享受社会保险待遇为由，要求用人单位赔偿损失而发生争议的；②因企业自主进行改制引发的争议；③劳动者依据《劳动合同法》第85条规定，向人民法院提起诉讼，要求用人单位支付加付赔偿金的；④企业停薪留职人员、未达到法定退休年龄的内退人员、下岗待岗人员以及企业经营性停产放长假人员，因与新的用人单位发生用工争议。

（5）《最高人民法院关于审理劳动争议案件适用法律若干问题的解释（四）》（法释〔2013〕4号）根据我国现行的法律法规及民事审判实践，再一次扩大了人民法院受理劳动争议的受案范围。第14条规定，外国人、无国籍人未依法取得就业证件即与中国境内的用人单位签订劳动合同，以及香港特别行政区、澳门特别行政区和台湾地区居民未依法取得就业证件即与内地用人单位签订劳动合同，当事人请求确认与用人单位存在劳动关系的，人民法院不予支持。持有《外国专家证》并取得《外国专家来华工作许可证》的外国人，与中国境内的用人单位建立用工关系的，可以认定为劳动关系。

从以上关于劳动争议受案范围的规定可以看出，我国现行法律法规对劳动争议范围的界定有着多重标准，因此存在着争议范围界定上的差异。《劳动争议调解仲裁法》在我国已有的法律法规及司法解释的基础之上，总结多年来劳动争议处理的实践，对作为劳动关系双方当事人的用人单位及劳动者之间的劳动争议进行了列举式的规定，将"因确认劳动关系发生的争议"、"因订立、变更、解除和终止劳动合同发生的争议"、因"工作时间、休息休假"发生的争议、因"工伤医疗费、经济补偿或者赔偿金等发生的争议"这些当前引发劳动争议的主要情形纳入了劳动争议的受案范围，扩大了我国劳动争议的受理范围。

五、处理劳动争议的意义

为了保护劳动者的合法权益，调整劳动关系，建立和维护适应社会主义市场经济的劳动秩序，促进经济发展和社会进步，建立健全劳动争议处理制度是很有必要的。实现这一制度的意义在于：

1. 保护劳动者个人的合法权益。中外历史经验表明，一个企业的兴衰，经济效益的好坏，最终取决于劳动管理者和劳动者之间的关系。在一定意义上，企业的活力就是劳动者的积极性、创造性。所以，正确地处理劳动争议，保护劳动者的合法权益，也就维护了用人单位正常的生产秩序。

2. 实现正常的社会经济秩序，保障各项制度改革的顺利进行，促进社会主义经济建设的迅猛发展。依据权利和义务对等原则，劳动者在享受物质利益权利的同时，也应该全面、自觉地履行劳动义务。而正确处理劳动争议，对于维护国家、集体、个人三者的利益都是有益的。

3. 完善劳动法律制度，提高用人单位和劳动者的法律意识，增强法制观念。过去在劳动工作方面，"有法不依""违法不究""以权代法"的现象很严重。社会主义市场经济的确立，要求人们增强法律意识，严格依法办事。按照法律正确处理劳动争议，对于提高用人单位和劳动者的守法意识，增强法制观念，显然具有十分重要的意义。

4. 适应社会发展需要，改革及完善我国的劳动争议处理体制，建立健全劳动争议处理机构，对于劳动争议案件公正、合法、及时地处理，对于维护双方当事人的合法权益是非常重要的。

5. 维护社会的安定团结，促进社会主义建设事业的发展。劳动争议一经产生，就应及时处理，化干戈为玉帛，将矛盾消灭在萌芽状态，避免矛盾的激化。否则，不仅会使劳动者和用人单位间的矛盾加深，事态扩大，影响劳动者的切身利益，也会影响用人单位正常的生产经营活动、整个社会的生产秩序，乃至国家政治生活的安定。

第二节　劳动争议处理的原则

劳动争议处理的原则，是指在劳动争议处理过程中必须遵循的基本准则。它始终贯穿于劳动争议处理的每一个程序之中，它所体现的是国家劳动立法关于劳动争议处理的指导思想。

根据我国《劳动法》第78条及《劳动争议调解仲裁法》第3条的规定，处理劳动争议，应当遵循合法、公正、及时处理的原则，可以进一步细化为以下四项原则。

一、着重调解原则

着重调解原则，是指处理劳动争议时，着重以调解方式解决，使双方当事人达成协议并认真履行。

根据《劳动争议调解仲裁法》的规定，发生劳动争议，当事人不愿协商、协商不成或者达成和解协议后不履行的，可以向调解组织申请调解。调解组织应认真做好调解工作，力促争议调解成功。一般说来，因为调解组织成员在基层，比较了解情况，熟悉具体的劳动环境，便于劳动争议的调解解决。当事人不愿调解或调解不成时，由劳动争议仲裁机构和人民法院来解决。劳动争议仲裁委员会受理劳动争议案件后也是首先进行调解，只有在调解不成的情况下才依法进行裁决。人民法院受理劳动争议案件，在不同审判阶段都应先进行调解，只有在调解不成的情况下才作判决。

着重调解原则并不是强制调解。贯彻着重调解原则，必须在双方当事人自愿的前提下进行。着重调解与自愿要求是密不可分的。当事人是否自愿申请调解组织、劳动争议仲裁机构和人民法院的调解，是否接受调解建议，是否达成调解协议，所有这些都完全出自双方当事人的自愿，任何单位和个人都不得强迫任何一方当事人。

二、及时处理原则

及时处理原则，是指劳动争议当事人双方依法定程序向有关处理劳动争议的机构提出请求。而处理机构应按照法律规定，在查清事实的基础上及时解决劳动争议。及时处理原则有三层含义：

1. 劳动争议一经发生，当事人双方不愿协商或协商不成，都应积极主动地向调解组织申请调解，或者向劳动争议仲裁委员会申请仲裁。只有这样，才能避免矛盾加深，事态扩大。否则，一拖再拖，会影响各自的合法利益。

2. 劳动争议处理机构，一旦受理劳动争议案件，应抓紧时间，在法律规定期限的范围内认真调查取证，在查清事实的基础上，依法处理，及时维护当事人双方的权益。

3. 一个国家要兴旺发达、繁荣昌盛，就必须政治生活稳定，经济飞速发展，有一个良好的社会经济秩序。劳动争议及时处理原则，在一定意义上，不仅维护了当事人的合法权益，也维护了正常的社会秩序，维护了国家的安定团结。

三、依法处理原则

依法处理原则，是指劳动争议处理机构的工作人员，在查清事实的基础上，依法进行处理。这一原则是以事实为根据、以法律为准绳的基本原则在处理劳动争议中的具体体现。

以事实为根据，是指处理劳动争议案件要忠于争议的客观事实真相。在处理劳动争议案件时，各争议处理机构，都必须对争议的事实进行深入、细致、客观的调查研究，充分搜集证据，查明案件的事实真相。并在此基础上，实事求是，辨明是非，分清责任，正确处理劳动争议案件。

以法律为准绳，是指各个处理机构在办案的活动中，都必须以《劳动法》及有关规定为依据，在查明案件事实的基础上，准确适用法律。

"以事实为根据，以法律为准绳"，二者是相互联系、不可分割的统一体，只有严格遵守这一原则，才能保障案件的正确处理。

四、当事人法律地位平等原则

当事人法律地位平等原则，是指争议双方当事人在法律面前是平等的，除一裁终局的案件外，任何用人单位和劳动者都没有超越法律的特权。这一原则有以下几层含义：

1. 这一原则要求劳动争议处理机构在调解或者仲裁裁决劳动争议的时候，都要坚持秉公执法，严格依法办事。对于双方当事人，在适用法律上一律平等，不得偏袒和歧视任何一方。

2. 任何一方当事人在调解、仲裁或诉讼过程中，都有权提出或变更自己的权利要求。劳动争议处理机构应当为双方当事人提供平等的机会，保证其充分陈述自己的请求和为自己辩护的权利。

3. 双方当事人依据法律的规定，有权请求有利害关系的仲裁员回避，以保证劳动争议案件的公正处理。

4. 双方当事人都有平等的诉讼权。当劳动争议仲裁委员会作出裁决后，任何一方当事人对裁决不服的，可以在法律规定的期限内向有管辖权的人民法院提出诉讼。

5. 双方当事人在劳动争议处理活动中，应当充分尊重对方的平等法律资格，即用人单位不得再视劳动者为自己的下属而滥施权威，劳动者也不得以自身的某种权利被侵害为借口要挟用人单位。

第三节　劳动争议处理机构

劳动争议处理机构是指受理劳动争议案件的组织机构。根据《劳动法》和《劳动争议调解仲裁法》的规定，我国劳动争议处理机构主要有四个，即劳动争议调解组织、劳动争议仲裁委员会、人民法院和劳动行政主管部门。

一、劳动争议调解组织

（一）调解组织的类型

依照《劳动争议调解仲裁法》的规定，我国劳动争议调解组织包括：①企业劳动争议调解委员会；②基层人民调解组织；③乡镇、街道设立的具有劳动争议调解职能的组织。

企业劳动争议调解委员会是在企业内部设立的，负责调解本单位劳动争议的组织。企业劳动争议调解委员会由职工代表和企业代表组成。职工代表由工会成员担任或者由全体职工推举产生，企业代表由企业负责人指定。企业劳动争议调解委员会主任由工会成员或者双方推举的人员担任。调解委员会由劳动者代表和企业代表组成，人数由双方协商确定，双方人数应当对等[1]。

　　企业劳动争议调解委员会在用人单位中具有相对独立的地位，不隶属于任何一个机构和组织。它是负责调解本企业内部劳动争议的群众性组织，其调解工作接受单位所在地地方工会（或行业工会）和地方劳动争议仲裁委员会的指导。用人单位应支持调解委员会的工作，并承担活动经费和其他物质帮助。

　　基层人民调解组织，是指根据《人民调解委员会组织条例》（1989 年）设立的人民调解委员会。人民调解委员会是村民委员会和居民委员会下设的调解民间纠纷的群众性组织，在基层人民政府和基层人民法院指导下进行工作。2010 年 8 月 28 日通过的《人民调解法》对人民调解委员会的设立原则、职责、调解程序等作出了进一步的明确规定。乡镇、街道设立的具有劳动争议调解职能的组织指在乡镇、街道设立的区域性调解组织等。

　　法律明确了劳动争议调解对调解员的要求。即劳动争议调解组织的调解员应当由公道正派、联系群众、热心调解工作，并具有一定法律知识、政策水平和文化水平的成年公民担任。

　　（二）调解组织的职责

　　调解组织的主要职责包括以下三个方面：

　　1. 调解劳动争议。这是调解组织的首要职责。劳动争议一经发生，双方当事人自愿向调解组织申请调解的，调解组织应认真对待，及时调查取证，依法处理，不得推诿，敷衍了事。

　　2. 检查督促争议双方当事人履行调解协议。调解组织促成争议双方当事人达成调解协议后，应当进行检查督促，以使达成的调解协议尽快落实。但是，调解组织不得强制执行调解协议。

　　3. 对劳动者进行劳动法律、法规的宣传教育，做好劳动争议的预防工作。调解组织在日常工作中，要大力宣传劳动法律、法规，提高劳动者的法律意识，增强法制观念，以减少劳动争议的发生。

　　（三）调解组织的调解原则

　　调解组织调解劳动争议应遵循以下几个原则：

　　1. 自愿原则。调解组织调解劳动争议，应当遵循当事人双方自愿的原则。自愿是调解的前提，当事人任何一方不愿调解的，调解就无法进行。自愿是调解达成协议的必要条件，当事人不自愿就无法达成调解协议。自愿原则包括：申请调解必须双方自愿，调解协议的达成必须双方自愿，调解协议的履行必须双方当事人自愿。调解组织调解劳动争议必须遵守当事人双方自愿的原则，对任何一方

---

[1]　参见 2011 年人力资源和社会保障部颁布的《企业劳动争议协商调解规定》第 15 条。

都不得强迫。

2. 依法调解原则。调解组织必须按照国家法律、法规的规定调解劳动争议。依法调解要求调解组织对当事人在适用法律上一律平等，调解的程序要合法，达成的调解协议内容要合法。

3. 平等协商原则。调解组织在调解劳动争议时，只能进行说服，进行平等的民主协商，不能强迫双方当事人接受协议内容。即便是调解协议达成后，也只能靠双方当事人的自觉履行，调解组织不得强迫执行。

4. 尊重当事人申请仲裁和诉讼权利的原则。这一原则是指当事人双方不愿调解组织调解，愿意申请仲裁和诉讼时，调解组织应当支持，不得阻拦。这是法律赋予双方当事人的权利，任何单位和个人都不得干涉。

二、劳动争议仲裁委员会

劳动争议仲裁委员会是依法设立的，经国家授权依法独立仲裁处理劳动争议案件的专门机构。

（一）仲裁委员会的设立

依据《劳动争议调解仲裁法》的规定，劳动争议仲裁委员会按照统筹规划、合理布局和适应实际需要的原则设立。省、自治区人民政府可以决定在市、县设立；直辖市人民政府可以决定在区、县设立。直辖市、设区的市也可以设立一个或者若干个劳动争议仲裁委员会。劳动争议仲裁委员会不按行政区划层层设立。

（二）仲裁委员会的组成

劳动争议仲裁委员会由劳动行政部门代表、工会代表和企业方面代表组成，人员应当是单数。仲裁委员会设主任1名，副主任和委员若干名。仲裁委员会主任由行政部门代表担任。

（三）仲裁委员会的职责

劳动争议仲裁委员会的职责包括：①聘任、解聘专职或者兼职仲裁员；②受理劳动争议案件；③讨论重大或者疑难的劳动争议案件；④对仲裁活动进行监督。劳动争议仲裁委员会下设办事机构，负责办理劳动争议仲裁委员会的日常工作。

（四）劳动争议仲裁委员会的经费来源

为了减轻申请劳动争议仲裁的劳动者的经济负担，同时保障劳动争议仲裁机构的工作经费，《劳动争议调解仲裁法》将以前的"仲裁委员会的经费来源主要是仲裁费的收缴及财政等方面的补贴"规定改为"劳动争议仲裁不收费，劳动争议仲裁委员会的经费由财政予以保障"。

（五）劳动争议仲裁员和仲裁庭

劳动争议仲裁员是由仲裁委员会聘任，依法调解和仲裁争议案件的专业工作人员。仲裁员有专职和兼职之分。劳动争议仲裁委员会应当设仲裁员名册。

《劳动争议调解仲裁法》提高了聘任劳动争议仲裁员的资格条件。仲裁员应当公道正派并符合下列条件之一：①曾任审判员的；②从事法律研究、教学工作并具有中级以上职称的；③具有法律知识、从事人力资源管理或者工会等专业工作满 5 年的；④律师执业满 3 年的。仲裁委员会处理争议案件应当组成仲裁庭，实行一案一庭制。处理下列争议案件应当由 3 名仲裁员组成仲裁庭，设首席仲裁员：①10 人以上集体劳动争议案件；②有重大影响的争议案件；③仲裁委员会认为应当由 3 名仲裁员组庭处理的其他案件。简单案件可以由 1 名仲裁员独任仲裁。

（六）劳动争议仲裁的原则

仲裁委员会仲裁劳动争议，除需要遵守处理劳动争议的基本原则外，还需要遵守以下原则：

1. 先行调解原则。指仲裁委员会或仲裁庭在裁决前，首先应进行调解，调解不成或当事人拒绝调解的，再予以裁决。

2. 依法回避原则。指在仲裁活动中，仲裁员不得参加处理与自己有利害关系或者其他关系的案件的仲裁。为了保证劳动争议案件能够得到公正处理，必须遵守回避原则。但是，是否采取回避措施，应由仲裁委员会自行决定。

3. 一次性裁决原则。指任何一级仲裁委员会的裁决都是一次性裁决，当事人任何一方对裁决不服的，都不能向上一级仲裁委员会申诉，请求再次仲裁，只能在规定的期限内向人民法院提出诉讼。到期不起诉的，裁决书即发生法律效力。

4. 少数服从多数的原则。该原则仲裁委员会或仲裁庭处理劳动争议，遇到分歧意见，为了及时裁决，必须遵守的一项原则。

三、人民法院

《劳动法》第 83 条规定："劳动争议当事人对仲裁裁决不服的，可以自收到仲裁裁决书之日起 15 日内向人民法院提起诉讼。一方当事人在法定期限内不起诉又不履行仲裁裁决的，另一方当事人可以申请人民法院强制执行。"《劳动争议调解仲裁法》第 50 条也规定，当事人对一裁终局以外的仲裁裁决不服的，可以自收到仲裁裁决书之日起 15 日内向人民法院提起诉讼；期满不起诉的，裁决书发生法律效力。这些规定确立了劳动争议案件可以由人民法院进行审理的原则。

至于人民法院的组织机构、办案原则等，在此不作论述，详见《人民法院组织法》的有关规定。

四、劳动行政主管部门

劳动行政主管部门是我国现行劳动争议制度下重要的争议调处机构。其具体职能主要表现在：①组织有关各方协调处理因签订集体合同发生的争议；②行使劳动保障监察职权。

第四节　劳动争议处理的程序

根据《劳动法》及《劳动争议调解仲裁法》的规定，劳动争议发生之后，劳动者可以与用人单位先协商，或者请求工会或第三方共同与用人单位协商，达成和解协议；不愿协商、协商不成或达成和解协议后不履行的，可以向调解组织申请调解；不愿调解、调解不成或达成调解协议后不履行的，当事人可向劳动争议仲裁委员会申请仲裁；不服裁决的，除法律另有规定之外，可以向人民法院提起诉讼。

一、协商程序

发生劳动争议，劳动者可以与用人单位协商，也可以请工会或者第三方共同与用人单位协商，达成和解协议。协商不是劳动争议处理必经程序。协商程序的前提是双方自愿，如果一方不愿意协商，或协商失败，可以选择其他程序。协商所达成的协议无法律约束力。

二、调解程序

这里的调解专指调解组织的调解，它不涉及劳动争议仲裁程序和诉讼程序中的调解。调解不是劳动争议处理的必经程序。调解组织调解劳动争议，一般应按照下列程序进行：

（一）当事人申请

争议双方当事人可自愿向调解组织申请调解。申请可以用口头形式，也可以用书面形式。口头申请的，调解组织应当当场记录申请人基本情况、申请调解的争议事项、理由和时间。发生劳动争议的劳动者一方在 10 人以上并有共同请求的，可以推举代表参加调解活动。

（二）调解

调解劳动争议，应当充分听取双方当事人对事实和理由的陈述，耐心疏导，帮助其达成协议。自劳动争议调解组织收到调解申请之日起 15 日内未达成调解协议的，当事人可以依法申请仲裁。

（三）调解协议

经调解达成协议的，应当制作调解协议书。但经人民调解委员会调解达成调解协议的，可以制作调解协议书。[1] 当事人认为无需制作调解协议书的，也可以采取口头协议方式，人民调解员应当记录协议内容。调解协议书由双方当事人签名或者盖章，经调解员签名并加盖调解组织印章后生效，对双方当事人具有约束力，当事人应当履行。如果一方当事人在协议约定期限内不履行调解协议的，另一方当事人可以依法申请仲裁。

对于因支付拖欠劳动报酬、工伤医疗费、经济补偿或者赔偿金事项达成调解协议，用人单位在协议约定期限内不履行的，劳动者可以持调解协议书依法向人民法院申请支付令。人民法院应当依法发出支付令。

三、仲裁程序

仲裁是法定的必经程序，一切劳动争议案件都必须经过仲裁委员会仲裁，否则，人民法院将不予以受理。也就是说我国处理劳动争议采取"仲裁前置"的原则。

劳动争议仲裁的提起，大体上分三种情况：①当事人双方协商不成的，可以直接向劳动争议仲裁委员会申请仲裁；②调解组织到期未调解成功的劳动争议，在法定期内，当事人可以申请仲裁；③当事人可以直接向仲裁委员会申请仲裁，即劳动争议双方任何一方当事人，可以不经过协商或调解组织的调解，直接申请仲裁程序。

（一）当事人申请仲裁

根据《劳动争议调解仲裁法》的规定，提出仲裁要求的一方应当自当事人知道或者应当知道其权利被侵害之日起1年内向有管辖权的仲裁委员会提出书面申请。申请人申请仲裁应当提交书面仲裁申请，并按照被申请人人数提交副本。仲裁申请书应当包括以下内容：①劳动者的姓名、性别、年龄、职业、工作单位和住所，用人单位的名称、住所和法定代表人或者主要负责人的姓名、职务；②仲裁请求和所根据的事实、理由；③证据和证据来源、证人姓名和住所。书写仲裁申请确有困难的，可以口头申请，由劳动争议仲裁委员会记入笔录，并告知对方当事人。

（二）受理

劳动争议仲裁委员会收到仲裁申请之日起5日内，认为符合受理条件的，应当受理，并通知申请人；认为不符合受理条件的，应当书面通知申请人不予受理，并说明理由。劳动争议仲裁委员会不予受理或者逾期未作出决定的，申请人

---

[1] 为了增加人民调解委员会调解达成调解协议的效力，最高人民法院在《关于审理劳动争议案件适用法律若干问题的解释（四）》（法释［2013］4号）第4条中规定了司法确认制度，即当事人在人民调解委员会主持下仅就给付义务达成的调解协议，双方认为有必要的，可以共同向人民调解委员会所在地的基层人民法院申请司法确认。

可以就该劳动争议事项向人民法院提起诉讼。

劳动争议仲裁委员会受理仲裁申请后，应当在5日内将仲裁申请书副本送达被申请人。被申请人收到仲裁申请书副本后，应当在10日内向劳动争议仲裁委员会提交答辩书。劳动争议仲裁委员会收到答辩书后，应当在5日内将答辩书副本送达申请人。被申请人未提交答辩书的，不影响仲裁程序的进行。

（三）仲裁

1. 准备程序。劳动争议仲裁委员会裁决劳动争议案件实行仲裁庭制。仲裁庭由3名仲裁员组成，设首席仲裁员。简单劳动争议案件可以由1名仲裁员独任仲裁。劳动争议仲裁委员会应当在受理仲裁申请之日起5日内将仲裁庭的组成情况书面通知当事人。

仲裁员有下列情形之一的，应当回避，当事人也有权以口头或者书面方式提出回避申请：①是本案当事人或者当事人、代理人的近亲属的；②与本案有利害关系的；③与本案当事人、代理人有其他关系，可能影响公正裁决的；④私自会见当事人、代理人，或者接受当事人、代理人的请客送礼的。劳动争议仲裁委员会对回避申请应当及时作出决定，并以口头或者书面方式通知当事人。

2. 审理程序。劳动争议仲裁委员会审理劳动争议案件依照以下程序：

（1）开庭通知。仲裁庭应当在开庭5日前，将开庭日期、地点书面通知双方当事人。当事人有正当理由的，可以在开庭3日前请求延期开庭。是否延期，由劳动争议仲裁委员会决定。

（2）当事人出庭。申请人收到书面通知，无正当理由拒不到庭或者未经仲裁庭同意中途退庭的，可以视为撤回仲裁申请。被申请人收到书面通知，无正当理由拒不到庭或者未经仲裁庭同意中途退庭的，可以缺席裁决。

（3）鉴定。仲裁庭对专门性问题认为需要鉴定的，可以交由当事人约定的鉴定机构鉴定；当事人没有约定或者无法达成约定的，由仲裁庭指定的鉴定机构鉴定。根据当事人的请求或者仲裁庭的要求，鉴定机构应当派鉴定人参加开庭。当事人经仲裁庭许可，可以向鉴定人提问。

（4）当事人的质证和辩论权利。当事人在仲裁过程中有权进行质证和辩论。质证和辩论终结时，首席仲裁员或者独任仲裁员应当征询当事人的最后意见。

当事人对自己提出的主张有责任提供证据。与争议事项有关的证据属于用人单位掌握管理的，用人单位应当提供；用人单位不提供的，应当承担不利后果。当事人提供的证据经查证属实的，仲裁庭应当将其作为认定事实的根据。

在法律没有具体规定，仲裁庭依法无法确定举证责任承担时，仲裁庭可以根据公平原则和诚实信用原则，综合当事人举证能力等因素确定举证责任的承担。承担举证责任的当事人应当在仲裁委员会指定的期限内提供有关证据。当事人在指定期限内不提供的，应当承担不利后果。

（5）开庭笔录的规定。仲裁庭应当将开庭情况记入笔录。当事人和其他仲裁参加人认为对自己陈述的记录有遗漏或者差错的，有权申请补正。如果不予补正，应当记录该申请。笔录由仲裁员、记录人员、当事人和其他仲裁参加人签名或者盖章。

（6）仲裁程序中的几个重要问题。

第一，仲裁时效问题。仲裁时效，即指劳动争议的当事人应在法定期限内向劳动争议仲裁委员会申请仲裁，否则将丧失请求劳动争议仲裁保护的权利的制度。《劳动法》第82条规定提出仲裁申请的一方应当自劳动争议发生之日起60日内向劳动争议仲裁委员会提出仲裁申请。同时在《关于贯彻执行〈中华人民共和国劳动法〉若干问题的意见》中对"劳动争议发生之日"作了明确解释，即指当事人知道或者应当知道其权利被侵害之日。

《劳动争议调解仲裁法》对时效期间制度进行了完善，规定劳动争议申请仲裁的时效期间为1年，从当事人知道或者应当知道其权利被侵害之日起计算，即当事人知道或者应当知道其权利被侵害之日为仲裁时效期间的起算点，且仲裁时效期间从60天延长为1年。同时，法律对仲裁时效的特殊起算点作出了规定，即劳动关系存续期间因拖欠劳动报酬发生争议的，劳动者申请仲裁不受上述仲裁时效期间的限制；但是，劳动关系终止的，应当自劳动关系终止之日起1年内提出。这里将劳动关系终止之日作为时效的起算点。[1]

除此之外，《劳动争议调解仲裁法》和《劳动人事争议仲裁办案规则》还规定了时效中断制度，即具有下列情形之一的，仲裁时效中断：一方当事人通过协商、申请调解等方式向对方当事人主张权利的；一方当事人通过向有关部门投诉，向仲裁委员会申请仲裁，向人民法院起诉或者申请支付令等方式请求权利救济的；对方当事人同意履行义务的。从中断时起，仲裁时效期间重新计算。同时

---

[1] 对于仲裁时效的特殊起算点，我国《最高人民法院关于审理劳动争议案件适用法律若干问题的司法解释（二）》曾作出了规定，即将以下情形视为"劳动争议发生之日"：①在劳动关系存续期间产生的支付工资争议，用人单位能够证明已经书面通知劳动者拒付工资的，书面通知送达之日为劳动争议发生之日。用人单位不能证明的，劳动者主张权利之日为劳动争议发生之日。②因解除或者终止劳动关系产生的争议，用人单位不能证明劳动者收到解除或者终止劳动关系书面通知时间的，劳动者主张权利之日为劳动争议发生之日。③劳动关系解除或者终止后产生的支付工资、经济补偿金、福利待遇等争议，劳动者能够证明用人单位承诺支付的时间为解除或者终止劳动关系后的具体日期的，用人单位承诺支付之日为劳动争议发生之日。劳动者不能证明的，解除或者终止劳动关系之日为劳动争议发生之日。这实际上是将"自劳动争议发生之日起"规定为劳动者知道相关权利受侵害之日为争议发生之日，而不是按照法律上推定其知道之日计算。这样的规定大大放宽了劳动争议发生之日的界定，有利于劳动者报酬权的实现。

也规定了时效的中止制度，即因不可抗力，或者无民事行为能力或者限制民事行为能力劳动者的法定代理人未确定等其他正当理由，当事人不能在规定的仲裁时效期间申请仲裁的，仲裁时效中止。从中止时效的原因消除之日起，仲裁时效期间继续计算。

第二，管辖问题。劳动争议仲裁管辖，是指各级仲裁委员会之间、同级仲裁委员会之间受理劳动争议案件的分工和权限。

地域管辖。劳动争议仲裁委员会负责管辖本区域内发生的劳动争议。劳动争议由劳动合同履行地或者用人单位所在地的劳动争议仲裁委员会管辖。即发生劳动争议，申请人可以选择向劳动合同履行地或者用人单位所在地的劳动争议仲裁委员会中的任何一个劳动争议仲裁委员会提起仲裁申请。双方当事人分别向劳动合同履行地和用人单位所在地的劳动争议仲裁委员会申请仲裁的，由劳动合同履行地的劳动争议仲裁委员会管辖。

级别管辖。省级仲裁委员会和设区的市仲裁委员会，负责处理外商投资企业发生的劳动争议和全省、全市有重大影响的劳动争议案件。对直辖市、设区的市与其区、县的劳动争议仲裁委员会之间的级别管辖，法律没有直接规定，省、自治区、直辖市人民政府在决定设立劳动争议仲裁委员会时，应当明确级别管辖。

移送管辖。仲裁委员会发现已受理的案件不属于其管辖范围的，应当移送至有管辖权的仲裁委员会，并书面通知当事人。受移送的仲裁委员会对接受的移送案件不得再自行移送，应依法受理。

指定管辖。受移送的仲裁委员会认为受移送的案件依照规定不属于本仲裁委员会管辖，或仲裁委员会之间因管辖争议协商不成的，应当报请共同的上一级仲裁委员会主管部门指定管辖。

第三，劳动争议仲裁参加人。劳动争议仲裁的参加人包括劳动争议当事人、代表人、代理人和第三人。发生劳动争议的劳动者和用人单位是劳动争议的当事人；劳务派遣机构或者用工单位与劳动者发生劳动争议的，劳务派遣机构和用工单位为共同当事人。用人单位由其法定代表人或主要负责人参加仲裁活动；发生争议的劳动者一方在 10 人以上，并有共同请求的，劳动者可以推举 3 ~ 5 名代表人参加仲裁活动。当事人可以委托代理人参加仲裁活动。委托他人参加仲裁活动的，应当向劳动争议仲裁委员会提交有委托人签名或者盖章的委托书，委托书应当载明委托事项和权限；丧失或者部分丧失民事行为能力的劳动者，由其法定代理人代为参加仲裁活动；无法定代理人的，由劳动争议仲裁委员会为其指定代理人。劳动者死亡的，由其近亲属或者代理人参加仲裁活动；与劳动争议处理结果有利害关系的第三人，可以申请参加仲裁活动，或者由劳动争议仲裁委员会通知其参加。

3. 裁决程序。

(1) 裁决前的和解和调解。当事人申请劳动争议仲裁后，可以自行和解。达成和解协议的，可以撤回仲裁申请。

仲裁庭在作出裁决前，应当先行调解。调解达成协议的，仲裁庭应当制作调解书。调解书应当写明仲裁请求和当事人协议的结果。调解书由仲裁员签名，加盖劳动争议仲裁委员会印章，送达双方当事人。调解书经双方当事人签收后，发生法律效力。调解不成或者调解书送达前，一方当事人反悔的，仲裁庭应当及时作出裁决。

(2) 仲裁裁决的时限。仲裁庭裁决劳动争议案件，应当自劳动争议仲裁委员会受理仲裁申请之日起45日内结束。案情复杂需要延期的，经劳动争议仲裁委员会主任批准，可以延期并书面通知当事人，但是延长期限不得超过15日。逾期未作出仲裁裁决的，当事人可以就该劳动争议事项向人民法院提起诉讼。

(3) 裁决书。裁决应当按照多数仲裁员的意见作出，少数仲裁员的不同意见应当记入笔录。仲裁庭不能形成多数意见时，裁决应当按照首席仲裁员的意见作出。裁决书应当载明仲裁请求、争议事实、裁决理由、裁决结果和裁决日期。裁决书由仲裁员签名，加盖劳动争议仲裁委员会印章。对裁决持不同意见的仲裁员，可以签名，也可以不签名。

仲裁庭裁决案件时，裁决内容同时涉及终局裁决和非终局裁决的，应分别作出裁决并告知当事人相应的救济权利。[1]

(4) 部分裁决和先予执行。仲裁庭裁决劳动争议案件时，其中一部分事实已经清楚的，可以就该部分先行裁决，当事人就该部分达成调解协议的，可以先行出具调解书。当事人对先行裁决不服的，可以依照调解仲裁法有关规定处理。

仲裁庭对追索劳动报酬、工伤医疗费、经济补偿或者赔偿金的案件，根据当事人的申请，可以裁决先予执行，移送人民法院执行。仲裁庭裁决先予执行的，应当符合下列条件：①当事人之间权利义务关系明确；②不先予执行将严重影响申请人的生活。劳动者申请先予执行的，可以不提供担保。

---

[1] 《最高人民法院关于审理劳动争议案件适用法律若干问题的解释（三）》（法释〔2010〕12号）第14条规定："劳动人事争议仲裁委员会作出的同一仲裁裁决同时包含终局裁决事项和非终局裁决事项，当事人不服该仲裁裁决向人民法院提起诉讼的，应当按照非终局裁决处理。"《最高人民法院关于审理劳动争议案件适用法律若干问题的解释（四）》（法释〔2013〕4号）第2条规定："仲裁裁决的类型以仲裁裁决书确定为准。仲裁裁决书未载明该裁决为终局裁决或非终局裁决，用人单位不服该仲裁裁决向基层人民法院提起诉讼的，应当按照以下情形分别处理：①经审查认为该仲裁裁决为非终局裁决的，基层人民法院应予受理；②经审查认为该仲裁裁决为终局裁决的，基层人民法院不予受理，但应告知用人单位可以自收到不予受理裁定书之日起30日内向劳动人事争议仲裁委员会所在地的中级人民法院申请撤销该仲裁裁决；已经受理的，裁定驳回起诉。"

（5）仲裁的效力。为了及时公正地解决劳动争议，《劳动争议调解仲裁法》第47条规定了对部分案件实行有条件的"一裁终局"，即下列劳动争议，除《劳动争议调解仲裁法》另有规定的外，仲裁裁决为终局裁决，裁决书自作出之日起发生法律效力：①追索劳动报酬、工伤医疗费、经济补偿或者赔偿金，不超过当地月最低工资标准12个月金额的争议；[1] ②因执行国家的劳动标准在工作时间、休息休假、社会保险等方面发生的争议。

劳动者对以上仲裁裁决不服的，可以自收到仲裁裁决书之日起15日内向人民法院提起诉讼。用人单位有证据证明以上仲裁裁决有法定情形之一的，可以自收到仲裁裁决书之日起30日内向劳动争议仲裁委员会所在地的中级人民法院申请撤销裁决。

如果劳动者对终局裁决不服依法向基层人民法院提起诉讼，同时用人单位有证据证明该终局裁决有法定情形之一依法向劳动争议仲裁委员会所在地的中级人民法院申请撤销仲裁裁决的，依照《最高人民法院关于审理劳动争议案件适用法律若干问题的解释（三）》第14条的规定，中级人民法院应不予受理；已经受理的，应当裁定驳回申请。

当事人对实行"一裁终局"制度以外的其他劳动争议案件的仲裁裁决不服的，可以自收到仲裁裁决书之日起15日内向人民法院提起诉讼；期满不起诉的，裁决书发生法律效力。

（四）调解书和裁决书的执行

当事人对发生法律效力的调解书、裁决书，应当依照规定的期限履行。一方当事人逾期不履行的，另一方当事人可以依照民事诉讼法的有关规定向人民法院申请执行。受理申请的人民法院应当依法执行。

四、诉讼程序

诉讼程序是处理劳动争议的最终程序。人民法院统一行使国家审判权，一切劳动争议案件，均以人民法院的审判为最终处理方式。根据《劳动法》及《劳动争议调解仲裁法》的规定，除法律规定的终局裁决的案件之外，当事人对仲裁裁决不服的，自收到裁决书之日起15日内，可以向人民法院起诉。但诉讼程序并非劳动争议处理中的必经程序，只有当劳动争议当事人不服仲裁裁决，到人民法院起诉时，该程序才会启动。在劳动诉讼中有几个问题需要强调：

---

〔1〕 虽然《劳动争议调解仲裁法》规定了终局裁决制度，但这类裁决的认定标准界限模糊，缺乏可操作性。为了在审判实践中更好地发挥这一制度的特色优势，简化争议处理程序，《最高人民法院关于审理劳动争议案件适用法律若干问题的解释（三）》规定："劳动者依据调解仲裁法第47条第1项规定，追索劳动报酬、工伤医疗费、经济补偿或者赔偿金，如果仲裁裁决涉及数项，每项确定的数额均不超过当地月最低工资标准12个月金额的，应当按照终局裁决处理。"

1. 法院审理劳动争议案件的条件。包括：①起诉人必须是劳动争议的当事人。当事人因故不能亲自起诉的，可以直接委托代理人起诉，其他人未经委托无权起诉。②必须是不服劳动争议仲裁委员会仲裁而向法院起诉，未经仲裁程序不得直接向法院起诉。③必须有明确的被告、具体的诉讼请求和事实根据，不得将仲裁委员会作为被告向法院起诉。④提起诉讼的时间，必须是在法律规定的期限内，即收到仲裁裁决书之日起 15 日内起诉，否则法院不予受理。⑤起诉必须向有管辖权的法院提出。

2. 劳动争议诉讼管辖。根据《最高人民法院关于审理劳动争议案件适用法律若干问题的解释（一）》（法释［2001］14 号）规定，劳动争议案件由用人单位所在地或者劳动合同履行地的基层人民法院管辖。劳动合同履行地不明确的，由用人单位所在地的基层人民法院管辖。当事人双方就同一仲裁裁决分别向有管辖权的人民法院起诉的，后受理的人民法院应当将案件移送给先受理的人民法院。

3. 受案范围。一般来说，人民法院受理劳动争议的范围与劳动争议的调解、仲裁的受理范围是一致的，但从"法释［2001］14 号""法释［2006］6 号""法释［2003］13 号"以及"法释［2010］12 号"这几个司法解释可见，人民法院处理劳动争议的范围要大于《劳动争议调解仲裁法》及《劳动法》的相关规定，这样会导致有些劳动争议不属于仲裁范围，但却属于诉讼范围，而我国现行的先裁后审的处理体制会导致许多争议没法得到有效的解决（参见前文"我国劳动争议受案范围"）。

4. 举证责任分配。一般而言，劳动争议案件中举证责任的分配适用《民事诉讼法》第 64 条规定的"当事人对自己提出的主张，有责任提供证据"的原则。但由于劳动争议案件的特殊性，《最高人民法院关于审理劳动争议案件适用法律若干问题的解释（一）》（法释［2001］14 号）第 13 条规定："因用人单位作出的开除、除名、辞退、解除劳动合同、减少劳动报酬、计算劳动者工作年限等决定而发生的劳动争议，用人单位负举证责任。"除此之外，《最高人民法院关于审理劳动争议案件适用法律若干问题的解释（三）》（法释［2010］12 号）第 9 条规定：劳动者主张加班费的，应当就加班事实的存在承担举证责任。但劳动者有证据证明用人单位掌握加班事实存在的证据，用人单位不提供的，由用人单位承担不利后果。

人民法院对劳动争议案件，依照《民事诉讼法》规定的诉讼程序进行审理：首先由一审人民法院审理、判决。当事人不服的，可以向上一级人民法院上诉，上一级法院的判决是终审判决，当事人不得再上诉。

第五节　集体劳动争议的处理

一、集体劳动争议概述

集体劳动争议，包括一般集体劳动争议和集体合同争议两大类。

一般集体劳动争议，又称为集体争议，依《劳动争议调解仲裁法》规定，是指职工一方在 10 人以上，并有共同理由，应当推荐代表参加调解和仲裁活动的劳动争议。这与个别劳动争议有所不同，个别劳动争议的职工一方为 1～9 人，而一般集体劳动争议的职工一方为 10 人以上，且有共同的理由。

集体合同争议，又称为团体争议，它是指职工代表或工会与企业行政方为确定和履行对企业和企业职工都具有约束力的劳动标准、条件、报酬等而产生的争议，包括签订或变更集体合同发生的争议和履行集体合同发生的争议。根据《劳动法》第 84 条的规定，只有履行集体合同发生的争议，才是劳动争议仲裁委员会的受案范围，其处理程序同于一般集体劳动争议。

集体劳动争议除具有个别劳动争议的特点外，又有其自身的特点：①集体劳动争议的双方当事人，一方是职工代表或代表企业职工的工会代表，另一方则是企业的行政方。②集体劳动争议的内容，一方面是为了部分职工的一定权利；另一方面是为了企业全体职工的一定权利。③集体劳动争议在法律上有人数的规定，即一般集体争议的职工一方为 10 人以上，且有共同的理由。④对于处理集体劳动争议的原则、程序及办案规则，法律有专门的规则。

二、集体劳动争议的处理

（一）一般集体劳动争议的处理

依据我国《劳动争议调解仲裁法》及《劳动人事争议仲裁规则》，集体争议可推举代表参加争议处理程序，劳动者可以推举 3～5 名代表人参加仲裁活动；仲裁委员会可优先立案，优先审理；代表人参加仲裁的行为对其所代表的当事人发生效力，但代表人变更、放弃仲裁请求或者承认对方当事人的仲裁请求，进行和解，必须经被代表的当事人同意。

（二）集体合同争议的处理

1. 签订或变更集体合同发生争议的处理。签订或变更集体合同发生的争议，又称为利益争议，是指当事人在平等、自愿、公平的基础上就提高职工的劳动权利、利益进行集体协商时发生的争议。这种争议与个别争议及因履行集体合同发生的争议有所不同。这种争议不存在侵权的事实，只有一种可能性，就是在集体协商过程中，就某项内容，双方产生了分歧。因此，处理这种争议，不宜适用仲裁和诉讼的"以事实为根据、以法律为准绳"的基本原则，不能采取裁决、判决的方式，只能采取协调处理的方法。

（1）协调处理机构。根据《集体合同规定》第51条规定：集体协商争议处理实行属地管辖，具体管辖范围由省级劳动保障行政部门规定。中央管辖的企业以及跨省、自治区、直辖市用人单位因集体协商发生的争议，由劳动保障部指定的省级劳动保障行政部门组织同级工会和企业组织等三方面的人员协调处理，必要时，劳动保障部也可以组织有关方面协调处理。

因签订或变更集体合同发生争议的协调处理机构的主要职责是：①调查了解争议的情况；②研究制定协调处理争议的方案；③协调处理争议；④制定《协调处理协议书》并监督处理结果的执行；⑤统计归档并将处理结果报上级劳动行政部门备案；⑥必要时向政府报告并提出有关建议。

（2）处理。因签订或变更集体合同发生争议，双方当事人应尽量协商自行解决；自行解决不成的，当事人一方或双方可向劳动保障行政部门书面提出协调处理申请；未提出申请，劳动保障行政部门认为必要的也可进行协调处理。

劳动保障行政部门协调处理时，应组织同级工会代表、企业组织等三方面的人员共同进行。

协调处理因签订或变更集体合同发生的争议，双方当事人应各派送代表3～10名，并指定1名首席代表参加。企业不得在此期间解除与职工方代表的劳动关系。

劳动行政部门处理因变更集体合同发生的争议，应自受理协调处理之日起30日内结束，期满未结束的，可以适当延长协调期限，但延长期限最多不得超过15日。

协调处理结束后，双方当事人首席代表和协调处理负责人共同在《协调处理协议书》上签字盖章。《协调处理协议书》下达后，双方应当执行。

2. 履行集体合同发生争议的处理。依《劳动法》的规定，因履行集体合同发生的纠纷，依劳动争议程序处理。

其他一些法律法规对此也有规定，例如，《集体合同规定》第55条规定："因履行集体合同发生的争议，当事人协商解决不成的，可以依法向劳动争议仲裁委员会申请仲裁。"《劳动合同法》第56条规定："……因履行集体合同发生争议，经协商解决不成的，工会可以依法申请仲裁、提起诉讼。"《劳动人事争议仲裁办案规则》第5条规定："因履行集体合同发生的劳动争议，经协商解决不成的，工会可以依法申请仲裁；尚未建立工会的，由上级工会指导劳动者推举产生的代表依法申请仲裁。"

集体合同履行争议与劳动合同争议都是因履行合同而发生的，以既定的权利义务为标的的争议，因而立法规定，集体合同履行争议依据劳动合同争议处理程序处理。但是，集体合同履行争议是工会代表全体劳动者与用人单位之间以全体劳动者共同权利义务为标的的争议，这与一般的劳动合同争议不同。仲裁委员会处理这种集体劳动争议，可优先立案，优先审理，仲裁还应当按照三方原则组成仲裁庭处理。

从上可知，我国集体合同履行争议程序非常不完善，这都有待于有关部门作出进一步的规定。

■思考题

1. 简述劳动争议的概念和种类。
2. 如何理解劳动争议处理原则？
3. 简述我国劳动争议仲裁的要求。
4. 论述我国处理劳动争议的处理程序，分析现行处理程序的利弊。
5. 简述集体劳动争议的分类和处理。

第十五章 劳动保障监察制度

■ 学习目的和要求

　　学习本章首先应掌握劳动保障监察的概念和特征，了解劳动保障监察与一般劳动保障监督检查的区别；其次要掌握劳动保障监察的范围和实施程序；最后应掌握劳动保障监察机构的权限及劳动保障监察的意义。

第一节 劳动保障监察制度概述

一、劳动保障监察的概念与特征

　　劳动保障监察，是指依法享有劳动监察权的专门机构和人员，对用人单位遵守劳动保障法律、法规和规章的情况，进行监督、检查并对违法行为予以处罚的活动的总称。劳动保障监察的概念反映了劳动保障监察的几个本质特征：

　　1. 劳动保障监察主要监督用人单位。劳动保障监察主要监督劳动关系的双方当事人中的用人单位，而不包括劳动者。其原因是：劳动者在实现劳动过程中，始终处在用人单位所制定的规章制度监督约束之中，如果劳动者违反劳动纪律，不履行法律规定或劳动合同约定的义务，用人单位就会以此对之处罚或解除劳动关系。相反，用人单位在组织劳动者实施劳动过程中，是否严格执行劳动法律、法规，全靠用人单位的自觉，缺少客观的监督和约束。因此，有必要对其实行监督，随时检查用人单位实施劳动法的情况，以便依法维护劳动者的合法权益。

　　根据目前劳动保障法律、行政法规对劳动保障监察范围的规定，除用人单位之外，职业中介机构、职业技能培训机构和职业技能考核鉴定机构也属于劳动监察相对人的范围，这是由于职业中介机构、职业技能培训机构和职业技能考核鉴定机构这些劳动服务主体与劳动者的权益紧密联系，甚至在一定意义上决定着劳动基准的实施，因此为保护劳动者的权益，它们也属于劳动监察的范围。另外，对无营业执照或者已被依法吊销营业执照，有劳动用工行为的单位和个人，也由劳动保障行政部门依据劳动保障法律、行政法规实施劳动保障监察，并及时通报工商行政管理部门予以查处取缔。

2. 劳动保障监察是通过专门机构和人员来实施的。这个专门机构就是劳动保障监察机构。它是经法律授权代表国家对用人单位执行劳动法的情况实行监督检查的机构。它不同于各级行政主管部门的监督，各级行政主管部门属于一般的行政监督；也不同于工会等社会团体的监督，工会等社会团体的监督属于社会监督。劳动保障监察机构享有国家赋予的权力，它对用人单位的监察具有法律效力和约束力。劳动保障监察机构可以对用人单位的违法现象予以制止或给予惩戒。这种强制性的权力是国家劳动保障监察机关所具有的，这也是劳动保障监察机构区别于其他各种监督部门的地方。

3. 劳动保障监察是对用人单位综合的监督检查。这种监察，不是指对用人单位的一切行为都进行监察，而是仅仅对用人单位贯彻、执行劳动法过程中的行为进行综合的监督检查。表现为：①本辖区的任何用人单位，不分系统、行业，都属于监察的对象；②各项劳动制度和劳动法规的执行情况都属于监察的内容。

二、劳动保障监察与一般劳动保障监督检查的联系和区别

所谓一般的劳动保障监督检查，是指劳动行政主管部门、工会等机构和社会团体对用人单位的监督和检查。

劳动保障监察与一般劳动保障监督检查有着密不可分的联系，二者有着共同的监督对象，在实现监督检查过程中，二者相互配合，起着互为补充的作用。劳动保障监察与一般劳动保障监督检查既有联系，又有区别，其主要区别表现为以下几点：①主体不同。劳动保障监察由依法成立的专门机构进行，劳动保障监察是它的专门职责。一般劳动保障监督检查由非专门机构进行，其监督检查具有兼职的性质。②职权范围不同。劳动保障监察机构的职权范围是对用人单位进行全面的综合性的监督检查，当发现用人单位有违法现象时，有处分权。而一般劳动保障监督检查机关在对用人单位进行监督和检查的过程中，若发现用人单位有违法现象，要进行处罚的，还必须通过劳动保障监察的专门机构行使处罚权，工会等社会团体只有监督权，并无处罚权。③监督范围不同。劳动保障监察是全面的、综合性的监督检查，它涉及的范围比较广，主要包括用人单位执行各项劳动与社会保障法律法规及相关规章制度的情况。不论哪一种劳动关系，也不论用人单位的所有制性质等，都可以纳入劳动保障监察的范围。而一般劳动保障监督检查，仅限于对本行业、本系统、本单位的监督。④监督的法律效力不同。劳动保障监察是具有高度权威性的劳动保障监督，作为一种劳动保障监督，劳动保障监察机构是依法成立的，其行为是代表国家行使权力，其监察决定具有国家指令性文件的法律效力。而一般劳动保障监督检查的权限，不是由法律直接规定的，如劳动保障行政部门中各职能机构的监督权限是基于内部分工形成的，至于工会等

社会团体的监督属于社会监督，与劳动保障监察的监督不是一个层次上的监督。

三、劳动保障监察的基本属性

通过前面的分析可以看出，劳动保障监察与其他形式的监督检查虽然都属于劳动监督体系，但劳动保障监察是最基本、最有效的劳动保障监督形式，其他劳动保障监督形式都是配合劳动保障监察所实施的。从中我们可以看出，劳动保障监察具有以下基本属性：

1. 专门性。劳动保障监察是依法成立的专门机构和人员对用人单位遵守劳动与社会保障法规和规章的整个过程所实施的专门监督。

2. 法定性。劳动保障监察经法律授权代表国家行使监察权力，劳动保障监察的活动直接为法律所规定，并且这种法律规定是强行性规范。

3. 行政性。劳动保障监察属于行政执法和行政监督的范畴，它是行政监督体系中针对用人单位执行劳动保障法律法规情况所实施的劳动方面的监督。

4. 处罚性。劳动保障监察依据法律、法规，享有对用人单位的处罚权。

5. 综合性。劳动保障监察的范围比较广泛，涉及的内容比较多，它以劳动保障法律法规为中心，涉及各个方面，而不分系统、行业，不分何种劳动关系，均属于被监察的范围。

四、劳动保障监察的意义

劳动法是调整劳动关系的法律，也是合理组织社会劳动，保护劳动者权益，不断提高企业经济效益的重要法律部门，劳动法的运行必须依据劳动法和相关的法律法规的规定。为了加强社会主义法制，我们不仅要重视立法工作，更要重视守法与执法的问题。《劳动法》的颁布、我国社会保障体系的初步建立，以及许多单行配套法规陆续出台，为调整我国的劳动关系奠定了"有法可依"的坚实的基础。为了进一步做到"有法必依、执行必严、违法必究"，就必须在贯彻劳动保障法律法规的过程中，建立和健全劳动保障监察制度。这对于保证我国劳动法的正确实施具有十分重大的意义。

（一）劳动保障监察是加强和完善劳动保障法制建设的一个重要方面

劳动保障法制建设大体上可以分为两大部分：一是劳动保障立法，二是劳动保障执法。这两大部分是一个问题的两个方面，二者相辅相成、缺一不可。劳动保障立法是劳动法制建设的前提条件，只有加强劳动保障立法，我们在实际生活中才能做到"有法可依"。同时，劳动保障执法是进一步贯彻落实劳动保障法律法规必不可少的重要环节，只有认真地执行劳动保障法律法规，才能体现劳动保障立法的宗旨和立法的初衷。但是，"徒法不能自行"，劳动保障立法必须通过一定的人或组织来实现，来贯彻执行。在这些人或组织中，更多的是用人单位。用人单位对劳动法律法规遵守的程度，是否达到劳动立法的目的，直接关系到劳动者的基本利益能否实现，因此，有必要对其实施劳动保障监察。否则，只有劳动保障立法，不注重劳动保障执法，就会动摇劳动保障法律法规在整个法律体系中的地位，削弱劳动保障法制建设。加强劳动保障监察，强调劳动保障执法，这是劳动保障法制建设的需要，也是我国法制建设的需要。

（二）劳动保障监察是贯彻执行劳动保障法律法规的有力保证

劳动法在我国社会主义市场经济体制完善运行中起着重要作用，它是合理地组织社会劳动，不断提高劳动生产率的法律武器。如果劳动法得不到认真地贯彻，首先影响我国新型劳动关系的运行，妨碍劳动力的合理流动和人才资源配置。其次，影响已经建立的劳动关系的稳定，从而为社会秩序的稳定埋下隐患。再次，会使劳动者的基本劳动权利无法实际落实。因此，必须加强劳动保障监察执法，才能充分实现劳动法的维权功能，切实维护劳动者的合法权益。

（三）劳动保障监察有利于增强用人单位的法制观念，预防违法行为

由于劳动关系的对立性与统一性及劳资双方利益目标的差异，用人单位在利润最大化目标的驱使下，往往会忽视劳动者的合法权益。随着我国进入深化改革开放、加快转变经济发展方式的攻坚期，劳动关系中的深层次矛盾逐渐显现。如一些用人单位依法用工意识淡薄，不签订劳动合同、不按时发放劳动者工资、不依法参加社会保险、要求劳动者超时加班等违法行为时有发生，劳资矛盾日益突出，维护劳动者合法权益和协调劳动关系的任务十分艰巨。这就需要通过劳动保障监察，对用人单位的违法行为予以制裁，使当事人认识到法律的权威和强制性，认识到违法的严重后果。这样不仅能够有效预防和减少违法案件的发生，在全社会营造良好的法治环境，促进和谐稳定的劳动关系的建立，对于培养和增强用人单位的法律意识也具有重要的意义。

（四）劳动保障监察能够切实维护劳动者的合法权益

劳动者在与用人单位建立劳动关系后，尽管在行政上存在着隶属关系，劳动者必须遵守用人单位内部的规章，尽职尽责、按时按质地完成自己的劳动任务。但同时，法律也赋予了劳动者许多权利，如享受劳动报酬、社会保险、工作休息休假等权利。劳动者的这些权利，就是用人单位的义务。只有加强劳动保障监督，督促用人单位依法、如期履行自己所承担的义务，劳动者的这些权利才能得到充分实现。相反，若用人单位不能履行应尽的义务，劳动者的各种权利也就无法实现。实施劳动保障监察，对切实维护劳动者的合法权益具有十分重要的意义。

第二节　劳动保障监察制度的基本内容

一、劳动保障监察的主体

劳动保障监察的主体，是指依法行使监察权的机构和人员。其他监督单位，如工会、上级主管部门等机关，尽管也有监督权，但不属于劳动保障监察主体的范围。劳动保障监察的主体仅限于专门从事劳动保障监察的机构和人员。

（一）劳动保障监察机构

劳动保障监察机构，是依法享有监察权并代表国家对劳动法的遵守情况实行监督检查的专门机构。

劳动保障监察机构属于行政机构，其行为具有行政行为的基本特征：①劳动保障监察的行为是国家行政机关的行为，而不是企事业单位、群众组织或公民个人的行为。②劳动保障监察行为的实施要有法律依据，即必须依法行使自己的权力。③劳动保障监察的行为是一种带有法律效力的行为。因为，劳动保障监察是根据法律、法规、规章的授权而为的，其目的在于确定或免除相对人的部分权利和义务，所以它会带来法律后果。

除此之外，劳动保障监察是行政法律行为，即劳动保障监察主体必须依照劳动法律、法规为或不为某种行为；劳动保障监察也是行政执法行为，即劳动保障监察主体在其权限内依法进行劳动执法活动。

通过以上分析可以看出，劳动保障监察机构虽属行政机构，但也有别于其他行政机构，这是由劳动保障监察机构本身的属性决定的。同时，劳动保障监察机构尽管设置在各级劳动保障部门，但它不同于劳动保障部门内的其他机构。其他机构是劳动保障部门的一般职能机构，相对说来不具有独立性。而劳动保障监察机构则是行使国家监察职能的机构，它依法独立行使监察权而不受劳动保障部门内其他机构以及劳动保障部门以外任何部门和个人的干预，其职权由法律规定，而不由劳动保障部门通过内部分工来确定。

在我国，目前县级以上劳动保障部门都设置有劳动监察机构，全面行使劳动监察权。国务院劳动保障行政部门主管全国的劳动保障监察工作。县级以上劳动保障行政部门设立的劳动保障监察行政机构和劳动保障行政部门依法委托实施劳动保障监察的组织（以下统称劳动保障监察机构）具体负责劳动保障监察管理工作。

同时，在一些行（专）业还设置有专业性劳动保障监察部门，这主要是包括职业安全与特种设备行业。2004 年《劳动保障监察条例》第 35 条规定："劳动安全卫生的监督检查，由卫生部门、安全生产监督管理部门、特种设备安全监督管理部门等有关部门依照有关法律、行政法规的规定执行。"例如，依据《煤矿安全监察条例》的规定，国家对煤矿实行安全监察制度。国务院决定设立的煤矿安全监察机构包括国家煤矿安全监察机构和在各省、自治区、直辖市设立的煤矿安全监察机构及在大中型矿区设立的煤矿安全监察办事处。2003 年，国务院又颁布了《特种设备安全监察条例》（2009 年修订），条例规定国务院特种设备安全管理部门负责全国特种设备的安全监察工作，县级以上地方负责特种设备安全管理的部门对本行政区内的特种设备实施安全监察。

（二）劳动保障监察员

劳动保障监察员，国外也称劳工检查员或劳工检查官，是指具体执行劳动监察的专职或兼职人员。凡是担任劳动监察的人员，均必须具备法定的资格。

根据我国现行的法律规定，劳动保障行政部门和受委托实施劳动保障监察的组织中应配备劳动保障监察员，他们要经过相应的考核或者考试才可录用。《劳动监察员管理办法》及《劳动保障监察条例》，对劳动保障监察员做了下述规定：

1. 劳动保障监察员的任职条件。包括：①认真贯彻执行国家法律、法规和政策；②熟悉劳动业务，熟练掌握和运用劳动法律、法规知识；③坚持原则，作风正派，勤政廉洁；④在劳动保障行政部门从事劳动行政业务工作 3 年以上，并经国务院劳动保障行政部门或省级劳动保障行政部门劳动监察专业培训合格。

2. 劳动保障监察员的任命程序。包括：①经批准任命的劳动保障监察员由劳动保障监察机构颁发劳动保障行政部门统一监制的劳动监察员证；②地方的劳动保障监察员的任命还应报上一级政府劳动行政部门备案。

3. 劳动保障监察员的职权。劳动保障监察员依法履行劳动保障监察职责，受法律保护。具体包括：①依法履行职责，忠于职守，秉公执法，勤政廉洁；②保守在履行职责过程中获知的商业秘密；③为举报人保密；④劳动保障监察员进行调查、检查，不得少于 2 人，并应当佩戴劳动保障监察标志、出示劳动保障监察证件；⑤劳动保障监察员办理的劳动保障监察事项与本人或者其近亲属有直接利害关系的，应当回避。

4. 劳动保障监察员的培训制度。各级劳动保障行政部门应建立劳动保障监察员培训制度，按岗位技能的要求，对劳动保障监察员进行职业技能、专业理论知识等方面的培训，目的在于提高劳动保障监察人员的素质。

5. 劳动保障监察员的考核制度。劳动保障监察员每 3 年进行一次考核验证。对经考核合格者换发新证，并填写《劳动监察证件统计表》，逐级上报备案。持证人未按规定考核验证或经考核不能胜任劳动保障监察员工作的，注销其劳动保障监察证件。

6. 对劳动保障监察员的监督。任何组织或者个人对劳动保障监察员的违法违纪行为，有权向劳动保障行政部门或者有关机关检举、控告。劳动保障监察员滥用职权、玩忽职守、徇私舞弊或者泄露在履行职责过程中知悉的商业秘密的，依法给予行政处分；构成犯罪的，依法追究刑事责任。劳动保障监察员违法行使职权，侵犯用人单位或者劳动者的合法权益的，依法承担赔偿责任。

除以上规定之外，我国有关法规还对矿山安全监察员、煤矿安全监察员、特种设备安全监察人员等特别劳动保障监察员的任职条件、任职程序和权限作出了不同的规定。

二、劳动保障监察的内容

劳动保障监察的内容是指劳动监察主体依法行使职权，监督检查被监察主体实施的为劳动法所规范的行为。

从理论上分析，被监察的主体主要限于用人单位，而不包括劳动者。因为《劳动法》对劳动者实行的是权利本位主义，对用人单位实行的则是义务本位主义。这就要求对用人单位履行义务进行必要的监督。只有监督用人单位依照法律的规定或合同约定如期履行自己的义务，才能保障劳动者的权利得以实现。同时也要监督相关劳动服务主体履行劳动法律法规规定义务的行为。

依据我国现行的法律规定，劳动保障监察的内容主要包括以下方面：①用人单位制定内部劳动保障规章制度的情况；②用人单位与劳动者订立劳动合同的情况；③用人单位遵守禁止使用童工规定的情况；④用人单位遵守女职工和未成年工特殊劳动保护规定的情况；⑤用人单位遵守工作时间和休息休假规定的情况；⑥用人单位支付劳动者工资和执行最低工资标准的情况；⑦用人单位参加各项社会保险和缴纳社会保险费的情况；⑧职业介绍机构、职业技能培训机构和职业技能考核鉴定机构遵守国家有关职业介绍、职业技能培训和职业技能考核鉴定的规定的情况；⑨法律、法规规定的其他劳动保障监察事项。

三、劳动保障监察的基本原则

劳动保障监察的基本原则，简单地说，就是指导劳动保障监察活动、规范劳动保障监察行为的基本准则。劳动保障监察工作应当遵循以下原则[1]：

（一）依法独立行使监察权原则

劳动保障监察机构在监察活动中，以法律、法规为准绳，不受其他行政机关、社会团体和个人的干涉，独立地行使监察权。

---

〔1〕 参见2004年《劳动和社会保障部关于印发〈劳动保障监察条例〉宣传提纲的通知》（劳社部发［2004］28号）。

（二）以事实为依据，以法律为准绳原则

劳动保障监察执法工作涉及对用人单位的监察，因此，遵守"以事实为依据，以法律为准绳"原则尤为重要。劳动保障监察部门在监察过程中要坚持该原则，在最后的行政处罚处理中更要坚持该原则。在深入实际调查、了解事实真相的基础之上，依据有关劳动法律法规作出准确的判断和最公正的处理。具体要求：一是监察执法主体及权限必须符合规定，违反规定的主体或超越权限实施监察都是无效的。二是实施监察必须正确适用《劳动保障监察条例》及有关法律、法规和规章，适用法律错误将会构成实体上的违法。三是监察执法程序必须符合法律规定，严格依照《劳动保障监察条例》规定的监察程序实施监察，在需要给予行政处罚时，还必须遵循《行政处罚法》的程序规定。违反这些程序规定，就构成程序违法。坚持该原则，将劳动保障监察执法工作纳入法治的轨道，有利于从根本上保护公民、法人和其他组织的合法权益。

（三）惩处和教育相结合原则

这是劳动保障监察在实施行政处罚时必须遵循的一项基本原则。劳动保障监察机构在整个监察活动中，都要将教育贯穿在惩处的全过程，惩处是手段，教育是目的，不能采取单纯的惩办主义，当然也不能一味地采取以教代惩的方法。坚持教育与处罚相结合的原则，具体要求：①要求行政机关端正处罚思想，明确处罚的目的是促使用人单位认清违法后果，自觉地遵守法律法规。处罚是手段而不是目的，不能为处罚而处罚，也不得以罚代管、以罚代教，更不得为个人和小团体利益通过处罚牟取私利。②不能只教育不处罚。在监察执法活动中，大力开展法律法规的宣传和普及活动，帮助公民、法人和其他组织知法、懂法和自觉守法，但不能用教育代替处罚。没有处罚，教育不能产生制止违法行为的理想结果。对发现用人单位存在违法行为，应予处罚的，也要贯彻说服教育原则，告知违法者违法行为和处罚的法律依据，以便其汲取教训，不再违法；对符合《行政处罚法》第27条规定的情况，可以依法从轻或减轻处罚，体现处罚与教育的有机结合。对违法情节恶劣，侵犯劳动者权益严重的情形还要加大处罚力度，增加违法者的违法成本，起到警示作用。总之，既要对用人单位的违法行为予以惩罚和制裁，又要通过教育使用人单位增强法制意识，达到双重功效。

（四）公正、公开性原则

坚持公正原则主要体现在劳动保障监察执法必须以事实为依据，以法律为准绳。在履行职责时，不仅在实体上和程序上都要合法，还要注意权利与义务、个人利益与国家利益、集体利益之间的平衡。行政行为必须符合客观规律，合乎情理，不能要求行政相对人承担其无法履行或违背情理的义务：一是在实施监察时应对所有行政相对人采取一视同仁的态度，只要实施了同样的违法行为，就应依法进行同样的处罚。不能因地域、性质不同而对行政相对人采取不同的标准。二是合理行使自由裁量权，严格按照违法情节和损害后果等因素确定具体罚款数额。此外，《劳动保障监察条例》中规定的对违法案件的调查制度、劳动保障监察实行回避制度等，也都体现了公正原则。

公开原则要求劳动保障监察执法活动除法律有特殊规定外，应当向社会公开。其本质是对公众知情权、参与权与监督权的保护，是接受人民群众监督的具体表现形式。基本要求：一是劳动保障监察依据的法律、法规和规章都应当公布，未经公布不得作为监察执法依据。二是劳动保障监察的职责及内容公开，同时，监察机构的举报、投诉电话、地址等也都应向社会公开。三是监察执法的程序和处理时限要公开，包括受理投诉、调查取证、听取当事人陈述和申辩、举行听证会、作出行政处理或处罚决定等，都是具体、明确和公开的，既保障行政相对人的知情权，也是为了接受行政相对人和社会公众的监督。坚持公开原则能使劳动保障监察工作不断提高透明度，通过全社会的监督，有助于预防和减少工作中的失误和偏差，规范监察执法行为。

（五）高效便民原则

劳动保障监察的高效便民原则，主要是劳动保障监察机构对违反劳动保障法律、法规或者规章行为的调查，应在规定的办案时效内尽快作出相应处理，为用人单位和劳动者提供方便快捷的服务，及时处理违法行为。根据这个原则，劳动保障监察机构和人员应做到：一是向社会公布举报、投诉电话和监察机构地址，设立举报、投诉信箱，派专人负责接待来人来电举报、投诉，有条件的地方还试行网上举报、投诉，方便劳动者。二是对用人单位的劳动保障监察，由用人单位用工所在地的县级或设区的市级劳动保障行政部门管辖，便于用人单位报送有关资料，也便于劳动者举报、投诉维权。三是建立企业守法诚信档案，并与税务、工商机关共享信息，便于社会公众特别是求职者对企业信誉情况的了解。四是在办公场所公示监察员名单、监察依据的法律法规、监察程序及监督电话等，提供优质服务。五是严格在《劳动保障监察条例》规定的时限内完成监察事项。为体现高效原则，《劳动保障监察条例》对监察的立案、结案等都有明确的时间限制。在具体实施监察时应尽量缩短时间，提高工作效率。

（六）保障行政相对人权利原则

按照我国劳动保障监察相关规定，劳动保障行政部门对劳动保障违法行为作出行政处罚或者行政处理决定前，应当听取行政相对人的陈述和申辩，保障其充分行使权利；对依法需要听证的事项，必须依法告知行政相对人有权提出听证；作出行政处罚决定或者行政处理决定后，应当告知行政相对人依法享有申请行政复议或者提起行政诉讼的权利。劳动保障行政部门和劳动保障监察员违法行使职权，侵犯用人单位、个人合法权益造成损害的，依法承担赔偿责任。这些规定有利于保护行政相对人的权利，也能够对行政权力起到制约作用，有助于劳动保障行政部门在监察执法中依法行政。

（七）监察执法与社会监督相结合的原则

在贯彻实施劳动保障法律法规的过程中，需要劳动保障行政部门与政府有关部门及社会组织相互支持、密切配合，共同推进劳动保障法律监督制度建设。要加强工会、妇联、共青团等组织的监督，充分发挥这些组织中劳动保障法律监督员的法律监督作用，推进劳动保障法律法规的贯彻实施；要加强新闻监督，对违反劳动保障法律法规、严重侵害劳动者合法权益的用人单位和有关组织予以曝光，积极宣传全面落实法律规定、维护职工权益的典型单位，营造守法光荣、违法可耻的社会氛围；要发挥群众监督作用，建立健全举报制度，鼓励劳动者和广大群众向劳动保障行政部门和有关新闻单位举报反映违法行为，以便监察机构准确掌握违法行为的线索，对违法行为及时纠正并依法处理。

四、劳动保障监察的权限

劳动保障监察的权限，是国家根据劳动保障监察机关的职能通过立法程序赋予劳动保障监察机构的权力及其行使的范围。劳动保障监察机构应具有以下权限：

（一）劳动保障监察的检查权

劳动保障监察的检查权，是指劳动保障监察机构依照法律、法规对用人单位执行劳动保障法律法规的情况进行检查的权力。

劳动保障监察的检查权是劳动保障监察机构职能的体现，这是由劳动保障监察的本质属性决定的。同时，劳动保障监察的检查权又是劳动保障监察机构履行职责的重要保证。检查权是劳动保障监察诸多权限中最基本的权限之一。《劳动保障监察条例》中规定，劳动保障监察机构及劳动保障监察员有权进入用人单位的劳动场所进行检查；劳动保障监察员进行调查、检查，不得少于2人，并应当佩戴劳动保障监察标志、出示劳动保障监察证件，并说明身份。

（二）劳动保障监察的调查权

劳动保障监察的调查权，是指劳动保障监察机构依法进行调查的权力。劳动保障监察的基本任务就是依法对用人单位进行监督检查。当发现问题，需要处理时，劳动保障监察机构应本着实事求是的原则，对发现的问题进行深入细致的了解，在全面掌握事实的前提下，才能公正处理，而这一切都来自劳动保障监察的调查权。依据法律法规，劳动保障监察的调查权表现在：就调查、检查事项询问有关人员；要求用人单位提供与调查、检查事项相关的文件资料，并作出解释和说明，必要时可以发出调查询问书；采取记录、录音、录像、照相或者复制等方式收集有关情况和资料；委托会计师事务所对用人单位工资支付、缴纳社会保险费的情况进行审计；法律、法规规定可以由劳动保障行政部门采取的其他调查、检查措施。

（三）劳动保障监察的建议权

劳动保障监察的建议权，是指劳动保障监察机构对监察对象的行为进行检查、调查之后，就监察事项涉及的有关问题，向被监察机关或相关部门提出建议的权力。

劳动保障监察机构根据检查、调查的情况，在必要的情况下，可以对被监察对象行使建议权。建议权是在行使检查权和调查权的基础上实现的，目的是改善和促进工作，或对出现的问题与所造成的损失提出必要的补救措施。劳动保障监察的建议权应包括以下几个方面：①对于不执行、不正确执行或者拖延执行国家劳动保障法律、法规以及规章的，可以要求其执行或者正确执行。②对于用人单位发布的不适当的规章制度、命令指示，可以要求其限期纠正、修改、补充、完善或撤销；已经给劳动者权益造成损害的，可以要求其采取必要的补救措施。③对用人单位行为中的缺点、漏洞和薄弱环节（如劳动安全卫生方面），建议其总结教训，认真加以改进。

劳动保障监察的建议权，是建立在建议合法合理，并与用人单位协商基础上的带有强制性的权力。劳动保障监察机构行使建议权，在通常情况下，重点在事先监督，立足于防微杜渐和防患于未然。因此，劳动保障监察机构通过检查、调查发现问题，应及时提出防范和制止的建议。

（四）劳动保障监察的处分权

劳动保障监察的处分权，是指劳动保障监察机构对于通过检查、调查，证实用人单位确有违反国家劳动法律、法规以及政策的行为，根据其违法事实，视情节轻重，按照权限的规定给予一定的行政处罚的权力。

根据我国现行法规的规定，劳动保障监察机构有权对违反劳动法的用人单位，依法分别给予警告、责令改正、罚款、吊销许可证、依法取缔、没收违法所得等处罚。对触犯其他行政法规的，有权建议有关行政机关给予行政处罚。违反上述规定，构成违反治安管理行为的，由公安机关依法给予治安管理处罚；构成犯罪的，依法追究刑事责任。

当然，劳动保障监察主体在行使其权力的同时，也应承担相应的义务。根据《劳动保障监察条例》的规定，劳动保障监察员应承担下列义务：①依法履行职责，秉公执法；②保守在履行职责过程中获知的商业秘密；③为举报人保密；④劳动保障监察员办理的劳动保障监察事项与本人或者其近亲属有直接利害关系的，应当回避。

五、劳动保障监察的程序

劳动保障监察的程序，是指劳动保障监察主体在依法行使监察行为的活动中应当遵循的先后有序的一系列连续过程和步骤。劳动保障监察必须遵循一定的法定程序，这是劳动保障监察行为具有法律效力的一个必要条件。

在进行具体的劳动保障监察之前，首先要确定劳动保障监察的管辖。所谓劳动保障监察管辖，是指各级劳动保障监察机构之间、同级劳动保障监察机构之间受理劳动保障监察案件的分工及权限。

根据有关规定，我国劳动保障监察管辖分为以下几种管辖形式：

1. 地域管辖。是指同级劳动保障行政部门在行使劳动保障监察权上的横向权限划分。对用人单位的劳动保障监察，由用人单位用工所在地的县级或者设区的市级劳动保障行政部门管辖。这样规定既便于劳动保障行政部门对用人单位的日常检查和监察管理以及对违法行为调查取证，还可以节省劳动保障行政部门的人力、物力、财力，提高行政执法工作效率。同时，也方便劳动者对违反劳动保障法律、法规或者规章的行为的举报、投诉。

2. 级别管辖。是指不同级别的劳动保障行政部门实施劳动保障监察的分工和权限划分，是一种纵向划分。由于各地的用人单位分布、性质、数量不平衡，各级劳动保障行政部门承担的工作任务和执法力量不均衡，情况差别很大，法律授权由省、自治区、直辖市人民政府对劳动保障监察的管辖制定具体办法。上级劳动保障行政部门根据工作需要，可以调查处理下级劳动保障行政部门管辖的案件。

3. 指定管辖。在监察执法实践中，有时对同一区域中的用人单位难以确定由哪个地区哪一级的监察机构去实施监察，会出现有两个劳动保障行政部门认为其有管辖权而产生争议。按照规定，劳动保障行政部门对劳动保障监察管辖发生争议的，报请共同的上一级劳动保障行政部门指定管辖。

4. 移送管辖。为增强劳动保障行政部门严格依法行政意识，按照规定，劳动保障行政部门对违反劳动法律、法规或者规章的行为，应作出处理，如果发现违法案件不属于劳动保障监察范围的，应当及时移送有关部门处理；涉嫌犯罪的，应当及时移送司法机关。

在明确了管辖范围之后，各劳动保障监察机构就开始履行法律赋予他们的监督检查权。劳动保障监察大体分为三大程序：

（一）劳动保障监察执法检查的程序

劳动执法检查是整个劳动保障监察程序中的组成部分，一般通过日常巡视检查、审查用人单位按照要求报送的书面材料以及接受举报投诉等形式进行。

1. 日常巡视检查。劳动保障行政部门对用人单位及其劳动场所的日常巡视检查，应当制订年度计划和中长期规划，确定重点检查范围，并按照现场检查的规定进行。

2. 审查书面材料。劳动保障行政部门应对用人单位按照要求报送的有关遵守劳动保障法律情况的书面材料进行审查，并对审查中发现的问题及时予以纠正和查处。

3. 接受举报、投诉。我国《劳动保障监察条例》规定，任何组织或者个人对违反劳动保障法律、法规或者规章的行为，有权向劳动保障行政部门举报；劳动者认为用人单位侵犯其劳动保障合法权益的，有权向劳动保障行政部门投诉。

为了保证举报、投诉权利的行使，劳动保障行政部门应当设立举报、投诉信箱，公开举报、投诉电话，依法查处举报和投诉反映的违反劳动保障法律的行为。

4. 专项检查及处理。劳动保障行政部门可以针对劳动保障法律实施中存在的重点问题集中组织专项检查活动，必要时，可以联合有关部门或组织共同进行。

对因违反劳动保障法律、法规或者规章的行为引起的群体性事件，劳动保障行政部门应当根据应急预案，迅速会同有关部门处理。

（二）案件受理的程序

依据劳动与保障部颁布的《劳动保障监察条例》及《关于实施〈劳动保障监察条例〉若干规定》，劳动保障监察机构对用人单位的违法行为，依照下列程序处理：

1. 登记立案。劳动保障行政部门通过日常巡视检查、书面审查、举报等发现用人单位有违反劳动保障法律的行为，需要进行调查处理的，应当及时立案查处。

在立案阶段还专门对劳动保障监察程序与劳动争议处理程序的衔接方式作出了规定，即劳动保障监察部门在立案受理过程中，发现投诉人投诉事项属于应当通过劳动争议处理程序解决的事项或者已经按照劳动争议处理程序申请调解、仲裁或者提起诉讼的事项，应当告知投诉人依照劳动争议处理和诉讼的规定办理。同时，对于劳动者要求用人单位就劳动保障违法行为予以赔偿，双方发生争议的，也应依照国家有关劳动争议处理的规定处理。

2. 申请回避。为了保证劳动保障监察的顺利进行及监察活动的公正、公开，我国劳动保障监察制度中规定了监察人员的回避制度。劳动保障监察员在实施劳动保障监察时，如果本人是用人单位法定代表人或主要负责人的近亲属的，或者本人或其近亲属与承办查处的案件事项有直接利害关系的，或者因其他原因可能影响案件公正处理的，应当自行申请回避。除此之外，当事人也可采用书面形式申请劳动保障监察员回避。

3. 调查取证。

（1）调查、检查措施。根据案件的情况，劳动保障监察机构有权采取各种措施，进行客观公正的调查，收集有关证据。具体包括：①要求用人单位提供与调查、检查事项相关的文件资料，必要时可以发出调查询问书；②采取记录、录音、录像、照相和复制等方式收集有关的情况和资料；③对事实确凿、可以当场处理的违反劳动保障法律、法规或规章的行为当场予以纠正；④可以委托注册会计师事务所对用人单位工资支付情况、缴纳社会保险费的情况进行审计；⑤法律、法规规定可以由劳动保障行政部门采取的其他调查、检查措施。

对于提取的证据按照相关规定进行保存和登记。劳动保障行政部门在实施劳动保障监察中涉及异地调查取证的，可以委托当地劳动保障行政部门协助调查。受委托方的协助调查应在双方商定的时间内完成。经调查、检查，劳动保障行政部门认定违法事实不能成立的，应当撤销立案。

（2）办案时限。劳动保障行政部门对违反劳动保障法律、法规或者规章的行为的调查，应当自立案之日起 60 个工作日内完成；对情况复杂的，经劳动保障行政部门负责人批准，可以延长 30 个工作日。

4. 处理。劳动保障监察机构在作出处理决定之前，应当告知用人单位，听取其陈述和申辩；法律、法规规定应当依法听证的，应当告知用人单位有权依法要求举行听证；用人单位要求听证的，劳动保障行政部门应当组织听证。对用人单位存在的违反劳动保障法律的行为，事实确凿并有法定处罚（处理）依据的，可以当场作出限期整改指令或依法当场作出行政处罚决定；对不能当场作出处理的违法案件，劳动保障监察员经调查取证，应当提出初步处理建议，并填写案件处理报批表。

发现违法案件不属于劳动保障监察事项的，应当及时移送有关部门处理；涉嫌犯罪的，应当依法移送司法机关。

5. 制作处理决定书。劳动保障监察机构作出处理决定，应当制作行政处罚（处理）决定书。处罚（处理）决定书应当载明：①被处罚（处理）单位名称、法定代表人、单位地址；②劳动保障行政部门认定的违法事实和主要证据；③劳动保障行政处罚（处理）的种类和依据；④处罚（处理）决定的履行方式和期限；⑤不服行政处罚（处理）决定，申请行政复议或者提起行政诉讼的途径和期限；⑥作出处罚（处理）决定的行政机关名称和作出处罚（处理）决定的日期。

劳动保障行政部门立案调查完成，应在 15 个工作日内作出行政处罚（行政处理或者责令改正）或者撤销立案决定；特殊情况下，经劳动保障行政部门负责人批准可以延长。

6. 送达。劳动保障监察限期整改指令书、劳动保障行政处理决定书和劳动保障行政处罚决定书应当在宣告后当场交付当事人；当事人不在场的，劳动保障行政部门应当在 7 日内依照《民事诉讼法》的有关规定，将劳动保障监察限期整改指令书、劳动保障行政处理决定书和劳动保障行政处罚决定书送达当事人。

7. 监察时效。对于违反劳动保障法律、法规或者规章的行为，如果在 2 年内未被劳动保障行政部门发现，劳动者也未举报、投诉的，劳动保障行政部门不再查处。2 年的期限自违反劳动保障法律、法规或者规章的行为发生之日起计算。违反劳动保障法律、法规或者规章的行为有连续或者继续状态的，自行为终了之日起计算。

（三）行政复议或行政诉讼

劳动保障行政部门依法作出处理或处罚决定后，当事人应当在决定规定的期限内予以履行。

当事人对劳动保障行政处理或行政处罚决定不服的，可申请行政复议或者提起行政诉讼。申请行政复议或者提起行政诉讼期间，行政处理或行政处罚决定不停止执行，法律另有规定的除外。

当事人对劳动保障行政部门作出的行政处罚决定及责令支付劳动者工资报酬、赔偿金或者征缴社会保险费等行政处理决定逾期不履行的，劳动保障行政部门可以申请人民法院强制执行，或者依法强制执行。

■ **思考题**

1. 简述劳动保障监察的特征。
2. 简述劳动保障监察机构及其权限。
3. 我国劳动保障监察的工作程序有哪些？
4. 论述劳动保障监察对执行劳动法的意义。

第十六章　违反劳动法的责任

第一节　违反劳动法的责任概述

一、违反劳动法的责任的概念

　　违反劳动法的责任，是指用人单位、劳动者和其他劳动法的主体因违反劳动法律法规而依法应当承担的法律后果。劳动法律责任是法律强制力的具体表现，这种强制力成为劳动法律权利救济和执法的依据。

　　对违反劳动法的责任人，追究相应的法律责任，是保障劳动法得以贯彻和实施的前提。所以，《劳动法》将"违反劳动法的法律责任"专列一章，其他劳动法律、法规也专列法律责任。这对于维护用人单位和劳动者的合法权益，都有十分重要的意义。

二、违反劳动法的责任归责原则

　　违反劳动法的法律责任归责原则主要有两种，即过错责任原则和无过错责任原则。分述如下：

　　（一）过错责任原则

　　过错责任原则，是指以行为人主观上的过错为承担法律责任的基本条件的归责原则。按过错责任原则，行为人只有在有过错的情况下，才承担法律责任。没有过错就不承担法律责任。

　　违反劳动法过错责任的成立，必须具备以下四个条件：

　　1. 行为的违法性。指责任者必须有违反劳动法的行为，即责任者实施的行为是劳动法所禁止的行为。这是构成法律责任最重要的条件。

　　2. 损害事实。指责任者实施的行为给行为相对人造成一定的损害事实，致使行为相对人的权利无法实现。这是构成法律责任的首要条件。

3. 因果关系。指责任者实施的违法行为与损害事实之间存在着必然的因果联系。

4. 主观过错。所谓过错，就是违法行为人对自己的行为及其后果的一种心理状态，它分为故意和过失两种状态。故意，是指行为人明知自己的行为可能引起一定的后果，但希望或放任这种后果的发生。过失，是指行为人应当预见到自己的行为可能会引起不良后果，但因疏忽大意而没有预见，或者轻信这种后果能够避免而未采取必要措施，致使不良后果发生。不论故意还是过失，责任者均应承担违反劳动法的责任。但是，由于不可抗力或不能预见的原因给国家、用人单位和劳动者造成不良后果的除外。法律有特别规定的，从其规定。

（二）无过错责任原则

无过错责任原则，是指没有过错造成他人损害的，依据劳动法的规定应由与造成损害原因有关的人（用人单位）承担法律责任的原则。

违反劳动法的法律责任，遵循无过错责任原则时应注意以下几点：

1. 适用范围。遵循无过错责任原则仅限于对劳动过程中的"工伤事故"的处理。

2. 适用对象。责任者仅指用人单位，而不适用于劳动者。即劳动者只要在劳动过程中受到工伤，无论其本人是否有过错，一律享受工伤保险待遇，而由用人单位承担一切医疗费用。也就是说，用人单位承担无过错责任。

总之，无过错责任，不是根据用人单位主观上是否有过错，而是基于损害的客观存在，根据用人单位的"劳动"的危险性质与造成损害后果的因果关系，由法律规定责任者应当承担的法律责任。所以这种责任又称"客观责任"或"危险责任"。

三、违反劳动法的责任分类

违反劳动法的责任，依据事由的危害性可分为三种责任形式：

（一）行政责任

行政责任，是指劳动关系的双方当事人因违反劳动法律、法规，由有关行政机关或违法者所在单位予以追究的法律责任。

行政责任具体可分为行政处分和行政处罚两种形式。

1. 行政处分，是行政管理部门或用人单位依法对违纪者的一种行政制裁。主要包括警告、记过、记大过、降级、降职、撤职、留用察看、开除等。

2. 行政处罚，是国家法律规定由特定国家行政机关给予犯有违法行为，但情节轻微、不够刑事处分的责任人的一种行政制裁。主要包括罚款、责令改正、责令停产整顿、吊销营业执照、查封等形式。对于违反劳动法的行政处罚，大多由劳动保障行政部门实施，有的则由其他特定行政部门或政府实施。[1]

（二）民事责任

民事责任，是指行为人由于违反劳动法律法规所应当承担的，通过一定的方式弥补受害人损失的法律责任。劳动法中的民事责任的表现形式多种多样，一般有赔偿损失、经济补偿、支付工资、补缴社会保险费用、停止侵权、强制继续履行合同、提供安全卫生条件等形式。它与一般的民事责任相比具有形式与标准的法定性、用人单位和劳动者责任承担的不对称性、责令支付为承担责任的主要形式等特点。[2]

（三）刑事责任

刑事责任是指犯罪主体依刑法必须承受刑罚的一种法律责任。凡违反劳动法并且情节和后果严重，触犯刑法，构成犯罪的行为，都必须由司法机关依法追究刑事责任。

第二节　违反劳动合同法的法律责任

违反劳动合同法的法律责任，是指劳动关系的双方当事人或一方当事人因违反劳动合同法关于劳动合同的规定或当事人对劳动合同的约定给对方造成一定损失而应承担的法律责任。

我国劳动法规定，用人单位与劳动者建立劳动关系应当订立劳动合同；订立和变更劳动合同，应当遵循合法、公平、平等自愿、协商一致、诚实信用的原则。依法订立的劳动合同具有约束力，用人单位与劳动者应当履行劳动合同约定的义务，否则，应依法承担相应的法律责任。《劳动合同法》《劳动合同法实施条例》对用人单位、劳动者、劳动行政部门和其他有关主管部门及其工作人员尤其是用人单位违反劳动合同的法律责任作出了明确规定，主要有：

一、用人单位违反劳动合同法的法律责任

（一）用人单位提供的劳动合同文本缺乏劳动合同必备条款或不提供劳动合同文本的行为及处理

用人单位提供的劳动合同文本未载明《劳动合同法》规定的劳动合同必备条款或者用人单位未将劳动合同文本交付劳动者的，由劳动行政部门责令改正；给劳动者造成损害的，用人单位应当承担赔偿责任。

〔1〕王全兴：《劳动法》，法律出版社 2004 年版，第 427 页。
〔2〕王全兴：《劳动法》，法律出版社 2004 年版，第 428 页。

（二）用人单位不与劳动者订立书面劳动合同的行为及处理

用人单位自用工之日起超过 1 个月不满 1 年未与劳动者订立书面劳动合同的，应当依照《劳动合同法》第 82 条的规定向劳动者每月支付 2 倍的工资，并与劳动者补订书面劳动合同。

用人单位自用工之日起满 1 年未与劳动者订立书面劳动合同的，自用工之日起满 1 个月的次日至满 1 年的前 1 日应当依照《劳动合同法》第 82 条的规定向劳动者每月支付 2 倍的工资，并视为自用工之日起满 1 年的当日已经与劳动者订立无固定期限劳动合同，应当立即与劳动者补订书面劳动合同。

用人单位违反《劳动合同法》规定不与劳动者订立无固定期限劳动合同的，自应当订立无固定期限劳动合同之日起向劳动者每月支付 2 倍的工资。

（三）用人单位违法约定试用期的行为及处理

用人单位违反《劳动合同法》规定与劳动者约定试用期的，由劳动行政部门责令改正，违法约定的试用期已经履行的，由用人单位以劳动者试用期满月工资为标准，按已经履行的试用期的期限向劳动者支付赔偿金。

（四）用人单位扣押劳动者身份证等证件的行为及处理

用人单位违反《劳动合同法》规定，扣押劳动者身份证等证件的，由劳动行政部门责令限期退还劳动者本人；依照有关法律规定给予处罚。用人单位违反《劳动合同法》规定，要求劳动者提供担保、向劳动者收取财物的，由劳动行政部门责令限期退还劳动者本人，按每一名劳动者 500 元以上 2000 元以下的标准处以罚款；给劳动者造成损害的，用人单位应当承担赔偿责任。劳动者依法解除或者终止劳动合同，用人单位扣押劳动者档案或者其他物品的，由劳动行政部门责令限期退还劳动者本人，按每一名劳动者 500 元以上 2000 元以下的标准处以罚款；给劳动者造成损害的，用人单位应当承担赔偿责任。

（五）用人单位未依法支付劳动报酬、经济补偿等的行为及处理

《劳动合同法》第 85 条规定，用人单位有下列情形之一的，由劳动行政部门责令限期支付劳动报酬、加班费或者经济补偿；劳动报酬低于当地最低工资标准的，应当支付其差额部分；逾期不支付的，责令用人单位按应付金额 50% 以上 100% 以下的标准向劳动者加付赔偿金：①未依照劳动合同的约定或者国家规定及时足额支付劳动者劳动报酬的；②低于当地最低工资标准支付劳动者工资的；③安排加班不支付加班费的；④解除或者终止劳动合同，未依照本法规定的向劳动者支付经济补偿的。

（六）用人单位造成劳动合同无效的行为及处理

由于用人单位原因订立的无效合同，对劳动者造成损害的，应当承担赔偿责任。

（七）用人单位违反规定解除或者终止劳动合同的行为及处理

用人单位违反《劳动合同法》规定解除或者终止劳动合同的，应当依照《劳动合同法》第47条规定的经济补偿标准的2倍向劳动者支付赔偿金。

（八）用人单位不出具解除或者终止劳动合同的书面证明的行为及处理

解除、终止劳动合同证明是劳动者再就业的基本条件之一。劳动合同解除或终止后，劳动者需要寻求或已经获得新的用人岗位，但由于难以证明或无法证明自己不存在劳动关系而丧失再就业机会。特别是我国《失业保险条例》规定，领取失业救济金的基本条件之一是非自愿性失业。在失业登记时，劳动者必须提供非自愿失业的证明。因此，提供解除或终止劳动合同的书面证明是用人单位依照诚信原则所应履行的后合同义务。

用人单位违反《劳动合同法》规定未向劳动者出具解除或者终止劳动合同的书面证明的，由劳动行政部门责令改正；给劳动者造成损害的，用人单位应当承担赔偿责任。

（九）新用人单位招用原用人单位在职职工的行为及处理

用人单位招用与其他用人单位尚未解除或者终止劳动合同的劳动者，给其他用人单位造成损失的，应当承担赔偿责任。

（十）劳务派遣用工中的违法行为及处理

劳务派遣单位是《劳动合同法》上的用人单位，应当承担和履行用人单位对劳动者的全部义务，包括平等缔约、保障劳动者的工资报酬权、劳动安全卫生权、休息休假权、社会保险权、结社权以及劳动者的其他权利。与劳动者订立的劳动合同，除《劳动合同法》第17条规定的必备条款外，还应载明用人单位及派遣期限、工作岗位等；应当与用工单位签订劳务派遣协议，明确双方责任；保障劳动者对劳动派遣协议的相关内容的知情权；不得直接克扣工资抵作劳务报酬等。

按照《劳动合同法》《劳动合同法实施条例》以及《劳务派遣暂行规定》的规定，劳务派遣用工中违反劳动法的法律责任主要包括：①劳务派遣单位未经许可，擅自经营劳务派遣业务的，由劳动行政部门责令停止违法行为，没收违法所得，并处违法所得1倍以上5倍以下的罚款；没有违法所得的，可以处5万元以下的罚款。②劳务派遣单位、用工单位违反《劳动合同法》和《劳动合同法实施条例》有关劳务派遣规定的，由劳动行政部门责令限期改正；逾期不改正的，以每人5000元以上1万元以下的标准处以罚款，对劳务派遣单位，吊销其劳务派遣业务经营许可证。用工单位给被派遣劳动者造成损害的，劳务派遣单位与用工单位承担连带赔偿责任。③劳务派遣单位违反《劳务派遣暂行规定》解除或者终止被派遣劳动者劳动合同，被派遣劳动者要求继续履行劳动合同的，劳务派遣单位应当继续履行；不要求继续履行劳动合同或者劳动合同已经不能继续履行的，劳务派遣单位应当依照劳动合同依法解除和终止支付的经济补偿标准的2倍向劳动者支付赔偿金。④用工单位对使用被派遣劳动者的辅助性岗位，未按规定经职工代表大会或者全体职工讨论并提出方案和意见，也未与工会或者职工代表平等协商确定并在用工单位内公示的，由人力资源社会保障行政部门责令改正，给予警告；给被派遣劳动者造成损害的，依法承担赔偿责任。⑤劳务派遣单位违法与同一被派遣劳动者约定一次以上试用期的，由劳动行政部门责令改正；违法约定的试用期已经履行的，由用人单位以劳动者试用期满月工资为标准，按已经履行的超过法定试用期的期间向劳动者支付赔偿金。⑥用工单位违法退回被派遣劳动者的，由劳动行政部门责令限期改正；逾期不改正的，以每人5000元以上1万元以下的标准处以罚款。用工单位给被派遣劳动者造成损害的，劳务派遣单位与用工单位承担连带赔偿责任。

（十一）用人单位不依法建立职工名册的法律责任

用人单位违反劳动合同法有关建立职工名册规定的，由劳动行政部门责令限期改正；逾期不改正的，由劳动行政部门处2000元以上2万元以下的罚款。

（十二）不具备合法经营资格的用人单位的违法行为及处理

对不具备合法经营资格的用人单位的违法犯罪行为，依法追究法律责任；劳动者已经付出劳动的，该单位或者其出资人应当依照劳动合同法有关规定向劳动者支付劳动报酬、经济补偿、赔偿金；给劳动者造成损害的，应当承担赔偿责任。

（十三）个人承包经营的违法行为及处理

个人承包经营违反《劳动合同法》规定招用劳动者，给劳动者造成损害的，发包的组织与个人承包经营者承担连带赔偿责任。

二、劳动者违反劳动合同法的法律责任

（一）劳动者不与用人单位订立书面劳动合同的行为及处理

自用工之日起1个月内，经用人单位书面通知后，劳动者不与用人单位订立书面劳动合同的，用人单位应当书面通知劳动者终止劳动关系，无需向劳动者支付经济补偿，但是应当依法向劳动者支付其实际工作时间的劳动报酬。

自用工之日起超过1个月不满1年，劳动者不与用人单位订立书面劳动合同的，用人单位应当书面通知劳动者终止劳动关系，并依照《劳动合同法》第47条的规定支付经济补偿。

（二）劳动者造成劳动合同无效的行为及处理

由于劳动者原因订立的无效合同，对用人单位造成损害的，应当承担赔偿责任。这是《劳动合同法》对劳动法律制度的一个新突破。我国《劳动法》及其有关法规、规章只规定了由于用人单位的原因造成劳动合同无效所承担的赔偿责任，而对于因劳动者的欺诈等手段签订的劳动合同所导致的无效，则无相关法律责任规定。《劳动法》施行以来，劳动者因此规避法律的现象相当普遍，如果不让劳动者承担赔偿责任，既对用人单位不公平，也不能体现劳动法的诚实信用原则。因此，《劳动合同法》的规定既符合法理，也顺应劳动关系稳定的现实需要。

（三）劳动者违法解除劳动合同的法律责任

劳动者提前 30 日（试用期为提前 3 日）以书面形式通知用人单位，即自动发生劳动合同解除的效力。提前 30 日既是劳动合同解除的程序，也是劳动合同解除的生效要件。劳动者提出辞职书后 30 日届满时，劳动合同解除，劳动者有权要求用人单位办理解除劳动合同的相关手续。但劳动者在提出辞职书后未届满 30 日即离职的，则发生《劳动合同法》规定的违法解除的后果。违法解除如造成用人单位损失，劳动者应予赔偿。

（四）劳动者违反服务期约定的法律责任

用人单位为劳动者提供专项培训费用，对其进行专业技术培训的，可以与该劳动者订立协议，约定服务期。劳动者违反服务期约定的，应当按照约定向用人单位支付违约金。违约金的数额不得超过用人单位提供的培训费用。用人单位要求劳动者支付的违约金不得超过服务期尚未履行部分所应分摊的培训费用。

（五）劳动者违反保密条款的法律责任

用人单位与劳动者可以在劳动合同中约定保守用人单位的商业秘密和与知识产权相关的保密事项。劳动者违反劳动合同中约定的保密义务，给用人单位造成经济损失的，应当承担赔偿责任。关于违约泄露或未履行保护商业秘密职责所造成的损失，依我国《反不正当竞争法》第 20 条的规定赔偿。

（六）劳动者违反竞业限制的法律责任

劳动者违反竞业限制的法律责任：一是支付违约金（如果双方约定违约金）；二是造成用人单位经济损失的，承担赔偿责任。

对负有保密义务的劳动者，用人单位可以在劳动合同或者保密协议中与劳动者约定竞业限制条款，并约定在解除或者终止劳动合同后，在竞业限制期限内按月给予劳动者经济补偿。劳动者违反竞业限制约定的，应当按照约定向用人单位支付违约金。劳动者违反劳动合同中约定的竞业限制义务，给用人单位造成经济损失的，应当承担赔偿责任。关于违反竞业限制义务所造成的损失，依我国《反不正当竞争法》第 20 条的规定赔偿。

（七）劳动者尚未解除劳动合同而建立双重劳动关系的法律责任

用人单位招用尚未解除劳动合同的劳动者，对原用人单位造成经济损失的，该劳动者承担直接赔偿责任。应向原用人单位赔偿下列损失：对生产、经营和工作造成的直接经济损失；因获取商业秘密给原用人单位造成的经济损失。因获取商业秘密给原用人单位造成的经济损失的赔偿，按《反不正当竞争法》第20条的规定执行。

三、劳动行政部门和其他有关主管部门及其工作人员违反劳动合同法的法律责任

劳动行政部门和其他有关主管部门及其工作人员玩忽职守、不履行法定职责，或者违法行使职权，给劳动者或者用人单位造成损害的，应当承担赔偿责任；对直接负责的主管人员和其他直接责任人员，依法给予行政处分；构成犯罪的，依法追究刑事责任。

第三节 违反劳动基准法的法律责任

劳动基准法主要包括工作时间制度、工资制度、劳动安全卫生制度及女职工和未成年工特殊劳动保护制度四大部分内容。依据我国《劳动法》和有关法律的规定，违反劳动基准法，应依法承担法律责任。

一、违反工作时间制度的法律责任

工作时间一般由国家法律规定，任何用人单位不得违反法律规定而任意延长工作时间。依据《劳动法》《劳动保障监察条例》《职工带薪年休假条例》和《女职工劳动保护特别规定》，用人单位违反工作时间的法律规定，应依法承担法律责任。

1. 《劳动法》第90条规定，用人单位违法延长劳动者工作时间的，由劳动行政部门给予警告，责令改正，并可以处以罚款。

2. 用人单位违反劳动保障法律、法规或者规章延长劳动者工作时间的，由劳动保障行政部门给予警告，责令限期改正，并可以按照受侵害的劳动者每人100元以上500元以下的标准计算，处以罚款。

3. 用人单位不安排职工休年休假又不依照《职工带薪年休假条例》规定给予年休假工资报酬的，由县级以上地方人民政府人事部门或者劳动保障部门依据职权责令限期改正；逾期不改正的，除责令该单位支付年休假工资报酬外，单位还应当按照年休假工资报酬的数额向职工加付赔偿金；对拒不支付年休假工资报酬、赔偿金的，属于公务员和参照公务员法管理的单位的，对直接负责的主管人员以及其他直接责任人员依法给予处分；属于其他单位的，由劳动保障部门、人事部门或者职工申请人民法院强制执行。

4. 女职工生育享受产假少于98天的，用人单位安排哺乳未满1周岁婴儿的女职工延长劳动时间或者安排夜班劳动的，以及用人单位安排怀孕7个月以上的女职工夜班劳动或者延长其工作时间的，由县级以上人民政府人力资源社会保障行政部门责令限期改正，按照受侵害女职工每人 1000 元以上 5000 元以下的标准计算，处以罚款。

二、用人单位侵害劳动者工资、经济补偿金等合法权益的行为及处理

参见第二节第一部分"（五）用人单位未依法支付劳动报酬、经济补偿等的行为及处理"部分。

三、违反劳动安全卫生制度的法律责任

劳动安全卫生制度即劳动保护制度，它以保护劳动者在劳动过程中的安全与健康为目的，防止侵害劳动者生命健康的行为发生。劳动安全卫生制度的总体任务，是积极采取组织管理措施和工程技术措施，保护劳动者在生产过程中的安全和健康，促进社会经济的发展。企业中的生产活动和生产安全均由生产的组织者和操作者共同完成。但是，企业的组织者和管理者在生产过程中居于主导地位，而企业的生产者则居于被指挥和服从的地位，而且是劳动事故的直接受害者。因此，生产中的不安全、不卫生状况以及由此产生的职业伤害，应由生产的组织者和管理者负责。根据《安全生产法》《职业病防治法》《安全生产违法行为行政处罚办法》的有关规定，我国的安全生产现有四个责任主体，包括政府（即各级政府和对安全生产有监管职责的有关部门）、用人单位（生产经营单位）、劳动者（从业人员）和中介机构。他们承担的责任分别如下：

1. 各级政府和对安全生产有监管职责的有关部门违反劳动安全卫生制度，应依法承担下列法律责任：

（1）对负有安全生产监督管理职责的部门的工作人员，有下列行为之一的，给予降级或者撤职的行政处分；构成犯罪的，依照刑法有关规定追究刑事责任：①对不符合法定安全生产条件的涉及安全生产的事项予以批准或者验收通过的；②发现未依法取得批准、验收的单位擅自从事有关活动或者接到举报后不予取缔或者不依法予以处理的；③已经依法取得批准的单位不履行监督管理职责，发现其不再具备安全生产条件而不撤销原批准或者发现安全生产违法行为不予查处的；④在监督检查中发现重大事故隐患，不依法及时处理的。负有安全生产监督管理职责的部门的工作人员有上述规定以外的滥用职权、玩忽职守、徇私舞弊行为的，依法给予处分；构成犯罪的，依照刑法有关规定追究刑事责任。

（2）负有安全生产监督管理职责的部门，要求被审查、验收的单位购买其指定的安全设备、器材或者其他产品的，或在对安全生产事项的审查、验收中收取费用的，由其上级机关或者监察机关责令改正，责令退还收取的费用；情节严重的，对直接负责的主管人员和其他直接责任人员依法给予处分。

（3）有关地方人民政府、负有安全生产监督管理职责的部门，对生产安全事故隐瞒不报、谎报或者拖延不报的，对直接负责的主管人员和其他直接责任人员依法给予行政处分；构成犯罪的，依照刑法有关规定追究刑事责任。

2. 用人单位违反劳动安全卫生制度，应依法承担下列法律责任：

（1）安全生产条件违法的法律责任。用人单位不具备法律、行政法规和国家标准、行业标准规定的安全生产条件，经责令停产停业整顿仍不具备安全生产条件的，安全监管监察部门应当提请有管辖权的人民政府予以关闭；人民政府决定关闭的，安全监管监察部门应当依法吊销其有关许可证。

（2）用人单位未依法设置管理机构或管理人员的法律责任。矿山、金属冶炼、建筑施工、道路运输单位和危险物品的生产、经营、储存单位，应当设置安全生产管理机构或者配备专职安全生产管理人员。其他用人单位，从业人员超过100人的，应当设置安全生产管理机构或者配备专职安全生产管理人员；从业人员在100人以下的，应当配备专职或者兼职的安全生产管理人员。危险物品的生产、经营、储存单位以及矿山、金属冶炼、建筑施工、道路运输单位的主要负责人和安全生产管理人员，应当由主管的负有安全生产监督管理职责的部门对其安全生产知识和管理能力考核合格。用人单位违反以上规定的，责令限期改正，可以处5万元以下的罚款；逾期未改正的，责令停产停业整顿，并处5万元以上10万元以下的罚款，对其直接负责的主管人员和其他直接责任人员处1万元以上2万元以下的罚款。

（3）未依法进行安全生产教育和培训的法律责任。用人单位应对劳动者进行安全生产教育和培训，未经安全生产教育和培训合格的从业人员，不得上岗作业；用人单位使用被派遣劳动者的，应当将被派遣劳动者纳入本单位从业人员统一管理，对被派遣劳动者进行岗位安全操作规程和安全操作技能的教育和培训；劳务派遣单位应当对被派遣劳动者进行必要的安全生产教育和培训；用人单位接收中等职业学校、高等学校学生实习的，应当对实习学生进行相应的安全生产教育和培训；用人单位应当建立安全生产教育和培训档案，如实记录安全生产教育和培训的时间、内容、参加人员以及考核结果等情况；用人单位采用新工艺、新技术、新材料或者使用新设备，必须了解、掌握其安全技术特性，采取有效的安全防护措施，并对从业人员进行专门的安全生产教育和培训。用人单位的特种作业人员必须按照国家有关规定经专门的安全作业培训，取得相应资格后，方可上岗作业。用人单位违反以上规定的，应责令限期改正，可以处5万元以下的罚款；逾期未改正的，责令停产停业整顿，并处5万元以上10万元以下的罚款，对其直接负责的主管人员和其他直接责任人员处1万元以上2万元以下的罚款。

（4）违反"三同时"制度的法律责任。用人单位新建、改建、扩建工程项目（统称建设项目）的安全设施，必须与主体工程同时设计、同时施工、同时投入生产和使用。矿山、金属冶炼建设项目或者用于生产、储存、装卸危险物品的建设项目没有安全设施设计或者安全设施设计未按照规定报经有关部门审查同意的；矿山、金属冶炼建设项目或者用于生产、储存、装卸危险物品的建设项目的施工单位未按照批准的安全设施设计施工的；矿山、金属冶炼建设项目或者用于生产、储存危险物品的建设项目竣工投入生产或者使用前，安全设施未经验收合格的，违反了"三同时"制度，应责令停止建设或者停产停业整顿，限期改正；逾期未改正的，处 50 万元以上 100 万元以下的罚款，对其直接负责的主管人员和其他直接责任人员处 2 万元以上 5 万元以下的罚款；构成犯罪的，依照刑法有关规定追究刑事责任。

（5）违法生产、经营、储存危险物品的法律责任。主要包括：①未经依法批准，擅自生产、经营、运输、储存、使用危险物品或者处置废弃危险物品的，依照有关危险物品安全管理的法律、行政法规的规定予以处罚；构成犯罪的，依照刑法有关规定追究刑事责任。②用人单位生产、经营、运输、储存、使用危险物品或者处置废弃危险物品，未建立专门安全管理制度，未采取可靠的安全措施的；对重大危险源未登记建档，或者未进行评估、监控，或者未制定应急预案的；进行爆破、吊装以及国务院安全生产监督管理部门会同国务院有关部门规定的其他危险作业，未安排专门人员进行现场安全管理的；未建立事故隐患排查治理制度的，应责令限期改正，可以处 10 万元以下的罚款；逾期未改正的，责令停产停业整顿，并处 10 万元以上 20 万元以下的罚款，对其直接负责的主管人员和其他直接责任人员处 2 万元以上 5 万元以下的罚款；构成犯罪的，依照刑法有关规定追究刑事责任。③用人单位生产、经营、储存、使用危险物品的车间、商店、仓库与员工宿舍在同一座建筑内，或者与员工宿舍的距离不符合安全要求的；生产经营场所和员工宿舍未设有符合紧急疏散需要、标志明显、保持畅通的出口，或者锁闭、封堵生产经营场所或者员工宿舍出口的，应责令限期改正，可以处 5 万元以下的罚款，对其直接负责的主管人员和其他直接责任人员可以处 1 万元以下的罚款；逾期未改正的，责令停产停业整顿；构成犯罪的，依照刑法有关规定追究刑事责任。

（6）违法免除应负责任的法律责任。用人单位与劳动者订立协议，免除或者减轻其对劳动者因生产安全事故伤亡依法应承担的责任的，该协议无效；对用人单位的主要负责人、个人经营的投资人处 2 万元以上 10 万元以下的罚款。

（7）未按规定提供劳动防护用品的法律责任。用人单位未为劳动者提供符合国家标准或者行业标准的劳动防护用品的，应责令限期改正，可以处 5 万元以下的罚款；逾期未改正的，处 5 万元以上 20 万元以下的罚款，对其直接负责的主管人员和其他直接责任人员处 1 万元以上 2 万元以下的罚款；情节严重的，责令停产停业整顿；构成犯罪的，依照刑法有关规定追究刑事责任。

（8）其他违法行为的法律责任。用人单位未采取措施消除事故隐患的，应责令立即消除或者限期消除；用人单位拒不执行的，责令停产停业整顿，并处10万元以上50万元以下的罚款，对其直接负责的主管人员和其他直接责任人员处2万元以上5万元以下的罚款。用人单位违法拒绝、阻碍负有安全生产监督管理职责的部门依法实施监督检查的，责令改正；拒不改正的，处2万元以上20万元以下的罚款；对其直接负责的主管人员和其他直接责任人员处1万元以上2万元以下的罚款；构成犯罪的，依照刑法有关规定追究刑事责任。

发生生产安全事故，对负有责任的生产经营单位除要求其依法承担相应的赔偿等责任外，由安全生产监督管理部门依照下列规定处以罚款：①发生一般事故的，处20万元以上50万元以下的罚款；②发生较大事故的，处50万元以上100万元以下的罚款；③发生重大事故的，处100万元以上500万元以下的罚款；④发生特别重大事故的，处500万元以上1000万元以下的罚款；情节特别严重的，处1000万元以上2000万元以下的罚款。

（9）主要负责人违反职责的法律责任。《安全生产法》第18条规定了用人单位负责人对本单位安全生产应负的六项职责，据此，其法律责任包括：

第一，用人单位的主要负责人不依照《安全生产法》规定提供保证安全生产所必需的资金投入，致使生产经营单位不具备安全生产条件的，责令限期改正，提供必需的资金；逾期未改正的，责令生产经营单位停产停业整顿。因此导致发生生产安全事故的，对生产经营单位的主要负责人给予撤职处分；构成犯罪的，依照刑法有关规定追究刑事责任。

第二，用人单位的主要负责人未履行《安全生产法》规定的安全生产管理职责的，责令限期改正；逾期未改正的，处2万元以上5万元以下的罚款，责令生产经营单位停产停业整顿，因此导致发生生产安全事故的，给予撤职处分；构成犯罪的，依照刑法有关规定追究刑事责任。用人单位的主要负责人因此受刑事处罚或者撤职处分的，自刑罚执行完毕或者受处分之日起，5年内不得担任任何生产经营单位的主要负责人；对重大、特别重大生产安全事故负有责任的，终身不得担任本行业生产经营单位的主要负责人。除此之外，法律还规定了因用人单位主要负责人未履行法律规定的安全生产管理职责，导致发生生产安全事故的，安全生产监督管理部门依照以下规定处以罚款：发生一般事故的，处上一年年收入30%的罚款；发生较大事故的，处上一年年收入40%的罚款；发生重大事故的，处上一年年收入60%的罚款；发生特别重大事故的，处上一年年收入80%的罚款。

第三，用人单位主要负责人在本单位发生生产安全事故时，不立即组织抢救或者在事故调查处理期间擅离职守或者逃匿的，给予降级、撤职的处分，并由安全生产监督管理部门处上一年年收入60%～100%的罚款；逃匿的，处15日以下拘留；构成犯罪的，依照刑法有关规定追究刑事责任。生产经营单位的主要负责人对生产安全事故隐瞒不报、谎报或者迟报的，依照如上规定处罚。

3. 劳动者违反劳动安全卫生制度，应依法承担下列法律责任：用人单位的劳动者不服从管理，违反安全生产规章制度或者操作规程的，由用人单位给予批评教育，依照有关规章制度给予处分；构成犯罪的，依照刑法有关规定追究刑事责任。

4. 中介机构违反劳动安全卫生制度，应依法承担下列法律责任：承担安全评价、认证、检测、检验工作的机构，出具虚假证明的，没收违法所得；违法所得在10万元以上的，并处违法所得2倍以上5倍以下的罚款；没有违法所得或者违法所得不足10万元的，单处或者并处10万元以上20万元以下的罚款；对其直接负责的主管人员和其他直接责任人员处2万元以上5万元以下的罚款；给他人造成损害的，与生产经营单位承担连带赔偿责任；构成犯罪的，依照刑法有关规定追究刑事责任。同时，还要撤销这些机构的相应资格。

另外，我国《职业病防治法》对职业病的防治与管理作了详细的规定，并规定了用人单位（建设单位）、中介机构、医疗卫生机构、职业病诊断鉴定委员会组成人员及卫生行政部门违反职业病法律、法规所应承担的法律责任。

四、违反女职工和未成年工特殊劳动保护的法律责任

依据《行政处罚办法》及《禁止使用童工规定》的有关规定，用人单位违反女职工和未成年工特殊劳动保护的，应依法承担下列法律责任：

1. 用人单位有下列侵害女职工合法权益行为之一的，应责令改正，并按每侵害一名女职工罚款3000元以下的标准处罚：①安排女职工从事矿山井下、国家规定的第四级体力劳动强度的劳动和其他禁忌从事的劳动的；②安排女职工在经期从事高处、低温、冷水作业和国家规定的第三级以上体力劳动强度的劳动的；③安排女职工在哺乳未满1周岁的婴儿期间从事国家规定的第三级以上体力劳动强度的劳动和哺乳期禁忌从事的其他劳动及安排其延长工作时间和夜班劳动的；④安排女职工在怀孕期从事国家规定的第三级以上体力劳动强度的劳动和孕期禁忌从事的劳动的；⑤安排怀孕7个月以上的女职工延长工作时间和从事夜班劳动的；⑥对用人单位违反女职工保护规定，女职工产假低于90天的，应先责令限期改正；逾期不改的，按每侵害一名女职工罚款3000元以下的标准处罚。

2. 用人单位侵害童工（未成年工）的法律责任。

（1）用人单位使用童工的，由劳动保障行政部门按照每使用一名童工每月处5000元罚款的标准给予处罚；在使用有毒物品的作业场所使用童工的，按照

《使用有毒物品作业场所劳动保护条例》规定的罚款幅度，或者按照每使用一名童工每月处 5000 元罚款的标准，从重处罚。劳动保障行政部门应当责令用人单位限期将童工送回原居住地交其父母或者其他监护人，所需交通和食宿费用全部由用人单位承担。

用人单位超过规定期限未将童工送交其父母或者其他监护人的，从责令限期改正之日起，由劳动保障行政部门按照每使用 1 名童工每月处 1 万元罚款的标准处罚，并由工商行政管理部门吊销其营业执照或者由民政部门撤销民办非企业单位登记；用人单位是国家机关、事业单位的，由有关单位依法对直接负责的主管人员和其他直接责任人员给予降级或者撤职的行政处分或者纪律处分。

（2）用人单位或者个人为不满 16 周岁的未成年人介绍就业的，由劳动保障行政部门按照每介绍一人处 5000 元罚款的标准给予处罚。

（3）用人单位对录用人员的录用登记、核查材料未妥善保管，或者伪造录用登记材料的，由劳动保障行政部门处 1 万元的罚款。

（4）无营业执照、被依法吊销营业执照的单位以及未依法登记、备案的单位使用童工，或者介绍童工就业的，依照上述（1）、（2）、（3）规定的标准加倍罚款，该非法单位由有关的行政主管部门予以取缔。

（5）童工患病或者受伤的，用人单位应当负责送到医疗机构治疗，并负担治疗期间的全部医疗和生活费用。童工伤残或者死亡的，用人单位由工商行政管理部门吊销营业执照或者由民政部门撤销民办非企业单位登记；用人单位是国家机关、事业单位的，由有关单位依法对直接负责的主管人员和其他直接责任人员给予降级或者撤职的行政处分或者纪律处分；用人单位还应当一次性地对伤残童工、死亡童工的直系亲属给予赔偿，赔偿金额按照国家工伤保险的有关规定计算。

（6）拐骗童工，强迫童工劳动，使用童工从事高空、井下、放射性、高毒、易燃易爆以及国家规定的第四级体力劳动强度的劳动；使用不满 14 周岁的童工，或者造成童工死亡或者严重伤残的，依照刑法关于拐卖儿童罪、强迫劳动罪或者其他罪的规定，依法追究刑事责任。

另外，《禁止使用童工规定》还对相关的国家行政机关工作人员在行使管理童工的职权时的违法行为规定了法律责任：国家行政机关工作人员有下列行为之一的，依法给予记大过或者降级的行政处分；情节严重的，依法给予撤职或者开除的行政处分；构成犯罪的，依照刑法关于滥用职权罪、玩忽职守罪或者其他罪的规定，依法追究刑事责任：①劳动保障等有关部门工作人员在禁止使用童工的监督检查工作中发现使用童工的情况，不予制止、纠正、查处的；②公安机关的人民警察违反规定发放身份证或者在身份证上登录虚假出生年月的；③工商行政管理部门工作人员发现申请人是不满 16 周岁的未成年人，仍然为其从事个体经营发放营业执照的。

第四节　违反就业促进法及社会保险法的法律责任

劳动合同法、集体合同法[1]、劳动基准法、就业促进法及社会保险法构成了劳动法的主要体系，前面各节阐述了违反劳动合同法、劳动基准法的法律责任，本节主要阐述违反就业促进法及社会保险法的法律责任。[2]

一、违反就业促进法的法律责任

（一）劳动行政等有关部门及其工作人员违法行为及处理

劳动行政等有关部门及其工作人员滥用职权、玩忽职守、徇私舞弊的，对直接负责的主管人员和其他直接责任人员依法给予处分。

（二）实施就业歧视的行为及处理

实施就业歧视的，劳动者可以向人民法院提起诉讼。

（三）违法向劳动者收取费用的行为及处理

地方各级人民政府和有关部门、公共就业服务机构举办经营性的职业中介机构，从事经营性职业中介活动，向劳动者收取费用的，由上级主管机关责令限期改正，将违法收取的费用退还劳动者，并对直接负责的主管人员和其他直接责任人员依法给予处分。

（四）擅自从事职业中介活动的行为及处理

未经许可和登记，擅自从事职业中介活动的，由劳动行政部门或者其他主管部门依法予以关闭；有违法所得的，没收违法所得，并处 1 万元以上 5 万元以下罚款。

（五）职业中介机构违法的行为及处理

职业中介机构提供虚假就业信息，为无合法证照的用人单位提供职业中介服务，伪造、涂改、转让职业中介许可证的，由劳动行政部门或者其他主管部门责令改正；有违法所得的，没收违法所得，并处 1 万元以上 5 万元以下的罚款；情

---

[1] 我国《劳动法》《集体合同规定》均未明确规定有关集体合同的责任。尽管《集体合同规定》第 56 条规定："用人单位无正当理由拒绝工会或职工代表提出的集体协商要求的，按照《工会法》及有关法律、法规的规定处理。"但并未进一步明确何种理由为正当或不正当，且仅仅规定了行政责任。至于企业在协商过程中应承担的其他责任则没有规定。《劳动合同法》第 56 条规定也存在同样问题。《劳动合同法》第 56 条规定："用人单位违反集体合同，侵犯职工劳动权益的，工会可以依法要求用人单位承担责任；因履行集体合同发生争议，经协商解决不成的，工会可以依法申请仲裁、提起诉讼。"对于这种缺陷，我们只有通过不断完善相关法律法规，完备集体合同的立法加以解决。

[2] 当然，其他诸如《劳动保障监察条例》等法律法规也有相应的法律责任，本书不再赘述。

节严重的，吊销职业中介许可证。

（六）扣押劳动者居民身份证等证件的行为及处理

职业中介机构扣押劳动者居民身份证等证件的，由劳动行政部门责令限期退还劳动者，并依照有关法律规定给予处罚。违反《就业促进法》规定，职业中介机构向劳动者收取押金的，由劳动行政部门责令限期退还劳动者，并以每人500元以上2000元以下的标准处以罚款。

（七）有关企业职工教育经费违法的行为及处理

企业未按照国家规定提取职工教育经费，或者挪用职工教育经费的，由劳动行政部门责令改正，并依法给予处罚。

（八）侵害劳动者合法权益的行为及处理

侵害劳动者合法权益，造成财产损失或者其他损害的，依法承担民事责任；构成犯罪的，依法追究刑事责任。

二、违反社会保险法的法律责任

（一）用人单位不办理社会保险登记的行为及处理

用人单位不办理社会保险登记的，由社会保险行政部门责令限期改正；逾期不改正的，对用人单位处应缴社会保险费数额1倍以上3倍以下的罚款，对其直接负责的主管人员和其他直接责任人员处500元以上3000元以下的罚款。

（二）用人单位拒不出具终止或者解除劳动关系证明的行为及处理

用人单位违反《劳动合同法》规定未向劳动者出具解除或者终止劳动合同的书面证明，由劳动行政部门责令改正；给劳动者造成损害的，用人单位应当承担赔偿责任。

（三）用人单位未按规定进行缴费申报或未按时足额缴纳社会保险费的行为及处理

用人单位未按照规定向社会保险经办机构进行缴费申报或者未按照规定缴纳社会保险费的，社会保险行政部门应当依法查处。用人单位未按时足额缴纳社会保险费的，由社会保险经办机构责令其限期缴纳或者补足，并自欠缴之日起按日加收0.5‰的滞纳金；逾期仍不缴纳的，由社会保险行政部门处欠缴数额1倍以上3倍以下的罚款。

（四）社会保险服务机构骗取社会保险基金支出的行为及处理

社会保险经办机构以及医疗机构、药品经营单位等社会保险服务机构以欺诈、伪造证明材料或者其他手段骗取社会保险基金支出的，由社会保险行政部门责令退回骗取的社会保险金，处骗取金额2倍以上5倍以下的罚款；属于社会保险服务机构的，解除服务协议；直接负责的主管人员和其他直接责任人员有执业资格的，依法吊销其执业资格。

（五）骗取社会保险待遇的行为及处理

以欺诈、伪造证明材料或者其他手段骗取社会保险待遇的，由社会保险行政部门责令退回骗取的社会保险金，处骗取金额 2 倍以上 5 倍以下的罚款。

（六）社会保险经办机构及其工作人员的违法行为及处理

社会保险经办机构及其工作人员有下列行为之一的，由社会保险行政部门责令改正；给社会保险基金、用人单位或者个人造成损失的，依法承担赔偿责任；对直接负责的主管人员和其他直接责任人员依法给予处分：①未履行社会保险法规定职责的；②未将社会保险基金存入财政专户的；③克扣或者拒不按时支付社会保险待遇的；④丢失或者篡改缴费记录、享受社会保险待遇记录等社会保险数据、个人权益记录的；⑤有违反社会保险法律、法规的其他行为的。除此之外，《社会保险费申报缴纳管理规定》又进一步规定，社会保险经办机构及其工作人员有下列行为之一的，由社会保险行政部门责令改正，视情节轻重对直接负责的主管人员和其他直接责任人员依法给予相应处分：①未按照规定核定或者确定用人单位应当缴纳的社会保险费数额的；②对已征收的社会保险费未按照国家规定记账的；③未依法责令欠缴社会保险费的用人单位限期补缴社会保险费、加收滞纳金的；④申请人民法院强制执行不符合规定的；⑤签订担保合同和延期缴费协议不符合规定的；⑥未按照规定审核、处置担保财产的；⑦法律、法规和规章规定的其他情形。

（七）社会保险费征收机构违法征收社会保险费的行为及处理

社会保险费征收机构擅自更改社会保险费缴费基数、费率，导致少收或者多收社会保险费的，由有关行政部门责令其追缴应当缴纳的社会保险费或者退还不应当缴纳的社会保险费；对直接负责的主管人员和其他直接责任人员依法给予处分。

（八）有关社会保险基金的违法行为及处理

隐匿、转移、侵占、挪用社会保险基金或者违规投资运营的，由社会保险行政部门、财政部门、审计机关责令追回；有违法所得的，没收违法所得；对直接负责的主管人员和其他直接责任人员依法给予处分。

（九）泄露用人单位和个人信息的行为及处理

社会保险行政部门和其他有关行政部门、社会保险经办机构、社会保险费征收机构及其工作人员泄露用人单位和个人信息的，对直接负责的主管人员和其他直接责任人员依法给予处分；给用人单位或者个人造成损失的，应当承担赔偿责任。

（十）国家工作人员的违法行为及处理

国家工作人员在社会保险管理、监督工作中滥用职权、玩忽职守、徇私舞弊的，依法给予处分。

（十一）有关社会保险犯罪行为及处理

构成犯罪的，依法追究刑事责任。

■思考题

1. 试述违反劳动法的法律责任的概念及其责任形式。
2. 为什么劳动法律法规对用人单位的法律责任作了侧重的规定？

图书在版编目（ＣＩＰ）数据

劳动法学 /郭捷主编.—6版.—北京：中国政法大学出版社，2017.3（2021.7重印）
ISBN 978-7-5620-6844-0

Ⅰ. ①劳…　Ⅱ. ①郭…　Ⅲ. ①劳动法—法的理论—中国　Ⅳ. ①D922.501

中国版本图书馆CIP数据核字(2017)第048995号

出　版　者	中国政法大学出版社
地　　　址	北京市海淀区西土城路 25 号
邮　　　箱	fadapress@163.com
网　　　址	http://www.cuplpress.com (网络实名：中国政法大学出版社)
电　　　话	010-58908435(第一编辑部) 58908334(邮购部)
承　　　印	固安华明印业有限公司
开　　　本	720mm×960mm　1/16
印　　　张	23.25
字　　　数	443 千字
版　　　次	2017 年 3 月第 6 版
印　　　次	2021 年 7 月第 2 次印刷
印　　　数	4001～7000 册
定　　　价	46.00 元